사랑의열매 나눔총서 10

미래의 필란트로피

새로운 시민 리더십을 정의하는 기술, 트렌드, 인재상에 대하여

라이언 지나드 지음

함규진 옮김

치열하게 추구할 가치가 있는 미래를 상상하게 해준
다이앤Diane, 로먼Roman과 루비Ruby에게 이 책을 바칩니다.

발간사

필란트로피의 미래를 위한 따뜻한 조언

우리는 무한경쟁과 각자도생의 시대를 살고 있습니다. 질곡의 역사 속에서 나라를 이만큼 발전시키기 위해 개인의 모든 것을 던진 어르신들도 손에 풍성한 열매를 쥐지 못한 듯하고, 한참 희망을 꿈꾸며 일과 성취, 사랑과 행복을 위해 달려 나가야 하는 젊은이들도 자기 자리를 찾기가 어려워 표류하는 시대입니다.

이렇게 개개인의 삶이 힘에 부칠 때, 공동체의 역량은 시험대 위에 오르게 됩니다. 우리가 얼마나 많은 사회적 자본을 공동체라는 이름의 계좌에 적립해 두었는가, 누가 그것을 꺼내어 필요한 곳에 사용하도록 손발 역할을 하며 도울 것인가. 자발적으로 서로 돕고 그것을 조직적이고 전문적으로 해낼 수 있는 나눔의 힘은 사회공동체가 가진 가장 소중한 자산이라고 생각합니다. 그 중심에 비영리와 필란트로피가 있습니다.

사랑의열매 열 번째 나눔총서인 『미래의 필란트로피*Future Philanthropy*』는 제목에서부터 우리의 바람을 한껏 부풀게 합니다. 흔히 미래라는 말은 '미래의 기술', '미래 산업'처럼 뭔가 새로운 것들로 채워진 것, 혹은 지금보다는 더 나은 무언가를 연상시킵니다. 그러나 미래와 필란트로피의 조합은 신선하지만 다소 낯설게 느껴집니다. 이것은 우리가 필란트로피의 미래, 그리고 기술과의 관련성을 미처 생각해보지 않았기 때문일 것입니다.

이 책의 저자인 라이언 지나드는 수년간 영국과 호주, 미국을 무대로 선거 캠프, 비영리기관, 지역재단, 공익 프로젝트, 대학 등 다양한 공익의 현장을 직접 몸으로 겪은 비영리 전문가입니다. 동시에 신기술에 대한 식견으로 이 둘을 접목시켜 필란트로피가 더 진일보한 모습으로 변모하기를 열망하는 사람입니다.

저자가 말하는 핵심 주장은 비영리와 필란트로피가 사회의 주류로 주목받지 못하는 한국 사회에도 매우 유용합니다. 현재 다소 정체된 필란트로피의 테이블에 새로운 사람들을 계속 초대하고, 그들을 엮어내고, 기성 필란트로피 주자들의 노하우와 자산을 전달해줘야 한다고 강조합니다. 또한 우리에게 밀물처럼 다가오는 새로운 기술, 방법론, 미래적인 도구들을 비영리가 적극적으로 받아들여야 한다고 역설합니다. 이사회에 테크 전문가를 반드시 초대해야 한다는 그의 주장은 이런 면에서 비영리와 기술의 접목이 얼마만큼 중요한지를 단적으로 보여줍니다. 저자는 10년, 20년 후 지금과 확연히 달라진 미래의 관점에서 현재를 바라보며 비영리가 지금 무엇을 해야 하는지 검토하는 안목을 가지라고 말합니다. 이것이 저자가 말하는 미래주의의 관점이라 할 수 있습니다.

이 책을 통해 한국의 비영리가 가진 소중한 자산을 되새겨 볼 수 있기를 바랍니다. 우리에게는 수십 년의 비영리 업력이 있고, 정부와 기업과의 협업 경험이 있습니다. 그간 많은 시간을 공동체와 개인의 가치를 고양시키는 데 헌신한 젊은 비영리 인재들도 많습니다. 거기에 우리 사회가 가진 역동적이고 막강한 기술과 미래에 대한 적응력도 남부럽지 않은 자산입니다. 저자의 따뜻한 조언대로, 우리가 가진 것에 미래 비전을 더한다면 머지않아 필란트로피가 주인공이 되는 미래가 반드시 오리라 믿습니다. 오랜 시간 비영리와 함께해 오면서 미래를 고민하는 리더들과 실무자들에게 긍정적 혜안을 가져다줄 책으로, 일독을 권합니다.

이 책이 나오기까지 많은 분들의 수고와 노력이 있었습니다. 먼저 열정 넘치는 저자의 지성과 감성을 오롯이 담아내기 위해 애써주신 번역가님께 감사드립니다. 또한 빠듯한 일정 가운데에도 마지막까지 정성을 쏟아주신 출판사 피와이메이트 관계자분들께 감사의 인사를 드립니다. 그리고 책의 기획에서 발간까지 전 과정에서 꼼꼼하게 애정과 노력을 기울여 준 나눔문화연구소의 직원들에게도 수고했다는 말을 전합니다.

2023.12.
사회복지공동모금회 회장 김병준

Contents 차례

일러두기

1. 역자주는 각주로 표기하였으며 원서의 주석은 [저자주]로 각주 내용 앞머리에 별도 표기하였습니다.
2. 본문의 강조(고딕체)는 원서의 표기에 따른 것입니다.

기관명 약어

영문	약어	한글명
Association of Fundraising Professional	AFP	모금 전문가 협회
Austin Urban Technology Movement	AUTM	오스틴 어반 테크놀로지 무브먼트
Access Youth Academy	AYA	액세스 유스 아카데미
Code for America	CfA	코드 포 아메리카
Chan Zuckerberg Initiative	CZI	챈 저커버그 이니셔티브
Emerging Practitioners in Philanthropy	EPIP	이머징 프랙티셔너 인 필란트로피
Jacobs Center for Neighborhood Innovation	JCNI	네이버후드 혁신 제이콥 센터
San Diego Grantmakers	SDG	샌디에이고 기금조성자 협회
Sanford Institute of Philanthropy	SPI	샌포드 필란트로피 연구소

주요 약어

영문	약어	뜻
Certified Fund Raising Executive	CFRE	국제공인모금전문가
Certified Nonprofit Professional	CNP	공인비영리전문가
Customer Relationship Management	CRM	고객 연계 마케팅
Corporate Social Responsibility	CSR	기업의 사회적 책임
Doner-Advised Fund	DAF	기부자조언기금
Human experience	HX	인간 경험
Predictive Index	PI	예측 지수(인재 최적화 플랫폼)
Public-Private Partnership	PPP	민관협력사업
Return on Investment	ROI	투자 수익률
Social Impact Bonds	SIB	사회영향채권

감사의 글

이 책을 집필하는 과정은 새로운 아이디어나 프로젝트가 하룻밤 만에 나타나지는 않는다는 사실을 주기적으로 알려주는 링크드인LinkedIn의 빙산 이미지(수면 아래에 아주 '정신 사나운' 일들이 있음을 보여주는 바로 그 이미지)와 비슷한 점이 많았다. 뻔한 표현일지도 모르지만, 『미래의 필란트로피Future Philanthropy』는 내가 수년간 참여해 온 수많은 대화와 콘퍼런스를 바탕으로, 그리고 나의 클라우드 스토리지를 가득 채운 기사와 팟캐스트, 오디오북을 바탕으로 집필한 책이다. 이러한 자료는 유용한 정보를 제공하고 내 생각의 근거가 되어 주었다.

똑똑한 사람을 주위에 두라는 말을 항상 듣게 되는데, 나는 이 점에서 정말로 큰 축복을 받았다. 운 좋게도 내가 친구라고 부를 수 있는 대단한 사람들과 함께 일하고 아이디어를 떠올릴 수 있었으니까. 그래서 나는 이 책에 담긴 많은 가정과 예측에 귀기울이고, 반론하고, 맥락화해 준 커피와 수제맥주 모임 회원들에게 특별한 감사를 표하고 싶다. 우리는 정말 솔직하면서도 서로 존중하면서, 진보를 향한 우리의 접근방식이 공유되면 될수록 상호보완적으로 된다는 점을 이해하면서 이 일을 해냈다.

제임스 할리데이James Halliday, 햄프턴 도르만Hampton Dohrman, 제시카 코트Jessica Kort, 펄 회글룬드Pearl Hoeglund, 트레버 블레어Trevor Blair, 션 엘로-리베라Sean Elo-Rivera, 데이비드 로페즈David Lopez, 브리트니 베일리Brittany

Bailey, 로버트 포스터Robert Foster, 매트 고럼Matt Gorham, 다이크 엔니오Dike Anyiwo, 팀 휘트크로프트Tim Wheatcroft, 샘 초이Sam Tsoi, 카림 부리스Karim Bouris, 리 바켄Lee Barken, 자레드 아커Jared Aaker, 벤 카츠Ben Katz, 제이컵 제임스Jacob James와 메간 토마스Megan Thomas에게 감사의 말을 전한다(순서는 무작위이다). 여러분의 아이디어와 열정, 추진력은 내게 너무나 소중했다. 필란트로피 활동의 미래, 시민 참여와 더 나은 담론에 관한 나의 생각을 기꺼이 들어 주셔서 감사드린다. 빨리 다시 그들을 만나고 싶다!

'2년 후 퇴사 가능성이 매우 높음'이라고 울부짖는 이력서를 보고 내 숨겨진 역량과 현장에서, 나아가 조직 전체에서 기여할 수 있는 잠재력을 보았던 분들께 감사드린다. 나를 믿어 주시고 일상 업무에 집중할 수 있게 하면서도, 조직의 안전지대에 정면으로 도전하는 나의 아이디어를 포용해 주신 여러분의 아량 덕분에 나는 함께 누리는 성공을 계속 추구할 수 있었다.

캐런 비긴Karen Begin, 낸시 제이미슨Nancy Jamison, 레나토 파이바Renato Paiva와 블레어 새들러Blair Sadler. 여러분이 해주신 모든 일과 여러분의 존재 자체에 감사를 드린다.

오스틴 소재 텍사스 주립대학교라는 새로운 직장에도 너무나 감사하고 있다. 브렌트 윙켈만Brent Winkelman과 잭 리처즈Zak Richards는 '로봇을 위해 기금을 모금하다니 참 대단도 하십니다요.' 하며 눈살을 찌푸릴지도 모르지만(우리의 시각은 그보다 훨씬 넓었기에), 고등교육 기관에서 일하면서 기부자들이 전통적인 방식에서 벗어나 (우리가 아직 완전히 이해하지는 못하는) 미래로 나아가는 새로운 길을 개척하는 기부를 하게 만드는 일은 정말로 마법 같은 경험이다.

필란트로피 캘리포니아Philanthropy California 연합을 이루는 개인들과 단체들, 그리고 유나이티드 필란트로피 포럼United Philanthropy Forum에서 활동하는 모든 분께 감사의 말을 전한다. 정의 구현 없이는 효과적인 필란트로피 활동을 할 수 없음을 알기에 기부자와 재단에 효과적인 필란트로피 활동을 교육해 주신 모든 분께도 감사드린다. 더 크고 포용적인 텐트를 세워 주신 데이브 비메스더퍼Dave Biemesderfer에게도 찬사를 보낸다. 그것은 필란트로피계의 판도를 완전히 바꾸는 일이었다.

릴리안 렌드바이Liliane Lendvai, 후안 바르가스Juan Vargas, 파올라 일레스카스Paola Illescas, 니키 웨일Nikki Weil의 '브렉퍼스트 클럽Breakfast Club'을 포함한 샌디에이고 리더십 얼라이언스San Diego Leadership Alliance, SDLA, 이머징 프랙티셔너스 인 필란트로피Emerging Practitioners in Philanthropy, EPIP 및 필드스톤 리더십 네트워크Fieldstone Leadership Network는 내가 일을 처리하고 변화를 일으키며 선한 일을 위해 사람들을 동원하는 방식에 오랫동안 영향을 주고 있다. SDLA와 EPIP는 내 가족이나 마찬가지이고, 남편이자 아버지이며 적극적 시민으로 살아가는 나에게 가족은 날이 갈수록 더 중요해지고 있다.

하지만 가장 큰 사랑과 감사를 전해야 할 사람은 내 최고의 옹호자이자 지지자이며 코로나 시대의 사무실 동료인 아내이다. 아내 덕분에 나는 창의적인 면과 정치적인 면을 모두 발휘할 수 있었다. 나의 행동 동기를 이해해 주고 비전통적인(즉 미국적이지 않은) 나의 접근법을 지지해 주었기 때문이다. 아내는 이렇게 해야 내가 제정신을 유지한다는 사실을 알아주고 있지만, 결국에는 아이디어가 바닥나길 바라는 것 같다. 하지만 나는 아내와 아이들 덕분에 더 많은 일을 하고 더 나은 존재가 될 수 있다. 아내에게 미안하지만, 아이디어 고갈은 당분간 없을 것이다!

오스트레일리아의 '우리 집'에 있는 다른 가족과 친구들에게도 감사를 전한다. 여러분의 조언과 응원, 재치와 농담 덕분에 일상의 압박감에서 벗어나 잠시나마 쉴 수 있었다. 두 나라의 시간대가 업무에 영향을 주지 않는다는 점도 너무나 다행이다. 미국에서는 누구도 이해하지 못하는 오스트레일리아 정치 밈meme을 알려주려는 친구들의 끝없는 욕망이 충족되려면 충분한 시간이 필요하니까. 그 덕분에 나는 현실감을 잃지 않을 수 있었다. 언젠가는 오스트레일리아로 돌아가 함께 '선한 싸움'*을 하고 싶다.

드디어 책이 나왔다. 나와 함께 작업하는 데 동의하고, 내 목소리를 잃지 않고 오히려 더 크게 낼 수 있도록 모든 과정을 지도해 준 출판사, 와이즈잉크Wise Ink 팀에게 감사드린다. 와이즈잉크와 같은 가치 중심적인 출판사를 만난 일은 정말로 행운이었고, 주제에 대한 여러분의 열정과 고양이들을 모으는 것 같은 탁월한 진행 실력은 정말로 감탄스러웠다. 옐프Yelp**에 별 5개짜리 리뷰를 남기지 않으면 안 된다!

킥스타터Kickstarter에서 이 프로젝트를 믿고 후원해 주신 분들께 진심으로 감사드린다. 여러분의 지지와 후원은 책 출간에 도움이 되었을 뿐만 아니라, 개인적으로는 굉장히 겸손해지는 경험이었다. 개인적으로 나를 지지해 주신 분과 이 주제에 관한 자연스러운 호기심 때문에 지지해 주신 분 모두가 정말로 내게 큰 의미가 있었다. 스티븐 친Stephen Chin, 버니 리폴Bernie Ripoll, 앤드류 스미스Andrew Smith, 데이비드 슬리거David Sligar, 존 길런John Gillon, 래프 시코네Raff Ciccone, 션 엘로-리베라Sean Elo-Rivera, 베키 필포트Becky Phillpott, 시나 와트Sheena Watt, 로라 프레이저 하디Laura Fraser Hardy, 트리나 엥글러Trina Engler, 조던 지나드Jordan Ginard, 나밋 트리베디Namit Trivedi, 라이언 쉘러Ryan Schaller, 누 트랜Nhu Tran, 매트 페티크Matt Fettig, 매트 다리고Matt D'Arrigo, 켄 라임스Ken Rahmes, 디미티 폴Dimity Paul, 데이비드 쇼David Shaw, 렉서스 터넬Lexus Turnell, 제임스 터넬James Turnell, 콘스탄트 윌슨Constant Wilson, 스콧 페이지Scott Page, 샤론 페인Sharon Payn, 네이트 페어먼Nate Fairman, 데니스 브루스터Dennis Brewster, 앤서니 시안플론

* "오직 너 하나님의 사람이여, 이것을 피하고 정의와 경건함과 믿음과 사랑과 인내와 온유함을 따르며, 믿음의 선한 싸움을 싸우라." 『성서』의 「디모데전서」 6:11~12.
** 미국의 크라우드소싱 리뷰 포럼.

Anthony Cianflone, 린다 르 트랜Linda Le Tran, 브래드 파가노Brad Pagano, 저스틴 누네즈Justin Nunez, 샘 오르Sam Orr, 브렛 콜렛Brett Collett, 샘 라이언Sam Ryan, 앨리슨 매킨타이어Alison Macintyre, 알렉스 라이언Alex Ryan, 매트 버크Matt Burke, 롭 밀스Rob Mills, 필 켈먼Phil Keleman, 존 라임스John Rahmes, 카메론 리드Cameron Reid, 마이클 바우어Michael Bauer, 팀 페이지Tim Page, 다니엘 블레이크Daniel Blake, 스테이시 지나드Stacey Ginard, 애슐리 미란다Ashley Miranda. 칼 마프툼Karl Maftoum, 크리스틴 맥베인-리그Kristin McBain-Rigg와 나디아 클랜시Nadia Clancy에게 감사의 인사를 전한다.

이 책에 떠오르는 리더로 소개되는 데 동의해 주신 모든 분께 감사드린다. 적극적으로 활동하는 이들이 현장에서 무엇을 성취할 수 있는지 보여주는 것은 대단히 중요한 일이다. 사람들은 대형 재단의 리더에 주목하지만, 실제로 일을 처리하여 새로운 차원의 위대함을 성취하는 사람은 엔진룸engine room*에 처박혀 애쓰고 있는 경우가 너무나 많다. 그들 모두가 내게 영감을 주었고, 다른 프로젝트나 결과적으로 세상을 바꾸게 될 일에서 다시 만나길 희망한다. 아드리아나Adriana, 앨리슨Alison, 에프렘Efrem, 에린Erin, 크리스티안Krystian, 라일라Laila, 로라Laura, 메기Meggie, 마이클Michael, 루비Ruby, 새러Sara, 사라Sarah, 세이론Seyron, 자히라Zahirah. 여러분의 별이 계속 떠오르기를 희망한다!

이 책의 후기를 써준 베스 캔터에게 감사의 말을 전한다. 이 후기에는 변화에 대한 2단 접근 방식—하나는 우리가 치유와 사회적, 인종적, 환경적 정의를 향해 나아가는 과정에서 국가가 여전히 감당해야 할 엄청난 압박감이고, 다른 하나는 급속한 기술 변화가 가져올 예상하기 힘든 결과와 그것이 우리의 현재 모습과 주변 환경에 미칠 영향력에 관한 것—을 이해하고 탐색하는 작업 속에서 균형을 찾는 것에 관한 중요한

---

* 엔진룸에는 엔진을 비롯하여 가장 중요한 부품들이 작동하고 있지만 겉으로는 보이지 않아 드러나지 않는다.

내용을 담고 있다. 사회 정의 활동은 힘들고 몸과 마음이 모두 소진될 수 있는 일이니, 이 사실을 잊지 말자. 자신을 친절하게 대하고, 번아웃이 실제로 발생할 가능성과 번아웃이 정신 건강에 미치는 영향을 파악해야 한다. 우리는 끊임없이 서로 연락하여 가장 소중한 사람들과 연결되고 지지를 받을 수 있어야 한다.

베스 캔터가 시민사회 섹터에서 한 일과 그에 따른 영향력은 널리 알려져야 한다. 기술 트렌드의 선구자이자 활기찬 직장의 옹호자인 그녀의 저서, 『비영리 단체 네트워크 측정하기 Measuring the Networked Nonprofit』를 미국 재단협의체 Council on Foundations의 콘퍼런스에서 공짜로 받았는데, 나는 이 책 덕분에 변화 사례를 종합해 인식하려면 데이터가 필수적임을 알게 되었다.

마지막으로 큰 고마움을 전하고 싶은 분은 트리스타 해리스 Trista Harris이다. 그녀는 지난 5년 동안 필란트로피적 미래주의를 개척해 주었고, 미래에 대한 아이디어를 옹호하면 (그리고 시민사회 섹터와 연합하면) 조직화된 필란트로피 활동과 비영리 단체로 우리 시대의 중요한 문제를 해결할 수 있음을 나와 같은 사람들에게 보여주었다.

2018년 샌디에이고 기금조성자 San Diego Grantmakers 콘퍼런스 전날 저녁에 열린 EPIP 행사에서 그녀를 인터뷰하는 기쁨을 누릴 수 있었다. 이 행사를 준비하면서 기술, 트렌드 및 재능에 대한 미래지향적 사고에 눈뜨게 되었고, 이러한 사고가 건강하고 대담한 리더십과 결합되면 5년, 10년, 심지어 50년 후의 지역사회 모습에 관한 진정한 대화를 나눌 수 있음을 알게 되었다.

트리스타의 최근 저서인 『미래의 선 FutureGood』역시 나의 북극성이었으며, 앞으로의 전략적 계획을 세우고자 하는 모든 사람에게 이 책을 추천한다. 이 책은 수동적으로 행동하며 현상 유지에 머무르는 대신 미래지향적으로 생각하려 하는 모든 조직을 위한 입문서이자 로드맵이며 실행 가능한 지침서이다. 그녀의 배경과, 끈기와 영리함을 바탕으로 리처드 브랜슨Richard Branson의 필란트로피 자문단에 들어가게 된 과정에 대해서도 확인할 수 있다. (영어 사용자인 덕분에) 브랜슨의 모든 책을 읽고 난 후에는, 지나간 시대를 정의했던 고착화된 문제에 대한 독특한 접근법을 만들어 낸 사람과 한 발 더 가까워진 느낌이 들어 기분이 좋았다.

그래서 다시금 트리스타에게 감사의 말을 전하고 싶다. 그녀가 미래주의로 가는 길을 개척해 주지 않았다면 이 책은 탄생하지 못했을 것이다.

궁극적으로 이 책은 관련 분야에서 훌륭한 일을 하는 모든 분에게, 특히 매일 나에게 영감을 주는 새로운 리더에게 경의를 표하는 책이다. 이사회를 기쁘게 하는 데 국한되지 않고, 자신의 업무에 도움이 되는 최선의 해답과 접근법을 찾는다는 사명과 개인적 가치를 위해 새로운 접근법을 기꺼이 시도하는 재단 리더에게도 마찬가지로 경의를 표한다.

트위터 역시 정말로 고마운 존재이다. 해시태그를 추가하기만 하면 현재 진행 중인 일을 확인하고, 사람들이 현재와 과거의 문제를 해결하는 혁신적인 방법을 확인하고, 무엇보다도 이들의 작업을 칭찬하는 다른 사람들의 댓글을 읽을 수 있었다. 알고리즘의 추천에서 벗어나 선한 일을 검색한다면, 우리는 소셜미디어의 무한한 긍정적 잠재력을 확인할 수 있다.

이 글을 읽는 모든 분께 말씀드리고 싶은 점이 있다. 사회 변화는 외롭고, 누구도 고마워하지 않는 일이 되기도 한다. 그래서 여러분의 모든 노고에 감사드리며, 여러분이 올바른 길을 가고 있다는 확신을 드리고 싶다. 많은 사람들이 여러분과 연대하여 더 나은 내일을 위해 노력하고 있음을 잊지 마시길. 그리고 더 많은 사람들을 우리의 활동에 동참하도록 이끈다면, 필란트로피 활동의 앞날은 밝을 수밖에 없다.

그러면 "젠장, 이젠 해치울 시간이다It's time to get shit done."*

---

* 이 책의 마지막 장 참조.

필란트로피는 풍부하고 유서 깊은 역사를 가지고 있다. 그러나, 지속적으로 진화하는 사회에서, 우리의 일과 관련된 중요한 이슈에 대해서는 다소 느리고 반응적으로 대응하는 무언가처럼 보일 수 있다. 유익하고 흥미로우며 생각을 자극하는 최신 트렌드들에 대해 이야기하는 사람들은 많다. 그러나 이들조차도 이러한 대응 방식에 또 다른 층을 더하는 것은 아닌가. 우리가 해야 하는 진짜 질문은 다음과 같다. 점진적인 시간의 틀로 미래에 대해 이야기하는 것에서 벗어나, 미래의 트렌드를 정확하게 예측하고 이를 성공적으로 구현하기 위한 토대를 마련하는 방법은 무엇일까?

이 책은 다음의 방법으로 이러한 유형의 질문들을 탐구하고자 한다.

- 필란트로피가 혁신할 시기에 이르렀다는 믿음을 주장한다.
- 필란트로피가 임팩트를 유지하고, 어떤 면에서, 유의미함을 유지하기 위해서는 필란트로피의 어떤 요소들이 진화해야 함을 인정한다.
- 사회가 더 이상 모두에게 기회가 주어지지 않는 방식으로 불균형하게 구조화되었다는 사실을 인정한다.
- 필란트로피의 미래를 개념화할 필요성을 언급하며, 토론을 활성화하고 보다 역동적인 섹터를 구축하는 데 도움을 준다.
- 이 분야의 리더들과 기업가들이 우리 지역사회를 위한 모금에 좀 더

창의적으로 접근하도록 영감을 준다.

- 어렵지 않은 전문용어로 '초급자 안내서' 스타일처럼 생각을 표현하고, 과정을 통해서 아이디어를 증폭시키며, 기술의 투입보다 사회적 산출을 추구한다.

나는 필란트로피적 미래주의는 일반주의자의 접근으로 제공되어야 한다고 믿는다. 그리고 그것을 바라볼 수 있게 하는 기술과 사회에 대한 이해를 통해 가장 잘 제공된다는 이론을 믿는다. 이를 너무 잘 알아서 위험한, 시민섹터의 렌즈를 통해 미래에 적용해야 한다.

하지만 나는 30년 동안 미래학자라기보다는 몽상가에 가까웠다. 나는 '내면 깊은 곳에서 우러나오는 열정' 때문이 아니라 '내가 원한다면 얻을 수 있다'고 말해주는 사회에 의해 특권 의식에 사로잡혀 세상에 나의 흔적을 남길 수 있다고 믿었던 사람이다.

어린 시절에 나는 호기심보다 특권 의식이 가득했고, 그것은 부모님과 사회에 의해 내 정신에 박혀버렸다. 나는 대처 총리 시절에 영국 런던 외곽의 근로자 계급 가정에서 태어났고, 부모님은 자본주의와 소비주의, 그리고 모든 지인들 앞에서 성공한 것처럼 보이려는 끊임없는 욕구에 의해 대단히 물질주의적인 열망을 구현하셨다.

외적 성취에 대한 아버지의 갈망은 우리 가족에게 균열을 불러온 위험한 허울이 되었고, 현대의 포퓰리즘과 당신이 결코 부자가 되지 못했다는 사실 때문에 부분적으로 증폭된 자격지심 형성에 기여했다. 책임을 지기보다는 남을 탓하는 것이 훨씬 쉬웠고, 결국 이런 태도는 우리 사이를 돌이킬 수 없을 정도로 틀어지게 했다. 하지만 아버지가 당신의 잘못을 인정하시고 내 잘못도 당연히 수용할 용기가 있으셨다면 쉽게 해결될 수 있었던 문제였다.

부모님이 나빴다는 말은 아니다. 부모님은 서로를 매우 사랑하셨고,

이러한 유대감은 1980년대 초반의 경기 침체와 맞물린 생활고를 감당하지 못했던 다른 수많은 부부들이 각자의 길을 가던 와중에도 우리 가족이 한 지붕 아래에서 살 수 있게 해주었다. 나는 이런 대조적인 모습을 자주 목격했고, 친구 집 위층에서 놀다가 끔찍한 비명을 들었던 기억이 지금도 생생하다. 전화기가 크고 무거운 플라스틱 장치였던 시절, 아래층으로 뛰어 내려간 우리는 계부가 전화기로 때려 피투성이가 된 친구 어머니를 봤다. 이 기억은 지금까지도 나를 뒤흔들고 있으며, 평등과 페미니즘 같은 이슈들에 관해서 이야기할 때 완전히 다른 방식으로 접근하게 되었다.

하지만 단란함은 오로지 우리 어머니-아버지 것이었다. 나는 두 분과 함께할 수 없었고, 그분들에게 절대로 초대받지 못했을 정도로 그분들은 굳건한 유대감을 가지고 있었다. 그래서 아주 어린 시절에 너무나 외로웠던 나는, 학교에서 끊임없이 쓸데없는 말썽을 일으켰다. 내 존재를 드러내려면 행동하는 수밖에 없었으니까.

그렇지만 당신이 우리 집을 방문했다면 그런 점을 짐작하지 못했을 것이다. 우리가 받은 수많은 트로피가 벽난로 위 선반에 자랑스럽게 놓여 있었으니까. 커다란 스크랩북을 나와 내 형제·자매에 관한 글들이 채웠고, 삶의 중요한 순간들을 포착한 사진들이 벽을 장식했으며, 연휴 동안 가족 비디오 동영상이 반복 재생되었다. 하지만 커튼을 치우면 당신은 그것들이 아버지가 부모로서 거둔 '성공'의 상징일 뿐이며, 모든 중요한 순간은 아버지의 카메라에 담기지 않았음을 알게 된다. 부모님은 결코 그런 자리에 계시지 않았으니까 말이다. 내게는 의미가 있었던 행사에 부모님이 함께 계셨던 기억이 평생 떠오르지 않는 것이다.

이러한 배경이 내가 공직에 들어온 계기다. 부모님의 부재로 나만의 공동체를, 다른 멘토들을, 그리고 의미를 찾아야 했고, 그때부터 그들이 내게 베푼 은혜를 갚아야 한다고 마음을 먹었던 것이다.

하지만 나는 배은망덕한 놈은 아니다. 그리고 나 자신도 부모가 되어 보니 부모님이 치르셨던 많은 희생을 인식하지도, 알지도 못했었다는 사실을 깨우쳤다. 하지만 부모님께서는 내 인생의 궤도를 완전히 바꿔 놓은 일을 하나 하셨다. 나는 그 점에 대해서는 진심으로 감사드린다. 1997년 부모님은 어린 우리들을 데리고 오스트레일리아로 이민을 가기로 했다. 나는 고등학교 졸업까지 1년밖에 안 남았지만, 전혀 고민하지 않았다. 특히 내가 당시 걷던 길에서 더 어두운 길로 들어가는 것을 피하기 위해서라도 내 인생을 다시 시작할 수 있는 기회였으니까 말이다.

지구 반대편으로 이사한 덕분에 나는 내 미래에 대해 진지하게 생각하고 더 나은 사람이 되고자 도전하려는 기회를 받았다. 더 잘하고자, 더 나은 사람이 되고자, 더 나은 시민이 되고자 했다. 나는 학교에 열심히 다녔고, 성적이 그다지 좋지는 않았지만 영국에 있을 때보다는 훨씬 좋아서 가족 중 처음으로 대학에 갈 수 있었다.

퀸즐랜드 주 북부의 타운스빌 시에 있는 지역 대학교인 제임스 쿡 대학교James Cook University에서 1년 가량 법학과 물리학 수업을 들은 후, 경영학만이 내가 이해하고 적용할 수 있는 유일한 교육 과정임을 깨달았다. 그래서 같은 퀸즐랜드 주에 있는 브리즈번 시로 이사하여 퀸즐랜드 공과대학교Queensland University of Technology, QUT에 편입했다. 브리즈번에 있던 친한 친구가 나를 브리즈번 북부의 교외에 있는 카셀다인 캠퍼스Carseldine Campus 소속 스포츠·레크리에이션 코디네이터로 활동해 보라면서 학생회에 초대했다. 나는 이벤트를 기획하고 새로운 사람들을 만나는 일이 멋질 것 같았다. 1년 안에 나는 4만 명에 달하는 회원들, 100명이 넘는 직원들과 백만 달러에 달하는 예산을 보유한 조직의 재정·운영과 정책을 이끌게 되었다.

이 역할을 수행하면서 나는 대학평의회, 학생학사위원회, 학생소청위원회에서 학생 대표로도 활동하면서 자원 학생 조합주의voluntary student unionism*를 직시하고서 필수적인 학생 서비스를 살리고, 스포츠에서 지속되는 성차별 문제를 해소하기 위해 학생들의 권리를 옹호하고, 캠퍼스 전체의 주요 선거운동들을 이끌었다. 또한 나는 미국에서 가장 고무적인 (그리고 야심찬) 학생 정치인들과 전국적으로 함께 일했다. 그중 상당수가 현재 상원의원이거나 미국 정부나 주의 대표가 되어 전 세계가 부러워하는 진정한 진보적 정책들을 추진하고 있다.

이 모든 일은 내 나이가 20대 초반일 때 일어났다. 말도 안 되게 가파른 학습 곡선이 아닌가! 아울러 초고속 성숙 과정이 아닐 수 없다! 내 인생의 또 다른 장은 나를 성장시키고, 내 이기적 성향을 넘어서 내 결점을 이해하고, 내가 가진 특권을 확인시켜주었다.

나는 QUT에서 경영·광고를 전공하여 경영학 학위를 취득한 뒤 정계에 보좌관으로 들어가 주·연방 단위의 접전 지역구marginal seat** 선거운동에 참여했다. 내가 옥슬리 연방 선거인단에서 근무한 5년 동안 내가 이끌었던 선거운동은 우리 지역의 시민 인프라에 25억 오스트레일리아달러가 넘는 자금을 활용했다. 이는 특히 원주민들***, 베트남계 이민자들과 사모아인들의 공동체가 있는, 가장 다양하면서 경제적으로 어려운 유권자들이라는 점을 고려하면 특히 중요했다. 또한 소외된 지역사회의 문제와 그들의 관습, 그리고 무엇보다도 그들의 지역사회가 각자 어떻게 단합하는지(총체적으로 오스트레일리아 이민 1세대로서 그들의 신앙과 사업, 가족의 성공을 이

---

*   오스트레일리아 및 뉴질랜드의 대학에서 학생회 등 학생 조직의 회원 가입 및 회비 지불이 자발적으로 이루어지게 하는 정책이다.

**   단일승자 투표제 시스템(single-winner voting system)에서 실시되는 입법 선거에서 한 후보가 56프로 미만의 지지율을 확보한 선거구로, 지지하는 정당이 뚜렷하게 나뉘어 있지 않은 지역을 의미하며 선거 결과에 큰 영향을 불러올 수 있다.

***   '애버리지니(Aborigine)'라고 불리며, 오스트레일리아 대륙에 유럽인들이 들어오기 한참 전에 들어와 정착했기에 '퍼스트 오스트레일리안(First Australian)'이라고도 불린다.

끄는 방법)에 대한 실질적인 통찰력을 얻는 데 도움이 되었다. 나는 그들 대부분을 좋아했고, 혹은 그들과 직접 관계를 맺었었다. 매일 이들을 위해 봉사하고 이들의 이익을 대변하는 일은 너무나 즐거웠다.

이 시기에 나는 남반구에서 가장 큰 시 정부인 브리즈번 시의회 Brisbane City Council의 선거에 출마하기도 했다. 나는 엄밀히 따지면 당선될 가능성이 거의 없었던 선거구에서 당시 야당 지도자에게 졌지만, 해당 선거에서는 내 선거운동이 판세를 뒤집었으며, 심지어 대다수 투표소들에서는 내가 우리 시장 후보를 앞질렀다. 나는 적극적인 교통수단active transport* 플랫폼을 활용하면서 정보가 없는 많은 도로 공사 관련 계획들에 반대하고, 더 나은 대중교통 수단을 옹호하며, 녹지를 보호하려고 했다. 이는 즐거운 경험이었고, 덕분에 나는 더 나은 선거운동원이자 시민 리더가 될 수 있었다. 후보자가 어떻게 느끼는지 이해하고, 대중과 소통하고, 변화에 대한 비전을 명확하게 표현하는 것은 선거운동원이 결코 포착할 수 없는, 정말로 독특한 관점이다.

그러다 2010년 평생 한 번 겪기도 힘들 홍수가 우리 지역을 강타했다. 가장 큰 타격을 입은 지역은 우리가 살았던 곳인 브리즈번과 입스위치 사이에 있는 웨스턴코리도Western Corridor였다. 홍수 당시 수위는 최대 4.5m에 달했고, 주민 20만 명 이상이 피해를 봤으며, 재산 피해액은 24억 오스트레일리아 달러에 달했다. 카약 선수 2명이 연방 선거 사무실이 있던 지역을 노를 저어 지나가는 초현실적인 사진이 찍혔는데, 이 사진 덕분에 우리 지역사회의 참상이 더욱 부각되었다. 그래서 우리는 3미터 높이의 팝업 텐트** 1개를 구해 지역의 중심지인 굿나Goodna 근교에 설치하고 청소를 시작했다. 우리 지역사회가 가급적 빨리 회복할 수 있도록

---

* 시내에서 모는 자전거나 스쿠터 같은 교통수단이다.

** three—by—three—meter pop—up tent. 야외에서 하는 박람회 등 이벤트에서 사용하는, 벽이 없는 텐트다.

뭐라도 해야 했기 때문이다.

이 자연재해 때문에 나는 상반된 감정을 느꼈다. 한편으로는 인류에 대한 내 믿음을 회복했다. 사람들은 서로 도우려고 모였다. 멀리 시드니에서 휴가를 내고 온 사람들이 장갑을 끼고 종일 무급으로 일하기도 했다. 다른 한편으로는 삶이 얼마나 연약할 수 있는지를 확인했다. 머리 위에는 지붕이 있고 식탁에는 음식이 있다는 것을 당연하게 여겨서는 안 된다는 사실을 이 사건이 증명했으니까 말이다.

선거 사무실 전화는 내 휴대폰과 연결되었다. 나는 매일 밤마다 주민들에게서 "무엇을 해야 하나요?", "어디로 가야 하나요?"라고 묻는 전화를 받았다. 그들은 주체할 수 없는 눈물을 흘리며 처음 보는 사람에게 고민을 쏟아냈고, 자살 충동을 털어놓기도 했다. 지역사회에는 시련의 시기였고, 이를 다시 정상 궤도로 되돌리려면 많은 치유와 재건이 필요했다.

이 사건은 나를 변화시켰다. 내가 옳은 일을 하고 있음을 다시 확인하면서도 뒤로 한 걸음 물러나 다음에는 무엇을 해야 할지 생각해보게 되었다. 나는 지칠 대로 지쳤지만 관두면 사람들이 실망할까 봐 두려웠다. 지역사회를 위한 봉사는 언제나 설명하기 어려운 독특한 압박을 받는다. 또한 종종 달성하기가 대단히 어려운 균형 유지도 신경 써야 했다.

그래서 나는 대다수 사람들이 해답을 구하고자 할 때, 그리고 경제적 여유가 있을 때 하는 일을 했다. 자아를 찾으려고 유럽 여행을 예약한 것이다.

이 여행에서 내가 미래의 아내를 만나게 될 줄은 꿈에도 몰랐다. 우리는 로마에서 정말 우연히 만났다. 아내는 미국 캘리포니아 주의 샌디에이고 시에서 왔기에 함께하려면 몇 가지 선택을 해야 했다. 나는 일하기 시작한 지 8개월도 안 된 직장을 그만두고 수많은 정치적 기록물들을 내 가족과 살던 집에 있던 상자에 담은 뒤 캘리포니아로 떠났다. 돌이켜보면 정말 미친 결정이었고, 수많은 다른 길을 선택할 수도 있었다. 하지만 지금 우리는 행복한 결혼 생활을 하고 있으며, 훌륭한 두 아이들과 버릇없는 유기견 한 마리를 키우고 있으며, 기부자조언기금Donor-Advised Funds, DAF*도 하나 갖고 있다.

미국으로 이주한 후 몇 가지 일을 해봤다. 미국 그린 챔버 오브 커머스US Green Chamber of Commerce**에서 정부 관계 및 공공 정책 부서를 설립하는 일을 도왔다. 「샌디에이고 업타운 뉴스San Diego Uptown News」에서 프리랜서 기자로 활동했으며(z 대신 모음과 s를 선호하는 성향에도 불구하고 1면 기사를 성공적으로 전달했다), 준프로 축구팀인 샌디에이고 플래시San Diego Flash의 지역사회 참여 활동을 진행했다. 이후에는 불꽃에 뛰어드는 나방처럼 레드 투 블루 타겟티드 캠페인red-to-blue targeted campaign***을 진행하는 캘리포니아 민주당의 현장 조직원으로서 정치계에 복귀했다. 나는 아드레날린과 긴박함, 부동층과의 대화, 그 작업을 함께하는 팀원들과의 동료애가 너무나 좋았다. 나는 선거운동에 참가하면서 평생 친구들을 만들었으며, 내 정치적 견해에 도전하거나 강화시켜준 사람들도 만났다. 하지만 그 시간이 너무 많이 들었고 너무나 힘들었다. 아이를 키우는 젊은 가정의 생활과 양립하기 어려웠다. 그래서 선거 운동이 (근소한 차이의 승리로) 끝난 뒤 나는 다음 직장을 좀 더 신중하게 선택하기로 했다.

이때 필란트로피의 세계가 찾아왔다.

---

* 기금 제공자가 기부의사를 확정한 뒤 기부자조언기금 계좌에 기부를 하면 금융회사가 운용을 맡아서 발생한 수익을 지원 대상자 또는 기관에 전달하는 방식이다. 기금 제공자는 기부한 자산에 대한 운영·배분에 대해 지속적인 조언을 할 수 있으므로 재단을 설립하여 운영하는 것과 같은 효과가 있다.
** 미국의 비영리 단체로, 친환경적이고 지속가능한 사업 관행을 강조하는 기업·지역사회 조직을 위한 전국적인 네트워킹 조직이다.
*** 미국에서 공화당이 우세한 주(레드 스테이트Red state)를 민주당이 우세한 주(블루 스테이트Blue state)로 전환하는 것을 목표로 하는 선거 운동이다.

샌디에이고 재단의 자선 기부팀에서 일할 기회가 생긴 것이다. 원래 그 역할은 모금 업무였지만, 훨씬 더 많은 잠재력을 가지고 있었다. 나는 서류상으로는 모든 업무를 책임질 수 없었지만, 운이 좋아서 훌륭한 조력자가 있었던 덕분에 면접을 진행할 수 있었다. 내가 '스콧 피터스를 의회로Scott Peters for Congress'라는 선거 운동에서 만났던 브리트니 베일리 Brittany Bailey가 채용 담당자에게 이메일을 보냈는데, 그 내용이 너무나 훌륭해서 당혹스러울 정도였다(브리트니는 아주 멋진 사람이며, 지금은 역할이 완전히 바뀌어 현재는 진보 성향인 샌디에이고 시장의 정치 참모다). 면접을 네 번이나 거친 끝에 나는 자선 기부와 새로 설립된 (그리고 훗날 내가 직접 운영할) 샌디에이고 재단 시민 참여 센터San Diego Foundation Center for Civic Engagement를 위한 재원을 마련하는 재단의 상시모금기금annual fund*인 시민 리더십 기금Civic Leadership Fund의 새 관리자가 되었다.

필란트로피는 나와 아주 잘 어울렸다. 여전히 지역사회를 위해서 일하는 것은 같았지만, 나는 주민들에게 '아무개에게 투표해주세요'라고 요구하는 대신, 주민들이 자기네 지역사회의 변화를 이끌 수 있도록 기금을 지원할 수 있는 기회를 적극적으로 찾아주었다. 내가 직접 이끌게 된 시민 리더십 기금은 회원들을 더 젊고 다채로운 리더들로 교체하고, 새로운 운영 커뮤니티(재단 역사상 최초로 유색인종 사람들이 다수인 위원회)로서 목소리를 높였으며, 더 많은 기금 제공자들이 비영리 단체들 및 지역사회 리더들과 거리를 두는 대신 독특한 이벤트들을 다양하게 벌여서 동참하도록 돕는 것을 목표로 했다.

나는 샌디에이고 재단에서 내가 경험한 것들을 이 책 전반에서 다루면서 몇몇 사례를 강조하였다. 즉, 지역재단들이 어떻게 시민 참여의 최전선에 설 기회를 놓치는지, 우리 지역사회에 진정한 활력과 목적의식을

---

* 비영리 단체가 일년 내내 지속적으로 모금하는 모든 자금을 가리키는 포괄적인 용어이다.

불어넣을 수 있는 공유된 솔루션들을 촉진할 수 있는 다양한 기회들을 놓치고 있는지에 대한 사례이다. "지역재단들은 단순한 자선 은행 이상의 역할을 할 수 있고, 또 그렇게 해야 한다." 그러나 나중에 알게 되겠지만 내 접근법은 리더십과 때때로 갈등을 빚기도 했다. 나는 '나이 많은 백인들의 돈old white money'*에서 더 나아가야 한다고 공개적으로 주장했고, 이 때문에 가장 적절한 방법으로 부드러운 질책을 받았다. 이 사실은 기존의 필란트로피가 내가 요구하는 유형의 변화를 받아들일 준비가 되지 않았음을 보여주는 경고였어야 했다.

　다음 단계는 풀뿌리 비영리 단체였다. 정치인이 되려고 출마했던 때처럼 나는 내가 종사하는 섹터의 모든 측면을 이해하고 싶었기 때문에 기금을 지원하는 기관에서 기부자의 지원을 적극적으로 끌어내는 기관으로 간 것은 당연한 선택이었다. 그리하여 착륙한 지점은 진짜 독특한 교육 프로그램인 액세스 유스 아카데미Access Youth Academy, AYA였다. AYA의 사명, 프로그래밍, 학생들 및 리더십은 투지, 영감, 비전의 완벽한 조합이었다. 이들의 어반 스쿼시 프로그램urban squash program**은 저소득층 청소년이 가족 중에서 처음으로 대학을 졸업할 수 있도록 도와주는데, 당시 스쿼시 프로그램을 운영하는 (특히 동해안 지역의) 많은 대학들이 장학금 대상자들을 충원하고 다양화하는 데 어려움을 겪고 있었다(그 학생들의 이야기 중 하나는 애플Apple TV+의 '리틀 아메리카Little America' 시리즈 중 '재규어The Jaguar'라는 에피소드에서 포착되었는데, 볼 만한 가치가 있다). 이 프로그램은 대학에 입학했을 때 학생들

---

* Old money는 '대를 이어 물려받은 재산이 있는 부자'를 의미하고, white money는 '합법적으로 벌어들인 돈' 혹은 '관련 세금을 다 낸 돈'을 의미한다.

** 어반 스쿼시(Urban Squash)는 성공적인 성인 생활을 위한 디딤돌로서 교육과 스쿼시를 함께 연결하려는 프로그램에서 사용되는 용어이다. 다양한 변형이 있을 수 있지만 원칙적 틀은 한 지붕 아래 또는 인근 시설에서 교육과 스쿼시 놀이를 함께 모아 어린이들이 공부 후 스쿼시뿐만 아니라 강력한 학문적 입력을 가질 수 있도록 하는 것이다.

의 어려움이 끝나지는 않는다는 사실을 여실히 보여준다는 점에서 할렘 칠드런스 존Harlem Children's Zone의 '요람에서 직장까지'라는 접근법과 구조가 유사하다. 이는 AYA가 고등학교와 대학교, 심지어 대학교 졸업 후 2년까지 이 아이들을 지원하는 12년짜리 프로그램을 시행하는 이유다. 이때 기부자의 네트워크는 그들의 돈보다 훨씬 더 가치 있었다.

  AYA가 한 모든 일은 전략적이었다. AYA는 미국 최고의 혁신 학교인 캘리포니아 대학교 샌디에이고 캠퍼스University of California San Diego, UCSD의 프로우스 스쿨Preuss School에서 훌륭한 학교 파트너를 찾아냈다. 반드시 운동을 잘하거나 전 과목 A를 받지는 못하더라도 확고한 의지를 가진 학생들을 대상으로 했다. AYA는 해당 학생의 가족과 면담하여 자녀에 대한 책임감과 프로그램 참여를 약속받고, 도시에서 가장 영향력 있는 인사들 중 일부를 이사회에 영입하여 (기부금 1만 달러로) 이러한 성공을 확장시키고 임팩트를 확대하도록 도왔다. AYA는 앞으로 수년 안에 아트 스쿼시 및 교육 센터로 이전할 예정인데, 이 센터는 (공교롭게도) 제프리 캐나다Geoffrey Canada와 그의 할렘 프로미스존Harlem Promise Zone* 모델의 작업에서 영감을 받은 오바마 행정부의 계획initiative인 전국 22개 프로미스존 중 하나에 속해 있다. 프로미스존 및 기회 구역opportunity zone**이 비영리 단체들을 위한 새로운 기금 조달 기회를 활용하고 기존의 '집중 모금 캠페인capital campaign'***의 셈법을 재구성하는 데 어떻게 도움이 되는지에

---

* 고도 빈곤 지구에 연방정부와 지역 지도자들이 연합해서 경제활동을 늘리고, 교육 기회를 개선하고, 다른 해당 지역사회 현안에 우선하여 민간 투자를 독려하는 구역. 이 책의 11장 참조.

** 적격 기회 펀드(Qualified Opportunity Funds)에 자본 수익을 재투자하여 성장할 수 있도록 지정된 인구 조사 구역으로, 2017년에 제정된 '세금 감면 및 일자리법(Tax Cuts and Jobs Act)'에 따라 만들어진 지정·투자 프로그램에 의해서 저소득층 지역에 대한 특정 투자가 세금 혜택을 받을 수 있도록 허용한다.

*** 연중 상시 모금하는 annual campaign과 달리 일정 기간 동안 거액을 모금하는

대한 이 프로세스는 이 책의 뒷부분에서 더 자세히 설명한다.

샌디에이고 시로부터 1,250만 달러에 달하는 신규시장 세액 공제New Markets Tax Credits*에 대한 기금 조달이 된다는 확인을 받은 후, 나는 지금이 새로운 도전을 위한 완벽한 시기이며, AYA가 새로운 모금 단계로 전환함에 따라 새로운 인력과 에너지를 확보할 완벽한 때이기도 하다고 생각했다. 나는 120개에 달하는 지역사회 재단들과 기업·정부 기금 제공자들로 구성된 회원제 조직인 샌디에이고 기금조성자 협회San Diego Grantmakers, SDG의 이사에게서 일자리를 제안받았다. 새로 만들어진 이 직책은 100만 달러에 달하는 역량 강화 보조금Capacity-building grant을 바탕으로 조직을 유지하고 성장시키기 위한 새로운 자원을 구축하는 역할을 맡았다. 나는 이를 완벽한 발전 기회로 여겼다. 샌디에이고는 대기업의 자금 담당자들, 주 단위 재단들, 그리고 당신도 관련 제품을 한 번쯤은 구매해봤을 법한 대형 가족 재단들의 지원을 받는 다른 대도시 지역들에 비하면 필란트로피 사업의 규모가 매우 작았지만, 그래도 솔직히 내가 이 분야에 복귀할 마지막 기회였던 것이다.

나는 SDG의 당시 CEO였던 낸시 제이미슨Nancy Jamison을 존경했고, 그곳 직원들 또한 높이 평가했기에 SDG에도 마음이 끌렸다. 나는 샌디에이고 재단에서 일을 마치기 전 어느 시점에 재단 행사장으로 가던 중 이런 생각이 들었다. '와, 여기서는 어려운 이슈들에 대해 논의하고 일을 마무리하려는 진짜 에너지와 의지가 있구나.' 기분이 상쾌했다. 이후 낸시와 면접을 한 시간 정도 진행했다. 낸시는 친절하고 매력적이며 매우 지적인 리더였다. 또한 영광을 누리는 걸 기꺼이 남들과 함께하며, 내·외부의 '거

캠페인이다.

* 신규시장 세액 공제(New Markets Tax Credit Program)는 미국의 연방 금융 프로그램으로, 연방 세금 공제를 통해 미국의 저소득 지역사회에서 비즈니스 및 부동산 투자를 촉진하는 목적으로 시행되고 있다(출처: 위키백과).

미래의 필란트로피

북한 문제들'을 모두에게 털어놓고, 당신이 더 많은 도전을 하도록 독려하는 사람이었다. 우리는 현재의 필란트로피 활동의 현황과 해당 섹터에 존재하는 기회들, 그리고 현재의 조직 문화를 향상시키려는 열정에 대해 이야기했다. 나는 온종일 거기에 앉아 있어도 말할 것과 배울 것이 부족하지 않을 것만 같았다.

내가 SDG에 합류했을 때 우리가 가장 먼저 작업한 일 중 하나는 조직을 위한 새로운 전략 계획을 마무리하는 것이었다. 우리는 우리의 가치에 '미래 중심*future focused*'이라는 용어를 추가했다. 우리는 문서 전반에 '형평성', '사회 정의', '기회'라는 단어를 삽입했는데, 이를 보일 듯 말 듯 추가한 게 아니라 확실하게 언급했다. 우리는 기부 서클giving circle*과 임팩트 투자impact investing** 같은 새로운 형태의 기금 조달이 필요하다고 강조했다. 우리는 우리의 전체 사명과 비전을 다시 작성하도록 스스로에게 강제하는 새로운 DNA를 효과적으로 설계했다. 변화는 실현 가능하다. 당신이 용기 있는 리더십을 조금이라도 발휘하고, 애써 시간을 내 적절한 인재들을 직원과 이사회로 영입하며, 당신 자신도 조직을 단순히 점검 정도 하면서 자리를 지키려는 것이 아니라 실질적인 임팩트를 발휘하는 데 필요한 일을 할 의사가 있다면 말이다.

SDG는 내 일에서 더 많은 의미를 찾은 곳이기도 했다. 나는 내가 일하는 분야의 다른 사람들이 자신들이 하는 일과의 실질적인 연관성, 즉 행동하지 않을 수 없도록 독려하는 비길 데 없는 열정을 보여주었기에 종종 경외심이 들었다. 그러나 때때로 내 열정이 부족하거나 대의가 정서적으로 충분히 와 닿지 못했기 때문에 내가 추구하는 방향이 맞

---

* 돈이나 시간을 기부하기 위해 개인들이 자발적인 협회를 구성하는 참여형 필란트로피 활동이다.
** 재정적 수익과 함께 예측 가능한 사회 또는 환경 문제들을 해결하는 것을 목적으로 하는 투자다.

는지 의문이 들기도 했다. 나도 공감을 하고, 그것이 옳다는 것도 알지만, 무언가 혹은 다른 사람을 위해 내 모든 것을 실제로 포기하지는 않을 것 같았다. 이는 떠오르는 리더들이 매일 겪는 '가면 증후군impostor syndrome'*의 증상이었을지도 모른다.

　그러다 불현듯 변화가 찾아왔다. 형평성 추구를 위한 공동 노력의 일환으로 필란트로피 캘리포니아Philanthropy California(노스캘리포니아와 사우스캘리포니아의 연합체)가 우리를 교육할 컨설던트를 고용했다. 그는 인종의 역사에 대해 교육하고, 우리의 선입견들에 도전하며, 알리십allyship**부터 백인우월주의와 백인성whiteness***에 이르기까지 모든 것에 대해 토론을 해주었다.

　인종 교육은 내 눈을 열어주었다. 미국사 교육을 제대로 받지 못한 상태로 미국에 왔기에 나는 열린 마음으로 이 일에 접근할 수 있었고, 미국의 과거를 비판적인 시각과 호기심으로 볼 수 있었으며, 미국이 왜 '이 지경이 되었는지'를 질문할 수 있었다. 노예제, 평등권, 지금도 계속되는 경찰의 폭력 행위 같은 재앙은 미국 역사에 얼룩진 문제이기에 우리는 더 많은 조치를 취해야 한다. 우리는 정의와 변화를 위해 싸워야 하며, 선출직 공직자들과 우리를 보호하겠다고 약속한 사람들에게 책임을 묻고, 그들이 더 나은 사람, 더 공정하고 더 정의로운 사람이 될 수 있게 해야 한다. 그래야 많은 경우에 우리 지역사회의 특정 부분들이 지속적으로 두려움에 떨면서 살아가는 이유들을 복잡하게 만드는 것도 멈출

---

*　자신이 이룬 업적을 스스로 의심하는 심리적 현상으로, 자신의 성공은 우연이며 남들이 생각하는 것만큼 자신이 뛰어나지 않다고 여기며, 언젠가는 모두가 그 사실을 알게 될 거라고 여기면서 불안해하는 증후군이다.

**　억압·차별을 당하는 사람들이나 모임들의 연합이다.

***　백인들이 자신들의 관습, 문화 및 신념을 타 인종들의 것과 비교할 때 기준으로 작동하는 방식이다. 이는 미국 인종 문제 이해의 핵심으로서 미국 역사 전반에 걸쳐 등장한 '백인이 아닌 사람들은 열등하거나 비정상적이다'라고 여기는 문화를 만들어냈다.

수 있다.

이 시기에 나는 아이가 생겼고, 그래서 미국 시민이 되기로 결심했다. 우리 지역사회가 존중받고, 보호받으며, 연결되어 있다고 느끼게 하기 위해서 내가 할 수 있는 가장 기본적인 일은 투표였으니까.

나는 지금도 현 상태를 유지하기 위해 구축된 시스템에 대해 최대한 학습하고 있으며, 이로써 변화를 위한 이런 운동을 돕고 다른 사람들을 고무시키기 위해 내가 가진 특권을 사용할 수 있는 방법도 찾아낼 수 있다. 나는 문에 발을 들여놓을 수 있지만 바로 들어가지 않고, 문을 열어두고 내가 데려올 수 있었던 다른 사람들이 테이블에 앉을 수 있도록 문을 잡고 있을 것이다. 우리는 다양한 방법으로 이 테이블을 다룰 수 있는데, 여기에 대해서는 이 책의 주요 부분에서 자세히 말하겠다. 아울러 나는 다양성을 돕고, 소외된 집단이 필란트로피 활동에 참여하도록 도우며, 임금 격차 및 기타 불평등한 점들을 근절하는 데 도움이 될 수 있는 다양한 운영 전략들에 대해 이야기할 것이다. 또한 기술은 우리 사회의 구조 때문에 소외당한 사람들을 고무시킬 수 있는 잠재력을 가지고 있지만, 인간의 의식이 코딩화되면서 생겨나는 암묵적인 편견과 인공지능AI의 의도치 않은 결과로 이러한 발전이 얼마나 쉽게 방해받을 수 있는지도 설명할 것이다.

하지만 이 책을 읽고 충분히 다루지 않았다고 생각하거나 내가 이 플랫폼을 더 효과적으로 사용할 수 있었을 것이라고 생각할 수도 있다. 내 대답은 이러한 이슈들의 당사자들이라서 이들에 대해 더 잘 이해하는 더 나은 대변인들이 존재한다는 것이다. 지금 내가 할 수 있는 최선의 역할은 기회가 있을 때마다 그들의 일을 지원하고 확장하는 것이다. 이 책에는 이 분야에서 훌륭한 일을 하는 사람들의 명단을 참고 자료로 넣었다. 꼭 읽어 보시고 당신은 무엇을 할 수 있고 또 어떻게 도울 수 있는지에 대한 쉽지 않을 대화를 시작해보자.

SDG에서 진정한 성취감을 느끼면서 보냈던 시절을 되돌아보니 다음과 같은 성취들이 있었다. '형평성 및 혁신 기금Equity and Innovation Fund'을 만들고, 조직의 운영 예산을 2배에 달하는 연간 4백만 달러로 늘렸으며, 새로운 공공 정책 위원회 및 3개년 정책 어젠다를 수립했다. 낸시가 CEO직에서 물러났을 때, 나는 이제 다음 단계로 나아가야 할 때가 왔다는 것을 알았다. 나는 낸시에게서 더 많은 것을 배우고, 직업적으로는 물론 개인적으로도 성장하기 위해 그 조직에 합류했다. 그리고 나는 그렇게 했다.

그 2년 동안 나는 단지 연결해주는 사람이 아니라 이 분야의 잠재적인 리더가 되기 위해 노력하기로 결심했다. 나는 항상 내 미래가 어떤 모습일지 계속 고민하면서 늘 다른 사람을 먼저 승진시켰다. 마음 한구석에는 오스트레일리아로 돌아가 필란트로피 섹터의 개혁을 주도하고, 어쩌면 다시 공직에 출마할 수도 있겠다는 생각을 항상 품고 있었다. 아울러 아내와 나는 샌디에이고에서 집을 살 여유가 없었기에, 내 집 마련이라는 꿈을 실현하고 아이들을 위한 기반도 마련하기 위해서 다른 도시로 이사하면 어떻겠느냐는 이야기도 나누었다. 마치 현재의 삶과 직업, 그리고 거주하는 도시에 다시 헌신해야 하는 힘든 과정을 매년 거쳐야 하는 것만 같았다.

그래서 나는 계속 이러지도 저러지도 못하면서 괴로워할 것이 아니라, 내 능력을 키우고 발전시키는 데 도움이 될 수 있는 기회라면 지나치지 않고 잡기로 결심했다.

그해 나는 SDLA의 회원이 되었고, 필드스톤 리더십Fieldstone Leadership의 이머징 논프로핏 리더Emerging Nonprofit Leaders 집단에 합류했으며, EPIP 샌디에이고 지부의 의장이 되었다. EPIP 샌디에이고 지부는 자격을 갖춘 회원이 거의 없는 도시에서 계속되던 회원 이탈을 막기 위해서는 다정한 사랑이 담긴 보살핌과 새로운 리더십 그룹 영입이라는 새로운 북극성*을 추진해야 했다. 이 북극성은 코로나19 팬데믹 때문에 2020년으로 연기되었던 EPIP 전국 콘퍼런스 개최권을 확보함으로써 우리 도시를 전국에 선보이는 계기가 되었다.

그래서 낸시가 나에게 더 많은 것을 요구하는 동안, 나는 앞에서 언급한 집단과의 특별한 경험들과 배움들로 다음 도전을 적극적으로 모색할 수 있는 자신감을 얻었다. 이는 내셔널 대학교National University의 수석보좌관 역할 그리고 퍼스트 프리미어 은행First Premier Bank의 설립자인 T. 데니 샌포드T. Denny Sanford에게서 자금을 지원받는 1억 8,500만 달러 규모의 야심찬 필란트로피 프로젝트로 이루어졌다. 나는 훌륭한 필란트로피 활동가들이 대형 재단이라는 발판 없이도 규모에 따라 이슈에 접근하여 문제를 해결해가는지, 나는 이 경험들에 대해 책의 뒷부분에서 많이 설명할 것이다.

당신은 이런 생각을 하고 있을 것이다. '좋아요, 좋아, 알겠습니다. 당신은 필란트로피 활동에 대해 이해하고 있다는 걸 보여줬어요. 하지만 기술은 이 대화에서 어디에 적용되죠? 당신은 어떻게 이 주제에 대한 권위자가 되셨나요?'

일단 나는 권위자와는 거리가 멀다. 하지만 나는 기술에 관한 흥미로운 배경이 있고, 보면 볼수록 아버지가 결국 내 경력에 긍정적인 영향을 미쳤음을 더 많이 알게 된다.

아버지는 할 수 있는 일이라면 뭐든 하셨다. 인쇄와 노인 돌봄 관련 일을 하시다가 골동품 가게를 운영하셨는데, 이 가게는 나중에 스포츠용품점으로 바뀐다. 말년에는 청소하는 일로 하루하루를 보내셨다. 하지만 아버지는 차라리 발명가로 기억되기를 원하셨고, 그 주장에는 일리가 있었다. 아버지는 대단히 창의적이셨고, 국제 특허도 여러 개 보유하셨다. 서글프게도 아버지에게는 신용과 인내심, 마무리가 부족해 '집에

---

* 북극성(North Star)은 달성하기 위해 노력하고 있는 팀 또는 회사의 장기적인 방향성, 목표를 의미하는 표현이다.

서 만든 시제품' 단계를 넘기지 못하셨다. 내가 미국으로 이주하자 아버지는 나를 항상 마케팅에 끌어들이려 하셨다(아버지는 미국의 사업 오디션 TV 프로그램인 '샤크 탱크Shark Tank'의 광팬이셨다). 아버지의 아이디어들은 단순한 혁신에 불과했지만, 그런 아이디어는 수백 개에 달했고, 여기에는 교훈이 있다. 상황을 개선할 방법은 다양하며, 기술은 이러한 선택지들을 탐색하고 유망한 선택지들을 신속히 구현하는 데 도움이 된다는 것이다.

나는 기술로 시민 담론을 개선하고, 시민 참여를 증진하며, 투표율을 높일 방법을 오랫동안 생각해왔다. 일부는 성공했지만, 본격화된 것은 없었다. 하지만 이 모든 것들은 기술의 장래성 그리고 활용할 수 있을 분야에 대한 이해에 영향을 미쳤다. 나는 코드를 사용하여 화이트 라벨 제품white-label offering*을 개선하고, 이러한 아이디어가 원칙적으로는 물론 시제품을 성공적으로 제작하는 것으로도 가능하다는 사실을 보여주는 방법을 배웠다. 하지만 내 주된 질문은 언제나 이것이었다. 어떻게 하면 시민, 정부, 비영리 단체의 기술 채택 관련 장벽을 넘어설 수 있을까?

이 분야의 여러 창업자들과 이야기를 나눈 후, 나는 이 분야는 너무 큰 비용이 들고, 주기를 심하게 타며, 온전히 접근하기가 어렵다는 사실을 확인했다. 마치 기술 분야에서 사용자 수용user adoption**에 도달하는 유일한 길은 상용화뿐이며, 성공은 엑시트exit 아니면 기업 공개initial public offering, IPO***라는 관점으로 왜곡된 것 같았다.

이러한 핵심 지표를 달성하지 못해서 도태된 모든 놀라운 아이디어들,

---

* 한 기업이 제조한 제품이나 서비스를 다른 기업이 만든 것처럼 보이게 하려고 브랜드를 변경한 것이다.

** 새로운 사용자가 당신이 만든 제품으로 작업을 시작하면서 장기적으로 사용하기 위해 거치는 과정이다. 즉, 새로운 사용자가 오래된 제품을 버리고 자신의 요구에 더 적합하면서 목표 달성을 돕는 데도 더 효과적인 새로운 제품·시스템을 채택하기로 적극적으로 결정하는 것이다.

*** 기업의 주식을 기관 투자자 및 개인 투자자에게 판매하는 공모다.

기술과 사람들을 생각하면 몸서리가 쳐진다. 구글, 페이스북, 아마존에서 주목받던 사람들이 자신의 일을 보다 시민중심적인 업무로 전환했다면 어땠을지 상상해보라. 중간선거 기간에 투표율을 30% 높이고, 도시의 만성적인 노숙인을 90%나 줄이며, 또는 최신 인구 조사 때 전체 인구를 파악하는 데 도움을 줌으로써 세수를 수백만 달러나 확보하고, 지역사회의 대표성을 높일 수 있는 무언가를 만들 수도 있었을 것이다. 아무리 엉뚱한 아이디어라도 우리 지역사회에서 번뜩이는 영감을 모두 포착하기 위해 '시민 아이디어 은행civic ideas bank'을 만들 수도 있다. 이 은행은 개인의 독창성을 보여주는 온라인 박물관과 대단히 비슷하며, 사람들은 이 은행에서 자신의 성공 여부에 관계없이 자신의 작품과 학습한 내용을 공유하고, 작업 중인 유사한 아이디어의 잠재력을 발휘할 수 있는 잠재적인 솔루션을 선별할 수 있다.

나는 현재 텍사스 주 오스틴 시에 있는 텍사스 대학교에 재직하고 있으며, 단일 학과에 배치된 몇 안 되는 개발 담당 이사 중 한 명이다. 내 일은 텍사스 대학교 컴퓨터 과학과에 상당한 기부를 하는 데 관심이 있는 개인 기부자들을 파악하고, 학과별 계획과 교수 연구에 대한 최신 정보를 제공하기 위해서 전국적인 동문 및 기부자 네트워크와 만나는 것이다. 지금 내가 맡고 있는 이 업무는 내 열정과 기술이 완벽한 조화를 이룬 것이다. 텍사스 대학교 컴퓨터 과학과는 미국에서 상위 10위 안에 드는 교육 과정이며, 「US 뉴스 앤 월드 리포트the US News & World Report」에 따르면 최근 애플과 테슬라가 미국에서 가장 살기 좋은 곳에 새 캠퍼스를 짓겠다고 발표한 덕분에 오스틴 시는 (실리콘밸리 외곽에서) 가장 큰 기술 중심지 중 하나로 급부상하고 있다.

나는 2016년 사우스 바이 사우스웨스트South by Southwest, SXSW에서 '시민 리더에게는 새로운 시민 기술이 필요하다'라는 주제로 연설하려고 오스틴을 처음 방문했는데, 이때 오스틴에 완전히 매료되었다. 가장 좋았던 순간은 실제 연설보다 그럼피 캣Grumpy Cat*을 만난 것이었다. 하지만 이 도시는 우리가 칼리-바하Cali-Baja**를 벗어나 이사 갈 곳으로 급부상했다. 비록 우리의 이동이 코로나19 팬데믹에 방해를 받아서 이 글을 쓰는 현재까지 8개월 넘게 고립된 채 새로운 동네를 살펴보지도 못했지만, 기술 분야에서 진정으로 뛰어난 인재들과 함께 일하는 것을 진심으로 즐겼으며, 인공지능AI 분야에서 2천만 달러에 달하는 국립 과학 재단 보조금을 성공적으로 지원받은 작업 그리고 이 책의 마지막 대주제 중 대부분을 집필할 수 있도록 영감을 주었던 새로운 머신러닝 연구소의 설립을 지켜본 나는 텍사스 대학교와 나 모두에게 어떤 미래가 찾아올지 기대하고 있다.

나는 미래의 자랑스러운 학생이다. 나는 우리 사회가 힘을 합치면 산도 옮길 수 있다고 믿는다. 나는 우리 지역사회가 함께하면 '불만'이라는 바다도 가를 수 있다고 믿는다. 그리고 나는 사람들이 기회에 연결되고, 그들의 눈이 그들의 잠재력을 최대한 발휘할 때, 우리는 이 세상을 자유롭게 만들 수 있다고 진심으로 믿는다. 사실 우리는 과장법과 열망적인 수사법을 넘어서는 미래에 대해서는 언급조차 하지 않는다. 제아무리 낙관적인 사람들조차 왜 믿지 않는지 궁금한가? 그들이 할 수 있는 최선의 것이라곤 단지 희망하는 것일 뿐이라서다.

이 책의 목표는 이 섹터에 대한 사람들의 믿음을 회복하는 것이다. 이것이 바로 지금 우리에게 필요한 변화다. 왜냐하면 누군가는 더 나은 세상을 바라는 정도가 아니라 더 나은 세상을 믿을 때 행동하기 때문이

---

* 타바사 번데센(Tabatha Bundesen)이 키우던 고양이로, 2012년 4월 4일 출생했으며, 특유의 심술궂은 표정이 온라인상에서 큰 인기를 끈 뒤 영화 출연이나 광고 모델 섭외 등으로 '고양이 셀럽'이 되었다. 2019년 사망했다.
** 미국의 캘리포니아 주와 멕시코의 바하칼리포르니아 주 간 국경 지역 도시들로 구성된 광대한 지역으로, 경제 활동은 물론 세계적인 수준의 대학 교육으로 유명하다.

다. 하지만 현대 사회에서 희망은 사치가 아닐까? 사람들은 그들이 변화시키려는 시스템들이 그들에게 가치가 있는 모든 것을 위해서 그들의 시간과 재능, 자원을 모두 소모하고 있을 때 자신의 믿음을 실현하기 위해서 더 많이 노력하는 데 필요한 시간이나 에너지가 있을까? 근무가 끝나면 완전히 지치는데 말이다. 많은 이들에게 희망이란 우리 시대의 가장 복잡하고 결정적인 문제에 관여하는 것이 아니라, 식탁에 음식을 차리고, 지붕이 있는 곳에서 생활하며, 직업이 안정되는 것이다.

이 책에 관한 몇 가지 참고 사항들

먼저 이 책은 어떤 책이 아닌지를 설명하겠다. 이 책은 희망의 개념, 분열되고 양극화가 이루어진 사회를 통합할 하늘이 내린 지도자의 필요성, 개인적 목적이라는 보이지 않는 힘을 다루는 책이 아니다. 이 책은 우리의 미래가 어떠할지 이해하고, 어떻게 인재를 발굴하고 유지할지를 이해하기 위한 책이다. 또한 그 인재들에게 더 좋은 도구와 시스템을 어떻게 제공할 수 있는지, 그리고 만약 성공한다면 그것이 사람들에게 평등하게 돌아갈 수 있는 솔루션을 개발할 수 있는지를 탐구하는 책이다.

이 책에 수록된 아이디어들은 의도적인 변화에 뿌리를 두고 있는바, 앞으로 10년 동안 어떤 방식으로든 적용한다면 당신의 정치적 성향에 따라 전선이 나뉘는 상황에서도 우리가 서로에 대한 상호 존중하에 가족들, 친구들, 이웃들을 위해서 최선의 것을 추구하기 위해 연대하는 방식으로 우리 사회의 구조를 다시 짜는 것을 시작하게 할 것이다. "밀물은 모든 배를 띄운다"*는 말은 우리가 희망을 잃지 않게 하는 훌륭한 슬

---

* 미국 제35대 대통령 존 F. 케네디의 명언으로, 국가 차원에서 복지를 키우면 모든 사람들이 혜택을 입게 되니, 기부와 자선보다 국가 시스템 개선을 우선해야 한다는 의

로건이지만, 그렇다고 누군가가 물에 빠져 죽게 두어선 안 된다.

또한 이 책은 이 책에서 논의하는 일부 주제들을 다른 나라들이 어떻게 다루었는지에 따른 다른 권장 사항 같은 것을 제공하지는 않는다. 오스트레일리아와 사우디아라비아의 필란트로피 활동 현황을 다룬 부분에서는 몇 가지 차이점을 강조하지만, 나는 오랫동안 "글쎄요, 거기서는 효과가 있습니다!"라는 식의 주장은 우리의 역사, 시스템, 문화가 제각각이라는 사실을 인정하지 않는 '게으른 전략'이라고 생각해왔다. 나는 내 업무 중 일부에서 "혁신은 새롭지 않아도 된다. 사용자에게만 새로우면 괜찮다"라는 접근법을 사용한다고 공언하지만, 정책은 일괄적으로 제공되지 않으며, 대다수 스칸디나비아 국가들에서 채택한 가족친화적인 정책조차도 당신이 믿고 쓸 이케아IKEA 제품처럼 뚝딱 만들어낼 수가 없다. 변화가 쉽다고 생각하는 사람들은 시민 참여civic participation와 아이디어 경쟁battle for ideas을 전혀 이해하지 못하는 사람이다.

이제 당신은 이 책이 어떤 책인지 알게되었을 테니까, 지금부터는 재미있는 이야기를 해보겠다.

이 책은 전환점 관련 트렌드들, 인재와 운영 및 인적 자원HR, 그리고 우리 섹터를 혁신할 잠재력이 있는 미래 기술이라는 세 가지 주요 주제로 구성되었다. 주제들은 당신이 채택하여 발전시킬 수 있도록 제안된 아이디어들과 통찰력 그리고 잠재적인 애플리케이션들과 함께 자세히 설명되었다. 이 책은 임팩트 투자부터 기부 서클, 다양성, 형평성, 포용성DEI 제공, 미래의 일자리, 2030년과 그 이후에 이 섹터의 모습(AI, 머신러닝, 심지어 양자 컴퓨터를 사용하는 것이 전 세계 자선 단체들을 위해 무엇을 의미하는지 그리고 무엇을 할 수 있는지도 포함)에 이르는 다양한 주제를 다루며, 2030년 및 그 이후의 필란트로피 섹터는 어떤 모습일지도 살펴본다. 또한 우편 서비스, 프로 스포

미를 담고 있다.

츠림, 기빙튜스데이GivingTuesday* 같은 필란트로피 활동에 중점을 두고 개선할 수 있는 여러 기관들을 살펴보는 보너스 섹션도 있다.

하지만 내가 가장 좋아하는 부분은 필란트로피 활동 및 기술 분야의 떠오르는 리더 14명을 조명한 부분이다. 이들은 일솜씨가 정말로 탁월하기에 나는 지난 수년 동안 이들의 다양한 능력을 활용하여 일하는 즐거움을 누렸다. 이러한 '미래 특집'은 영감을 주는 만큼 많은 생각을 하게 만들었으며, 실제로 변화가 일어나는 모습을 볼 수 있는 좋은 방법이자, 이러한 리더들의 결단력이 실제로 뚜렷하고 궁극적으로는 전염성도 있다는 사실을 깨닫게 된다! 그들이 재단을 이끌고, 의원으로서 의회에 참석하며, 수백만 명에 달하는 시민들의 삶을 개선할 솔루션들을 마련하리라 믿어 의심치 않는다.

이 책은 뉴욕에서 열린 클린턴 글로벌 이니셔티브Clinton Global Initiative에서 전시된 가상 현실virtual reality, VR 디스플레이와의 상호작용을 계기로 시작된 2년에 걸친 '자발적 노력labor of love'의 결실이다. 이 상호작용은 기술에서 트렌드들에 이르는, 그리고 사회의 가장 시급한 수요를 해결하기 위한 혁신적인 새로운 생각에 이르기까지 필란트로피 활동의 미래가 어떤 모습일지에 대한 관심을 불러일으켰다. 이 책은 단순히 펜과 노트에만 한 실행의 결과물이 아니다. 이 책은 다음과 같은 전문적인 관점과 개인적인 관점 모두에서 필란트로피 활동의 모든 측면에 걸친 엄청난 경험에 근거한 것이다.

- **관념화와 실험**: 기부자조언기금donor-advised fund, DAF의 민주화, 투표 참여 및 시민 담론 재건을 중시하는 시민 참여 도구의 원형을 구축했다.
- **학습과 경청**: 인종 차별과 불평등의 근본 원인을 이해하고 의문을 제

---

* 미국에서 '추수감사절 다음 화요일'을 의미하는 단어에서 파생된 전 세계적 기부 활동 비영리 단체의 이름이다.

기하기 위해 1년 동안 다양성 교육에 참여하고, 보다 독창적인 방식으로 지역사회에 참여하며, 수많은 혁신적인 리더십 집단에 참여했다.

• 출장과 연설: 사우스 바이 사우스웨스트SXSW에서 시민 기술에 대해 논의하고, 미국 홍보 협회 국제 콘퍼런스Public Relations Society of America's International Conference, PRSA ICON에서 VR/AR 기부자 참여에 대해 논의하며, 파운데이션즈 온 더 힐Foundations on the Hill을 위해서 매년 워싱턴 DC를 방문했다.

• 모임 주최와 저술: 독서 클럽, 몰입형 이벤트, 라이브 팟캐스트를 주최하고, 궁극적으로는 이 책에 나오는 많은 아이디어들을 뒷받침하는 블로그를 만들었다.

순조롭지는 않았다. 예전에 내가 속한 조직들에서 대화, 기회 및 효율성에 대해 제기할 때마다 당황한 표정과 더불어 "내년에 하죠" 같은 반응을 접했다. 나는 거의 언제나 누군가가 머리를 쓱 쓰다듬고 가버리는 강아지가 된 것만 같았다.

오해하지 말기를 바란다. 미래에 대해 논의하는 것은 관심과 존중을 요구한다. 행동하지 않음으로써 발생하는 비용이 때로는 행동함으로써 발생하는 비용보다 훨씬 더 크기 때문이다. 내가 제안하는 것은 획기적이지는 않다. 이 기술은 이미 존재하며, 효과가 입증되었다. 새로운 용도에 맞춰 다시 만들면 된다. 나는 기금조성자 콘퍼런스에서 간단한 VR 스테이션을 강력히 추천했었다. 저명한 미래학자인 트리스타 해리스Trista Harris를 주요 연사로 초청했기에 주제와도 아주 잘 어울렸다. 하지만 리더십이 어떻게 작동하는지, 어떤 가치를 가져다주는지, 그리고 참가자들이 그것으로부터 무엇을 얻을지에 대해서는 운영진 사이에 실질적인 불통이 있었다. 미래주의는 사회를 발전시키는 만큼 사람들에게 깨달음을 준다. 그래서 사람들은 몰입형 경험에 감탄하고 강렬한 이야기에 감동을 받아서 '내가 무엇이 될 수 있을까?'를 생각하며 돌아가기 마련이다. 하지만 사람들은 그 대신 우리 조직의 로고가 새겨진 싸구려 선글라스를 받았다. 기회를 놓쳐서 아쉽다.

정말로 미래에 초점을 맞춘 시민사회 섹터 콘퍼런스가 반드시 개최되어야 한다. 많은 조직들에서 이를 시도했지만 진정으로 성공한 조직은 없다. 사실, 내가 본 어떤 것도 클린턴 글로벌 이니셔티브에서 주최한 콘퍼런스의 발치에도 미치지 못했다. 이 이벤트는 스타를 만나기 위한 행사가 아니었다. 데이먼드 존Daymond John에게 신분증을 보여 달라고 한 뒤 그의 태도를 보거나, 첼시 클린턴Chelsea Clinton이 디켐베 무톰보Dikembe Mutombo와 하이파이브를 하려고 오두방정을 떠는 것을 보거나, 내가 센트럴 파크Central Park에서 열리는 처치스Chvrches 콘서트에 가야 했기에 빌 클린턴을 만날 기회를 포기했던 일에 관한 것도 아니었다. 오히려 이 행사는 나를 비롯한 많은 이들의 인생을 변화시킨 경험이었다. 이 행사는 실제 자원을 가진 사람들과 기업들을 한데 모아 주요 콘퍼런스 주제에 대한 협업을 촉진하는 방식으로 변화를 실현하고 참여를 유도했다. 각 기조연설이 끝난 뒤 회원들은 회의실들로 뛰어 들어가 아이디어들을 쏟아내고 파트너십을 맺거나 내년에 우리 세상을 뒤집을 수 있을 방법들에 대해 논의했다. 이 행사에서는 질병, 환경 보호 이슈들, 교육 접근성과 성취 같은 다양한 주제를 다루었다. 협력자들이 행동 계획에 동의하면 부저를 울리고 무대에서 합의 사항을 발표한 뒤 다음 해에 다시 보고한다.

대단하지 않은가? 내가 할 일은 이러한 접근법을 다시 포착하여 민주당과 공화당 사이의 진정한 초당파적 부문 간 실질적 약속을 변경하고, 투명하면서 책임감 있는 방식으로 모든 것을 정직하게 유지하도록 돕는 것일테다. 이 콘퍼런스는 수백만 명에게 영향을 미쳤으며, 오늘날의 고약한 '취소 문화cancel culture'*로 단절되지 않고 시간이 지남에 따라 조명될 유산에 기여했다.

새로운 운동에 대한 내 첫 기여가 이 책이라고 치자. 이 책은 대담한 변화를 위한 청사진이자, 자신이 억압받는다고 느끼는 모든 이들에게는 "무기를 들라!"는 호소다. 지금은 누군가가 큰 댄스파티에 불러주기를 기다리면서 벤치에 앉아 있을 때가 아니다.

이제는 일어서서 자신을 믿고, 이 새로운 리더들이 분열된 사회를 복구하며 미국에서의 삶에 수반되는 열망(자녀가 태어났을 때 당신이 상상한 자녀의 성공적인 미래, 꿈에 그리던 일을 시작할 때의 설렘, 또는 가족의 자유와 안전한 피난처를 위해 목숨을 걸었던 사람들에게 더 밝은 미래가 주어지리라는 약속)을 회복하는 사람들이 될 수 있다는 태도로 다음 세대를 중심으로 결집해야 할 때다.

나는 진심으로 당신이 이 책 덕분에 많은 생각을 하기를 바라며, 중요한 일을 할 때마다 이 책을 참고하면 좋겠다. 이 책은 방법을 알려주는 책이 아니라 '어떻게 우리가 할 수 있었는지'를 알려주는 책이다. 그러니 당신 자신의 길을 개척하면서 마치 당신의 미래가 그것에 달려 있는 것처럼 당신이 이 세상에서 보고 싶은 변화를 일으키시라.

---

* 주로 저명인사를 대상으로 하는, 과거의 '잘못된' 행동이나 발언을 지적하고 거기에 네티즌들의 비판이 쇄도하게 함으로써 그 사람이 직업이나 사회적 지위를 잃게 만드는 소셜미디어에서의 현상이다.

제1부

미래를 위한 인재들

THE TALENT OF
TOMORROW

1장 새로운 사람들을 테이블에 초대하기

회의 테이블에 더 많은 사람들, 새로운 의견들, 새로운 아이디어들을 더 많이 참여시켜야 한다고 말할 때마다 1달러씩 받았다면 나는 회의용 탁자를 아주 많이 살 수 있었으리라. 이케아에서 파는 거 말고, 스마트 스크린이 내장된 근사한 걸 말이다.

물론 돈은 무조건 옳다.*(말장난은 죄송) 그런데 우리는 올바른 길을 가고 있는가? 아니면 단지 올바른 대화를 따라가고 있을 뿐일까?

우리는 시스템의 변화에 관한 이야기를 많이 나눈다. 그러니까 시스템을 구축·재구축하거나 — 상당히 격정적인 집단에서 — 해체한다면 사람들은 번영할 것이고, 우리 사회도 번창하리라 여긴다.

시스템은 핵심이며, 이는 맞는 말이다. 하지만 '시스템'을 검토하고, 아이디어를 내고, 실행하는 데는 여전히 사람이 필요하다. 우리에게는 변화를 일으키는 데 필요한 에너지가 확실히 존재한다. 하지만 그러한 변화를 일으킬 적절한 인재들을 우리는 보유하고 있는가?

2020년에 일어났던 일들을 고려해보면, 그렇지는 않은 듯하다.

그렇기 때문에 이 책에서는 시민사회 섹터의 인재와 변화를 위한 더 나은 기반을 구축하는 방법을 선제적으로 살펴보면서 새로운 목소리, 접근 방식과 파트너를 살펴보고, 이들이 성공할 수 있는 환경을 조성하는 것에 대해 중요하게 다룬다.

---

* "They are right on the money."에 대한 저자의 유머러스한 표현.

우리는 사람들이 타고난 불리한 여건을 딛고 그걸 극복할 수 있도록 도와야 한다. 그런 다음에는 그들이 잠재력을 최대한 발휘하는 전문가로 성장하게끔 지원해야 한다. 아울러 우리는 강력한 목소리를 내는 지도자 역할을 수행하면서 시민사회 섹터가 갈구하는 생생한 경험을 갖출 기회도 모색해야 한다.

이것은 강요로 산출되는 게 아니라 유동적인 과정이어야 한다. 어쩌다 이루어지는 게 아니라 의도적·전략적으로 달성되는 진보여야 한다. 우리는 외부 세력이 결정하는 변화에 대응하듯이 접근할 게 아니라 우리 미래를 직접 통제해야 한다. 블랙 라이브스 매터Black Lives Matter*는 일시적 유행이 아니라 사회운동이다. 직원들을 다양화하고, 부서들을 다각화하며, 내러티브도 변화시킨 기업들과 기관들 모두 낙오되거나 추월당하리라는 공포가 아니라 미래에 관한 공동 비전으로 동기를 부여받아야 한다.

다양성은 단순히 체크박스용 목록이 아니라 더 나아지겠다는 약속이자, 공정이 핵심이고 정의가 근본이 되는 변화다.

변화는 과정이 아니라 사람이 주도하는 것이다. 아울러 평등을 되찾기 위한 우리 노력의 일환으로, 우리는 기술보다 인재를 우선해야 한다. 기술은 변화의 속도를 높이고 향상시키는 것이지 변화를 주도하는 것은 아니다.

이 점을 고려할 때 당신의 직원들은 당신 조직의 전부를 의미함을 받아들여야 하고, 현재 급여 수준과 직원 개개인의 전문성 개발에 대한 투자, 그들을 계속 근무하게 하려는 노력이 평균에 훨씬 못 미친다는 사실

---

* 블랙 라이브스 매터(Black Lives Matter)는 아프리카계 미국인에 대한 경찰의 잔인함에 따른 사고에 대항하는 시민불복종을 옹호하는 조직화된 움직임을 말한다. 2020년 미국에서 경찰관에 의해 아프리카계 미국인 조지 플로이드가 체포 중 사망한 사건 이후 국제적인 관심을 받았다.

을 인정해야 한다.

　이 첫 번째 핵심 주제에서는 비영리 단체가 인재를 확보하고 유지(이직 방지)하며 사기를 올리는 데 필요한 요소를 집중적으로 살펴본다. 현재의 인력 구성, 행동 방식, 업무 환경과 관련한 현재의 상황에 도전하는 방법까지 설명한다. 시민사회 섹터가 — 직원들의 정체성이 시대에 뒤떨어진 성공관에 좌우되는 대신 앞 세대가 물려준 유산과 재물을 동시에 누릴 수 있도록 — 역동성을 극대화하고 임팩트를 키우기 위해 현재 및 향후 10년간 나아갈 방향도 제시한다.

　이 장에서는 단순히 제 역할만 수행하기보다 궁극적 변화를 선택하는 신진 리더들emerging leaders을 소개하는 '미래의 인물Future Features'도 처음 등장한다. 이 책의 네 가지 핵심 주제를 살펴보면 이들이 필란트로피의 미래를 어떻게 생각하는지를 심층적으로 확인할 수 있다. 처음 소개할 세 명은 다음과 같다.

마이클 워드 주니어MICHAEL WARD JR.

　마이클 워드 주니어는 소외된 지역사회를 위해서, 특히 유색인종 사람들의 사회적 상향 이동upward mobility*과 사회적 자본 증대를 위해서 활동하는 사회적 기업가이다. 현재 미국 텍사스주 오스틴에 사는 마이클은 '오스틴 어반 테크놀로지 무브먼트Austin Urban Technology Movement, AUTM'의 대표다. AUTM은 흑인·동양인·라틴인 커뮤니티에 취업 알선, 경력 개발, 인맥 형성 기회를 제공하여 이들과 기술 산업 분야의 격차를 해소하도록 돕는 비영리 단체다. 마이클은 무작위로 초대한 게스트들과

* 사회적 상향 이동(upward mobility)이란 사회, 경제, 교육 등 다양한 측면에서 개인이나 집단의 사회적 위치가 향상되는 것을 뜻한다.

민감한 주제에 관한 이야기를 나누는 팟캐스트인 컬처 크롤 ATX_{Culture} Crawl ATX의 공동 진행자이기도 하다.

플로리다주 마이애미 출신인 마이클은 노스캐롤라이나주 채플힐에 있는 노스캐롤라이나 대학교에서 정치학과 국제학 학사 학위를 받았다. 재학 시절에는 프랑스에서도 잠시 공부했으며, 스위스 제네바의 '국제 커뮤니케이션 볼런티어즈International Communications Volunteers, ICV'에서도 일했다.

대학 졸업 후 첫 직장이던 오라클Oracle에 근무하면서 클라우드 및 온프레미스(직접 설치 운영 방식)on-premises* 기술용 프런트엔드** 및 백엔드*** 엔터프라이즈 소프트웨어****를 판매했다. 마이클은 오라클에 근무하는 동안 미국과 캐나다, 브라질을 아우르는 흑인 직원 부조 그룹인 '얼라이언스 오브 블랙 리더스 포 엑설런스Alliance of Black Leaders for Excellence, ABLE'를 이끌기도 했다.

마이클은 나중에 '전문 고용가 조직professional employer organization, PEO 지역 관리자' 직함을 받고서 ADP로 이직했다. 마이클은 ADP에서 인적 자본 관리human capital management, HCM가 기업의 지속가능성, 문화 및 수익에 미치는 임팩트에 대해 배웠다. 오스틴의 스타트업 커뮤니티에서도 활약한 마이클은 피트니스 및 신체 재활 회사인 프라이멀 세븐Primal 7의 운영부사장직도 맡았다.

---

* 클라우드와 온프레미스. 사용자가 인터넷 연결을 통해 어디서든 접근할 수 있는 원격 서버를 통해 운영되는 것을 클라우드(cloud) 방식이라 하며, 이와 달리 온프레미스(on−premise)는 소프트웨어를 이용하는 개인 또는 단체가 직접 전산 서버에 설치하여 실행하는 방식을 말한다(출처: 위키백과).

** front−end: 사용자가 직접 접하는 화면인 인터페이스(UI/UX)를 담당하는 영역이다. 사용자가 투입한 것을 처리한 뒤, 결과를 화면에 보여준다.

*** back−end: 사용자에게 보이지 않는 화면인 서버(server)에서 동작하는 프로그램을 담당한다.

**** Enterprise software: 개인이 아니라 조직에서 사용하는 컴퓨터 소프트웨어. '전사적(全社的) 소프트웨어'라고도 한다.

메기 팔머 MEGGIE PALMER

여성이든 남성이든 자신의 가치를 전혀 의심하지 않는다면 어떨까? 협상할 때 드는 불안감을 극복할 수 있다면 어떨까? 자신감 형성이 직원과 동료, 회사에 새로운 기회와 가치를 만들어낸다면 어떨까? 이것은 세계적인 기업가이자 전직 해외 특파원인 메기 팔머가 상상하는 것이다. 메기는 기술을 활용하여 이를 실현시키고 있다.

컬럼비아 대학교와 버나드 대학에서 강의하고, 「보그Vogue」, 「마리끌레르Marie Claire」, 「위민스어젠다Women's Agenda」, 「뉴스코퍼레이션News Corp」 등에 젠더와 다양성에 관한 글을 기고하며 '자신감 창조자confidence creator'라 불리는 메기는 2016년에 컨설팅 회사인 펩토크허PepTalkHer를 설립했다. 이 스타트업의 사명은 전문적이고 야심찬 여성들이 자신의 가치를 파악하고서 임금 협상을 할 수 있도록 도와줌으로써 성별 임금 격차를 줄이는 것이다. 메기와 그녀의 팀은 JP모건 체이스JPMorgan Chase, 에이치에스비시HSBC, 레브론Revlon 같은 다국적 대기업들에서 실용적이고 재미있으며 몰입이 잘 되는 기업 컨설팅 및 교육 프로그램을 진행하고 있다. 이는 기업의 리더가 최우수 직원을 육성하고 보유할 수 있도록 돕는다.

미국에서는 공정하고 투명한 보상을 의무화하는 법안이 진행중이다. 메기는 이미 세일즈포스Salesforce, 컨텐트리Contently, 프로티비티Protiviti 같은 여러 대기업들을 돕고 있다. 혁신을 촉진하는 기술로 변화를 주도하게 하려고 말이다. 많은 CEO들과 인사팀 담당자들은 급여 재평가와 재조정에 민감하겠지만, 구매력을 가진 소비자들이 대표적인 기업과 포용적 가치를 지닌 기업들로 점점 기울면서 이는 갈수록 중요한 이슈가 되고 있다.

펩토크허는 2만 5천 명 이상 회원을 보유한 커뮤니티로 성장했다. 펩토크허 커뮤니티와 교류하면서 인재를 유치하는 데 관심이 있는 앤하이저부시Anheuser-Busch, 에르노 라즐로Erno Laszlo, 세일즈포스 같은 브랜드들과도 자주 제휴하고 있다. 펩토크허는 조직이 밀레니얼 세대 및 높은 잠재력을 지닌 인재들을 보유하고, 고용하고, 이들에게 보상을 지급하게끔 지원하기 위해 전문가들과 함께 독점적인 커리큘럼을 개발했다. 메기는 2019년에 「보그Vogue」와 협업collaboration하여 펩토크허 앱을 출시했다. 이 앱은 넛지 이론*에 따라 사용자에게 격려의 메시지를 매주 보내서 지난 한 주간 직장에서 달성한 성과를 되돌아보게 한다. 이 앱은 사용자가 성과 평가를 좀 더 수월하게 할 수 있도록 하며 사고방식을 성장 지향적으로 전환하도록 돕는다. 사용자는 이 앱의 데이터와 이미지의 추적 기능을 활용해서 성과를 평가할 때 자신을 더욱 잘 홍보하면서 협상하는 데 사용할 '자기홍보용 자료brag book'도 발간·인쇄할 수 있다.

메기는 변화를 만들어내는 사람이다. 메기가 미래에 대해 품고 있는 낙관주의와 열정은 이사회실과 무대에서 빛을 발한다. 메기는 NBC나 「글래머Glamour」 같은 매체와 인터뷰를 하는 등 언론에 정기적으로 등장한다. 열정적이고 영감을 주는 연사이자 코치인 메기는 세일즈포스의 연례 콘퍼런스인 드림포스Dreamforce에서 기조연설을 했으며, 최근에는 「보그」 콘퍼런스에서 주목을 받기도 했다. 메기는 사우스 바이 사우스웨스트SXSW에서 열린 유럽연합의 국제 여성의 날 행사를 비롯해 수십 개에 달하는 범세계적 이벤트들을 진행·주최했다. 메기는 니코 로즈버그Nico Rosberg의 초청을 받아 베를린에서 열린 그린테크 페스티벌Greentech Festival에서도 연설했다.

상까지 받았던 해외 특파원 시절에는 애니멀플래닛Animal Planet, BBC 월드뉴스BBC World News, 채널 7Channel 7, CNBC, 디스커버리 채널Discovery

---

* 넛지 이론(nudge theory)이란 행동 경제학의 한 개념으로, 개인이나 그룹의 선택에 긍정적인 방향으로 영향을 미치는 환경을 설계해 행동과 의사결정을 유도하는 방법을 말한다.

제1부 미래를 위한 인재들

Channel, SBS 데이트라인SBS Dateline 등 세계 각지의 방송사에 내보낼 기사를 작성했다. 메기가 언론인으로서 받은 상으로는 뉴욕 페스티벌 TV 영화상New York Festivals TV&Film Award, UN 미디어상UN Media Award, 월키상Walkley Award 등이 있으며, 퀸즐랜드 올해의 젊은 기자Queensland Young Journalist로 선정되기도 했다.

메기는 펩토크허뿐만 아니라 슬라이딩도어 미디어Sliding Door Media의 창립자 겸 CEO이기도 하다. 메기는 미디어 분야에서 15년간 쌓은 경력을 바탕으로 분석과 일화를 활용하여, 혁신적이고 획기적인 기업을 운영하는 고위 경영진이 스토리텔링의 힘을 사용하여 다양한 형태의 강연 플랫폼platform과 다양한 청중들에게 메시지를 전달할 수 있도록 교육한다.

자원봉사 구조대원volunteer lifesaver이자 더 윙The Wing*의 자랑스러운 회원인 메기는 현재 오스트레일리아 전역에서 학생들에게 가치 기반 리더십을 교육하는 단체인 '번 브라이트Burn Bright'를 비롯한 여러 비영리 단체의 이사로 활동하고 있다. 메기는 또한 기술 분야에서 활약하는 여성들을 위한 비영리 단체인 ELEVACAO의 미국 이사회에도 소속되어 있다.

아드리아나 로손-세발로스ADRIANA LOSON-CEBALLOS

아드리아나는 멕시코시티, 뉴욕, 샌디에이고와 워싱턴 DC에서 인권과 사회 복지, 사회 정의, 예술 및 문화 분야에 종사하는 지역, 국가 및 국제 비영리 단체를 위한 기금 모금을 성공적으로 해왔다. 아드리아나는 거의 10년간 시, 카운티, 주 및 연방 보조금을 받는 데 필요한 제안서를 작성하여 매년 조직 예산의 상당 부분을 확보해왔다. 아드리아나는 또한

* 더 윙(The Wing)은 2016년 미국에서 설립된 여성 중심의 공동 작업 공간 집단이자 회원제 클럽이다.

가족과 지역사회, 기관 및 외국 재단으로부터 최대 100만 달러에 달하는 보조금을 받아 재단 기금을 확보하기도 했다.

아드리아나의 재단 기금 모금 경험은 유력한 기부자 발굴·육성 기술뿐만 아니라 조직의 고객 연계 마케팅customer relationship management, CRM 데이터를 기반으로 하는 증거 중심 전략을 성공적으로 수립할 수 있게 했다. 아드리아나는 뉴욕의 한 사회 봉사 단체를 위한 기업 멤버십 프로그램을 개발했고, 기업의 사회적 책임corporate social responsibility, CSR 목표 달성에 도움을 줄 후원, 보조금, 제휴 기회 같은 조직적 지원도 확보했다. 개인 및 연간 기금 모금 전략을 짜는 데 기여하고 모금 행사도 진행하는 아드리아나는 다양한 기관들에 속한 기부자들 및 이사진들과 유익한 관계를 발전시켰다.

아드리아나는 컬럼비아 대학교에서 인권학 석사 학위를 받았고, 현재 샌디에이고 대학교에서 비영리 및 필란트로피에 기반한 경영에 중점을 둔 리더십 연구학 박사 과정을 이수하고 있다.

———————————

이 책에서 독자는 새로운 리더십이 실제로 활약하는 모습을 보게 될 것이다. 이들과 이들이 하는 일, 그리고 이들의 경험에서 여러분 자신을 발견하기를 바란다. 일을 해내는 사람들을 격려하는 것은 변화를 위한 투쟁이자, 새로운 사람들을 지속적으로 테이블로 불러들이기 위해 우리 모두가 해야 하는 일이기도 하다. 지금부터 의자가 충분한지 확인하자. 그리고 그 의자들을 사람들로 채우기 위해 인내심을 발휘하자. 이것은 이미 시작된 세대 간의 여정이다. 이 여정에는 틀림없이 시련과 고난이 가득할 것이다.

2장

엔진룸*에 투자하기

한 세대의 시민 인재들을 놓치고 있는
우리의 리더십 파이프라인

나를 만나본 사람이라면 내가 두 번째 만남에서 '직업적 절벽professional cliff face'이라고 부르는 주제에 대해 말하리라는 걸 잘 알고 있을 것이다. 이는 내가 민중 선동가여서도 아니고, 지난 10년 동안 끊임없이 변화하는 상황에 치인 끝에 단순히 불평할 생각으로 이러는 것도 아니다. 신진 리더를 중요하게 여기지 않고, 그들이 보고, 작은 권한이라도 가지며 기여할 수 있는 리더십의 길을 제시해주지 않으면 우리는 미래에 우리 지역사회의 진정한 시민자산이 될 이들을 잃는 위험에 처할 것이다. 시민자산이란 지역사회를 발전시키는 데 다양한 방식으로 적극 기여하고, 돈이 선한 일에 쓰이도록 도우며, 이사회와 위원회를 이끌고, 자원봉사를 하고, 자기가 가진 기술과 영향력을 모두 발휘하여 지역을 훨씬 더 살기 좋고 일하기 좋은 곳으로 만드는 사람이다.

이 경우에 절벽은 우리가 커리어를 막 시작했을 때부터 지속적으로 성장하여 20대 후반에는 중간 관리자가 됨으로써 책임은 적고 가처분

---

* 엔진룸에는 엔진을 비롯하여 가장 중요한 부품들이 있다. 저자는 인재를 가장 중요한 부분으로 보고, 이를 엔진룸에 빗대어 표현하며 인재 관리에 투자해야 함을 이야기하고 있다.

소득은 많아 지역사회에서 매우 열정적으로 활동하는 것을 의미한다. 재능과 지식, 인맥을 쌓고 강화하는 데 도움이 되는 다양한 신진 리더십 프로그램들이 상당히 많이 있다.

그러다 어느덧 30대가 된다. 살면서 우리는 더욱 진지한 관계를 맺고, 결혼도 하고, 아이들도 생긴다. 하지만 중대한 사실은 우리가 여전히 중간 관리직에 머물러 있다는 사실이다. 고위직에 있는 사람들은 오랜 시간 그곳에 있으면서 최고 경영진 자리에 오를 기회를 기다리고 있다(10여 년 전만 해도 그들은 우리와 같은 위치에 있었는데 말이다).

그래서 우리는 표류한다. 우리는 가족과 함께하는 삶에서 더 많은 관계와 목적을 찾아낸다. 주택담보대출을 받고, 나이 든 가족을 돌보고, 자녀의 축구팀 코치로 활동한다. 우리는 계속 열심히 일하며, 승진하기 위해 장애물들을 모두 차단하려고 노력한다. 그래야 삶이 더 편해질 거라고 믿기 때문이다.

하지만 현실에서는 한번 다른 일상에 빠지면 가장 즐거운 방식으로 커뮤니티에 다시 참여하기가 어렵다. 자녀의 무용 발표회에 참석하는 대신 투표를 독려하려고 토요일 아침에 몇 시간 동안 남의 집 문들을 두드리는 걸 정당화하는 건 쉽지 않다. 여기에 스트레스와 피로, 좌절감이 더해지면, 차를 몰고 시청으로 달려가서 동네에 개 놀이공원을 만드는 일이 유익한 이유를 설명하기보다는 저녁에 와인 한 잔과 TV 리모컨에 손을 뻗는 삶에 훨씬 더 끌리기 마련이다.

나는 이런 이야기를 너무나 자주 듣고 지겹도록 자주 본다. 내가 보기에 우리 지역사회를 탁월하게 이끌 성품과 강인함을 갖춘 사람들이 리더십의 정체停滯 때문에 우리 세계에서 빠져나가고 있다. 이들은 더 많은 기회가 있는 대도시로 이주한다. 그리고 다시 돌아와서, 우리가 항상 논의했던 변화를 이루는 데 그 어느 때보다 더 열정적으로 기여하겠다는 말을 남긴 채 시민사회 섹터에서 기업의 세계로 나아간다. 그리고 그 말은 지켜지지 않는다. 삶은 변하기 마련이고, 우리는 다양한 방식으로 캠페인을 지원할 시간이 더 많으며, 포퓰리즘과 실시간으로 싸울 준비가 되어 있고, 저녁 식사 준비를 고민하느라 당신의 연락에 회신이 오래 걸리는 일이 없는 새로운 인재에게 더 끌리기 때문이다.

그야말로 악순환이다. 놀랍게도 상급자나 오래 근무한 CEO가 퇴사하면, 내부 인사를 그 자리에 앉히는 경우는 거의 없다. 사고방식을 바꾸거나 새로운 아이디어와 경험을 도입해야 한다면서 말이다. 대개 완전히 다른 도시나 주에서 온 사람이 그 자리에 앉는다. 아무리 용을 써도 이길 수 없는 경우가 때때로 있기 마련이다.

단도직입적으로 말하자면, 필란트로피 활동은 파이프라인을 관리하기가 가장 어려운 분야다. 지역재단은 특히 더 어렵다.

장기적인 안정성과 직원의 장기근속을 보장했던 나의 이전 조직이, 가스라이팅이 넘치고 자진퇴사를 유도하는 곳으로 변해 가면서 나는 상처를 많이 받았다. 하지만 가장 마음에 걸렸던 관행은 내부 인재를 소홀히 여기는 점이었다(승진을 놓친 직원은 모두 훨씬 더 중요하고 좋은 직책을 찾아 이동했다. 직접 확인해보라). 그렇다면 최고의 인재들이 조직의 추진력과 지원을 바탕으로 계속해서 성장할 수 있도록 도와줄 전략은 무엇일까?

재계약 제한. 정치 분야에서의 임기 제한처럼 리더가 단 한 번의 갱신만 가능한 4~5년 계약을 맺는다면, 성과 달성을 위한 보다 집중적인 노력, 지역사회에 대한 투명성과 책임감 증진, 주기적으로 변화할 기회, 조직의 진화와 전환을 관리할 수 있는 능력 등을 비롯한 많은 이익을 공공기관에 가져다줄 것이다. 하지만 이로 인해 기관의 지식이 주기적으로 손실된다면 어리석은 일이다. 오스트레일리아에서 처음 시작된 '골든 구루golden gurus' 프로그램은 필란트로피의 CEO가 임기말 1~3년 동안 다른 재단에 멘토링이나 컨설팅을 할 수 있게 하는 국가지원 프로그램이다.

이런 프로그램을 도입한다면 매우 유용할 것이다.

교차 교육 Cross-Training. 미래의 리더십 인재는 조직에서 조기에 발굴되어야 하고, 지원을 받아야 한다. 이러한 인재는 조직 내부에서 다양한 방법으로 개발될 수 있지만, 특히 이들이 조직의 다양한 기능을 접함으로써 취약한 분야의 기술을 향상시키는 것이 적절하다. 예를 들자면 프로그램 디렉터는 비영리 금융 분야에서 교육을 받을 수 있고, 개발 담당 디렉터는 새로운 공간 조성 프로젝트를 이끌어 달라는 요청을 받을 수도 있다.

전문 교육. 전문 교육을 받기 위해 재정 지원을 요청하는 일은 불편할 수 있다. 하지만 주로 예산 편성 과정이나 연례 평가 기간에만 요청의 기회가 있다는 것이 이상하다. 이는 마치 혜택을 주기 위한 오픈 인롤먼트open enrollment* 같지만, 예산을 유연하게 책정할 수 있는 것은 오직 주요한 자격 조건을 갖추었을 때에만 해당된다.

마찬가지로, 샌프란시스코에서 열리는 콘퍼런스에 참석하기 위해 1,500달러를 요청하는 것은 국제공인모금전문가Certified Fund Raising Executive, CFRE 자격증 취득에 필요한 비용 지불이나 지역 리더십 모임의 가입을 신청하는 것보다 훨씬 쉽다. 왜 그럴까? 경영진들은 당신이 개인적인 혜택을 얻고 나서, 곧 떠나버릴지도 모른다고 생각하기 때문일까? 만약 그렇다면 이것은 본질적인 이익을 보지 못하는 경영진의 근시안적 기우에 불과할 뿐이다. 콘퍼런스는 낮은 수준의 학습 기회로, 인맥 형성

---

* 미국에서 보험 신청이나 학교 입학 제도에 쓰이는 용어로, 1년에 한 번 일정 기간 동안 누구나 신청, 지원을 할 수 있도록 열어두는 기간을 말한다. 보험 부문에서는 이 기간에만 다양한 보험에 대해 신청, 변경이 가능하며, 학교 부문에서는 이 기간에 누구나 해당 학교에 입학 신청을 할 수 있고, 일부 학교는 타 지역 학생도 신청할 수 있다.

제1부 미래를 위한 인재들

과 아이디어 창출에는 도움이 되지만 관련 분야의 기술과 전문성을 향상시키는 데는 거의 도움이 되지 않는다.

대부분의 직원들은 권력 관계라는 급류에 휩쓸려 자신들이 탄 배가 뒤흔들릴까 두려워서 무언가를 요구하는 걸 꺼린다. 리더는 빛나는 스타와 같은 인재들에게 기회를 적극적으로 제공하여 팀의 역량을 강화하고, 적극적으로 참여시키며, 궁극적으로는 이들이 임무에 몰입하고 사명에 충실하며 열성적으로 일할 수 있게 해야 한다.

안식년 SABBATICALS

안식년에는 조직의 리더십, 미래의 리더 및 지역사회 전체에 엄청난 도움을 줄 수 있는 두 가지 프로그램이 있다. 두 가지 모두 앞에서 '절벽 cliff'으로 설명한 문제들을 해결하는 데 큰 도움을 줄 수 있다.

리더십 안식년. 필란트로피 섹터에서 이 첫 번째 유형의 안식년이 떠오르는 추세이다. 기금 제공자들은 안식년 제도를 통해 직원 유지율을 높이고, 새로운 사고방식과 리더십을 장려하며, 변화의 임계점 tipping point*에 있는 조직들에 안정성을 제공하는 메커니즘을 지원하는 데 대한 이점을 확인하고 있다.

개인의 주도성과 리더십에 보상을 제공하는 가족 재단인 더피 재단 The Durfee Foundation은 지난 20년 동안 이러한 접근 방식을 주도해왔으며, 리더들이 조직에서 벗어나 생각을 정리하고, 기분을 환기하며 재충전할

---

* 임계점(tipping point)이란 물질의 구조와 성질이 다른 상태로 바뀔 때의 온도와 압력을 말한다. 사회적으로는 어떠한 현상이 서서히 진행되다가 작은 요인으로 인해 갑자기 폭발하듯 뒤집히는 것을 말한다.

시간을 가질 수 있도록 급여를 지급하고, 조직의 전환기를 준비하고 관리할 임시 리더십 팀을 지원하는 컨설턴트를 조직들에 제공했다. 특히 한 창립멤버 출신의 중역은 이 경험으로 새로운 활력과 에너지를 얻고 업무에 복귀했고, 그 사이 운영 이사가 조직을 더 큰 시설로 이전하고 조직이 지원할 수 있는 인력을 두 배로 늘리는 작업에서 더 많은 책임을 맡아 수행했다.

이 과정을 지원한 프로그램은 샌디에이고에 기반을 둔 클레어 로즈 재단Clare Rose Foundation과 필드스톤 리더십 네트워크Fieldstone Leadership Network 간의 공동 성과였다. '클레어 로즈 안식년 프로그램Clare Rose Sabbatical Program'은 다음과 같은 방식으로 비영리 단체 네 곳에 매년 지원금을 제공한다.

- 자신이 원하는 방식으로 자신을 성찰하거나 재충전할 수 있도록 급여, 복리후생비 및 여행경비 등을 포함하여 최대 4만 달러까지 지원한다.
- 선발된 지원자의 고용 기관이 전문 인력 양성을 위해 영구적인 회전 기금revolving fund*을 조성할 의사가 있는 경우, 해당 기관에는 최대 5천 달러까지 추가 지원을 제공한다.
- 안식년 동안 이그제큐티브 디렉터executive director의 역할을 수행한 리더 또는 팀에 적절한 보상이나 포상을 제공하기 위한 기금 2,500달러를 조성한다.
- 최대 12시간의 컨설팅 시간을 제공하여 안식년 준비, 안식년 중 업무 및 안식 후 복귀를 지원한다.

---

* 회전 기금(revolving fund)이란 특정한 목적을 위해서만 지출되는 방식으로 운용되는 기금을 말한다.

제1부 미래를 위한 인재들

이러한 내용에서 각 수치는 근거 없이 설정한 게 아니다. 전반적인 접근 방식은 샌디에이고 대학교의 캐스터 패밀리 비영리 및 필란트로피 연구 센터Caster Family Center for Nonprofit and Philanthropic Research와 함께 제작한 강력한 논리 모델을 근거로 하며, 5년간의 체계적인 평가로 더욱 개선되었다. 프로그램 참가자들에게서 확보한 데이터는 이 프로그램이 비영리 리더들을 강화시키고, 조직 역량을 구축하며, 비영리 섹터 활성화에 기여했음을 알려준다.

이 프로그램이 끝나자 몇몇 리더들은 새로운 시작을 할 때가 되었다고 판단했다. 그리고 이들을 대신한 사람은 바로 임시 리더 역할을 했던 사람이었다. 따라서 이러한 프로그램은 리더의 재능을 선보이고, 이사회가 그 인재들을 새로운 관점에서 볼 수 있도록 도와준다. 바로 이것이 많은 리더 지망생들이 극복해야 하는 중요한 허들이다. 많은 사람들이 CEO 역할을 맡을 기회가 왔을 때, (이런 장애물 극복의 경험이 없어) 고려되지 못하는 이유이기도 하다.

직무 안식년. 재단들은 오랫동안 함께 일하고 싶은 유능한 직원이 다른 관심사를 탐색할 수 있도록 장기간 휴직하게 하는 것도 고려할 수 있다. 예를 들자면 재단들은 직원들이 정부 부처에서 일하거나 국제 유연 다체National affinity group의 업무를 지원할 수 있도록 1년짜리 무급 휴직을 제공할 수 있다. 해당 직원들은 자신의 지식을 적용하고 소프트 스킬과 하드 스킬soft and hard skills*을 모두 배우는 새로운 방법들을 접함으로써 이익을 볼 수 있으며, 그들이 속한 조직도 그 직원이 복귀하면 함께 혜택을 누리게 된다. 이는 두 조직이 직원들을 실질적으로 교환하는 데 동의

* 소프트 스킬(soft skill)은 조직 내에서 커뮤니케이션, 팀워크, 리더십 등 수치화하기 어려운 정성적 역량을 말하며, 하드 스킬(hard skill)은 재무, 회계, 마케팅 등 업무별 정량적 측정이 가능한 경영전문지식을 말한다.

하는 '직무 교환' 형태로 수행될 수도 있다. 이러한 조직들은 본질적으로 동일하지 않아도 된다. 예를 들자면 한 조직은 재단이고, 다른 조직은 상공회의소일 수 있다.

현대의 취업 시장은 매우 유동적이어서, 정기적으로 직장을 옮기는 사람도 있고, 10년 이상 같은 조직에 근무하는 사람도 있다(후자는 시간이 갈수록 비표준적인 경우로 취급받고 있다). 사람들이 뭐라고 말하든, 이것은 비단 특정 세대Gen Y*의 문제가 아니다. 어찌 되었든 사람들은 안정적이고 자신의 역할에 맞춰 성장하고 지원을 받으며 잠재력을 발휘할 수 있는 기회를 좋아한다. 따라서 약간의 창의성과 직원 유지를 위한 집중력(그리고 약간의 선견지명)만 발휘한다면, 우리는 새로운 절벽을 만드는 대신 새로운 다리를 놓을수 있다. 그리고 이로써 우리 분야와 커뮤니티는 이익을 얻게 될 것이다.

비영리 섹터 머니볼:
모금 목표를 달성할 새로운 인재 발굴

머니볼Moneyball 이론은 아주 간단하다. 통계 분석을 활용하면 영세한 야구팀도 다른 팀이 저평가하거나 간과하는 자산을 확보하여 (그리고 고평가된 자산을 매각하여) 성공에 도전할 수 있다는 것이다. 비영리 기금 모금이라는 관점에서 보면 이 이론은 전통적으로 적십자사, 미국 암협회나 대형대학교 같은 대규모 국가 기관이나 단체들이 확보해왔던 대규모 기부금을 소규모 조직이 정기적으로 확보하는 일에 비유할 수 있다.

---

* 원서에서는 Y세대(Gen Y)로 표현하였다. Y세대는 밀레니얼이라고도 하며, X세대와 Z세대의 사이에 있는 세대로서, 자라면서 세계화와 인터넷을 경험한 세대를 말한다.

제1부 미래를 위한 인재들

비영리 섹터 관련 정보에 대한 접근성과 투명성이 그 어느 때보다 높아진 현대 사회에서, 더 많은 기부금 확보는 비단 비교적 자리를 잡은 자선 단체만의 사명이 아니다. 단체마다 상당한 격차가 존재하는데, 대표적인 격차가 바로 모금을 가장 잘하는 인재를 확보하는 능력에서 나타난다.

소규모 단체의 모금은 쉽지 않다. 한 사람이 동시에 여러 가지 역할을 수행해야 하기 때문이다. 또는 당신의 성공으로 인해 역으로 불이익을 받을 수도 있다. 더 높아진 기대치와 서비스 수요를 충족하려면 더 많은 기금을 모금해야 하기 때문이다. 그리고 어려운 시기(모금 침체기)가 오면 이전에 당신을 칭찬하던 사람들로부터 가장 먼저 압박감을 느끼게 될 것이다.

소규모 비영리 단체를 위해 모금할 때는 기부자층과 잠재 고객 파이프라인pipeline이 같은 분야에 있는 대형 조직들에 비해 훨씬 작아서 문제가 더욱 복잡해진다. 기존 비영리 단체들 중 대부분은 자금이 고갈되면 3개월을 버틸 수 있을 정도의 유동성만 가지고 있다. 생활비가 임금 인상률과 소비자물가지수Consumer Price Index, CPI 상승률을 훨씬 능가할 때에도 이러한 비영리 단체에서 지급하는 급여는 별로 높아지지 않는다.

간단히 말하자면, 당신이 연간 예산이 100만 달러 미만인 단체에서 모금 업무를 한다면 당신은 고용 불안과 (아마도) 낮은 급여에 끊임없이 시달릴 것이다.

또한 대규모 개발팀과 경쟁해야 하기 때문에 목표 금액을 초과달성할 가능성은 낮다. 그리고 이런 대규모 팀들이 조직 차원에서 활용할 수 있는 마케팅, 행사 및 연구 지원도 받지 못한다.

머니볼은 확실히 스포츠의 전문화를 정의하는 이야기이다. 불후의 명성을 추구하는 구단들이 다른 구단들보다 앞서 나갈 방법을 찾으면서, 통계 분석은 프로 메이저리그 프랜차이즈의 발전을 이끄는 핵심 동력이 되었다. 다른 분야에서도 동일한 현상이 나타나고 있다. 예를 들어 재무 분석가는 통계를 이용해 저평가된 주식과 채권을 찾아낼 수 있다. 그렇다면 왜 필란트로피 활동 단체들은 모금 관련 인재를 식별해내는 추가 데이터 지표date points를 사용하는 데 더딘 걸까?

혁신적인 비영리 단체를 만드는 것은 어렵다. 특히 적절한 인재가 없다면 더욱 그렇다. 적절한 역할에 적합한 직원을 적시에 채용하는 것은 매우 중요한데, 이렇게 하려면 우수한 자원 관리가 필수적이다. 그래서 우리는 인사 관련 데이터에 더 많이 의존해야 하며, 의사 결정에 도움을 줄 새로운 접근 방식과 도구를 모색해야 한다. 이제 비영리 단체가 새로운 인재를 발굴하고 모금이라는 파이에서 더 큰 조각을 취하기 위해 사용할 수 있는 몇 가지 간단한 접근 방식을 살펴보자.

기존 지표 너머를 바라보기. 숙련된 기술 기반을 갖춘 조직은 아무리 복잡한 사회 문제도 해결할 수 있다. 하지만 인사팀은 이 새로운 세대의 비영리 섹터 게임 체인저game changer*를 어디서 찾을 수 있을까? 이러한 인재들을 유치하려면 어떻게 해야 할까? 좋은 소식은 이들을 멀리서 찾을 필요가 없다는 것이다. 말 그대로 게임 체인저 수백 명이 지역사회에서 주기적으로 일하고 있기 때문이다. 이들은 누구일까? 바로 지역사회 조직가들과 정계에서 일하는 직원들이다. 이들은 최종 목표를 정확하게 파악하고 있으며, 측정 기법metric이 얼마나 중요한지도 잘 안다. 이러한 떠오르는 리더들은 사회 문제cause-based issues들과 관련하여 늘 쉬지 않고 일하며, 사람도 충분히 많으며, (특히 선거운동이 끝나면) 즉시 일을 시작할 수 있다. 이들은 탄탄한 인맥을 갖고 있으며, 근면하고, 다재다능하

---

* 어떤 분야의 판도를 바꿀 결정적인 역할을 하는 사람·사건·제품 등을 이르는 말로, 국면을 전환하고 흐름이나 결과를 뒤바꾸는 혁신적인 역할을 했을 때 사용한다. 기존의 진로, 전략, 기본 성격 등을 극적으로 변화시킬 혁명적인 요소다.

다. 또한 이들 중 다수는 '요청'이 얼마나 중요한지를 아는 모금 전문가들이다. 하지만 이들의 문제는 아마도 모든 직무 자격 요건을 다 갖추지는 못한다는 점일 것이다. 어떻게 하면 비영리 단체들이 채용 과정을 통해 적용할 만한 기술을 구분해내고, 궁극적으로는 후보자의 위험을 완화할 수 있는 기존 방식 밖의 방법을 찾도록 도울 수 있을까?

인사팀에 힘 실어주기. 비영리 단체 벤치마크 보고서에 따르면 설문조사에 참여한 인사 담당 임원 중 거의 절반은 조직에 미치는 인사팀의 영향력이 증가했다고 말했다. 이는 인적 자원이 조직의 사명을 수행하는 데 필수적인 역할을 한다는 사실을 최고 경영진이 더 잘 인식하게 되었기 때문이다. 이는 비영리 단체와 공공 및 민간 재단이 인재를 발굴하고 개발해 역량을 강화하고 임팩트를 높이며 목표를 달성할 수 있는 큰 기회이다. 또한 사회 정의가 부의 이전이라는 관점에서 벗어나 모든 사회 구성원들이 잠재력을 발휘할 수 있도록 사회 인프라를 구축하는 쪽으로 전환되면서 필란트로피 센터도 순수한 프로그램 기반 필란트로피 활동에서 비전통적인 지지층을 참여시키고 구축하는 캠페인형 접근 방식으로 변화하고 있다. 이 접근 방식에서는 비전통적인 구성원을 참여시키고 육성하며 섹터 간 파트너십을 개발하는 것이 필란트로피 활동의 수요자들에게 가시적인 성과를 제공하는 데 핵심적이다. 엑스퍼트 HR_{XpertHR}에서 수행한 이 연구는 조직이 성공하는 과정에서 인사팀의 역할에 대한 새로운 인식을 보여주는데, 더 깊이 생각해보면 급변하는 필란트로피 섹터에 적응할 새로운 인재를 조직에 공급하는 인사팀의 역량을 보여준다.

포용적인 채용 장려하기. 현대 노동자 개념이 변화하면서 자격증이 출신 대학의 명성과 학위의 전문성을 빠르게 대체하자, 최소 자격 요건이라는 경직된 조건도 서서히 변화하고 있다. 하지만 여전히 많은 연구에서는 직무 기술서를 작성하고 검토할 때 편견이 작용한다고 말한다. 취업 시장에서 기회의 평등을 보장하기 위해서라도 이는 지속적인 변화의 중심이 되어야 한다. 많은 사람들이 직무 기술서를 읽고 자신이 해당 역할에 '적합하지 않다'고 판단하거나, 합격할 가능성이 너무 낮다고 판단하여 지원을 포기한다. 이는 여성과 유색인종에 대한 임금 불평등이 계속되는 주요 요인이기도 하다. 이러한 시스템 문제를 즉각적으로 해결하는 방법은 직무에 대한 표현을 검토하고 교육 요건들이 관련 경력에 대한 최소한의 요구 사항을 반영하도록 하는 것이다.

기존 네트워크 밖으로 시야 확장하기. 직무 기술서를 더욱 포괄적으로 작성하는 일뿐만 아니라, 구인 광고의 도달 범위를 넓히는 것도 중요하다. 모든 지역 채용 사이트 및 전문 비영리 단체 구인 게시판과 더불어 소득이나 배경을 따지지 않고 모든 구직자들에게 구직 및 경력 개발 리소스resource를 무료로 제공하는 히스패닉계 상공회의소Hispanic Chambers of Commerce, 흑인 비즈니스 협회 지부Black business society chapters, 그리고 인력 제휴업체 및 연합에 기회를 공유하라. 이러한 네트워크는 인재를 늘리는 데 큰 도움이 될 뿐만 아니라, 여기에 소속된 사람들은 사회 변화의 최전선에서 활동한다. 이들이 역할에 지원하거나 이사회에 참여하는 등의 방법으로 조직에 참여하면 당신의 조직은 더욱 풍성해질 것이다. 그러므로 진정성을 담아 손을 내밀어 서로의 사명을 발전시키는 데 도움이 되는 지속적인 파트너십을 형성해야 한다.

급여 은폐를 중지하라. 고용주가 직원의 급여 이력을 요구하는 것을 불법으로 규정하는 법안이 여러 주에서 통과되었지만, 채용 공고를 아주 조금만 더 변화시킨다면 시간과 비용을 절약할 수 있고, 고용 유지율과 임금 형평성 문제에서 중요한 역할을 수행할 수 있다. 급여 은폐는 해당 업무에 따른 급여가 얼마나 되는지를 공개하지 않는 관행인데, 우수한 지원자가 채용 공고를 보자마자 지원을 포기하는 걸 막기 위한 것 같다. 낮은 초봉으로 악명 높은 비영리 섹터에서는 이러한 관행이 문제가 될 수 있다. 이는 결국 지원자가 "사양하겠습니다. 부양해야 할 가족이 있어서요."라고 말하기까지 지원할 곳을 찾고, 지원하고, 이후 심사와 면접에 이르는 채용 과정에서 사람들의 시간을 허비하게 만든다. 이는 아무리 강조해도 지나치지 않다. 즉 직원이 낮은 급여를 받으면 임금 격차가 해결되지 않고, 직원의 평생 소득에 악영향을 주며, 솔직히 말하자면 직책에 대한 지속적인 만족도도 달라진다. 「크로니클 오브 필란트로피 *Chronicle of Philanthropy*」지에 실린 보고서에 따르면 기금 모금가들 중 대부분이 16개월 근무 후 더 많은 보수를 지급하는 곳으로 이직한다. 이직에 따르는 비용은 늘 높은데, 이는 처음부터 급여 범위를 간단히 명시함으로써 사전에 해결할 수 있다. 비영리 섹터의 급여 은폐 문제(그리고 이를 근절해야 하는 이유)는 3장에서 논의하겠다.

직함에 독창성을 갖추라. 나는 나 자신을 기금 모금가라고 소개하지 않고, 누군가가 물어보면 필란트로피 자문가라고 분명하게 설명한다. 직함은 결국 조직의 강력한 '모금 문화'에서 책임자를 식별하는 방법일 뿐이다. 모금에는 많은 준비가 필요하며, 나는 대부분의 기부금이 뛰어난 기부 사례와 함께 철저한 기부자 연구, 관계 구축, 조직 관리의 부산물이라는 것을 깨달았다. 머니볼 가설을 계속 이어가자면, 특정 잠재 고객을 관리하는 사람은 플레이북playbook을 연구하면서 헤드 코치(CEO)와 함께 작전을 짜고, 경기 당일에는 직접 필드에 나가 터치다운을 하거나 리시버receiver나 러닝백running back에게 패스하여 득점을 올리는 미식축구

쿼터백quarterback*에 비유할 수 있다. 일과가 끝나면 당신은 이사든 CEO든 멤버십 갱신 이메일을 보내는 관리자든 가장 적합한 사람을 선택하여 관련 요청을 한다.

기금 모금가의 명함에는 일반적으로 직함에 '기금 모금', '개발development', '진흥advancement' 등의 용어가 들어 있다. 하지만 기금 모금가 직함의 효과를 살펴본 연구에 따르면 **진흥 담당 이사**director of advancement가 가장 낮다고 한다. 필란트로피 자문가, 자선사업 분석가, NGO 자원 전략가 같은 새로운 직함을 고안한다면 다른 분야의 인재들이 기금 모금가 역할에 더 많은 관심을 보일 것이다. 기부자가 관계를 맺고 있는 이가 누구이며 왜 연락하는지를 바로 이해할 수 있게 해주는 창의적인 직함을 고안하라. 기부자들에게 연락하는 이유를 솔직하게 밝히지 않고 속여 가며 대화하는 것은 재앙으로 가는 지름길이다.

시스템을 업그레이드하고 자동화를 도입하라. 당신은 다음 공석을 채울 다양한 인재 풀pool을 확보해서 기분이 좋을지도 모른다. 정말 다행이다! 이때 절대로 일어나선 안 되는 일은 내부 시스템 때문에 잠재적 최종 후보자가 탈락하거나 당신이 시간을 끌어대는 바람에 다른 조직이 지원자를 채가는 것이다(지원자가 당신의 채용 공고에 지원했다면 다른 곳에도 지원했을 가능성이 크다). 당신 조직의 채용 프로세스를 분석하고 재평가하면 면접 대상자 모두에게 유쾌한 경험을 제공하고(결과적으로 귀사의 브랜드와 업계 내에서의 입지를 개선하고), 지원자가 온보딩 프로세스onboarding process**로 충분한 지원을 받는다

---

* 리시버, 러닝백, 쿼터백 모두 미식축구의 포지션의 이름들이다. 리시버와 러닝백 모두 쿼터백에게 공을 받아 전진하는 역할을 하는 포지션이다. 미식축구에서 쿼터백은 대부분의 경우 팀에서 주장을 맡고 있는 포지션이며 팀에서 강력한 영향력을 갖고 있다. 저자는 (한국에서는 아직 생소하지만) 미식축구에서 쿼터백의 포지션을 통해 기금 모금가의 역할과 중요성에 대해 설명하고 있다.

** 신규 입사자들이 회사에 잘 적응할 수 있도록 업무 관련 지식과 기술, 조직문화 등

고 느끼게 하여 궁극적으로는 성공을 위한 기반을 마련할 수 있다.

오늘날의 채용 절차에는 일관성을 위한 표준화 요소들, 지원자들에 대한 모든 정보를 수집하는 도구들, 그리고 채용 공고 등록에서 최종 오리엔테이션까지 걸리는 시간을 정해진 기준에 맞추기 위한 자동화 요소들이 있어야 한다. 이 작업에 도움이 되는 도구가 바로 스마트시트 Smartsheet인데, 이 도구의 사용자는 플랫폼을 자신의 요구 사항에 맞춰 설정하고, 지원자가 채용 절차의 추가 단계로 이동할 때 실행 항목을 생성할 수 있다. 투명성을 보장하고 병목 현상을 파악하기 위해 관리자에게 매주 제출하는 보고서와 함께 사용하면, 이러한 도구는 대규모 채용팀이 들이는 시간과 비용의 일부만으로 동급 최고 수준의 프로세스를 조직에 제공할 수 있다.

앞으로 몇 년 내에 수많은 인사 관리HR 서비스와 응용프로그램이 크게 발전할 것이다. 구글은 최적화된 채용 절차 기간을 중점적으로 탐구하는, 데이터 기반 인사 관리에 관한 초기 연구로 이 분야를 재정의하고 있으며, 이러한 노력은 구글의 '면접관 네 명 원칙Rule of Four'으로 이어졌다. 2016년 구글 면접에서 수집한 데이터에 따르면 면접관 네 명으로 구성된 패널이 그보다 많은 면접관들로 구성된 패널과 동일한 채용 결정을 내림으로써 시간과 비용을 절약하는 경우가 95%에 달했다. 따라서 채용 과정을 엄격하고 끈기 있게 진행해야 한다. 적절한 기금 모금가를 팀에 영입하는 데 따르는 투자의 수익은 조직의 목표를 달성하기 위한 역량 구축의 게임 체인저game changer가 될 수 있기 때문이다.

평가 도구 사용하기. 두 명의 후보자 중에서 업무를 담당할 사람을 결정할 수 없다면 어떻게 해야 할까? 한 명은 전형적인 모금 경력을 자랑

을 습득할 수 있게 하는 프로그램이다.

하며 국제공인모금전문가CFRE 자격증도 있고, 다른 한 명은 제한적인 경험만 갖고 있지만 더 짧은 기간 안에 모금에 성공했다고 가정해보자. 대부분의 조직은 더 안전한 선택지, 즉 경험이 풍부하고 전문 자격을 갖춘 지원자를 선택한다. 하지만 정보에 입각한 결정을 내리는 데 좀 더 도움이 될 데이터 세트가 하나 더 있다면 어떨까?

문화적 적합성은 직원의 기술 및 경험만큼이나 중요하다. 리더들은 면접 절차 초반에 행동 평가를 사용하여 성과 및 동기 부여에 관한 미래지표를 측정할 수 있으며, 최종 목표는 성과가 우수한 팀을 설계하고 구축하는 것이다. PIPredictive Index 같은 도구를 사용하면 자체 플랫폼으로 직무를 설명하고, 직원의 바람직한 행동적·인지적 적합성 범위를 개발하고, 이 직원과 정기적으로 상호 작용할 팀원에게서 추가 의견을 수집하여 성공의 핵심 지표를 구체화하고 지원자의 프로필에 따른 특정한 면접 질문을 개발할 수 있다. 인재 최적화 전략은 이 장의 뒷부분에서 자세히 살펴보겠다.

그러나 일반적인 지원자는 본인의 이력서(또는 지적 능력)가 알고리즘으로 선별되는 걸 원치 않으므로, 이 방법은 대형 조직들만 사용할 수 있을 것이다. 퓨 리서치 센터Pew Research Center에서 실시한 한 연구에 따르면 미국 노동자의 76%는 이런 식으로 이력서를 심사하는 일자리에 지원하길 원치 않으며, 설문조사에 참여한 응답자들 중 대부분은 알고리즘이 사람보다 더 형편없이 일할 거라고 예상한다.

혁신으로 가는 길은 좀처럼 순탄하지 않다. 하지만 다행스러운 점은 혁신이 반드시 새로울 필요는 없다는 점이다. 그것은 단지 당신에게 새롭기만 하면 된다. 그렇다면 대형 조직들의 채용 관행들과 근거 및 인사 관행들을 살펴보는 것은 어떨까? 또한 데이터 기반 인사 관리는 채용 시 일정 수준의 인간적 편견을 제거하는 데 도움을 주며, 채용 과정 초기에 특정 집단이 간과되지 않도록 미묘한 차이를 적용하면 틀림없이 저평가된 인재들에게도 기회를 제공할 것이다.

채용 과정에서 계산된 위험을 감수하는 것도 신중하게 고려하라. 결국 간단한 공식이다. 적절하고 이전 가능한 기술을 가진 인재는 대단히 많다. 타인으로 하여금 커뮤니티의 중요한 문제를 지지하도록 투표하게 하고 기부하도록 동기를 부여할 수 있는 사람들은 그 방식을 적용하여 (약간의 세밀한 조정만으로) 지지자를 기부자로, 커뮤니티 자원봉사자를 시민 리더로 바꿀 수 있다. 그러니 장타를 날리려 할 때든 1루 출루만을 위한 작전이든 이 방법은 고려할 가치가 있다.

머니볼이 오클랜드 애슬레틱스Oakland Athletics에게 월드 시리즈 우승을 가져다주지는 못했지만, 이후 그 방법론은 테오 엡스타인Theo Epstein에 의해 보스턴 레드삭스Boston Red Sox 구단에 성공적으로 적용되었다. 덕분에 이 구단은 86년 만에 월드시리즈 우승을 차지할 수 있었다. 그리고 테오 엡스타인이 시카고 컵스Chicago Cubs로 이적하자 108년간 이어진 저주가 끝났다.*

당신의 월드시리즈는 어떤 모금 활동을 할 것인가? 가장 원대한 목표를 달성하기 위해 어떤 팀을 구성하려고 하는가?

---

* 시카고 컵스의 열성팬이었던 빌리 시아니스(Billy Sianis)가 애완 염소와 함께 월드시리즈를 보던 중 냄새가 심하다는 이유로 강제로 퇴장을 당하자, 분노하여 '컵스는 영영 우승을 못할 거다!'라고 저주했는데, 정말로 시카고 컵스는 이후 100년이 넘도록 월드시리즈 우승을 따내지 못했다는 이야기에서 유래했다. 시카고 컵스는 엡스타인이 이적한 해인 2016년에 비로소 우승할 수 있었다. 당시 시카고 컵스에 단장으로 부임한 엡스타인은 염소를 야구장 안에서 도축, 염소고기 파티를 해서 이 저주를 웃음거리로 만드는 퍼포먼스를 연출했다고 한다.

필란트로피의 차세대 일자리의 파도와
이러한 일자리들을 얻을 방법

조직화된 필란트로피에서의 경력은 비영리 섹터와 비교하여 외부에서 보기엔 상당히 좋은 경력처럼 보인다. 틀린 말은 아니다. 필란트로피 단체의 급여는 비영리 섹터에서 가장 높은 편에 속하며, 투자 성과와 기부금 증가 덕분에 계속 상승하고 있다. 이러한 현상은 고용 안정 증대로 이어지며, 결과적으로 낮은 이직률과 세대별로 세분화된 인력 확보로 이어진다. 그러나 이 섹터는 급변하고 있으며, 이로 인해 오랫동안 유지되어 온 현재의 상황이 중단될 운명이다.

기존의 모금 방식은 변화를 겪고 있다. 기금이 투자되는 수단도 바뀌고 있다. 필란트로피는 단순 자선 형태의 기금 지원에서 사회 정의에 초점을 맞춘 지원으로 전환되고 있다. 이러한 패러다임 변화에 적응하기 위해서 필란트로피 섹터는 이들이 지원하는 사람들에게 실질적인 임팩트를 미칠 프로그램과 프로젝트를 지원하는 데 대한 역동적이고 새로운 접근 방식을 실행해야 하며, 이를 위해 새로운 의견과 경험, 교육, 훈련 및 전문성을 갖춘 직원이 필요할 것이다.

그리고 직원 유형만 변화해서도 안 된다. 업무를 지원하는 업무 방식 역시 변화가 필요하다.

앞으로 몇 년 동안 어떤 새로운 일자리가 생겨날까? 그리고 사람들이 어떻게 해야 '뜻하지 않게' 이 분야에 들어서는 것이 아니라 목적을 가지고 이 분야에 진입할 수 있을까?

미래의 일자리. 미래주의는 현재의 트렌드를 이해하고, 이러한 트렌드를 미래에 적용할 방법을 살펴보려는 것이다. 하지만 이렇게 하려면 관련 섹터의 현재 위치를 정확하게 파악하고, 여전히 격차가 존재하는 부분을 파악할 수 있어야 한다.

일자리라는 관점에서 볼 때, 필란트로피 뉴욕Philanthropy New York은 회계 사무원에서 프로그램 책임자 및 그 이상의 직책을 모두 아우르는, 필란트로피 섹터의 현재 일자리와 관련 핵심 기능을 한눈에 보여주는 자료를 만들었다. 이러한 직책들은 어느 정도는 계속 유지될 것이다. 그러나 향후 10년 동안 우리가 상상하는 (그리고 우리에게 필요한) 규모와 임팩트를 제공하려면, 이 직책들은 커뮤니티의 역동성을 반영하거나, 디지털 솔루션과 전달을 핵심으로 하는 더 기술 중심적인 직책으로 발전하거나 대체될 것이다.

현대화된 필란트로피가 수행할 미래 역할*. 새로운 10년으로 접어들고 새로운 세대가 직장에 등장함에 따라 다음과 같은 새로운 직책(순서는 무관)들을 전 세계 필란트로피 단체에서 흔히 볼 수 있게 될 것이다.

- 대對 투자자 홍보 활동Investor Relations, IR 및 비즈니스 분석가Business Analyst: 이러한 업무는 기존 최고 투자 책임자chief investment officer, CIO 직책을 지원하고, 기존 시장을 넘어 임팩트 투자 및 사회적 책임 투자socially responsible investments, SRI로 포트폴리오 정보를 제공하고 다각화하는 데 도움을 줄 것이다.
- 제품 관리자Product Manager, PM 및 코더Coder: 향후 10년 동안 대규모 필란트로피 활동은 대형 민간 재단을 설립하는 것에서 벗어나 비영리 대

---

* [저자주] 이런 직종의 특수성을 감안하면, 형평성과 관련된 지속적인 이슈를 강조하는 것이 중요하다. 특히 금융 투자 및 기술 개발 분야 같은 경우 새로운 섹터에서의 중견급 수준의 경험에 대한 접근으로 인해 고용자 중 여성 및 유색인종의 고용이 다른 섹터 전반의 직무에 비해 훨씬 적다. 필란트로피는 그 직원들을 다양화하고 봉사 대상인 커뮤니티를 더욱 잘 반영하고자 계속 노력할 필요가 있다. 이는 직무 기술서, 직무 요건, 공개채용공고 등 채용 과정에서부터 먼저 시작되어야 한다.

학, 협회, 유연 단체affinity group 및 기타 틈새 펀딩 테이블과 같은 보다 민첩한 대안과 연계하여 플랫폼과 도구, 나아가 실제 제품을 만들어내고 이를 무료로 제공하여 시장 채택을 촉진하는 방향으로 전환될 것이다. 이러한 접근 방식은 사회적 기업이나 스타트업과 매우 유사할 것이다. 일정 기간 내에 결과물을 만들어내야 하며, 그에 따라 프로젝트가 종료되거나 후원 기관에 흡수되거나 이상적으로는 정부에 의해 채택될 것이다.

- **모금가**Fundraiser: 대형 민간 재단에서 모금가는 생각만큼 일반적인 직무가 아니다. 재단의 운영자금이 기금 운용과 투자 수익에서 나오기 때문에 이러한 재단은 모금을 할 필요가 별로 없었다. 그러나 재단이 새로운 프로그램과 신속한 대응 노력에 대한 수요를 충족시키기 위해 무제약 기금unrestricted funds*을 늘려야 하게 되면서 기존 수익 이상의 새로운 모금 계획과 파트너십을 개발하고 실행할 개발 담당 직원이 필요할 것이다.

- **법무 담당자**: 필란트로피 단체는 이민자, 노숙인, 인신매매 피해자 등 지역사회에서 가장 취약한 계층에 지속적으로 영향을 미치는 제도적 문제를 해결하기 위해 노력하고 있다. 상근 변호사는 기존 양해각서Memorandum of Understanding, MOU 및 자금 조달 계약에 국한되지 않고서 헌법적·법적·입법적 측면의 옹호 활동 및 계약에 관한 조언을 제공할 수 있다. 또한 임팩트 투자 관련 조치를 추진하고, 성사될 수도 있는 지역 비영리 단체 합병에 대한 법적 측면과 중재를 지원하기 위해 계약법 관련 전문 지식이 필요할 것이다.

- **조직가**Organizers: 재단이 전통적인 풀뿌리 참여로 지역사회에 미치는 발자취와 임팩트를 확대하면, 단순히 기금을 지원하는 대신 직접

---

* 무제약 기금은 기금의 집행방식에 대한 제약이 없어 기금을 사용하는 기관이 재량을 가지고 유연하게 예산을 편성할 수 있는 기금을 의미한다.

조직가를 고용하는 비전통적인 길을 택하기 시작할 것이다. 처음에는 파트너십을 기반으로 하겠지만, 필란트로피 단체의 옹호 활동을 지원하는 실제적인 변화를 추진하기 위해 지역사회에서 (그리고 지역사회와 함께) 일하며 도움을 줄 수 있는 보다 역동적인 직원이 분명히 필요할 것이다. 이러한 변화는 필란트로피 단체의 인구조사census 관련 옹호 활동에 대한 평가 결과에 따라 생겨날 수 있는데, 특히 도심 지역의 취약계층 숫자가 과소 집계되는 경우에 올바르게 집계되도록 보장하기 위해 더욱 필요하다.

- **언론인**: 우리가 알다시피 언론은 공격을 받고 있다. 워싱턴 DC에서 언론의 동기에 대한 위험한 표현이 난무하든, 전통적인 수익 모델이 급격히 변화하든, 우리는 대규모 직원 해고와 지역 언론 통폐합, 영리 법인에서 비영리 모델로의 전환(현재 실행 가능한 벤처 캐피탈 인수 옵션이 아닌 법인의 경우)을 목격하고 있다. 필란트로피 단체는 지방, 지자체 및 주 차원 수준에서 양질의 독립 미디어 매체를 운영해야 할 필요성을 아주 잘 인식하고 있으며, 사람들이 뉴스를 접하고 소화하는 방식이 변함에 따라 이 섹터가 뿌리째 흔들리면서 오랫동안 새로운 혁신을 촉진해왔다. (나이트 재단Knight Foundation이 이를 대표하는 선구적인 사례라 할 수 있다.) 필란트로피 단체들은 커뮤니티에서 중요한 이슈들에 목소리를 내고, 자체 가상 뉴스룸으로 비판적인 시민 토론을 위한 장場을 마련함으로써 기존 마케팅 커뮤니케이션marcom 접근 방식을 뛰어넘을 수 있는 가능성이 무궁무진하다.

이러한 일자리를 얻으려면 어떻게 해야 할까? 많은 사람들이 필란트로피 단체에서 일자리를 얻는 방법을 문의한다. 그런데 인터넷에서 찾을 수 있는 조언은 대부분 '열정을 따르고' 소프트스킬soft skill을 연마하는 데 집중하라는 것이다. 내가 하고 싶은 말은 꿈꿔오던 직업에 더 가까이 다가갈 수 있도록, 그리고 그 일에서 성공할 수 있도록 도와줄 훨씬 더 실용적인 접근 방식이 있다는 것이다.

파워 매핑 사용하기. 파워 매핑Power Mapping은 사회 정의 단체가 종합적인 로비 전략을 세우고, 그룹과 개인을 통해 변화를 일으키기 위해 영향력 있는 사람을 발굴하는 데 자주 사용하는 시각적 도구이자 절차다. 이 방법을 필란트로피 섹터에 진출하려는 사람들이 쉽게 적용할 수 있다. 변화와 혁신을 주도하고 당신의 가치관이나 경력 면에서 추구하는 방향과 부합하는 리더들을 모두 나열한 다음 연결하고 싶은 떠오르는 리더들의 하위 목록을 작성하기만 하면 된다. 소셜미디어에서 이들을 팔로우하여 연결된 다음 그들이 어떤 그룹에 속해 있는지 알아보고 그들과 관련된 점들을 파악해보라. 이러한 연결은 (이 섹터에서 볼 수 있는 일반적인 '2단계 분리법칙*'을 적용할 때) 최상위 리더에게 이어지고, 당신과 연결해줄 수 있는 따뜻한 길을 얻게 될 것이다.

네트워크 형성하기. 필란트로피 섹터에는 새롭고 다양한 의견을 수렴할 수 있는 수많은 기회들이 존재한다. 사전 콘퍼런스 네트워킹 이벤트를 포함하여 모든 프로그램에 참여할 수 있게 해주는 콘퍼런스 장학금을 주의 깊게 확인하고, 당신의 지역 내 필란트로피 섹터가 지닌 뉘앙스에 관한 지식과 이해를 증진시키는 데 도움을 줄 수 있는 전문가 그룹을 만나라. 모금 전문가 협회Association of Fundraising Professional, AFP, 이머징 프랙

---

* two degrees of separation. 6단계 분리법칙(six degrees of separation) 개념에서 유래한 말로, 6단계의 분리법칙은 '모든 사람은 6단계의 사람들을 거치면 서로 연결된다'는 이론이다. 프리게스 카린시(Frigyes Karinthy)가 처음 내세운 이론이며, 미국의 심리학자 스탠리 밀그램(Stanley Milgram)이 실험으로 밝혀냈다. 저자는 '같은 분야에 있는 두 사람은 보통 한 사람을 거치면 연결된다'는 의미로 사용한 것으로 보인다.

제1부 미래를 위한 인재들

티셔너 인 필란트로피Emerging Practitioners in Philanthropy, EPIP, 젊은 비영리 전문가 네트워크Young Nonprofit Professionals Network, YNPN의 지역 지부가 추천할 만한 대표적 단체다. 위원회에 가입한 다음에는 이사회에 진출하라. 이는 유익한 경험이자, 자신의 전문성을 개발하는 데 중점을 두고서 프로그래밍, 기금 모금 및 거버넌스governance 등에 대해서도 빠르게 배울 수 있다.

나만의 비공식 모임 결성하기. 동료들로 구성된 비공식 그룹(간단한 페이스북 그룹으로 결성할 수 있는)을 만들고, 정기적으로 만나 기회와 업계의 동향을 논의하며, 함께 아이디어 실현을 위해 노력하고 고충을 해결하여 서로의 경력을 발전시켜라. 이러한 접근 방식은 다음과 같은 다양한 접근 방법들로 적용되고 있다. 저명한 지역사회 리더들을 초청하여 강연을 듣는 좌담회, 지역의 관점을 공유하는 북클럽과 해피아워, 동료 미래학자인 트리스타 해리스Trista Harris가 저서 『미래의 선FutureGood』에서 옹호한 한층 더 의도적이고 지적인 8-3-1 이벤트 등이 바로 그러한 접근 방법들이다. 8-3-1 이벤트의 기본 전제는 개인 8명이 3시간 동안 그들의 지역사회에 영향을 미치는 주요 이슈 1가지에 관해 토론하는 것이다.

기금 제공자 되기. 기부 서클에 가입하거나 창립하는 것만큼 조직화된 필란트로피, 기금 조성 및 지역사회에 대해 자세히 알아볼 수 있는 방법이 있을까? 많은 기부 서클에서는 회원들이 본인에게 유의미한 수준의 기부를 할 수 있으며, 기부에만 집중할 수 있도록 절차를 가급적 간소화하여 기금 수령 및 분배를 도와주는 플랫폼들도 많다(대표적인 예는 '앰플리파이어Amplifier'와 '그로우펀드Growfund'다). 다른 선택지로는 자선 은행 계좌와 매우 유사한 기부자조언기금donor-advised fund, DAF을 개설하는 방법도 있다. 이러한 유형의 계좌를 개설하는 데는 비용이 많이 드는데, 낮은 수준의 설립 수수료는 2,500~5,000달러 사이의 초기 기부금을 필요로 한다. 하지만 기부자조언기금은 가까운 시일 안에 놀랄 만큼 저렴해질 수 있는데, 이에 대해서는 이 책의 후반부에서 설명할 것이다.

또한 부모님이나 친척들에게 가족 기금을 설립하는 이로움을 설명하여, 지역사회에 환원하고 가치를 실현하며 전문성 개발에 투자할 수도 있다. 이렇게 하면 당신의 가족이 더욱 돈독해질 것이며, 경력에도 도움이 될 것이다.

자격증 취득하기. 학위와 석사 과정 프로그램은 아직도 고위직과 임원직에 오르기 위한 필수 요건이지만, 큰 틀에서 보면 학위를 취득하는 기관은 점점 덜 중요해지고 있다. MBA(경영학 석사)와 MPA(행정학 석사) 수업의 핵심 주제는 가장 가치 있는 것은 무엇인가이다. 현재 많은 사립 비영리 대학들이 한 달 과정으로 운영되기 때문에 1년이면 졸업할 수 있다. 국제공인모금전문가CFRE나 공인비영리전문가Certified Nonprofit Professional, CNP 같은 추가적인 전문 자격증이 유용해지면서 나만의 경험을 쌓으면서 이력서를 강화할 수 있는 다양한 선택지들도 존재한다. 적절한 때를 기다리거나 적절한 직책을 차지할 때까지 유연하게 행동하느라 1년을 허비해선 안 된다. 학교로 돌아가 자격증을 취득하면 장기적으로 유리한 위치에 설 수 있다. 가격도 생각보다 훨씬 저렴하다.

학습 그룹에 참여하기. 진보적이며 정체성에 초점을 맞춘 도시별·부문별 집단 등 새로운 틈새 리더십 조직들이 전국에서 생성되어 참가자들에게 조직, 전략 및 홍보 전반에 관한 핵심 기술을 제공하고 있다. 이러한 집단의 가장 큰 장점은 섹터 전반에 걸쳐 있는 동료들과 강한 유대감을 맺을 수 있다는 것과 동문 네트워크에 소속되어 수많은 직업과 기타 특별한 기회들을 이용할 수 있다는 것이다.

비영리 단체 이사회나 위원회에서 리더 역할 수행하기. 비영리 단체의 이사회에 가입하여 거버넌스와 시민사회 섹터 조직에 실제로 무엇이 필요한지 확인하라. 모금, 지속가능성 및 역량 관련 고충을 이해하면 필란트로피 기금의 주요 수혜자들을 더욱 이해할 수 있게 될 것이며, 기금 제공자의 투자 프로세스와 임팩트를 향상시키는 데 있어 독특한 관점을 얻게 될 것이다. 또한 이사회에서는 전통적으로 리더십 역할을 해온 이러한 기관의 주요 기부자(기업과 개인 모두 포함)와 같은 테이블에 앉을 수 있다. 주의해야 할 함정 한 가지는, 경력 초기에 있는 사람들이 '주고받기give and get'식의 요구 사항 때문에 이사회 가입을 강요받는다고 느끼거나 활동하기를 꺼린다는 점이다. 하지만 반드시 그런 것은 아니다. 사명과 가치가 마음에 드는 조직을 찾고 그곳에서 자원봉사를 하거나 위원회에서 활동하면서 해당 조직을 파악한 다음, 이사회에 가입하고자 하는 의사를 말하고 그들의 기대치를 조절하라. 조직이 적절한 기술과 아이디어, 에너지를 가진 사람에게 얼마나 수용적인지 알게 되면 놀랄 것이다.

기술과 경험은 다르다. 나는 제너럴리스트generalist, 즉 다양한 역할과 분야에서 재능을 발휘해온 사람은 이전 가능한 기술transferable skills이 뛰어나며, 새로운 업무에 즉시 적응할 수 있는 지식을 갖추고 있다고 (그리고 많은 경우 더 큰 잠재력을 지녔다고) 믿는다. 앞에서 이야기한 비영리 섹터 머니볼 사례에서는 다양하면서도 상호보완적인 일련의 경험을 가진 비전통적인 지원자가 어떻게 조직의 핵심이 될 수 있는지를 보여주었다. 그 애매모호한 '선호 경력 및 자격 요건' 때문에 꿈에 그리던 직장에 지원하는 일을 망설여선 안 된다. 채용 관리자가 무엇을 원하는지, 특정 인재 풀에 어떤 지원자들이 있는지 알 수가 없기 때문이다. 경쟁에서 이기려면 경쟁에 뛰어들어야 한다는 사실을 명심하라!

펠로우십 신청하기. 펠로우십Fellowship은 엄밀히 말하면 1년짜리 유급 인턴십이며, 지원과 면접 과정을 거쳐야 하지만, 대개 정규직 채용으로 이어진다. 펠로우십에는 두 가지 혜택이 추가된다. 펠로우십은 종종 이 역량 강화 직책이 있게 해준 기부자가 수여하거나 명명하여서 추가적인 명성을 얻을 수 있으며, 이 역할은 일반적으로 해당 섹터에서 특정한 이슈나 새로운 트렌드를 추진하는 데 도움이 되도록 만들어진다. 펠로우십은 당신이 조직에 필수적인 존재가 될 수 있는 좋은 기회다.

자신을 브랜드화하기. 이력서를 보완하고 개인 브랜드를 강화하는 방식으로 자신이 발휘할 수 있는 기술을 강조하라. 개인 웹사이트를 사용하여 이력서에는 없는 방식으로 작업 포트폴리오를 구축하고 개인적인 이야기, 가치와 목표를 잘 다듬어 작성할 수 있다. 이 장을 다 읽은 후에는 바로 도메인 마켓플레이스로 이동하여 본인의 이름이나, 이름과 유사한 파생 도메인을 구입하라. 개인 이메일을 설정하고 이를 모든 네트워킹 자기소개 및 커버레터에 연결하라. 이렇게 하면 당신은 대단히 전문적으로 보일 것이며, 당신의 콘텐츠를 더 잘 관리할 수 있다.

블로그를 적극 활용하기. 이 방법은 당신의 목소리를 높이는 방법이자 당신의 직업적 성장을 위한 보완책이라 생각하면 된다. 블로그를 올바르게 활용한다면 시간이 흐르면서 강연이나 컨설팅 업무를 하게 될 수도 있다. 소셜미디어에서 목소리를 내는 것도 좋지만, 지금은 없어진 소셜미디어온라인클래스닷컴socialmediaonlineclasses.com의 설립자이자 현재는 디지털 마케팅 컨설팅 업체를 운영하는 마리아 피글러Maria Peagler에 따르면, 소셜미디어 채널에서는 공감대와 관련성이 몇 분, 몇 시간 또는 며칠 동안만 유지되지만, 블로그 게시물은 약 2년 동안 지속된다고 한다. 무책임한 인플루언서가 하는 말은 무시하고, 콘텐츠의 양보다 질을 우선시하면서 장기적으로 접근하라. 내가 장담하건대, 단기간에 돈을 벌고 싶어 하는 인플루언서는 필란트로피 센터를 전혀 모른다.

멘토와 함께 일하기. 멘토를 찾는 것의 이점을 설명하는 기사는 무수히 많다. 필란트로피 섹터는 범위가 매우 좁은 틈새시장이라는 점을 감안하면, 이 섹터에서 경력을 쌓는 방법에 대한 현명한 조언과 피드백을 받는 일은 너무나 중요하다. 멘토 덕분에 주요 행사에 게스트로 초대받거나, 멘토의 인맥을 활용하여 가능성 있는 업무를 추천받거나, 추천인으로 활동하는 등의 부가 혜택도 누릴 수 있다. 실제로 나는 이러한 인맥들 덕분에 이전에는 존재하는지도 몰랐던 기회를 얻을 수 있었다. 당신에게도 이런 일이 일어날 수 있다!

온라인에서 활동하기. 이 분야의 현장에서 활동하는 리더들과 소통하는 가장 쉬운 방법이다. 당신이 존경하거나 열망하는 업적과 가치를 실현한 리더들의 명단을 작성하고 그들의 게시물들을 이용해 교류하라. #대의#Causes, #필란트로피#Philanthropy, #선한 일#DoGood, #자선#Charity, #사회적 선#SocialGood, #변화#Change 같은 해시태그를 이용해 당신의 목소리를 내어 청중을 확보하라. 주기적으로 트위터 채팅Twitter chat을 주최하는 것도 시간을 유용하게 활용하는 방법이다. 트위터 채팅은 대화를 조정하고 의도적으로 개인에게 연결될 수 있는 방법이다. 채팅 내용을 미리 홍보하고, 당신이 가장 좋아하는 질문을 올려라. "○○ 분야에서 대단한 일을 하는 사람은 누구죠?"같은 질문 말이다. 그런 다음에는 요약을 작성하고 모든 참여자들을 태그하여 대화를 이어가면서 비슷한 생각을 가진 사람들과 계속해서 관계를 구축하라.

자원봉사에 지원하기. 1천 달러짜리 사우스 바이 사우스웨스트 에듀

SXSW EDU 입장권을 살 돈이 없는가? 요즘에는 반나절 동안 개최되는 전문가 학회 입장권 가격도 대개 100달러가 넘는다. 하지만 콘퍼런스 장학금을 놓쳤다면 자원봉사자로 참여할 수 있다. 현장에서 흥미로운 콘퍼런스를 주최하는 단체에 연락하여 등록을 돕거나 브레이크아웃 세션 breakout session*에서 기록을 작성하는 일에 지원하라. 이렇게 하면 2~5시간 정도 일할 수 있으며(파워 매핑한 게스트 및 VIP를 만나 인사를 나누는 보너스를 얻을지도 모른다), 그런 다음 그날의 남은 콘퍼런스를 체험할 수도 있다. 유용한 팁을 알려주겠다. 지역 기금조성자 협회 콘퍼런스와 대규모 '전국 필란트로피의 날National Philanthropy Day' 행사에 참여하라. 전국 협회가 당신이 사는 도시에 와서 현지 지원을 요청할지도 모른다. 하나 더 말하자면, 무료 점심 식사를 제공받을 가능성이 높다. 요즘 임원들은 맛없는 싸구려 음식으로 때우지 않는다.

———————————————————

필란트로피 분야에서 일하고 싶다면 진화하는 필란트로피 환경에서 실질적인 임팩트를 발휘하는 데 필요한 기술, 경험과 리더십을 파악하고 습득하는 것이 무엇보다 중요하다는 사실을 이해해야 한다. 그리고 최근 필란트로피 섹터에 많은 변화와 새로운 트렌드가 나타나고 있고, 향후 10년 동안 더 많이 변화될 것으로 예상되는 만큼 앞으로는 이러한 경력 전환이나 승진에 의지를 갖고 접근할 수 있는 다양한 기회와 진입 지점이 존재한다.

* 콘퍼런스에서 진행되는 소그룹 세션으로, 콘퍼런스의 주제와 관련된 세부 내용을 다루거나 참가자들이 서로 교류하고 의견을 나눌 수 있는 시간을 말한다.

기금 모금가 협력이 발휘할 수 있는 놀라운 힘

가상이지만 현실에 기반을 둔 문자 메시지 대화로 비영리 단체의 기밀 유지에 관한 이야기를 해보자.

> 기금 모금가 A: "일 끝나고 한잔할까? 힘든 하루였어."
> 기금 모금가 B: "미안하지만 오늘 밤은 안 돼. 내일까지 써야 할 대형 기금 신청서가 있거든."
> 기금 모금가 A: "아, 어느 재단이야?"(두 기금 모금가의 마감일이 같지 않았기 때문에 이 질문은 정말로 궁금해서 하는 질문이다.)
> 기금 모금가 B: "어, 이건 그냥 우리 핵심 프로그램 관련 건이야."(모호하고 우회적인 답변이라는 점에 주목하라.)
> (기금 모금가 A의 휴대폰에는 기금 모금가 B에게 답장을 보내는 중이라는 표시가 5분 동안 생겼다가 사라진다.)
> 기금 모금가 A: "알겠어, 행운을 빌어! 여유가 생기면 한번 만나서 우리가 하는 일을 서로에게 알려주자." (이 말은 사실 기금 모금가 A가 "또 어떤 기금을 숨기는 거야?"를 품고 있는 말이다.)

어디서 많이 들어본 이야기인가? 기금 지원기관들과 향후 기금 지원 사업 일정에 대해 이렇듯 비밀스럽게 이야기하는 이유는 무엇일까?

비영리 단체를 위한 기금은 희소자원이 아니다. 모금을 처음 시작했을 때 나는 어떤 재단의 기금 지원 기회에 신청할 것인지 얘기하는 것이 금기시된다는 점이 당황스러웠다. 이것은 마치 내가 나의 단순한 질문으로 누군가의 모금 수입 예측에 직접적인 영향을 미치거나, 또는 그들만이 갖고 있는 단 하나의 지도 속 잃어버린 도시 아틀란티스를 찾아내기라도 한 것 같았다. 둘 다 내게는 대단히 극적인 일이었다.

나는 필란트로피 경력 초기에 기회가 있을 때마다 협력하기로 결심했다. "밀물은 모든 배를 띄운다."는 사고방식은 지역사회를 개선하려는 내 목표를 달성으로 이끄는 강력한 북극성이었고, 이는 지금도 마찬가지다. 조직화된 필란트로피 영역에서 일부 지역은 현금이 충분하지 못했지만, 우리 섹터는 전략적으로 협력함으로써 가장 좋은 결과를 얻을 수 있었다.

이때 나는 기금 기회, 그리고 우리 모두가 기금지원을 받을 가능성을 높일 수 있는 전략과 게이트키퍼gatekeeper 관련 정보를 조명하기 위해 네트워킹 그룹을 만들었다. 한 달에 한 번씩 개발 담당 직원 6명(내가 초대한 3명과, 이달의 공동 진행자 역할을 맡은 동료가 선정한 나머지 3명)과 함께 현재 모금 기회, 잠재적 기금을 확보하기 위한 전략 및 기타 개발 관련 이슈들에 대해 논의했다. 이로써 참석자를 다양화할 수 있었고, 서로의 네트워크를 확장하고 단순 친목 도모 수준을 넘어 성과에 초점을 맞춘 대화를 나눌 수 있었다. 물론 이 과정에서 우정이 생기기도 했지만, 모임의 목적과 참가자들에게 한 약속을 잊어선 안 됐다. 나와 그 달의 공동 진행자는 대개 한 번도 만난 적 없는 '직접적인 경쟁자'와 함께 업무 이야기를 하는 데 따른 회의감, 꺼림직함과 망설임을 없애기 위해 모든 참가자가 다들 각기 다른 분야를 대표하는지 확인했다.

나는 내가 필란트로피 섹터에서 일하면서 나눴던 대화 중 가장 솔직하고 진정성 있는 대화를 이 회의들에서 나눌 수 있었다. 숨은 뒷이야기와 전략 및 연락처를 공유하고, 열의가 가득하면서도 객관적인 동료 그룹과 함께 현재 직면한 장애물에 대해 논의하는 것은 예산을 편성하고 각자의 성공을 극대화하려는 공동의 목표를 달성하는 과정에서 너무나 큰 도움이 되었다. '그들이 이기면 우리 모두가 이긴다'는 말이 있듯이 말이다. 또한 각 회의는 철저하게 비밀리에 진행되었다. 개인 기부자들의 이름을 공유하지는 않았으며, 조직의 990양식Form990, 소득세 면제 단체 신고서Return of Organization Exempt from Income Tax에서 쉽게 찾을 수 있는 정보에 대한 중요한 맥락만 공유했다(물론 아틀란티스로 가는 지도가 없다면 때때로 찾기가 쉽지 않을 수도 있다).

나는 또한 이 회의를 주최할 당시 유명한 지역 비영리 기관 2곳의 이사였다. 덕분에 이 정보를 해당 기관들의 이그제큐티브 디렉터 및 개발 담당 직원과도 공유할 수 있었다. 공적인 지식(정보)은 공개적으로 전파되어야 한다. 이것은 좋은 관습이며, 이런 정보를 공유받는 사람들이 진정으로 고마워하는 일이다. 그리고 "○○한테 연락해. 그 사람한테 전화하면 도움을 받을 수 있을 거야."라고 바로 말하는 사람이 있다면 정보는 더 넓은 범위로 퍼져나가게 된다. 이름을 알리는 데 일반 시민의 추천만큼 좋은 방법은 없기 때문이다!

이때 인맥이라는 요소를 과소평가하면 안 된다. 나는 이러한 인맥 덕분에 다른 기금 모금가들의 다양한 접근 방식, 전략과 경험에 관한 깨달음을 얻을 수 있었고, 덕분에 크게 발전할 수 있었다. 이는 또한 2년 주기로 지역 비영리 단체를 옮겨 다니는 일반적인 기금 모금가 그룹이 아니라, 훗날 새로운 일자리, 새로운 인재가 도움이 될 수 있는 직업에 주저하지 않고 추천할 수 있는 역동적인 지역 기금 모금가를 발굴하는 데도 도움이 되었다. 신뢰할 수 있는 동료들이 우리에게 추천해준 사람들은 확실한 신원 보증서나 마찬가지다. 덕분에 우리는 콘퍼런스에서 우연히 마주치는 것보다 훨씬 더 빨리 개인적이고 전문적인 차원에서 연결될 수 있었다.

이러한 세션은 쉽게 만들 수 있다. 누구에게 기금을 지원하고 또 무엇을 지원하는지에 변화를 모색함으로써 새로운 트렌드, 관행 그리고 내러티브를 발전시키는 데 도움을 줄 수 있는 견고한 동료 인맥을 적극적으로 구축하라.

마이클 워드 주니어(Michael Ward Jr.)
– 디지털 인재, 변화와 기회의 큐레이터

인터넷이 개발되었을 때 그 목적은 사람들이 정보와 기회에 전례 없는 수준으로 쉽게 접근할 수 있게 하는 것이었다. 그러나 접근성에는 언제나 대가가 따르며, 기회는 결코 평등하지 않았다. 따라서 새로운 디지털 경제에서 부를 축적할 수 있는 내일의 일자리와 미래의 기회는 이번에도 부를 축적할 수 있는 수단을 가진 사람들의 손에 들어갔다. 짐작했겠지만 흑인 및 히스패닉 커뮤니티가 직면한 경제적 격차는 새로운 방식으로 나타나기 시작했다. 디지털 접근성의 극명한 차이는 이제 인종 간 기술 격차로 이어져, 이들의 미래 일자리를 향한 진로, 반복되어온 불평등의 순환을 끊을 수 있는 능력을 위협하고 있다.

마이클 워드 주니어와 그의 조직인 오스틴 어반 테크놀로지 무브먼트 Austin Urban Technology Movement, AUTM는 채용, 고용유지 및 직원 참여와 관련한 당면 과제들을 해결하여 업계 내 인재 격차를 해소하는 기회 파이프라인을 구축함으로써 이러한 이슈들에 대처하고 있다. 그리고 인재는 마이클이 봉사하는 커뮤니티에 사회적 상향 이동을 제공하는 다리이지만, 마이클이 진정으로 추구하는 것은 변혁이다.

마이클은 소외된 계층에 도움이 되는 새로운 기술의 미래를 실현하고자 노력하고 있지만, 동시에 현실에서 더 큰 문제에 정면으로 집중하고 있다. 이것은 필란트로피 단체가 무심코 지탱해주는 바로 그 시스템들에 대처하는 것이다.

"필란트로피 단체는 아직 문제를 해결하지 못한 기관들에 기부하는 것을 중단해야 합니다."라고 하면서 마이클은 이렇게 설명한다. "우리는 흑인과 히스패닉 커뮤니티를 대상으로 하는, 주로 백인으로 구성되거나 백인이 주도하는 기관들에는 돈을 그만 줘야 합니다. 이러한 기관들은 흑인들과 히스패닉들이 살아가면서 겪는 일과 어려움에 공감하지도, 완전히 이해하지도 못하니까요. 현재의 모델은 단지 기업과 개인이 스스로를 기분 좋게 만드는 체크리스트일 뿐이며, 실제 그들이 봉사하는 커뮤니티의 성과나 혜택에 초점을 맞추는 것이 아닙니다." 다시 말해 이는 공동의 노력이며, 여기에는 필란트로피 현장에서 일하는 사람들을 만나고, 현장의 목소리를 들으며, 변화를 위한 파트너십의 신뢰 기반 원칙을 수용하려는 태도가 필요하다.

다른 비영리 단체 및 기업과의 협업도 필수적이다. 마이클과 AUTM은 디지털 형평성 증진을 위한 부문 간 접근 방식이나, 우리의 교육 시스템과 연계하여 더욱 통합된 인력 개발 프로그램의 필요성을 잘 알고 있다. 공동의 목표를 가진 사람과 조직을 만나면 개혁을 추진할 때 필요한 집단적 일관성이 보장되고, 서로의 성과와 성공을 증진시킬 수 있다.

또한 마이클은 기술 분야에서 일하면서 조직과 자신이 섬기는 지역사회에 이익이 되는 분야를 파악하는 미래 지향적인 능력을 갖게 되었다. 새로운 트렌드에 주목하는 그는 자신이 섬기는 사람들이 미래의 일자리에 대비할 수 있게 한다. 하지만 동시에 자신이 속한 지역사회의 판도를 완전히 바꿔놓을 한 가지 입법 변화에도 주목하고 있다.

"무상 교육이죠. 모든 사람이 최신 인력이 될 수 있도록 교육을 받고, 기술을 이해하며, 빠르게 디지털화되고 자동화되는 미국 경제에서 성공하는 데 필요한 기술을 습득할 수 있어야 합니다." 마이클은 이렇게 설명한다. "미국의 시스템은 원래 목적을 수행하도록 설계되었습니다. 분리하고, 구분하고, 현상을 유지한다는 목적이죠. 이러한 시스템은 수백 년 동안 우리의 경제적, 정치적, 사회적 결정에 관여해 왔습니다. 이제 우리는 모든 사람에게 정의, 공평, 기회를 제공해야 합니다."

마이클은 현재 무엇이 위태로운지 이해하고 변화를 실현하기 위한 자신만의 길을 개척하고 있지만, 필란트로피가 다음과 같이 달성 가능한 솔루션에서 중요한 역할을 수행하고 문제 해결을 앞당길 수 있다고 생각한다.

1. 저소득층, 소외계층 및 소외된 커뮤니티에 인터넷 접근성을 제공한다.
2. 저소득층, 소외계층 및 소외된 커뮤니티를 기술 장비(모바일 핫스팟 및 컴퓨터)와 연결한다.
3. 저소득층, 소외계층, 소외된 커뮤니티가 기술 산업에 진출할 수 있도록 기술 수준을 높이고 새로운 기술을 교육한다.

"필란트로피는 비영리 단체가 성공하고 사명을 완수하는 데 필요한 자본형 투자가 되어야 합니다." 그는 이렇게 덧붙인다. "그리고 비영리 단체가 우리의 요청을 기꺼이 들어주길 바랍니다."

기술은 모든 사람이 자신은 물론 다음 세대의 미래에 대해서도 낙관할 수 있는 기회를 제공하며, 많은 사람들은 노력과 용기, 희생에 따른 혜택을 영구적으로 누리게 될 것이다. 이러한 희생은 어느 한 사람의 몫이 아니며, 공동체 전체가 그 어느 때보다도 담대하고 훌륭한 모습을 보여야 한다. 하지만 개인이 앞장서서 커뮤니티를 이끌어야 하며, 마이클과 AUTM보다 훌륭한 옹호 활동가는 없다.

'시스템 현상 유지'에 도전하기

돈을 보여주기:
비영리 섹터에서의 급여 은폐를 끝내는 방법

새집을 살 때는 질로Zillow나 레드핀Redfin 같은 부동산 정보업체에 접속해 (주로 예산에 따라 좌우되는) 여러 검색 조건 등을 입력해보며 둘러보고 싶은 집을 파악할 수 있다. 주택 가격이 표시되기 때문에 내가 이 집을 원하는지 혹은 집값을 감당할 수 있는지를 쉽게 파악할 수 있으며, 대부분의 주에서 판매자는 주택에 문제가 있을 경우 의무적으로 공개 명세서를 작성해야 한다. 이것은 모든 당사자의 시간을 낭비하거나 거래가 무산되는 것을 방지하기 위해 투명한 절차로 진행된다. 집값이나 원칙적으로 합의한 금액을 모른 채 에스크로escrow*를 작성하는 것은 이상한 일이다.

그런데 왜 이 과정이 개인이 일자리를 찾는 상황에서는 다를까?

지난 20년 동안 구직 과정과 채용 과정은 완전히 달라졌다. 현재 구인구직 사이트는 정교한 알고리즘으로 적절한 인재를 찾아내며, 다이렉트

---

* 에스크로(escrow)란 매매보호 서비스의 일종으로, 미국의 부동산 거래에서는 에스크로 제도를 이용한다. 부동산 매매계약 체결 후 당사자간 직접 대금을 지불하지 않고, 권리이전과 대금지불을 에스크로 회사가 대행하여 거래 안전을 도모하는 서비스이다.

메시지*와 소셜미디어 앱으로 동료들과 실시간으로 기회를 공유할 수 있다(신문 광고를 오려내 누군가에게 우편으로 보내야 했던 시절을 상상해 보라!). 이러한 발전과 그에 따른 시장의 투명성은 고용주가 채용 및 계약 협상에서 오랫동안 누려왔던 이점을 노조조차도 상상하지 못했던 수준으로 약화시키고 있다.

힘은 이제 유연한 근무 일정, 긍정적인 기업의 사회적 책임을 요구하는 새로운 노동력을 향해 이동하기 시작했다. 또한 그들은 글래스도어 Glassdoor** 같은 웹사이트를 통해 직장 문화 관련 독특한 통찰력을 얻을 수 있기를 원하기도 한다. 여기에 근로자들이 한 회사에 계속 근무하기보다는 직장을 여러 번 옮기면서 경력을 쌓는다는 사실까지 더해지면서, 이제 조직들은 인재를 유치하고 유지하기 위해 내부의 문제와 한계를 성찰하고 대응 조치를 우선시하는 등 더 많은 노력을 기울이고 있다.

지금 우리는 판을 뒤집어 놓고 진정한 임금 형평성과 임금 공정성으로 나아가는 데 필요한 모든 조각이 마련된 독특한 역사적 시기에 있다. 물론 이는 비즈니스 분야의 관점이지만, 시민사회 섹터에서도 비슷한 청사진을 그릴 수 있다.

그렇다면 전통적으로 특히 임금이 낮은 비영리 단체는 이 문제를 어떻게 앞장서서 해결하기 시작해야 할까? 이것은 복잡하고 구조적인 문제이지만, 장기적 관점에서 진정으로 이 문제를 해결하겠다는 의지가 있다면 바로 해결할 수 있다.

첫 번째 단계는 내부에서부터 시작하여 조직의 구조를 검토하는 일이다.

---

* 디엠(DM)이라고도 하며, 소셜미디어 등 인터넷에서 특정 대상에게 마치 일반 문자의 기능처럼 직접 메시지를 보내는 서비스이다. 예를 들어 구직자는 디엠으로 채용 담당자에게 직접 문의사항을 보내고 답변을 받을 수 있다.
** 세계 최대 취업 정보 사이트로, 해당 기업의 전현직 직원만 재직 경험을 바탕으로 평가를 쓸 수 있어 기업들에 대한 적나라한 평판 조회가 가능하다.

정책과 절차

내가 전에 일했던 곳은 직원 8명 중 6명이 이사직 이상이었는데, 나머지 두 명만이 유색인종이자 이사가 아니었다. 이건 의도적인 게 아니었다. 그 조직은 사회 정의와 공평한 필란트로피를 위해 치열하게 노력했으니까. 하지만 그 조직은 빠르게 성장했고, 새롭게 떠오른 틈새 업무를 맡을 인재를 찾는 데 어려움을 겪었다. 그래서 더욱 포용적인 채용 관행을 만들기 위한 정책을 마련했다. 즉, 직무 기술서에서 사용하는 단어, 학력 요건에 어울리는 수준의 경험, 기회를 공유할 수 있는 네트워크(흑인계 및 히스패닉계 상공회의소, 도시 리더십 그룹urban leadership group 등)를 적극적으로 발굴하고 확장한 것이다.

조직의 구조, 정책 및 절차가 시간이 갈수록 진화했는가, 아니면 갈수록 시대에 뒤떨어졌는가? 이미 알고 있겠지만 다양성은 새로운 직원을 채용할 때만 켰다가 다시 잠그는 수도꼭지가 아니다. 채용 정책을 검토하고, 필요하다면 업데이트하고, 허점이 있다면 새로운 정책을 도입하라. 다음 채용 또는 인력공급업체 선정 시 실시간으로 정책을 테스트하고, 채용 과정이 끝날 때 정책을 다시 검토하고, 필요하다면 보완하라. 우수한 문화를 조성하기 위한 노력의 일환으로 정책을 주기적으로 검토해야 한다.

직무 기술서

직무 기술서는 조직도와도 관련이 있다. 관리 직급이 너무 많은가? 직원들이 팀에서 경력을 개발할 방법을 알고 있는가? 비영리 단체에서 일하는 많은 직원들이 장기적인 성공을 거둘 준비가 되어 있지 않다. 이는 경력 단계에 맞지 않는 직급으로 채용하거나, 성장하기가 어렵고 직원 관리 같은 일상적인 업무 범위를 벗어나는 필수적인 경영 기술을 개발하기가 거의 불가능한 직책을 만들었기 때문이다. 신입 직원을 채용하기 전에 그 기관은 그 직원이 조직에서 어떻게 발전할 수 있을지에 대한 기대치를 설정하게 하기 위해 명확하게 설명해야 한다.

직무 표준화, 재편성 및 (필요한 경우 해고 금지 약속을 포함한) 조직 개편은 유사한 업무를 수행하는 직책이 있거나, 그것이 재직 기간 또는 규모 때문에 왜곡된 경우에 이루어져야 한다. 그리고 (이 업계에서는 도움이 되는 일이긴 하지만) 11kg(25파운드) 이상을 들어 올릴 수 있어야 한다거나, 사무직에게 운전면허증을 소지할 것을 요구한다거나, '지시하는 기타 업무' 등으로 대표되는 모호한 직무 설명 같은 불필요한 요건도 삭제해야 한다.

보상

직책이 확정되면 책정되어 있는 적절한 급여 범위를 설정하고, 기본 성과급 인상을 고려하여 소비자물가지수CPI 인상률 및 관련 예산 편성과 연관된 보수에 대한 철저한 검토를 해야 한다. 그리고 각 직원들이 이를 자신의 현재 위치와 목표, 무엇보다도 목표에 도달할 수 있는 방법을 이해할 수 있는 방식으로 공유해야 한다. 신입 직원은 급여 체계의 첫 번째 단계에 배치하고, 경영진에 의해 정당화될 수 있는 경우에만 중간 단계에 배치해야 한다. 중·단기적으로 승진할 가능성이 없다면, 이러한 직원들은 경직된 급여 등급표의 최상단에 갇히는 대신 적어도 매년 급여를 인상받을 수 있어야 한다.

급여 감사Pay Audits

직원들의 성장을 조직의 가치와 직원 투자 전략의 핵심 요소로 간주하면서 직원들에게 적절하고 공정한 보상을 지급하는 구조가 마련되었다면, 다음과 같이 조직의 현재 임금 격차와 형평성 문제를 다루어야 한다.

제1부 미래를 위한 인재들

1. 최고 소득자와 최저 소득자 간의 급여 비율이 허용 가능한 업계 표준 범위 내에 있는지 확인한다.
2. 현재 급여를 검토하여 동일한 업무를 수행하는 직원들 간에 급여 격차가 존재하는 부분을 확인하고 시정한다. 모든 직원의 급여를 최고 수준으로 높여야 하고, 중간값 이하로 낮추면 안 된다.
3. 계약직, 일용직, 시간제 근로자 관련 노동법을 위반하지 않도록 하고, 인턴들에게 보수를 지급하는지 확인한다. 임금 착취는 저임금·미등록 이주민 근로자(서류미비 이민근로자)들을 상대로 자주 발생하지만, 시민사회 섹터에서는 절대로 용납되지 않는다.
4. 이 과정을 매년 반복한다. 누구도 사각지대에 놓여선 안 된다.

또한 이 점에 있어 임금 격차와 임금 형평성은 서로 다른 개념임을 명심해야 하고, 이사회가 이 차이를 이해한다면 도움이 될 것이다. 당신이 이 업무를 담당하는 직원이라면 이러한 검토는 조직의 사명과 가치에 따라 성별과 인종에 따른 조직 내 불균형을 해소하기 위한 일이라고 명확히 설명해야 한다.

———————

집안 정리가 끝났으면 이제 밖으로 나가서 완벽한 지원자를 찾아야 한다. 오랫동안 이 섹터에 고통을 안겨왔으며 여러 세대에 걸쳐 근로자들의 평생 소득을 감소시킨 관행을 버리기만 한다면, 그런 지원자를 찾게 될 것이다. 여기에는 같은 기간 동안 여성과 유색인종의 소득을 더 크게 감소시켰던 광범위한 사회적·경제적 요인은 포함시키지도 않은 것이다.

그렇다면 이 다음에 해야 하는 중요한 다음 단계는 무엇일까?

다시 한 번, 급여 은폐를 중지하라

이것은 필란트로피 섹터가 공정하고 평등한 임금을 실현하기 위한 간단한 첫걸음이다. 앞의 2장에서 설명한 것처럼 급여 은폐는 급여 범위를 명시하지 않고 채용 공고를 게시하는 것으로, 이로 인해 수많은 또 다른 문제들과 복합적인 효과들이 발생한다.

- **임금 격차를 영구화한다.** 앞에서 다룬 문제지만, 비영리 섹터의 급여는 이미 낮은 수준이라는 점을 유의해야 한다.
- **차별을 유발한다.** 여성과 유색인종은 자신들이 요구 사항을 충족시키지 못한다고 생각하여 이 직장에 지원하지 않을 가능성이 더 크다.
- **기만적인 행위다.** 채용 예정자의 신뢰를 얻는 것이 중요하다. 채용 예정자가 일자리에 애착을 갖게 한 다음 만약 자기가 얼마나 받게 될지 알았더라면 애당초 이 일자리에 지원하지도 않았으리라고 고민하게 해선 안 된다. 이러한 상황을 방지하고 해결하는 가장 좋은 방법은 채용 절차의 각 단계를 진행하기 전에 급여와 복리후생 제도를 다시 확인시키는 것이다. '은폐'라고 불리는 이유가 있다. 이 단어에는 '숨기다, 덮다, 위장하다'라는 뜻이 있다. 의도적인 것이 아닐지라도, 예산이 부족하다는 이유로 급여 은폐를 정당화할 수는 없다.
- **시간 낭비다.** 급여 범위를 명시함으로써 급여 관련 난관을 쉽게 예방할 수 있는데 단지 급여 범위를 명시하지 않아서 채용이 무산된다면, 이력서 검토, 면접 준비와 진행, 신원 조회를 하느라 시간을 허비할 이유가 있을까?
- **비용이 많이 든다.** 시간도 돈이라는 사실을 명심하라.

지원자의 급여 내역을 묻지 말라

현재 미국 19개 주와 여러 대도시에서는 급여 내역을 요청하는 것이 금지되어 있는데, 여기에는 그럴 만한 이유가 있다. 그런 질문은 임금 차별을 초래하여 협상 권한을 고용주에게 넘길 수 있기 때문이다. 이 법률은 전국적으로 확대되어야 한다.

과거에 얼마나 받았는지는 중요하지 않다. 이 새로운 주법state law은 과거 소득과 연계시켜 급여를 제한하는 관행을 사실상 차단한다. 앞서 언급했듯이 각 직책의 급여 범위를 설정하고 이를 구인 광고에 공개하는 건, 그 광고를 본 사람들에게 그 사람의 경험과 자격에 맞는 보수를 주겠다는 의미다. 그 결과 사회적 상향 이동upward mobility과 평생기대소득 증가가 가능해지며, 따라서 비영리 단체를 유지하는 데 중요한 구성 요소인 더 행복하고 의욕 넘치는 직원을 확보할 수 있게 된다.

지금 할 수 있는 일은 무엇일까?

무엇보다, 일단 시작하라. 당신이 게시하려는 직무 기술서와 채용 공고에 급여를 추가하라. 여기에는 돈도 들지 않는다. 구인하는 일자리의 급여가 너무 낮다는 생각이 든다면 공고를 올리지 말거나 급여에 맞춰 필요 기술들을 조정하라. 채용하는 측의 요구 사항을 완전히 충족하지는 못하더라도 잠재력이 크고 조직이 투자하면 큰 도움을 얻을 수 있을 만한 인재에게 기회를 주는 방법도 있음을 고려하라.

옹호자 찾기. 개인과 비영리 단체, 회원제 조직 및 대표 기관을 모두 포함하는 필란트로피 섹터의 구성원은 선출직 공무원과 노조에 연락하여, 앞서 언급한 문제와 관련된 잠재적 해결책을 논의할 회의 일정을 잡아야 한다. 당신의 편에서 입법을 추진해줄 챔피언(정치인)을 찾고, 당신의 대의를 지지하는 필란트로피 섹터 구성원을 결집시켜 법 개정을 촉진하라.

업계 감시 단체 설립하기. 비영리 협회, 비영리 연구에 주력하는 대학 또는 기타 공공 자금 지원 기관이 여기서 논의하는 좋은 관리자가 될 수 있다. 이러한 단체는 옹호 활동을 위한 지식 중개자 역할을 할 수 있고, 새로운 급여 투명성 시대의 감시자 역할을 할 수 있다. 현재 필란트로피 섹터 전반의 급여 보고서로는 현실을 충분히 알기 어려우며, 대형 단체들의 상황이 특정 직책의 급여 범위 추정치를 왜곡하기도 한다. 대신 이러한 감시 단체들이 광고된 급여들을 집계하여 매년 보고하고, 급여를 표시하지 않는 채용 공고가 게시되면 소셜미디어를 통해 일상적으로 바로 대응하는 봇bot을 만들어야 한다.

채용 게시판이 제 역할을 하는지 확인하기. 채용을 광고하려는 사람들에게 급여를 필수 표기 항목으로 지정하라. 이는 구직자에게 서비스를 제공하는 것이지만, 동시에 이를 통해 당신의 커뮤니티에도 도움이 되는 서비스를 제공하게 된다는 사실을 잊어선 안 된다.

보조금 지급기관들도 이 책임을 분담하기. 조직화된 필란트로피 활동은 이 관행을 지원하기 위해 다양한 일을 할 수 있다. 그들은 급여 은폐를 반대하고 모든 직장 협상에서 급여 내역 공개를 금지할 수 있다. 보조금이 프로젝트 기반이고 신규 직원 채용이 예산안의 일부라면, 해당 업무에 대한 급여가 공정하고 합리적인지 검토해야 하며, 해당 직책에 대한 광고에는 급여가 표시되어야 한다.

『해리포터』시리즈에서 알버스 덤블도어는 "나는 망토 없이도 투명인간이 될 수 있단다."라고 말했다. 이 말은 얼마나 많은 사람들이 여전히 스스로를 투명인간이 된 것처럼 느끼며 자신들의 경험과 기술이 시장성이 없다고 생각하는지를 보여준다. 이것은 잘못된 가정이다. 우리 사회의 일부는 역사적으로 이윤을 극대화하고 예산을 늘리기 위해 사소한

제1부 미래를 위한 인재들

방식으로 근로자를 착취해 왔으며, 그 결과 궁극적으로 근로자 수백만 명이 수십만 달러의 수입을 잃었다. 현명하고 실용적인 변화를 실현할 에너지만 있다면, 우리는 임금 격차를 줄이고 임금 불평등(명심하라, 차이는 분명히 존재한다!)이라는 복잡한 문제를 해결할 수 있다. 이것은 누군가가 출근 첫날부터 확인할 수 있는 세대 간 약속이기에 이들의 상향 이동과 그에 따른 우리 사회의 경제적 이익을 지원해야 한다.

경계를 초월하는 인재

우리 사무실이 있는 도시가 아니라 다른 도시에 거주하며 초기 심사 절차를 통과한 모든 지원자들의 명단이 채용 관리자인 나에게 전달되었다. 내가 요청하지도 않았고 생각해본 적도 없던 주의 사항과 함께였다.

- "이들의 이사 동기는 무엇일까요?"
- "왜 이 급여를 받으려고 ○○사/○○시에서 여기로 오려는 걸까요?"
- "이들의 목적은 분명 단지 ○○시에 오는 것입니다. 우리는 그들이 더 나은 직장을 찾을 때까지 임시방편으로 활용될 것입니다."

이러한 사고방식은 이제 중단해야 한다. 특정 직책에 지원하는 누군가의 동기를 어떻게 추측할 수 있단 말인가?

비영리 섹터는 인재들이 우리 섹터로 이직하도록 적극적으로 구애해야 한다. 기업이 거주지에 상관없이 인재를 적극적으로 채용하고 이주 패키지relocation package*도 제공한다면, 필란트로피 섹터도 시대에 발맞춰

---

* 채용된 자가 근무를 위해 타 지역에서 이동해 와야 하는 경우 회사가 주거 등을 지원해주는 제도이다.

이를 실현 가능한 전략으로 추진해야 한다.

이것은 우리가 극복해야 하는 비영리 단체의 또 다른 오명이다. 우리가 영향력, 문화와 수익을 개선하는 데 핵심적인 역할을 할 수 있다고 여기는 뛰어난 지원자를 다른 주에서 찾았다면, 그에게 이사 보조금으로 2,500달러를 더 지급하는 일을 정당화하기가 그렇게 어려울까? 특히, 계약 조항을 추가함으로써 당신의 투자를 보호하고, 당신이 속한 네트워크와 단체의 외부 도시에 있는 사람을 찾는 데 따른 위험을 줄일 수 있는데 말이다.

인재는 기술만큼이나 중요하며, 올바른 인재는 당신의 미래 목표를 달성하는 데 도움이 된다는 사실을 명심하라. 2020년에* 우리가 얻을 수 있었던 교훈은, 위치는 단지 컴퓨터에 로그인하는 장소일 뿐이며, 원격 근무를 활용하면 조직에 최고의 인재를 유치하기 위한 선택의 폭이 넓어진다는 것이다.

비영리 단체는 원격 근무 직원과 다른 지역으로 이주하려는 직원도 수용해야 한다. 코로나19 팬데믹 기간에 나는 여러 사람들(주로 새집에 놓을 가구를 구입하는 사람)과 무작위로 대화를 나눴는데, 이들은 현재 소속 회사에 계속 다니는 상태로 주택 임대 계약을 종료하거나 매각하고서 전국을 여행하거나, 생활비가 더 저렴한 도시로 이사하거나, 귀향한다고 말했다.

직장의 유연성은 자기가 누구를 위해 일할 것인지 결정할 때 그 어느 때보다도 중요한 요소가 될 것이다. 장소에 구애받지 않는 조직이라면 인재에 대한 접근성이 그 어느 때보다 향상되고 이동성도 높아질 테니 이러한 이점을 누릴 수 있다. 그리고 놀랍게도 이러한 변화는 필란트로피 단체가 주도하고 있다.

조지 카이저 가족 재단George Kaiser Family Foundation에서 설립한 프로그

---

* 코로나19 팬데믹 시기를 말한다.

램인 '털사 리모트Tulsa Remote'는 250명에게 오클라호마주 털사로 이주할 수 있도록 1년 동안 보조금을 제공했다. 이 보조금은 이사 비용을 지원하고, 수혜자가 이주 초기 단계에서 쉽게 적응할 수 있도록 (그리고 재정적 지원 차원에서) 매월 급여를 지급하고, 1주년을 맞으면 나머지 금액을 환영 선물로 지급했다. 또한 이 보조금의 수혜자들에게는 공유오피스 내 공간도 제공되어서 새로운 협업 커뮤니티에 빠르게 적응하는 데 도움을 주었다. 조지 카이저 가족 재단은 미래 지향적인 지방자치단체에 다양한 신규 인재를 유치하여 현재 지역 인력을 강화할 수 있다고 판단하여 자금을 지원했다. 이 프로그램은 지금까지 여러 회 실행되었고, 주택을 구입하는 신규 주민을 위한 선지급 옵션도 추가했다. 나도 참석했던 로스앤젤레스에서 열린 제1회 업스웰 콘퍼런스Upswell conference에서는 털사 시장인 G. T. 바이넘G. T. Bynum이 털사 리모트 프로그램에 대해 자세히 설명했다. 그는 이 프로그램을 자신의 데이터 기반 경제적 이동성economic mobility 전략에 어떻게 접목했는지를 설명했다. 이 전략의 상당 부분은 블룸버그 필란트로피Bloomberg Philanthropies, 빌 앤 멜린다 게이츠 재단Bill & Melinda Gates Foundation과 발머 그룹Ballmer Group 같은, 지자체에서 가장 큰 재단을 활용하는 것이었다. 바이넘의 계획은 데이터를 사용하여 지역의 기술 부족을 파악한 다음, 현재 직장을 다니지 않거나 학교에 다니는 젊은이들이 해당 기술 관련 자격증을 취득하게 하여 기술 부족을 해결하자는 것이다. 이 접근 방식은 다른 다양한 지역 지표와 결과에도 그대로 적용할 수 있다.

또한 하와이는 2020년 말 오아후Oahu 섬에서 30일 이상 연속으로 체류하면 항공료를 지원하고 숙박 또는 직장 혜택도 제공하는 '무버 앤 샤카스Movers & Shakas' 프로그램을 시작했다. 이 계획은 관광업에 크게 의존하고 있는 하와이가 코로나19 팬데믹 때문에 관광객이 급감하면서 타격을 입은 경제를 빨리 회복시키기 위해 재능 있는 전문가들을 모집하고 육성하자는 아이디어에서 출발했다. 목표는 하와이 상공회의소, 하와이 걸스카우트, 하와이 리러러시Hawaii Literacy 같은 지역 비영리 단체에서 함께 일하고 자원봉사를 하는 원격 근무자 네트워크를 구축하는 것이었다.

인력 개발은 현재 시민사회 섹터의 핵심 관심사다. 조직화된 필란트로피 단체는 지역 경제를 활성화시키는 계획이 어떻게 투자 대비 수익률과 대응력이 높은 사회 안전망으로 작용해 지역 경제의 부담을 덜어주는지를 알아보기 시작했다. 필란트로피 단체가 위치한 지역사회에서 급여가 높은 비영리 일자리가 많이 생기도록 지원하는 일은 현명한 경제 성장 전략이며, 특히 이 섹터가 미국 근로자들의 18개 주요 고용주 중에서 세 번째로 큰 고용주이고, 우리 도시와 마을의 활력을 보호하고 증진시키는 데 직접적으로 기여한다는 점을 고려하면 더욱 그러하다.

많은 사람들이 다양한 이유로 도시를 떠나는 상황에서, 지역 기반 재단(주로 자신이 봉사하는 지역에서 부를 쌓은 재단)이 미래의 일자리를 창출하고 새로운 인재를 유치하는 원동력이 되는 것은 정말 좋을 것이다. 이는 지난 수십 년 동안 새로운 일자리를 찾아 떠나는 인재들로 인해 타격을 받았던 도시가 활력을 되찾게 해줄 것이다.

기술 채택과 관련한 (단지 전략적 변화가 아닌) 구조적 변화의 필요성

빠르게 진화하는 디지털 경제에서 기술 채택을 주도하는 데 있어 디지털 인프라, 역량과 능력은 중요한 구성 요소가 될 것이다. 즉, 현재 구상 중인 변화를 촉진하고 속도를 높일 수 있는 팀원들을 배치하기 시작해야 한다.

무엇이 필요한가, 그리고 언제 그것이 필요한가 사이에는 큰 간극이 존재한다. 기금조성자 기술 협회Technology Association of Grantmakers에서 실시한 연구이자 필란트로피 섹터에서의 기술 채택 관련 통찰력을 얻을 수 있는 '2020년도 필란트로피 기술 현황 분석'에 따르면 일반 직원 대 정보기술IT 직원의 평균 비율은 여전히 17대 1이다. 또한 IT 부서 중 40%는 DEIDiversity, equity, and inclusion 프로그램*이 전혀 없으며, 12%만이 다양한 리더들로 구성된 파이프라인을 개발하는 프로그램을 보유 중이라는 사실도 알 수 있다. 이러한 사실은 이 책의 핵심 주제와도 일치하며, 이는 우리가 현재 및 미래의 기술 선택지들이 제공하는 모든 이점들을 수용하고 활용할 준비가 되어 있지 않았음을 의미한다. 응답자의 51%만이 2021년에도 IT 예산이 증가하리라 예상했으며, 이는 코로나19로 인해 서비스 제공 모델의 효율성이 제한적이라는 것이 드러났기 때문이다.

'세일즈포스 비영리 단체 동향 보고서The Salesforce Nonprofit Trends Report'에서도 이 주제와 관련된 중요한 통계를 확인할 수 있다(개인적으로 세일즈포스의 전 세계를 아우르는 규모와 방대한 통계 자료, 그리고 비영리 단체에 고객 연계 마케팅(CRM)을 무료로 제공한다는 사실을 정말로 좋아한다. 이것이야말로 바람직한 기업의 사회적 책임(CSR) 실천이다). 이 단체는 지금까지 단 2개의 보고서를 발표했을 뿐이다. 그러나 이 보고서는 이미 필란트로피 섹터의 모든 기술, 소프트웨어 및 IT의 요구 사항들과 관련한 현재의 채택, 전략 및 인력 배치를 보여주는 중요한 자료가 되었다. 앞으로 더 많은 영향력과 정보를 제공하게 될 것이다. 2018년 450명이었던 응답자 수는 2019년에는 비영리 단체의 리더 725명(북미 305명, 유럽 420명)으로 늘어났다. 3만 개 이상의 비영리 단체가 세일즈포스를 사용한다는 점을 감안하면, 이는 오차 범위 5%, 신뢰 수준 95%에 달하

---

* DEI(Diversity, equity, and inclusion) 프로그램은 조직 평등 훈련 용어의 하나로 다양성, 형평성, 포용성으로 번역할 수 있으나 이보다 폭넓게 조직 내 차별 없는 다양성을 촉진하는 개념이다.

는 상당히 강력한 표본 규모라 할 수 있다.

2020년도 세일즈포스 비영리 단체 동향 보고서에서 특히 주목해야 할 세 가지 핵심 사항은 다음과 같다.

1. 응답자의 93%는 IT 또는 기술 인력 부족 때문에 조직이 신기술 적응에 어려움을 겪는다고 답했다. 이 보고서를 자세히 살펴보면 기술 사용의 55%가 실제로 IT 부서에 의해 주도되고 있어서 이는 매우 중요하다.
2. 설문조사에 참여한 비영리 단체 중 85%는 기술이 조직의 성공을 위한 핵심 요소라 답했다. 이는 궁극적으로 데이터에 근거한 완전히 조율된 전략이 성공할 가능성이 더 높다는 판단을 반영한다.
3. 응답자 중 75%는 데이터를 측정하고 보고하기가 어렵다고 답했다. 데이터를 통해 종합하고, 평가하고, 의사결정에 정보를 제공하는 일은 모든 조직의 장기적인 성공을 결정하는 핵심 요소다. 이렇게 높은 비율은 특히 우려할 만한 문제이다.

이 보고서가 발표된 후 온라인에서 내가 목격한 논평 중 대부분은 사용 가능한 기술 선택지를 활용하여 혁신적인 기회를 실현하는 데 필요한 기본 요소, 즉 조직의 역량 문제가 아니라, 비영리 단체가 사용하는 전략의 결함에 대한 비판이었다. 간단히 말하자면, 기술 솔루션을 도입하고 있는 비영리 섹터의 상당수는 (단순히 CRM에 로그인하거나 소셜미디어 도구를 사용하는 수준을 넘어) 비즈니스 부문에게는 익숙한 이러한 종류의 투자에 대해 완전히 실현된 수익을 달성하는 데 있어 영리 부문보다 여전히 너무나 뒤처져 있다.

예일 경영대학원에서 발행하는 「예일 인사이트*Yale Insights*」의 훌륭한 기사는 비영리 단체가 아직 기술을 이해하지 못하고 있다는 가설을 생

생하게 느끼게끔 해준다. 이 기사에는 콤파스Compass(비즈니스 전문가가 지역사
회에 참여하도록 독려하는 그룹) 회원들과 함께 혁신적인 기술의 가치와 보다 전략
적인 방향으로 미래의 모습을 논의하는, 인상적인 질의응답이 실려 있
다. 이 기사는 다음과 같은 일반적인 시대착오적인 질문으로 시작된다.
"비영리 단체는 디지털 세상을 진지하게 받아들이는가?" 이 주제는 여러 가
지 이유로 우려스러운 일이며, 비영리 단체가 재계의 지원(또는 구호)이 절
실히 필요한 사업 모델로 간주된다면 이러한 단절은 영원히 지속될 것
이다.

　비영리 단체의 업무 수행 방식에 관한 이러한 오해를 해소하기 위해서
는, 필란트로피 섹터의 일상적인 요구 사항뿐만 아니라 기술 발전으로
새로운 효율성 및 성과를 창출할 수 있는 방법에 대해 재교육하는 데
집중해야 한다. 이 목표를 달성하는 방법은 다음과 같다.

이사회에 기술 전문가 자리를 마련한다. 기술에 대한 접근 방식을 개선하
기 위해서 올해 단 한 가지 일을 하려 한다면, 그것은 바로 업계 관련자
를 이사회에 영입하는 것이다. 이들은 이사회에 강력하고 신뢰할 수 있
는 의견을 내놓으며, 현대적이고 역동적인 비영리 단체는 기술을 모든
업무의 핵심 요소로 삼아야 한다고 강조하며, 조직이 미래를 위해 추진
하는 모든 비전 활동이나 제안을 주도할 수 있다.

기금 제공자들에게 자금 또는 지원 증대가 필요하다고 알린다. 비영리 기술
관련 자금이 필요하다는 점과 기회에 대해 기금 제공자들에게 솔직하
게 알려야 할 때가 왔다. 더 이상 비영리 기술이 운영과 하나로 묶여 단
순히 운영에 필요한 일부로 간주되어서는 안 된다. 기술 인프라가 데이
터 트렌드를 파악하여 프로그램을 더 효율적으로 만들고, 프로세스를
자동화하여 직원들이 더 큰 비전 프로젝트를 수행할 수 있도록 함으로

써 간접적으로 더 많은 수혜자들에게 서비스를 제공하는 등 임팩트를 활용하는 데 도움이 된다는 사실을 더 깊이 이해하고 깨닫는다면 기술 기금 조달은 당연한 일이 될 것이다.

IT 직원과 리소스를 공유한다. 앞서 언급했듯이 이러한 문제는 대부분 역량과 관련이 있다. 그러나 일부 비영리 단체에서는 IT 관리자 또는 이에 준하는 직원을 고용하는 것이 사치스러운 일이거나, 이러한 직원이 상근 직원 수준이 되는 데 필요한 업무가 없는 경우도 있다. 하지만 중개업체를 통해 IT 인력을 공유하거나 여러 비영리 단체가 있는 지역에서 자원을 공유하면 이러한 문제를 건설적으로 해결할 수 있다.

'테크 레이저 Tech Raisers**'에 투자한다.** 테크숲TechSoup은 비영리 단체에 하드웨어, 소프트웨어 및 기술 교육을 합리적인 가격으로 제공하는 조직이다. 이러한 솔루션은 대부분 무료 또는 대폭 할인된 가격으로 제공되므로, 기술 역량을 확장하고 비영리 단체, 기부자 및 이들이 구매하려는 제품을 연결하는 데 완벽한 수단이다. 또한 테크숲은 자금 조달을 촉진하고 할인된 기술을 보다 유동적으로 전파하는 데 도움이 되는 크라우드 펀딩 플랫폼인 '테크 레이저'를 구축하여 기금을 모으고 할인된 기술을 더 원활하게 배포하는 것도 고려하고 있다. 이로써 테크숲은 필란트로피 섹터별 수요를 더 정확하게 이해하고 자신의 사명을 완수할 수 있어 상생 효과를 가져올 수 있을 것이다.

여기서 주도권을 쥐려는 기금 제공자들은 디지털 인프라 투자에 대한 기금조성자 기술 협회의 가이드를 참조하라. 이 가이드는 디지털 시대에 사회 변화를 이끌려면 기술에 투자해야 한다는 사실을 점점 더 많은 기금조성자들이 인식하고 있다고 자세히 설명한다. "이러한 투자는 단순한 도구가 아니라, 기술과 사회의 관계가 계속 발전하는 데 맞춰 시민사회의 지식과 열정 및 집단적 힘을 발휘할 수 있도록 디지털 기술과 역량 및 새로운 플랫폼을 구축하려는 노력이다." 또한 이 책 끝부분에 나오는 가이드를 확인하면 당신 자신의 디지털 역량과 필란트로피 센터 전반의 디지털 역량을 구축할 수 있는 방법에 대한 로드맵을 확보할 수 있다.

데이터 필란트로피. 창의성은 혁신의 촉진제다. 동시에 창의성은 현상 유지에 도전하는 일이므로 예산 한도에 구애받으면 안 된다. 앞에서 말한 전략 중 어느 것도 채택할 여력이 없는 소규모 비영리 단체는 고정 관념에서 벗어나서 현지 기술 그룹, 협업 단체 및 개인과의 제휴를 모색하고 데이터를 공유하면서 해커톤hackathon*을 통해 정보에 입각한 새로운 솔루션을 제공하는 데 필요한 연료를 제공할 수 있다.

정부 지원을 요청한다. 인터넷 접속은 21세기가 시작되면서 발전과 사회 진보를 위한 필수 도구가 되었다. 이제 광대역 인터넷 보급률은 주요 경제 지표로 취급되며, 미국은 광대역 보급률과 인프라 속도 면에서 상위 20위권을 유지하고자 고군분투하는 중이다.

비영리 단체 사무실, 도서관과 대학교에 광케이블을 공급하는 광대역 투자는 필란트로피 섹터에서 세계 최고 수준의 다운로드 속도에 대한 접근성과 영향력을 더욱 빠르게 늘릴 수 있는 또 다른 기회다. 이는 대체로 미국 연방 정부가 하는 일이지만, 이는 또한 친환경 활동을 촉진하기 위해 진보적인 지자체가 채택한 접근 방식의 보완책이 될 수도 있다. 참고로 미국의 연방 통신 위원회Federal Communications Commission, FCC는 2009년 미국 경기 회복 및 재투자법American Recovery and Reinvestment Act of

---

* 해커톤(Hackathon)은 해킹(Hacking)과 마라톤(Marathon)의 합성어로, 주로 IT 업계에서 여러 부서의 팀원들이 모여서 빠른 시간 안에 협력해 프로그램이나 서비스를 만드는 일이다.

2009의 일환으로 광대역의 경제성을 확보하고 사용률도 극대화하여 무엇보다도 시민 참여, 교육, 지역사회 개발 등을 증진하기 위해 상세한 전략이 포함된 계획을 수립하라는 지시를 받았다.

위에서 언급한 모든 제안은 조직이 미래 기술 채택과 관련하여 새로운 접근 방식으로 창의적으로 전환할 수 있거나, 적어도 새로운 접근 방식을 지향하도록 장려하는 방법이다. 또한 적절한 전략을 수용하려면 역량을 강화해야 한다는 점을 잊어선 안 된다. 세일즈포스의 비영리 단체 동향 보고서는 이 점을 아주 잘 요약하고 있다.

기술은 개인화된 경험을 제공하면서 데이터의 잠재력을 실현할 수 있는 탁월한 이퀄라이저equalizer이다. 기술을 활용하면 비영리 단체는 새로운 사람들에게 다가가고, 더 많은 지역사회에 봉사하며, 새로운 과제에 대응하고, 기회를 최적화할 수 있다. 혁신적인 기술은 더 스마트하고 효율적인 운영을 실현할 수 있도록 새로운 상황을 많이 만들어낸다. 이를 실현하기 위해 비영리 단체는 새로운 도구를 수용하여 구성원이 요구하는 사회 변화 플랫폼을 제공해야 한다. 디지털 혁신을 배제한 비영리 단체는 현대화를 추진하는 다른 비영리 단체에 뒤처지기 쉽다. 비영리 단체가 사회에 미치는 임팩트를 대체할 수 있는 것은 없기 때문에 비영리 단체의 침식에 따르는 대가는 무척 심각하다. 이는 우리 사회에 균열을 남긴다.

메기 팔머(Meggie Palmer)

– 최고의 자신감 창조자

자기 옹호self-advocacy로 자신의 가치와 자격 및 경험에 어울리는 대가를 받는 것은 사회 정의를 실현하는 일이다. 그것은 자신의 가치는 물론 성별, 피부색, 신념이나 능력 때문에 저임금을 받아온 수백만 명의 가치까지 높이는 일이다. 직장에서의 진정한 공정성을 실현한다면 동일 노동 동일 임금을 목표로 해야 한다. 하지만 이렇게 하려면 먼저 조직, 산업 및 경제 전반에 존재하는 임금 격차를 즉시 해결해야 한다.

이러한 변화를 주도하는 대표적인 사람은 펩토크허PepTalkHer 창립자인 메기 팔머로, 그녀는 여성의 직업적 기여를 성공적인 협상 전략으로 전환하고 있으며, 펩토크허 플랫폼에서 얻은 데이터를 사용하여 비즈니스 관행, 채용 및 직장 문화의 변화를 알리고 있다.

"성별에 따른 임금 격차를 줄이는 것은 우리의 사명입니다. 왜냐하면 현 상태에서 성별 임금 격차가 해소되려면 100년 이상이 걸릴 겁니다. 우리가 보기엔 너무 긴 시간이죠. 그래서 어떻게 하면 도움을 줄 수 있을지 연구했습니다."

"우리는 해로운 직장에서 여성들의 자신감이 약화되는 걸 목격했습니다. 본인의 가치보다 낮은 급여를 제안 받고, 그걸 그대로 수락하는 여성들도 지켜봤고요. 스스로의 가치를 믿기 위해 고군분투했다는 이야기도 들었습니다. 유색인종 여성, 임신한 여성, 과감하게 출산 휴가를 사용한 여성의 이야기는 더 심했고요. 차별은 상당히 충격적인 수준입니다. 이는 개인의 상향 이동이라는 개념과 내러티브에 대한 위험한 지표인 만큼이나 가슴 아픈 일이기도 합니다. 그래서 우리는 여성의 치어리더가 될 수 있는, '주머니 속 커리어 코치' 역할을 할 수 있는 무언가를 만들었습니다."

펩토크허 앱을 사용하면 당신이 직장에서 이뤘던 성공들을 쉽게 확인할 수 있다. 이 앱은 AI로 자신감 증진 및 협상 기술을 교육하고, 가장 필요한 순간에 격려의 말을 건넨다. 이럴 때 메기보다 더 든든한 코치가 있을까? "펩토크허는 본질적으로 일종의 온라인 '자기홍보용 자료brag book'입니다." 메기는 이렇게 설명한다. "사용자가 직장에서 거둔 성과를 수집하도록 유도하여 급여 인상과 승진을 위한 면담에 도움이 되는 데이터를 제공하죠."

당신의 진정한 가치는 회사의 전사적 핵심 성과 지표key performance indicator, KPI를 기준으로 정의되지 않는다. 사실 지금 당장 성과주의가 아니라 노동의 존엄성에 관한 광범위한 국가적 논의가 이루어져야 한다. 기여는 인정과 감사, 보상을 받아야 한다. 그래서 메기의 회사는 사람들이 자주 간과하는 요소를 알아차리도록 돕고, 모든 업적을 확인하며, 급여를 비교할 수 있게 하는 필수적인 조력자 역할을 하고 있다. 자동화로 인해 근로자가 관리, 행정, 제조 직무에서 교육, 의료 및 시민사회 섹터 같은 핵심 서비스 분야로 재배치될 가능성이 커지면 이러한 기능은 더욱 중요해질 것이다.

비영리 단체에서 '요청'은 기부자 육성의 마지막 단계를 의미하는 말이 되었지만, 우리는 이 말의 가장 중요한 맥락을 완전히 놓치고 있는지도 모른다. 직원들은 스스로 목소리를 내고, 자신의 가치에 상응하는 보수

제1부 미래를 위한 인재들

를 요구해야 한다. 그렇게 하지 않으면 당신이 직장 생활을 하면서 벌어들일 수 있을 수십만 달러에 달하는 소득과 복리후생을 놓칠 것이다.

"펩토크허는 무료 앱이지만, 저희는 비영리 단체로 운영하지는 않습니다"라면서 메기는 이렇게 설명한다. "만약 저희가 비영리 단체로 운영한다면 이는 저희의 가치와 근본적으로 상반되겠지요. 저희는 이 분야에 뿌리 깊은 불평등이 존재함을 절감하고 있습니다. 저희는 미국 대학 여성 협회American Association of University Women, AAUW나 타임즈업Time's Up 같은 필란트로피 섹터에서 활동하는 비영리 단체의 열렬한 팬입니다. 여성 교도소 협회Women's Prison Association와 전국 가사근로자 연합National Domestic Workers Alliance 같은 단체의 지지자이기도 하죠."

점점 많은 여성들이 비영리 단체의 CEO가 되고 있지만, 캔디드Candid의 '2020 비영리 단체 보수 보고서Nonprofit Compensation Report'에 따르면 이들의 급여 패키지는 여전히 남성 동료에 비해 훨씬 낮으며, 예산이 2,500만 달러 이상인 조직들에서는 이러한 격차가 평균 약 18.5%에 달한다. "한 여성이 대기업 CEO로 승진했는데, 그녀는 연봉 인상을 요구하지 않았어요. 그녀는 '운이 좋았어요!'라고 말하더군요. 저는 '말도 안 돼!'라고 했습니다."

미국 여성 정책 연구소Institute for Women's Policy Research에 따르면 미국에서 정규직으로 일하는 여성들은 남성들이 1달러를 벌 때 82센트를 벌고 있다. 현재의 변화 속도가 지속된다면 여성의 임금 평등은 2059년에야 실현될 것이다. 유색인종 여성이라면 시간은 더 오래 걸릴 것이다. 흑인 여성은 2130년에나, 라틴계 여성은 2224년에나 가능할 것이다.

하지만 메기가 직장에서 경제적, 사회적 정의를 실현하기 위해 이러한 중요한 성전(聖戰)을 이끌고 있으며, 저평가되고 저임금에 시달리는 근로자 수백만 명이 당당히 맞서고 있는 만큼, 새로운 미래는 우리 생각보다 훨씬 빨리 도래할지도 모른다. 결국 데이터는 행동에 대한 정보를 주기 위한 것이지 행동의 노예가 되기 위해 존재하는 것이 아니며, 펩토크허는 당신의 경력과 재정적 자유를 위한 티켓이 될 수 있기 때문이다.

4장

필요의 진화
향후 10년, 우리는 어떤 환경에서 어떤 사람들과 일하게 될 것인가

인재 최적화: 최고의 체인지메이커Changemaker*를 찾고, 조율하고, 조화롭게 만들기

사람이 가장 중요한 자산이다. 이 사실에는 누구나 동의한다. 하지만 조직을 새로운 차원으로 끌어올리는 데 기여하고, 좋은 시기이든 나쁜 시기이든 늘 행복해하면서 생산적으로 일할 수 있는, 이러한 가치관에 부합하는 인재를 어떻게 찾을 수 있을까? 그리고 경쟁이 가장 치열한 채용 시장에서 이러한 인재들의 눈에 띄고 주목을 받으려면 기술을 어떻게 활용해야 할까?

조직에 무엇이 최선인지 생각해보라. 조직에 누군가가 와서 2년 동안 근무하면서 조직의 발전을 돕다가 이직하도록 두는 것이 최선일까? 아니면 최소 5년 이상 머물면서 체계적으로 프로그램을 구축하고 발전시킬 수 있는 인재를 채용하는 것이 최선일까?

다음은 채용 관리자들의 밤잠을 설치게 만드는 또 다른 2가지 질문이다.

1. 우리가 무엇을 얻고 있는지, 무엇보다도 우리가 채용한 사람이 어떤 사람인지 어떻게 알 수 있는가?

---

* 개인이나 사회를 위해 의미 있는 변화를 만들어내는 사람이다.

2. 역동적이면서 다양한 지원자 집단을 확보하려면 어떤 기술을 활용해야 할까?

채용은 역사적으로 일관성이 없는 지뢰밭이었다. 백인 또는 흑인 지원자의 면접 회신 비율 격차에 관한 놀라운 연구 결과가 나올 정도로 편견으로 가득한 분야이다. 이 연구에 따르면 조직 내에서 그들을 추천해줄 누군가를 직간접적으로 알고 있거나, 대인 관계가 얽힌 정치적인 판단에 따라 인사팀 심사를 거친 지원자가 유리해지는 것을 볼 수 있다. 그리고 채용 관리자는 이메일 수백 개를 훑어보고 '저 지원자는 대화할 가치가 있어 보인다'는 생각 외에는 어떠한 과학적 근거도 없이 직감에 따라 결정을 내린다.

채용의 최종 목표는 언제나 공석을 채우는 것이다. 이것은 채용 절차의 가장 기본적인 기능이다. 하지만 이제 우리는 이를 뛰어넘어 관련 직책과 조직 문화 모두에 가장 어울리는 인재를 찾아야 한다.

과거에 채용 절차를 감독하거나 채용 관리자 역할을 수행할 때, 나는 나 자신과 직원 및 조직 전체를 위해 성장을 염두에 두고서 업무에 진지하게 임했다. 나는 즉각적으로 피드백하기보다는 지원자에 대해 생각할 시간을 갖고, 이 사람이 우리 팀의 어떤 약점을 보완할 수 있는지, 우리 팀에 지원자가 들어오면 무엇을 달성할 수 있을지, 그리고 그 지원자는 우리 팀을 더욱 발전시키기 위해 어떤 도전을 할 수 있을지를 고심했다. 나는 내 사례의 질적·양적 측면을 모두 제시하고 싶었기에, 한동안 더 많은 정보에 입각한 선택을 하는 데 있어 유용한 데이터 세트를 찾는 데 몰두했다. 나는 이처럼 지원자에 대해 더 많은 통찰력을 얻을 수 있도록 보고 체계와 정책을 만들어, 면접에 함께 참여하는 사람들에게도 제공했다. 또한 직원들에게도 자신과 지원자 모두에게 도움이 되는 절차를 만들기 위한 도구와 교육을 제공했다.

이러한 기준을 흔히 '인재 최적화talent optimization'라고 하는데, 나는 이 개념의 열렬한 지지자다. 인재 최적화는 지원자 집단을 설정할 때, 그리고 나쁘거나 실망스러운 채용의 위험을 낮추고자 할 때 더 과학적인 방법을 도입하는 방식이다. 특히 비영리 단체에서 잘못된 채용은 매우 큰 비용을 초래할 값비싼 실수가 된다.

우리는 지원자들을 평가할 수 있는 더 나은 방법을 끊임없이 모색해야 한다. 나는 대형 기술 기업들에서 사용하는 도구인 행동 특성과 인지 능력을 가려내는 기술이 몇 년 안에 일반화되리라 확신한다.

나는 PIPredictive Index 공인 전문가이기도 하다. PI는 최적의 비즈니스 결과를 얻기 위해 비즈니스 전략과 인사 전략을 연계시키는, 상까지 받은 인재 최적화 플랫폼이다. PI는 그룹이 훌륭한 팀과 문화를 설계하고, 객관적인 채용 결정을 내리고, 효과적인 직원 참여를 촉진하는 데 도움을 줄 수 있다.

전 세계 140여 개국에서 닛산Nissan, 도큐사인DocuSign과 서브웨이Subway를 비롯한 8천 개 이상의 고객사와 350개 이상의 파트너사가 PI를 사용한다.

나는 PI가 내 채용 가설을 검증하는 데 가장 도움이 되는 플랫폼이라 생각했다. 이 플랫폼은 나의 현재와 미래의 직무 기술서를 검토하는 데 도움이 되고, 나아가 다른 직원들이 이 역할에 기대하는 바를 고려함으로써 특정 직무에서 가장 성공할 수 있는 개인의 특성과 자질에 대한 종합적인 관점도 얻을 수 있었다.

이러한 초기 내부 설문 조사를 진행한 후에는 직무 목표를 설정하고, 이러한 목표를 바탕으로 기술skill과 비판적 사고 능력 및 규정적 행동에 가장 부합하는 지원자들을 선별한다. 그런 다음 채용 절차의 각 단계에 있는 지원자들을 대상으로 인지 검사와 행동 검사를 모두 치른 뒤, 정해진 범위에 든 지원자들을 우선순위에 올린다.

인재 최적화 소프트웨어의 확장을 가로막는 가장 큰 걸림돌은 검사의 의미와 사용 방식이 서로 다르다는 사실이다. 검사는 합격 아니면 불합격하는 일이 아니라 그저 또 다른 데이터일 뿐이다. 이는 채용 절차 초기에 지원자들을 실격시키는 방법이 되어서는 안 되며, 둘 중 하나를 선택해야 할 때처럼 최종 지원자를 선별하기가 어려울 때 활용하는 것이 가장 좋다. 참고로 말하자면, 만약 비슷한 유형의 지원자들이 있다면 항상 다양성을 고려한 채용을 진행해야 한다.

인재 최적화는 단순히 채용 절차에만 국한되지 않는다. 나는 지금도 관리자가 높은 성과를 내는 팀을 구축하고, 직원 참여도를 분석하여 맞춤형 조치를 취하고, 리더로서의 잠재력을 발견하고 성장시키며, 생산성을 높이고, 매일매일 직면하는 어려움에도 불구하고 직원들과 지원자들에게 적합한 직무를 보장해주고자 한다.

여담이지만 내 아내는 아주 우수한 기술 채용 담당자인데, 우리 부부는 지난 1년 남짓 동안 이러한 작업이 시민사회 섹터를 위한 기회임을 인지하고 논의했다. 코로나 19 팬데믹 동안 어쩔 수 없이 내 열정에 귀를 기울여준 아내는 대화를 나눈 끝에 본인의 회사를 설립했고, 나는 아내에게 '선을 위한 기술tech for good' 고객이 생길 때마다 도움을 주고 있다. 아내는 매년 올해의 직원상을 받아야 할 정도로 유능하지만, 나는 채용에 관한 모든 것을 세부적으로 배우고 PI 접근 방식으로 수집한 정보를 토대로 비영리적인 관점에서 채용 절차를 개선할 수 있게 된 점에 감사한다.

고급 컨설팅 회사인 비컨 서치 파트너스Beacon Search Partners를 창업한 것은, 특히 소규모 스타트업부터 9개에 달하는 비영리 단체들, 지역재단들, 사립 대학교들, 그리고 포춘Fortune 500대 기업의 신속한 대규모 기술 채용에 이르기까지 25년 이상 비영리 경영, 개발, 기업 인재 확보 경험을 보유했으니, 당연한 결정이었다. 우리 부부는 고객들이 서비스를 제공하는 사람들에게 무엇이 중요한지를 잘 알고 있기에, 적합한 인재를 채용하는 데 열정을 쏟는다. 그래서 우리는 고객에게 채용이 필요할 때 가장 역동적이면서도 탄탄한 지원자 집단을 제공할 수 있도록 지속적으로 인재를 찾고 있다.

또한 우리 부부는 개인적·직업적 경험과 교육을 바탕으로 다양성을 증진하는 데 깊은 노력을 하고 있으며, 이 섹션에서 언급하는 다양한 사항들을 지원할 수 있다고 생각한다. 우리는 공정한 채용 관행과 관련된 어려움과 기회를 이해하며, 고객들이 이 과정을 긍정적인 방식으로 이끌 수 있도록 돕고자 한다. 여기에는 조직의 직무 기술서, 채용 정책 및 면접 질문에 대한 포괄적인 심사들이 포함되어 사람들이 자신에 관한 모든 것을 편안하게 공유할 수 있게 해준다.

우리는 현대적인 '선善을 위한 채용recruiting for good'을 채택함으로써, 커뮤니티 발전을 이끌 뛰어난 인재를 채용하고 싶어 하는 역동적인 비영리 단체 및 기술 기업과 제휴하기 시작했다. 무엇보다 좋은 점은 함께 일할 사람을 결정할 때 다음과 같은 우리의 가치에 충실할 수 있다는 것이었다.

- 협력 – 고객에게는 최고의 결과를, 지원자에게는 최고의 경험을 보장하기 위해서 개방적이고 진실하며 의미 있는 방식으로 제휴하여 비영리 섹터의 전반적인 업무와 임팩트 및 평판을 더욱 강화한다.
- 형평성 – 시민사회 섹터는 그들이 대변하려는 사람들을 반영하는 인재를 채용해야 하며, 이들의 기여가 모두를 위한 평등을 실현시킬 수 있는 시스템과 기회를 창출할 수 있다고 믿는다.
- 미래지향성 – 고객이 최상의 서비스와 지원자 집단을 제공받을 수 있도록 채용 관행의 미래 트렌드를 예측, 파악 및 실현한다.
- 임팩트 – 단순히 빈 자리를 충원하는 게 아니라 고객이 조직과 더 광범위한 섹터에 측정 가능하고 장기적인 임팩트를 미칠 지원자를 채

용할 수 있도록 지원한다.

- 용기 – 최고의 인재를 찾기 위해 고객이 기존의 네트워크와 접근 방식을 뛰어넘도록 격려함으로써 우리의 가치에 대한 확신을 보여준다.

우리 부부가 이 인재 채용 회사를 설립할 때 나를 정말 설레게 했던 것은, 지금은 비컨 FIT Beacon FIT, Future Indicators Test라고 알려진, 회사를 위해 내가 만들어낸 새로운 비영리 평가였다. 이 평가에서는 직간접적인 업무 경험, 가치관 일치 여부와 커뮤니케이션(예를 들자면 소셜미디어에서 개인적으로나 직업적으로 일관된 의견을 말하는지 여부)을 측정하여 지원자를 검토한 다음 고객에게 소개한다.

사명을 추구하는 기업을 지원하고 기본적인 직원 채용을 넘어 인재 최적화라는 목표에 도달하기 위해 우리 부부는 새로운 트렌드와 최첨단 도구를 활용한다. 아내가 가장 중요한 역할을 하지만, 나는 아이들이 잠자리에 들면 사회 변화 촉진을 위한 작은 역할이라도 할 수 있어 기쁘다.

아는지 모르겠지만, 우리는 이미 결실을 목격하고 있다. 큐헬스Cue Health는 신속한 휴대용 분자 현장진단 코로나19 검사법에 대한 1억 달러 규모의 시리즈 C 펀딩Series C funding과 FDA 긴급 사용 승인을 확보한 후, 비컨 서치 파트너스와 제휴하여 인력을 빠르게 늘렸다. 우리 부부는 이 혁신적인 기업이 전 세계적 위기에 대처하는 데 필요한 인재를 발굴하고 채용하는 데 도움을 주었다는 사실이 너무나 자랑스럽다.

우리는 또한 데이터에 기반한 의사 결정 역량을 구축하여 사회적으로 선한 조직의 임팩트를 변화시키는 덴버Denver 소재 사회적 임팩트 기업인 리절트랩ResultsLab, 그리고 새로운 임팩트 투자 분야 구축에도 도전하는 샌프란시스코 소재 기업인 업메트릭스UpMetrics와도 제휴하여 조직과 기금 제공자 및 투자자가 데이터 기반으로 의사 결정을 내리고 임팩트를 극대화할 수 있도록 지원하는 핵심 업무에 큰 도움이 될 수 있었다.

제1부 미래를 위한 인재들

업메트릭스와 리절트랩 같은 회사들은 데이터를 새롭고 혁신적인 방식으로 사용하여 의사 결정에 영향을 미치고 업무의 핵심 인풋input과 결과물을 파악하도록 지원하면서 향후 10년 동안 기하급수적으로 성장할 것이다(이 분야와 비영리 단체가 인재 최적화 방식을 채택함으로써 얻는 이점에 대해서는 이 책의 뒷부분에서 자세히 살펴볼 것이다). 우리 부부는 이러한 조직들의 새로운 리더 역할을 담당할 다양하고 역동적인 지원자 집단을 발굴하게 되어 기뻤다. 그리고 당연한 일이지만 여기에도 약간의 비영리 머니볼이 적용되었다.

완벽한 지원자를 찾으려고 노력하는 대신 인재 집단을 강화하는 데 인재 최적화를 사용한다면, 큐헬스가 실현할 수 있었던 놀라운 일을 우리도 실현할 수 있다. AI가 향후 수년 동안 이러한 기능을 가속화하고 확장할 수 있게 되면 비영리 조직들에 적합한 최고의 인재를 발굴하고 채용하는 일이 클릭 몇 번만으로 이루어질 것이다.

우리는 비영리 단체를 위한 새로운 가상 현실을 향해 가고 있는가?

코로나 19 팬데믹 기간에 많은 사람들이 당면했던 질문은 "언제쯤 직장에 복귀할 수 있을까?"였다. 하지만 그들이 해야 했던 질문은 "꼭 직장에 복귀해야 하는가?"였으리라. 여기서 고민하는 직장은 업무가 아니라 사무실 출근이다. 업무는 이제 본격적으로 재개될 것이다. 여기서 줌Zoom이나 유연근무제의 놀라운 점을 설명하려는 게 아니다(이것들이 훌륭하고 꼭 필요하다는 사실은 이미 알고 있다). 우리는 좀 더 면밀한 조사가 필요하고, 비영리 단체에는 더 이상 적합하지 않을지도 모르는 오프라인 업무에 대해 이야기하는 것이다.

비영리 단체의 예산은 당면한 현실 속에서 재검토되고 있으며, 수입

감소에 대한 우려가 지속됨에 따라 인건비 다음으로 큰 지출 사항인 임대료가 더 큰 재정 지출 사항으로서 주목받게 될 것이다. 조직들은 이제 교육, 훈련, 의료 분야를 비롯한 일부 서비스들을 컴퓨터를 이용하여 가상으로 제공할 수 있음을 깨닫기 시작했다. 필수 서비스는 여전히 대면으로 제공하는 방법이 가장 좋지만, 원격 의료, AI, 챗봇chatbot, 온라인 커뮤니케이션 및 교육 플랫폼 같은 기술 발전 덕분에 전달 방법이 개선되면서 실행 가능한 대안의 품질과 접근성이 더욱 빠르게 향상되고 있다.

이렇게 심오한 현실 인식은 지난 1년 동안 고가의 전기 스탠딩 데스크가 갖춰진 곳 대신 주방의 식탁을 최신 사무실로 사용해온 임원들에게 어떤 영향을 줄까? 이 질문의 답을 확인하려면 다음 질문을 해야 한다. 앞으로 조직에 가장 이익이 되는 것은 무엇일까? 지출을 줄이고 핵심 업무를 수행하면서도 비교적 또는 더 나은 서비스를 현대화하여 제공할 수 있겠는가?

정답은 '그렇다'여야 한다. 돌이켜보면 코로나19 팬데믹은 필란트로피 섹터에 진작 도입했어야 할 기술을 사용할 수밖에 없게 만든 계기였다. 이제 이사회와 조직 운영진은 앞으로 무엇이 중요할지를 진지하게 논의해야 한다. 왜냐하면 사람들은 현금 흐름 문제에 정면으로 맞서지 않고 직원 수를 줄이거나 출장비 및 기타 지출을 동결하여 현금 흐름 문제를 늦추는 방식으로 행동하기 때문이다.

임대료를 얼마나 내는지 진지하게 확인하고 대안을 찾아야 하지 않을까?

물리적 공간이 사업 성공의 상징이나 비즈니스의 필수품이 된 이유는 무엇일까?

어차피 한 달에 한 번 사용하는 중역 회의실이 무슨 소용인가?

현실에서는 비영리 단체의 운영 방식에 대한 일차원적인 관점 때문에 이 문제가 오랫동안 수면 아래에서 커져 왔다. 지난 10년 동안 부동산은 비영리 단체가 임대료 상승 때문에 서비스를 제공하는 지역에서 떠나도록 압박해왔다. 젠트리피케이션Gentrification*은 지역사회가 직면하고 있는 대단히 현실적인 문제이며, 개인과 가족 수준에 미치는 영향이 훨씬 심각하지만, 비영리 단체도 영향을 받지 않을 수는 없다.

기금 제공자도 이 문제에서 자유로울 수 없다. 대표적인 사례로는 노던캘리포니아 그랜트메이커스Northern California Grantmakers와 샌프란시스코 재단이 의뢰하여 이루어진 「베이 지역 비영리 단체 공간 및 시설 현황 보고서Status of Bay Area Nonprofit Space and Facilities report」로, 2010년 중반부터 매 분기마다 이 지역의 사무실 임대료가 인상되었으며, 5년 후에는 임대료 인상이 시작되던 때에 비해 122%나 높아졌다고 우려한다. 이 보고서에 따르면 초기 설문 조사에 응답한 비영리 단체 497개 중 대다수(82%)는 부동산 시장이 장기적인 지속가능성에 미치는 부정적인 영향을 우려한다. 또한 응답자의 68%는 향후 5년 내에 이사 갈지를 결정해야 한다고 생각한다. 게다가 38%는 지난 5년 동안 한 번 이상 이사를 했다고 답했다.

많은 대도시 지역이 비슷한 압박을 받는 상황에서, 비영리 단체는 새로운 전략 계획을 수립할 때 이렇게 중요한 통찰력을 바탕으로 현실적인 대화를 해야 한다. 다음을 비롯한 다양한 선택지를 고려할 수 있다.

- **역할과 책임:** 모든 직원이 반드시 사무실에 출근해야 하는가? 개발 및 마케팅 담당 직원들은 출근 대신 재택근무를 주로 할 수 있는가? '먼데이Monday', '롸이크Wrike', '아사나Asana' 같은 프로젝트 관리 플랫폼을 이용해 워크플로workflow**와 책임감을 증진할 수 있는가?

---

* 젠트리피케이션(gentrification)은 낙후된 도심 인근 지역이 활성화되면서 외부인과 투자가 유입되고, 그에 따른 임대료 상승 등으로 원주민이 밀려나는 현상이다.
** 워크플로(workflow)란 업무자동화를 위한 기술로서, 업무의 절차 등을 시스템화한

줌으로 회의를 진행할 수 있는가?

- **서비스 제공:** 모든 '워크샵workshop'을 반드시 대면으로 진행해야 하는 가? 온라인 수업으로 전환하거나, 고객을 직접 만나기 (혹은 직접 만나야 하는지 확인하기) 전에 고객에게서 방대한 세부 정보를 수집하는 하이브 리드 모델hybrid model*로 전환하면 비용을 절감할 수 있는가?

- **임대인가 구매인가:** 장기적인 안정성을 확보하려면 임대가 가장 적절 한 선택지인가? 신규시장 세액 공제New Markets Tax Credits, 지역사회개 발 포괄 보조금Community Development Block Grants**을 비롯한 여러 집 중 모금 캠페인capital campaign 접근법 같은 선택지들을 사용하면, 조 직들은 지역사회에 투자하거나 다른 조직들과 협력하여 비영리 허 브nonprofit hub를 만들 수 있다. 맨체스터 비드웰 코퍼레이션Manchester Bidwell Corporation은 이러한 접근 방식을 통해 무엇을 달성할 수 있는 지를 보여주는 좋은 본보기로, 지역사회의 핵심에 녹아들어 젠트리 피케이션이 자리잡기 전에 해결하고 있다.

- **통합:** 많은 비영리 단체들이 수요 덕분에 기하급수적으로 성장했지 만, 비영리 단체는 소비재가 아니다. 필요가 많아질수록 비용이 커 진다. 실물 제공과 대면 서비스는 규모의 경제를 누릴 수 없다. 몇몇 조직들은 여러 지사들을 운영하기에 서비스 제공 범위가 넓다. 조직 들을 단일 대형 본사로 통합하고 지역에 있는 직원은 원격으로 근 무하게 하면 어떨까? JFK 대학교, 내셔널 대학교, 노스센트럴 대학 교, 시애틀 대학교 등이 소속된 전국 대학교 시스템National University

것이다.

* 하이브리드란 특정 목표 달성을 위해 두 개 이상의 요소가 결합된 것으로, 여기서 는 사무실 근무와 재택 근무를 혼합한 모델을 말한다.

** 미국 주택도시개발부(U.S. Department of Housing and Urban Development) 의 가장 오래된 프로그램 중 하나로, 저렴한 주택 제공, 빈곤 퇴치 프로그램, 인프 라 개발을 목표로 지역사회 개발 활동을 지원하는 프로그램이다.

제1부 미래를 위한 인재들

System은 미국 서해안 전역에 30개가 넘는 캠퍼스를 보유하고 있다. 강좌 중 대부분이 온라인으로 제공되면서 더욱 유연해짐에 따라, 이러한 대학교들은 하나의 주요 캠퍼스로 통합하기 시작했으며, 다른 주요 현장은 실용적이거나 지리적으로 꼭 필요한 경우에만 유지하고 있다. 이것은 초연결된 커뮤니티의 진화하는 특성을 반영한 더 스마트한 모델이다.

- **인수 합병:** 이 주제는 책의 뒷부분에서 자세히 다루겠지만, 지금 언급하지 않을 수 없는 주제이기도 하다. 많은 비영리 단체들이 영리를 추구하는 일반 기업과 마찬가지로 서비스를 영원히 중단해야 할지도 모르는 위험에 처한 상황에서, 조직은 합병으로 서로의 재정을 강화하고 공동 단일 주소로 이전할 수 있을지도 모른다. 아니면 노숙인, 교육, 식량 접근성 같은 공통의 문제를 해결함에 있어 새로운 에너지로 이러한 위기를 극복하고자 그들의 프로그램, 자산 또는 직원들 중 일부를 인수하거나 합병하기 위해 어려움을 겪는다고 소문이 도는 조직들에게 이사회가 연락할 수도 있다.

또한 기금 제공자들은 지속 가능성과 특정 지역에 너무 많은 비영리 단체가 있는지에 관한 더 중요한 질문에 대한 어려운 대화를 보다 광범위하게 논의하기 위해 한데 모여야 한다. (훗날 '노던캘리포니아 그랜트메이커스'가 '비영리 단체 이전 프로젝트(Nonprofit Displacement Project)'라는 이름으로 수행하는 더 광범위한 캠페인으로 발전할) 「베이 지역 비영리 공간 및 시설 현황 보고서」에서 언급된 것과 매우 유사한 기금 지원 조사나 전략을 참고하면 이 문제를 정면으로 해결할 방법을 확인할 수 있다. 그런 다음에는 아래 요소를 혼합해야 한다.

- **정책 및 법률:** 임대료 상한, 구역 개편 및 정부 지원
- **소통:** 결과를 더 많은 사람과 공유하여 이전에 따른 영향을 강조

• 기술적인 지원: 이사, 공간 계획, 임대 협상, 대출 인수 및 보증, 기타 법적 문제들을 해결할 수 있도록 자금을 지원

역설적으로 코로나19 팬데믹은 가장 고질적인 운영 문제를 조명하고, 우리가 오랫동안 두려워했던 (혹은 '바쁘다'는 이유로 회피했던) 대화를 나눌 공간을 마련해주었다. 우리는 이러한 대화를 환영하고, 이러한 비영리 단체의 적자deficit 사고방식에서 벗어나기 위해 더욱 노력해야 한다.

여기서 뭘 해야 할지는 너무도 간단하다.

먼저 사무실 공간을 기부받는 일은 꿈도 꾸지 마라. 함부로 기대해선 안 되는 일이다.

그런 다음, 직원 1명당 또는 특정 날짜에 정기적으로 서비스를 이용하는 사람당 250스퀘어피트(약 23제곱미터)를 곱한 다음 그 값을 B급 사무실 공간의 스퀘어피트당 요율을 곱하라(해당 지역의 부동산 시장 보고서는 부동산 전문 기업인 CBRE 또는 이에 상응하는 기관의 보고서를 확인하라). 초기 비용을 계산하고 추가 공용 시설 및 기타 관련 비용을 추가한 뒤 위에서 강조한 다양한 대체 시나리오들을 대입하여 검토한 다음 어느 부분에서 비용을 절감할 수 있는지 확인하라.

마지막으로 이렇게 절감한 비용을 어디에 활용할 수 있을지 상상해보라. 예상 수입을 줄여 균형을 맞출 수도 있다.

근사한 이사회실에 관해서 말하자면 이제 고급스러운 마호가니 테이블과 가죽 회전의자에 작별을 고하고 이사진의 회사 사무실에 딸린 회의실을 받아들이거나 공유 사무실을 몇 시간 동안 빌려야 할지도 모른다. 더군다나 그러한 조치가 조직의 미래를 보장해주고 일선 서비스와 인재 유지를 위한 더 많은 자금을 확보해주는 일이라면 자원봉사자들도 싫어하지 않을 것이다.

지식 중개자KNOWLEDGE BROKERS로서의
(또는 지식을 업무에 활용하는) 필란트로피 단체

나는 시민 리더십 기금Civic Leadership Fund 및 샌디에이고 시민 참여 센터 San Diego Center for Civic Engagement를 이끌 때 내가 맡았던 역할이라곤 그저 커피를 마시면서 사람들을 이어주는 일이라 설명하곤 했다. 당신의 짐작대로, 이는 특권층의 냄새를 풍겼기에 나는 CEO에게 합당한 질책을 들었다. 하지만 개인과 기회를 이어주는 일은 내가 맡은 역할의 핵심이었으며, 앵커 기관anchor institution*들의 집결력을 보여주는 일이기도 했다.

대표적인 예는 다큐멘터리 '모두를 위한 불평등Inequality for All'을 상영하면서 전 노동부 장관이자 이 영화의 내레이터 겸 주연 배우인 로버트 라이히Robert Reich와 함께 질의응답을 진행하려던 일이다. 이 행사는 시민 참여 센터Center for Civic Engagement로서는 엄청난 행사였고, 내가 직원들의 리더로서 마지막으로 치른 큰 행사이기도 했다. 이 행사를 그저 성공적으로 치르고 싶어서였는지, 아니면 이만한 영향력을 단독으로 행사하면서 강력한 관리책무stewardship를 보여줄 수 있는 이 절호의 기회를 그냥 지나칠 수 없어서였는지는 모르겠지만, 나는 이 행사가 캘리포니아에서 가장 유명한 도시인 라호이아La Jolla의 개인 영화관에서 열리고, 일부 선별된 기부자들만 상영회에 초대되며, VIP와의 만남도 진행될 리셉션이 패키지의 일부로 포함된다는 소식을 듣고는 반발할 수밖에 없었다.

소득 불평등의 문제가 제도적 필란트로피 내에서 고려되지 못한 적이 있다면, 이때가 바로 그런 순간이었다.

나는 더 많은 관객을 확보하기 위해 내부 자본을 모두 소진하는 것을

---

* 앵커 기관(anchor institution)은 대학교, 의료 센터, 지방 자치단체 등과 같이 지역사회에서 큰 규모의 고용, 소득, 서비스를 창출하는 역할을 하는 기관을 말하며, 지역사회의 발전을 위하여 앵커 기관의 중요성이 강조되기도 한다.

감수할 만한 가치가 있다고 판단했고, 운영진은 결국 300명 규모의 극장을 기부자들을 위한 공간, (캘리포니아 대학교 샌디에이고 캠퍼스UCSD와의 제휴 프로그램의 일환으로) 학생들을 위한 공간, 그리고 지역 주민들을 위한 공간 등 3개로 세분화하는 데 동의했다. 지역 주민들을 위한 공간에서는 대형 필란트로피 단체가 풀뿌리 비영리 단체와 상호 작용하는 방식의 전략적 전환이 가져올 이점을 강조했다. 우리는 몇 달 전 파워 매핑 훈련의 일환으로 샌디에이고에서 가장 소외된 지역에서 훌륭한 일을 하는 수많은 시민 리더들과 조직들을 파악했는데, 나는 이들이 이렇게 특별한 행사에서 언급되는 사실과 아이디어, 실행 항목을 듣고 이와 연결된다면 상당히 큰 도움을 받게 되리라고 여겼다.

결과적으로 우리는 멋진 행사를 즐길 수 있었다. 행사 도중 (갑자기 남편과 함께 나가버린) 센터 이사장 부인의 당혹스러운 비난 때문에 상처를 입기도 했지만, 때로는 나쁜 일도 감수해야 하는 법이다.

그때 나는 이 행사가 필란트로피 지식 중개자의 필요성과 잠재력을 보여주는 좋은 예가 될 줄은 꿈에도 몰랐다. 그리고 샌디에이고 기금조성자 협회San Diego Grantmakers의 이사 중 1명이 5년 후 이 행사를 자신이 참여했던 '시민 참여의 최고 모범 사례'로 언급할 줄도 몰랐다. 그 이사와 다른 참석자들에게 내가 이 행사를 기획했고, 텐트 확장의 이점을 강조하기 위해 그런 식으로 기획했다고 이야기했을 때, 나는 쓴웃음을 지을 수밖에 없었다.

지식 중개Knowledge brokering는 새롭게 부상 중인 개념을 연결하고 해석하는 역할로, 질문에 대한 답을 찾는 사람과 답을 줄 수 있는 사람을 연결하는 다리 역할을 한다. 지식 중개자가 뭔지 정의를 내려보라면, 기술적인 정보나 어려운 수치를 보다 더 접근하기 쉽고 이해하기 쉽게 번역하고, 지식과 시장 동향market insights 및 연구 증거를 확인할 수 있게 하면서 이러한 요소를 실용적인 도구, 행동 및 내러티브로 전환하는 데 도움을 주는 것이다. 오늘날에는 지식이 귀중한 재화이기에 지식 중개자 역할도 점점 더 중요해지고 있는데, 특히, 우리가 일을 하며 이해하고 사물들과 상호작용하는 방식과 기술이 급속히 발전함에 따라 더욱 그러하다.

매니토바 어린이 병원 연구소Children's Hospital Research Institute of Manitoba의 의료 혁신 센터Center for Healthcare Innovation에서 지식 번역 코디네이터이자 지식 중개자로 일하는 레아 크로켓Leah Crockett은 「미디엄Medium」에 기고한 '지식과 넛지KnowledgeNudge'라는 제목의 글에서 자신이 담당하는 역할을 쉽게 풀이하기를, 연구의 생산자와 사용자를 포함한 사람들 또는 집단들 간의 '연결 고리' 역할을 수행하는 경우가 많다고 했다. 나는 이 통찰로 지식 중개인이 이러한 역할을 효과적으로 수행하려면 다음과 같은 기술이 필요하다는 사실을 알게 되었다.

1. 다양한 배경의 사람들과 교류한다.
2. 다양한 사고방식을 이해한다.
3. 정보를 사용하고 공유할 수 있는 다양한 맥락을 이해한다.
4. 증거를 비판적으로 분석한다.

이상은 필란트로피 프로젝트의 프로그램 관리자를 채용할 때 내가 확인하고 강조하고 싶어 하는 핵심 역량이다. 필란트로피 섹터는 앞으로 이런 유형의 활동가들이 자신의 직업을 이렇게 정의함으로써 도움을 받을 것이다.

싱크탱크가 이 역할을 보다 광범위하게 수행하고 있지만, 유연 단체affinity group도 교육자, 코치, 그리고 새로운 모범 사례 채택의 촉매자 역할을 하는 직원과 함께 이 분야 전반의 활동가들과 연결하는 다리 역할을 할 수 있다. 기금조성자 기술 협회나 적극적인 시민 참여를 위한 필란트로피Philanthropy for Active Civic Engagement 같은 그룹은 미래에 실질적인 역할을 수행할 수 있는 대표적인 자금 제공자 그룹이다. 즉, 임팩트 투자 도입 초기 단계에서 아무런 도움도 받지 않고 임팩트 투자의 뉘앙스를 파악할 수 있는 사람이 얼마나 될까? 그러나 이러한 친목 단체들에 대한 내 과제는 서비스 제공자보다는 기수 역할을 맡아, 새로운 트렌드에 관한 프로그램을 제공하는 대신 파트너십을 맺고 지원할 조직을 적극적으로 발굴하는 것이다.

　필란트로피는 핵심인력과 조직을 가지고 그 점들을 연결하기 위한 실제적인 전문성과 요령을 섞어내야 한다. 이들은 관련 분야의 전공자가 아니어도 된다. 해당 분야에 적극적인 관심이 있으며 이러한 지식을 전략적으로 적용할 수 있는 사람은 현장에서 전공자 못지않게 활약할 수 있다. 그리고 같은 맥락에서 설립된 단체들보다 더 나은 시민적 지식의 관리자들이 존재할 수 있을까?

필란트로피적 미래주의의 15가지 규칙

목적을 찾아라!

사이먼 사이넥Simon Sinek은 '왜'를 목적으로, '어떻게'를 과정으로, '무엇'을 결과로 삼는 데서 시작하는 개념인 골든 서클Golden Circle의 대명사다. 나는 이 접근 방식의 기본 요소를 높이 평가하지만, '목적'이란 나를 인도하는 힘이자 북극성으로 삼던 나의 관점은 지난 10년 동안 '의식 있는 자본주의'를 설교하는 자들을 접하면서 완전히 달라졌다. 그들은 "성공이란 나른하면서도 고급진 바닷가 마을에서 아침 8시 이전에 파도를 타는 것과 같다"고 정의하는 사람들이다. 그들의 자기계발서 구독함subscription box에 그려진 선禪, Zen 이미지가 원인이었던 것일까.

미래는 우리가 만들어가는 것이며, 우리의 경력 전부를 단 하나뿐인 가장 중요한 길을 추구하는 데 써야 한다고 말하는 것은 위험한 성공론이다. 필란트로피는 누군가의 목적으로서 존재하지는 않는다.

나는 한때 기업의 트리플 보텀 라인triple-bottom-line* 접근 방식을 실천하고 옹호하는 기업들이 모여 만든 흥미로운 단체인 '목적 회의소Chamber of Purpose' 관련 논의와 설계에 참여했었다. 서류상으로는 그럴듯

---

* 기업의 지속가능경영을 위한 '3대 성과 기준'이라고도 하며, 사회, 환경, 경제의 세 부분을 동시에 고려하는 경영 철학이다.

해 보였고 내가 존경하는 사람들 중 많은 이들도 그 과정에 참여했었는데, 그들에게는 이 일을 추진할 에너지와 전문성이 있는 것 같았다. 하지만 얼마 지나지 않아 모두 헛소리였음이 드러나고 말았다.

목적이라는 단어는 그럴듯한 것 같지만, 나는 변화를 더 지지한다.

이 프로젝트에 대한 모든 즐거움과 호의가 사라진 뒤, 지역사회에서 일을 수행했던 사람들은 운영진의 요구를 따르지 않았다는 이유로 비난을 받거나 공격을 받자, '목적' 운동의 실체를 깨달았다. 중년 실업가의 창업·자립 실패로 인한 실존적 위기 말이다. 결국 그들이 원했던 것은 권력(또 다른 CEO 직함)이나 그들의 컨설팅 부업을 위한 고객들뿐이었다.

필란트로피 섹터에서 일할 때는 이런 행위자들을 조심해야 한다.

나는 미국 생활 초반에 이런 특징을 가진 사람이 이끄는 조직에서 일했다. 나는 비영리 단체가 매달 그렇게 많은 무급 인턴을 데려오는 것을 처음 봤는데, 이들이 실제로 무슨 일을 했는지는 물론이고 이름조차 알기 어려웠다. 이것은 경고 신호임이 분명했지만, '미국에서는 근로자들이 이런 식으로 일하나 보다'라고 생각하고 말았다.

이런 경험을 떠올릴 때마다 나는 몸서리를 친다. 부디 임팩트 투자가 링크드인LinkedIn 마케팅이나 CBD 함유 제품 실패를 대체하려는 새로운 '목적'이 되지 않기를 바란다.

그래서 나는 목적이라는 단어를 좋아하지 않는다. 결국 당신에게 기쁨을 주는 일을 하면 직장에서의 만족감을 누릴 것이다. 그리고 이것은 당신이 미래주의적 관점을 당신의 업무에 성공적으로 적용할 방법이기도 하다.

보시다시피 가장 간단하게 정의하자면 필란트로피적 미래주의는 미래의 트렌드와 기술을 확인하고 이해한 다음 이를 현재에 적용하여, 과거와 현재 및 미래의 사회 문제들을 해결하고 지원할 수 있을지 이해하고서 명확하게 설명하는 일이다. 커리어 제너럴리스트career generalist*가 되면 이러한 통찰력을 얻을 수 있다. 미래 예측은 기본적으로 재밌는 부분이며 어디까지나 추측일 뿐이지만, 더 나은 정보와 계산을 바탕으로 할 수 있는 추측이기도 하다.

그렇다면 지금까지 한 거라곤 서핑 동호회 남성 회원들에 대한 불평을 참는 것뿐이던 내가 왜 사이먼 사이넥을 언급했을까? 나는 사이넥의 글을 트로이 목마로 삼아 '목적 회의소'에 대한 불만을 이야기한 것이 아니라 내가 사이넥을 언급한 이유는 그가 규칙과 가치관에 대해 정곡을 찌르고 있기 때문이라는 것을 다시 한번 강조하고 싶다.

의미론적인 이야기일지도 모르지만, '왜'를 '목적'과 혼동해선 안 된다. 그런데 두 개념의 경계가 흐려진 모양이다. '왜'는 가치관이며, 당신이 행동하는 이유를 설명한다. '무엇'을 뒷받침하는 규칙이기도 하다.

나는 직장에서의 자신과 직장 밖에서의 자신 사이에서 갈등하는 사람들에게 항상 가치관이 중요하다고 말해준다. 시민사회 섹터에서 일하는 것은 이 두 자아를 연결하는 자유로움 혹은 편안함을 키워주어야 한다. 당신도 알다시피 직장에서 진심으로 일하고, 온전한 나를 드러내며, 올바른 일을 하자고 주장하는 등의 행동을 하는 것이다. 결국 당신은 자기 자신을 부끄러워해서는 안 되며, 그렇지 않으면 쉽게 좌절할 것이다. 이 책의 목적은 독자들이 자기가 하는 모든 일에서 용기 있는 리더십을 지지하도록 격려하는 것이다.

그러니 먼저 '왜'부터 시작해야 한다. 당연한 일이지만 사이먼 사이넥도 그렇게 말했고, 이 주제를 다룬 멋진 TED 강연까지 했다. 하지만 '왜'는 가치선언문values statement으로 당신의 정신에 새겨질 수 있다. 나는 (필

---

* 여러 분야에 대한 지식과 경험을 바탕으로, 여러 일을 두루 잘하며 종합적 통찰이 가능한 인재로, 특정 분야에 뛰어난 스페셜리스트와 비교되기도 하는 개념이며 관리자 측면의 인재라고도 할 수 있다.

란트로피 섹터에서 여러 세대에 걸쳐 실제로 나타나는 트렌드이긴 하지만) 가치관 수련회values retreat를 추천하는 것은 아니지만, 자신이 누구이고, 어떤 사람이 되고 싶으며, 매일 어떤 모습을 보이고 싶은지 이해하는 시간을 갖는 것은 권장한다. 이러한 가치는 당신이 개인적 측면과 직업적 측면 모두에서 업무를 수행하는 지침이 되고, 지역사회를 개선하기 위해 내리는 결정에도 영향을 미칠 것이다.

가치선언문에 대한 내 경험은 정치적 배경에서 비롯되었다. 공직에 출마하려면 '왜 출마하세요?'라는 궁극적인 동기 관련 질문에 대처할 수 있어야 한다. 당신은 누군가가 고위 공직에 출마하면서 자기 존재의 정수를 설명할 때, 그러니까 어떤 가치가 그러한 공직을 선택한 원동력이 되었는지를, 이러한 가치가 어떻게 시대를 대표하는지를 설명하는 책을 썼을 때 그 사람을 알게 된다. 물론 내가 내 가치관을 담은 책을 쓰게 된 것은 순전히 우연의 일치였다.

내 가치관은 내 개인 웹사이트에서 누구나 볼 수 있다. 나는 내 가치관을 부끄러워하지 않으며, 당신도 당신의 가치관을 부끄러워해선 안 된다. 궁극적으로 가치관은 당신이 누구인지, 그리고 적어도 어떤 사람이 되고자 하는지를 말해준다.

내가 찾은 가치는 본질적으로 미래지향적이며, 종국에는 우리 세상에 대한 낙관주의와 믿음에 호소한다. 왜냐하면 우리가 사는 세상과 우리가 활동하는 섹터에서는 (이 책에서 많은 부분이 강조되고 있는) 놀라운 발전이 일어나고 있으며, 나는 결국 우리 시대의 초현실적인 순간에 이 책을 썼기 때문이다. 우리는 글로벌 팬데믹에 갇혀 버렸고 그 덕에 이 나라가 현재 어떤 상태인지, 그리고 우리의 삶이 어떻게 한순간에 뒤바뀌었는지에 대해 충분히 성찰할 수 있었다. 우리는 현재 우리 사회를 이끄는 '악덕vice'으로서의 포퓰리즘이 근본적으로 반동적이며 경제와 개인의 안전을 위협한다는 사실을 깨달았다. 나는 정치 문제를 다루고 싶지는 않지만, 미국은 더 공정하고 정의롭고 친절한 나라가 되어야 하며, 현재의 분열을 치유하려면 시간이 걸릴 거라는 말은 하고 싶다.

여기서 얻을 수 있는 교훈은 다음과 같다. 당신의 가치관을 인내심을 갖고서 지켜야 하며, 궁극적으로는 그 가치관이 당신의 승리에 도움을 준다는 것이다. 나는 내 가치관 덕분에 발전하고 있으며, 내가 인간으로서 가진 심각한 결점을 극복하면서 성장할 수 있었다. 다른 사람들처럼 나 역시도 완벽하지 않지만, 나아지기 위해 노력하고 있는 사람이다. 기쁜 마음으로 나의 사용설명서인 가치관을 아래와 같이 공유한다.

- 섬김: 가장 고귀한 동기는 공익public good이므로, 나는 공정함과 평등함 그리고 모두에게 기회를 제공하는 시스템들을 만들기 위해 최선을 다해 헌신한다.
- 용기: 나는 위험을 감수하고 대담하게 행동함으로써 내 가치관을 얼마나 확신하는지를 증명한다.
- 미래지향성: 나는 보다 활기찬 사회에 기여하기 위해 미래의 트렌드와 해결책을 지속적으로 예측하고, 파악하고, 실현한다.

간단하지 않은가? 그러니까 '20가지 핵심 가치 목록'을 만들 필요는 없다. 포스트잇 1장에 담아 노트북에 붙일 수 없기 때문이다. 그리고 이렇게 많은 가치를 나열한다는 것은 당신이 실제로는 어느 가치관도 지지하지 않는다는 뜻이기도 하다.

내 생각에 가치관은 당신이 매일 쟁취하길 원하는 결과와 행동을 이끌어내는 훨씬 더 강력한 원동력이다. 하지만 당신의 행동과 경로를 관리하고 의사 결정을 내리는 데 도움이 되는 몇 가지 규칙이 필요하다. 그래서 나는 시민사회 섹터에서 당신이 미래주의적 관점으로 업무를 보는 데 도움이 될 15가지 규칙을 개발했다.

필란트로피적 미래주의의 15가지 규칙

1. 시스템은 정부만이 바꿀 수 있음을 이해하라. 이는 아마도 의외의 규칙이며, 첫 번째 규칙이라는 점까지 언급할 필요는 없을 것이다. 하지만 이것은 내가 깨달은 냉혹한 현실이다. 모든 모금, 커뮤니티의 위상, 담론을 형성하는 능력, 그리고 많은 재단들이 영속적으로 존재하리라는 사실에도 불구하고, 현실에서 시스템을 바꾸는 것은 법률이며, 자선 단체가 국내총생산GDP에서 차지하는 비율은 2%를 조금 넘는 수준이다. 그런데 누가 그 혁명에 자금을 대겠는가?

이 사실을 깨달은 당신의 접근 방식은 어떻게 달라질까? 접근 방식을 다시 짜야 할까? 모금은 새로운 커뮤니티 이니셔티브initiative의 위험을 줄이고 검증된 프로그램에 더 많은 투자를 할 수 있도록 정부에 양적·질적 데이터를 모두 제공하는 방법으로 간주하라. 커뮤니티의 위상은 변화를 옹호하고, 당신이 봉사하고자 하는 대상을 대변하는 목소리가 되는 방법으로 간주하라. 담론을 형성하는 능력은 신뢰할 만한 회의 주최자이자 전략적인 연결자가 되기 위한 근거로 삼으라.

또한, 영속성은 일종의 시민적 그라운드호그데이Groundhog Day*라고 생각하라. 그라운드호그데이와 같이 반복되는 영속적 상황 속에서 당신은 해결책을 구상하고, 퇴고하고, 강하게 추진할 수 있다. 실수가 일어날 수도 있지만, 강력한 평가 프레임워크

---

* 우리의 경칩과 비슷하게, 미국과 캐나다에서 매년 2월 2일에 기념하는 날로, 겨울잠을 마치고 굴 밖으로 나오는 그라운드호그(마멋)를 보며 '얼마나 더 있으면 겨울이 끝날까?'를 점치는 날이다. 본문에서는 변함없이 반복되는 일을 비유한 표현으로 쓰인다.

framework*가 변화를 만드는 새로운 방법을 찾도록 도와줄 수 있다는 점을 알기 때문이다. 필란트로피 단체가 사회 내에서 자신들의 한계를 더 많이 깨달을수록, 정부의 예산삭감에 따른 비용 부담에서 더 자유로워지며, 새로운 사회 혁신을 주도할 수 있게 된다.

2. 혁신은 새롭지 않아도 된다. 당신에게 새롭기만 하면 된다. 새로운 무언가를 만드느라 시간을 허비하지 않아도 된다. 고질적인 노숙인 문제를 줄이는 데 효과가 있는 접근 방식이 있다면 그 이유를 살펴본 다음, 커뮤니티로 되가져와 현재 인프라에 부합하는 방식으로 적용하라. '연구, 개편, 재훈련'이 비영리 단체 리더의 새로운 시민정신이 되어야 한다.

3. 로봇이 당신의 일자리를 빼앗지는 않는다. 기술과 자동화의 목적은 새로운 차원의 효율을 이끌어내는 것이다. 직장에서 일상적인 업무가 필요 없어졌을 때, 그 시간을 다른 일상적인 업무로 채워선 안 된다. 대신 학습과 탐구, 새로운 프로젝트에 도전하는 데 그 시간을 활용하라. 기술은 생산성을 향상시키며, 일자리를 줄이는 대신 오히려 더 많은 일자리를 창출한다고 가정하고서 일하라.

4. 경로를 유지하라. 변화에는 시간이 걸린다. 5년 단위의 전략 계획이나 4년 단위 대통령 임기보다 확실히 더 오래 걸린다. 목표를 설정하고, 기대치와 계약 및 모금을 그에 맞춰 조정하라.

5. 특정 관점에서 벗어나는 게 아니라 완전히 다른 관점에서 생각해야 할 때도 있다. 급진적인 혁신은 급진적인 사회 변화와는 완전히 다르다. 비영리 단체에서는 흔하지 않지만, 적용하면 조직의 판도를 바꿀 도구나 수단을 떠올려보라. "영리 기업처럼 운영하라"라는

---

* 배경, 문제, 목적에 맞춰 계획의 기본 이미지를 작성하면서 목표와 수단을 고려하여 개략적인 계획을 세우는 작업이다.

오래된 격언은 듣지 마라. 대신 501(c)(3)*은 비즈니스 모델이 아니라 세금의 혜택일 뿐임을 기억하라.

6. 무슨 뜻인지 명확하게 설명하라. 초등학교 5학년도 이해할 수 있을 방식으로 당신의 아이디어를 설명할 수 있는가? '그래서요 so what?' 테스트**를 통과할 수 있는가? 그리고 이 세상의 모든 올바른 일을 위해서라도 전문용어, 미사여구와 비속어를 사용해선 안 된다. 형용사를 데이터로 대체하라. 의미심장하게 들리는 모호한 대답 대신 '예', '아니오', '모르겠습니다'나 숫자로 대답하라. 도움이 될 수 있도록 이 책의 말미에 용어집을 추가했다.

7. 모든 사람을 만족시키려 하지 마라. 시민사회 섹터는 너무 친절해서 문제다. 모든 사람들이 당신의 사고방식을 받아들이도록 만들려는 시도는 실제로 당신과 당신이 봉사하는 사람들에게 피해를 줄 뿐이다. 당신이 하는 일이 올바른지 확신하려면 간단한 감사 표시만 있으면 된다. 당신이 백만 달러를 기부해도 누군가는 액수가 적다고 하고, 또 누군가는 엉뚱한 단체에 기부했다고 할 것이다. 모든 사람을 만족시킬 수는 없으니 당신의 가치관에 의지하고, 정보에 입각한 결정을 내리고, 옳은 일을 하고 있다는 직감을 믿어야 한다.

8. '필란트로피'라는 단어에 대해 다시 생각해보라. '필란트로피 philanthropy'라는 라틴어 어원의 뜻을 사전에서 지워라. 너무 많은 블로그들이 처음에 보이는 포스트에서 '필란트로피'를 고펀드미

---

* '종교, 비영리, 과학, 공공안전, 아동 및 동물 관련, 교육 등의 목적으로 설립된 비영리 단체'는 면세 대상이 될 수 있다는, 미국 세법의 조항이다. 이에 따른 적용을 받기 위해서는 복잡한 신청과 인증 절차가 필요하다.

** 상대방에게서 혹시라도 나올 수 있을 "그래서요?"라는 질문에 답을 하려고 깊이 생각하다 보면 상대방이 원하고 있고, 상대방을 설득할 수 있는 아이디어로 정리할 수 있다.

GoFundMe 캠페인을 홍보하기 위한 안일한 진입로처럼 사용한다. 슬프게도 현실에서는 필란트로피라는 단어가 예전만큼 강렬하면서도 긍정적인 반응을 이끌어내기는커녕 '사악한 자본주의 사회의 구성 요소'로 빠르게 인식되고 있을 뿐이다. 그렇다. 이것은 구조적인 결함을 갖고 있다. 그렇다. 필란트로피라는 단어는 세금을 피하고, 또한 불미스러운 한 개인의 평판을 높이는 도구로 사용되어왔다. 그렇다. 자선 행위charitable act라기보다는 자선 거래charitable transaction라는 뜻으로 자주 사용되고 있다. 그러나 우리는 이것이 시민사회 섹터에서 사용하는 단어임을 인식하고 이 단어와 관련된 오명을 바꾸기 시작해야 한다. 친구의 5K 펀런fun run* 에 기부하는 것도 필란트로피이고, 지역 푸드뱅크에서 자원봉사를 하는 것도 필란트로피이며, 법률 자문을 무료로 제공하는 것도 필란트로피임을 사람들이 이해할 수 있게 해야 한다. 이제 우리는 필란트로피에 거부감을 가져선 안 되며, 다른 사람들도 필란트로피에 동참하도록 권장해야 한다.

9. 사람들을 모으고, 육성하고, 연결하라. 사람들을 한데 모으고, 주제별 전문가를 활용하고, 변화를 위한 연합을 구성하라. 임팩트 투자와 민관협력은 우리 시대의 가장 중요한 문제에 대한 논의에 다양한 섹터들을 참여시킨 결과물이어야 한다. 이러한 이슈들 모두가 서로 연관되어 있다는 점을 함께 이해한다면 시, 카운티, 주 및 연방 차원에서 보다 많은 정보에 입각한 결정을 내릴 수 있을 것이다. 아, 배타적이지 말고 포용적이어야 한다는 점도 잊어선 안 된다. 우리는 모두 이 싸움에 동참하고 있으니까 말이다.

---

* 거창한 대의보다는 친목과 여흥 등이 주가 되는 소규모 모임 행사로, 보통 개인이 지인들을 대상으로 개최하며, 자선이 포함될 수도 안 될 수도 있다. '시간과 관심이 있는 친구들끼리 모여 달리거나 하며 놀자'는 의미에서 나왔다.

10. 로고만 붙이고 끝내지 말라. 재단들은 프로젝트에 자금을 지원하고 모든 공로를 인정받는 굉장한 기묘한 능력이 있다. 재단들은 펀딩 사이클이 끝날 때 의무적으로 배포해야 하는 언론 보도자료를 재빨리 배포하고(이후 메시지를 통제), 대규모 커뮤니케이션 팀을 동원해 (계획되었던 그렇지 않든) 결과물을 대규모 마케팅 캠페인으로 전환하여 훨씬 많은 기부를 끌어낸다. 이렇게 하는 대신 새로운 형태의 참여형 장소 기반 리더십place-based leadership을 실천하라. 주도해야 할 때와 커뮤니티 파트너들 옆에 나란히 서야 할 때, 그리고 무엇보다도 방해가 되지 않도록 물러나야 할 때를 알아야 한다.

11. 우리 모두가 한배를 탄 건 아니다. 우리가 우리 시대의 초현실적인 순간에 있다고 내가 말했을 때, 나는 현재 진행 중인 민권 시위civil rights protests를 포함하지는 않았다. 이것은 일시적인 게 아니라 인종 정의를 위한 지속적인 투쟁이며, 증오와 편견에 맞서 수세기 동안 지속되어온 운동의 연장이다. 필란트로피 단체의 취약성은 지금 당장 해결해야 하는 문제다. 필란트로피 섹터에서는 기금을 지원하는 과정에서 공정과 평등을 증진할 방법에 초점을 맞춘 논의가 많이 진행되고 있다. 하지만 이러한 논의가 정책, 직원 채용, 기금 지원 관행을 실제로 변화시키고 있을까? 아니면 웨비나webinar(온라인 세미나)에 필요한 다양한 콘텐츠와 강연자를 제공하는 것에 불과할까? 우리는 모두 '한배를 타고 있으니', 한 팀을 이루고서 같은 방향으로 계속 노를 저어야 한다는 말이 우리에게 행동을 촉구해 왔다. 노를 떨어뜨리면 다시 주워 계속 노를 저어야 한다. "나는 우리가 같은 배를 타고 있다고 생각하지 않는다." 이 말은 특권을 의미하는 또 다른 표현일 뿐이라고 생각한다. 그보다도 우리는 같은 폭풍우 속에 있으며, 육지를 보려면 아직 많은 일을 처리해야 한다. 앞으로 필란트로피는 형평성을 최우선

순위에 두어야 한다. 우리 모두는 우리가 실수를 했을 때, 그리고 동료들이 우리의 결점을 지적할 때 우리를 내쫓으려는 게 아니라 초대하려는 것임을 깨달아야 한다.

12. 경력이 망가지지 않도록 자격증을 취득하라. 앞에서 제너럴리스트가 미래를 이해하고 개념화하기에 가장 적합한 사람이라고 했다. 제너럴리스트는 여러 가지 일을 할 줄 알지만 어느 하나 뛰어난 분야는 없는 사람이 될 수도 있다. 마치 프렌드 존friend zone*을 벗어나지 못하는 사람처럼 경력이 애매해지곤 한다. 그러나 교육은 급격히 변화하고 있으며, 당연한 일이지만 주로 기술 때문에, 그리고 부분적으로는 세계화 및 근로자의 이동성 때문에 급격한 혼란을 겪고 있다.

나는 샌디에이고 주의회 외교 위원회San Diego Diplomacy Council의 동료 회원을 만난 적이 있는데, 그는 석사 학위를 취득하는 것이 경력상의 성공으로 가는 여권이라며 나에게 석사 학위를 따라고 강력히 권했었다. 하지만 오늘날 대학원 과정은 다양한 역량 제한 때문에 단순히 전문 자격증 취득 과정 같은 취급을 받고 있으며, 일류 대학교에서 이러한 학위를 취득하는 것은 경력 발전 속도를 높이는 것이라기보다는 '전문적인 인맥을 돈으로 사는 일'에 가깝다. 그래서 국제공인모금전문가CFRE 또는 시민사회 섹터 관련 전문 자격증을 취득하는 것이 비영리 단체 경영이나 MBA 관련 고급 학위를 취득하는 것만큼이나 당신의 경력에 도움이 되기 시작했다. 또한 미래학futurism을 공부할 때는 기계 학습이나 데이터 분석을 이해하기 위해 컴퓨터 과학이나 공학 관련 정식 교육을 받을 필요가 없다. 원하는 시간에 링크드인 러닝LinkedIn Learning**에

---

* 특별히 연애 상대로는 고려되지 않는 직업적인 친구 관계.

** 소프트웨어, 크리에이티브, 비즈니스 스킬 등 다양한 전문 분야의 온라인 강의를 수

접속해서 당신의 수준을 올리기만 하면 된다.

내가 가장 좋아하는 3가지 기본 규칙들을 소개함으로써 15가지 규칙 설명을 마무리하겠다.

13. 질문하고 요청하라. 달리 말하자면, 더 많은 자금과 지원을 요청하라. 자신의 접근 방식과 목표 및 비전에 대해 더 많이 질문하라. 요청하지 않으면 아무것도 얻을 수 없다.

14. 제공하라. 좀 더 구체적으로 말하자면, 당신의 시간과 재능과 돈을 제공하라. 말한 내용을 실천하라.

15. 일을 완수하라. 말만 해서는 결과를 달성할 수 없으며, 변화는 저절로 일어나지 않는다. 현상 유지는 말만 하는 사람과 미루는 사람 때문에 존재한다.

내가 가장 좋아하는 규칙은 15번이다. 나는 이 규칙을 바탕으로 명성을 쌓았고, 아무도 내게 이 슬로건을 새긴 커피잔을 사주지 않아서 놀랐을 따름이다. '큰 꿈을 꾸라', '즐기는 법을 알아라', '일을 완수하라'라는 글이 적힌 동그라미 3개가 있는 벤다이어그램을 떠올려보라. 내가 함께 일하고 싶은 사람은 그 동그라미 3개가 교차하는 지점에 있으며, 나는 그들이 이 책으로 최대한 많은 것을 얻길 바란다.

결국 규칙은 근본적으로 우리의 가치관과 규범, 그리고 감히 말하건대 도덕을 위한 안전장치다. 규칙은 고상한 생각과 이상 사이에서 균형을 이루고, 변화의 대리인으로서 우리가 업무에 집중하고 체계적으로 접근할 수 있게 한다. 그러니 목적을 좇으며 살지 말라. 대신 당신이 관

강할 수 있는 인터넷 사이트.

심을 가지는 것, 당신을 흥분시키는 것, 그리고 당신의 마음속에서 이 세상에 긍정적인 변화를 가져올 수 있는 것을 보완하는 충만한 삶을 좇아야 한다. 결국 우리가 통제할 수 있는 것은 이 세상을 지금보다 더 나은 곳으로 만드는 우리의 행동뿐인 것이다. 왜냐하면 지금의 젊은 세대들은 실로 오랜만에 이전 세대보다 더 나쁜 상황에 놓일 위험이 있는 세대이기 때문이다.

아드리아나 로손-세발로스(Adriana Loson-Ceballos)
– 낙관적이며 용감한 라틴계 여성

아드리아나 로손-세발로스는 어떤 방에 들어가도 그곳을 환하게 밝힌다. 자기 자신과 자신을 만든 것들, 그리고 그것을 세상에 가져오는 방법을 아는 사람은 드물기 때문이다. 우리는 아드리아나가 이머징 프랙티셔너 인 필란트로피Emerging Practitioners in Philanthropy, EPIP의 네트워크 리소스 디렉터로 일할 때 그녀를 처음 만났다. 그곳에서 나는 그녀의 영성이 얼마나 깊으며 본인의 문화와 가치관에 확보한 뿌리를 두고 있는지를 알게 되었다. 그녀는 미국에서 라틴계 미국인으로, 기부 서클을 주제로 삼은 박사 연구자로, 그리고 콜메나 컨설팅Colmena-Consulting의 설립자로서 쌓은 경험을 바탕으로, 결함 있고 비민주적인 필란트로피 섹터의 구조를 재편하는 데 에너지를 집중하고 있다. 함께 모여 자원을 동원해 변화를 구현하고, 피해를 복구하고, 힘을 키우는 방법을 사람들이 더 쉽게 이해하게 만드는 것이 목적이다.

변화를 실현하는 필란트로피의 능력을 보여주려 노력하는 아드리아나의 헌신은 이사벨 아옌데Isabel Allende와 다른 라틴아메리카 붐Boom 소설* 속 인물의 삶만큼이나 혁명적이고 고무적이다. "저는 제가 자원 동

---

* 1960~1970년대 라틴아메리카 문학의 경향을 이르는 용어다. 냉전기와 불안한 국내

원가이자 네트워크 조직가이며, 다양한 운동과 커뮤니티를 넘나들며 더욱 정의롭고 공평한 현재와 미래를 위해 끊임없이 노력하는 사람이라고 생각합니다." 그녀는 이렇게 설명한다. "저는 이 모든 일을 필란트로피스타filantropista라고 정의합니다. 인간적, 사회적, 재정적, 자연적 자원의 해방과 동원에서 목적을 찾습니다. 저는 이러한 해방과 동원을 구현하는 '방법'에 매력을 느끼고 이를 바탕으로 활동합니다. 이런 일이 지금 어떻게 일어나고 있으며, 과거에는 어떻게 일어났는지를 연구하곤 하죠. 더 중요한 문제는 형평성을 중심에 두고 이런 일이 일어나게 할 방법을 찾는 것입니다."

경험에서 우러나오는 이해보다 더 큰 이해는 없다. 아드리아나의 목소리는 미국과 멕시코 국경에서 자란 그녀의 생생한 경험에 뿌리를 둔 풍요로운 사고방식을 필란트로피 센터에 제공한다. 그녀는 집단 기부collective giving 단체, 재단, 학술 센터에 자신의 연구 및 평가 기술을 제공하며, 집단의 동원을 해방 노력 관련 연구의 필수 원천으로 간주한다. 2021년 여름 아드리아나는 라틴계 지역재단 및 필란트로피 투게더Philanthropy Together와 협업하여 운동, 네트워크, 현장, 모임, 실천 공동체, 집단 기부 모델을 연구하는 콜메나 컨설팅Colmena-Consulting을 창립했다. 또한 여성 기금 모금 네트워크Women's Funding Network와 유나이티드 필란트로피 포럼United Philanthropy Forum이라는 두 전국 규모 필란트로피 네트워크의 이사회에서 활동하고 있으며, 라틴계 기부 서클 네트워크에 관한 논문을 집필 중이다.

"기금 제공자부터 모금가에 이르기까지 우리 모두는 자원이 어디로,

___

정세, 라틴아메리카인의 정체성 등을 반영한 결과 현실과 환상을 넘나들고, 정치와 종교가 뒤섞이는 독특한 문학 트렌드가 나타났다. 이사벨 아옌데(Isabel Allende), 가브리엘 가르시아 마르케스(Gabriel Garcia Marquez), 마리오 바르가스 요사(Mario Vargas Llosa) 등이 그 대표자다.

어떻게 이동되어야 하는지를 결정하는 구식 시스템의 잔재와 유물을 의도적으로 버릴 수 있는 절호의 기회를 얻었습니다." 아드리아나는 이렇게 설명한다. "자원과의 연결이 우리가 세상을 경험하는 방식에 깊은 영향을 미친다는 것은 말할 필요도 없죠. 그래서 필란트로피 센터에서 일하는 우리는 자원이 얼마나 가까이에 있는지를 살펴보고 직무 기술서에 나오는 기본 업무를 재평가해야 합니다. 우리의 직무가 우리에게 무엇을 요구하며 조직이 이를 어떻게 지원하는지를 다시 상상해야 합니다. 필란트로피를 기부에서 기여로 바꾸려면 우리 모두가 노력해야 합니다."

아드리아나의 리더십을 본다면, 필란트로피의 미래는 라틴계 상상력의 힘을 중심으로 인류의 미래를 위해 더 심오하고, 더 용감하며, 집단적인 자선을 구상하게 될 것이다.

제2부

변곡점에서 보는 트렌드

TRENDS AT THE
TIPPING POINT

5장

테이블 다시 세팅하기

나는 필란트로피에서 기득권층이 현 상태를 유지하는 지점이 어디인지가 항상 궁금했는데, 그 답은 권력과 재정 보수주의의 요소에 관련된 것일 가능성이 높다는 사실을 내심 알고 있었다. 그리고 나는 왜 사람들이 지속가능성을 보장하기 위해서만 기금을 조성하고 기금을 영구적으로 유지하려 하는지를 알 수가 없었다. 물론 그것이 중요한 요소이기는 하겠지만, 조직에 투자하는 유일한 이유는 아니다. 그럴 수가 없다.

나에게 필란트로피는 유산legacy과 관련이 있다. 우리가 말하는 투자는 실제로 커뮤니티 전체의 미래의 활기와 생명력에 관한 투자이며 그 기금을 보유한 조직은 그 비전을 실현할 수 있는 가장 좋은 수단이다.

필란트로피는 끊임없이 변화하고 있다. 우리는 우리가 일을 하는 방식에 대한 보다 혁신적인 접근 방식(과 대화)을 위한 조치를 시작해야 한다. 여기에는 포트폴리오, 인재, 파트너에 대한 더욱 현명한 투자도 포함된다. 그것은 상황을 바로잡기 위한 유연성과 인식, 개방성에 관한 것이다. 비영리 단체의 전반적인 역할은 주식 시장에서 공격적인 임시방편을 동원해 운영 예산을 부풀릴 방법을 찾는 것이 아니라, 단체의 사명과 관련된 문제를 해결해내서 사업을 효율적으로 접는 것임을 이해해야 한다.

특히 단체의 재무 및 행정 측면을 중심으로 해당 섹터의 급속한 전문화에 반대하는 주장이 제기되고 있다. 조직은 규모가 커질수록 기술관료화가 심화되며, 그리하여 '정말 중요한 일'이 희석되고 만다. 지금 내가 말하는 것은 필란트로피의 선구적인 역할, 즉 필란트로피가 아이디어를 모으고 해결책을 제시하고, 우리 최고의 인재에 베팅할 수 있는 민첩성이다.

내가 정말 걱정하는 일은 필란트로피 섹터가 본래 정신을 잃어가고 있으며, 포퓰리즘의 세상에 점점 더 반응해가고, 중요한 변화를 실현하는 일을 기피하며, 배를 흔들지 않는 것(즉 현상 유지)을 선호하는 것이다.

하지만 최전선에서 열심히, 열정적이면서도 실용적으로 일하는 사람들이 있다. 이들은 변화를 잘 수용하며, 연례 보고서에 국한되지 않고서 제약을 넘어 우리의 미래를 내다볼 수 있는 곳을 향하여 필란트로피 섹터를 움직이고 있다. 이들은 우리가 필란트로피 섹터에서 보고 있는 트렌드를 빠르게 따라잡고 리더십과 영향력으로 실행속도를 높이고 있으며 효과적으로 테이블을 다시 세팅하고 있다. 앞으로 수십 년 동안 발생할 요구 사항에 대해 포용적이고, 접근 가능하고, 정직한 방식으로 말이다. 다음 장에서 다룰 대표적인 인물 3명을 기쁜 마음으로 소개하겠다.

새러 바즈 SARA VAZ

새러는 노드슨 코퍼레이션 재단 Nordson Corporation Foundation의 커뮤니티 관계 관리자다. 새러는 캘리포니아 주와 콜로라도 주에서 노드슨의 모든 사회적 책임 활동 corporate social responsibility activities을 관리한다. 이전에 새러는 개리 앤 메리 웨스트 재단 Gary and Mary West Foundation의 프로그램 관리자로 일하면서 그곳의 청년 고용 및 도우미 동물 service animal* 포트폴리오를 만드는 데 집중했다. 새러는 앨리언트 국제대학교 Alliant

---

* service animal은 도우미 동물 또는 보조 동물로 불리며, 시각장애인 안내견처럼 장애가 있는 사람을 보조하는 업무를 수행하도록 훈련받은 동물이다.

International University에서 국제관계학 석사 학위를 취득했으며, 샌디에이고에 있는 난민 커뮤니티에서 수년간 봉사활동도 했다. 샌디에이고 난민 포럼San Diego Refugee Forum의 부의장과 소말리아 패밀리 서비스Somali Family Services의 이사회 의장을 역임하기도 했다. 현재는 지역 기금조성자 협회인 카탈리스트 오브 샌디에이고 앤 임페리얼 카운티Catalyst of San Diego and Imperial Counties의 이사회와, 샌디에이고 남동부에 있는 학습 센터/도서관 내에 세워진 권투 체육관을 사용하는 방과 후 프로그램인 애니 바디 캔 유스 재단Any Body Can Youth Foundation의 이사회에서 활동하고 있다. 또한 샌디에이고 카운티 소재 비영리 단체에 자금을 지원하는 기부자 모임인 위민 기브 샌디에이고Women Give San Diego의 공동 의장을 역임하기도 했다. 이 단체는 소외된 성인·청소년 여성들이 지역 경제에 더 많이 참여함으로써 지역사회의 번영에 적극적으로 기여할 기회를 제공한다. 아울러 새러는 비영리 커뮤니티에서 이렇게 활발하게 일할 뿐만 아니라, 수년 동안 링크 스태핑 서비스Link Staffing Services의 오너이자 운영자로도 활동했다.

사라 모란SARAH MORAN

사라 모란은 2025년까지 여성 100만 명에게 기술을 교육하는 것이 목표인 사회적 기업 걸 긱 아카데미Girl Geek Academy의 CEO이자 공동 설립자다. 사라는 경력 중 대부분을 기술과 STEM* 연구에 바쳤다. 다섯 살 때 코딩을 배웠고, 10대 시절에는 웹사이트와 디지털 제품을 만들었던 사라는 교육계에서 여학생과 기술에 관한 부정적인 고정관념을 접하게

* Science(과학), Technology(기술), Engineering(공학), Mathematics(수학) 전공의 줄임말.

되었다. 또한 오스트레일리아와 미국 실리콘밸리에서 일했던 사라는 업계에서 여성이 직면하는 어려움을 직접 목격하기도 했다.

사라는 2014년에 동료 4명과 함께 무언가를 배우고, 다른 사람을 만나고, 변화를 위한 아이디어를 얻을 수 있는 곳인 걸 긱 아카데미를 설립했다. 걸 긱 아카데미 프로그램은 5세부터 95세까지의 여성을 대상으로 한다. 정치 지도자, 학교, 여성 청소년 및 전문직 여성들이 STEM에 대해 생각하고 실천하는 방식에 세대적 변화를 불러일으키는 데 도움을 주는 걸 긱 아카데미는 5세에서 8세 사이의 소녀들을 대상으로 하는 세계 최초의 해커톤hackathon인 #MissMakesCode로 천 명 이상에 달하는 교사들을 훈련시켰다. 이는 오스트레일리아에서 5세부터 STEM 교육을 받는 1만 명 이상의 학생들에게 도달하는 것과 같다.

사라의 비전은 고정관념에 도전하여 기술·게임 업계에 종사하는 여성, 웨어러블 장치 제작, 스타트업 창업, 대형 기술 조직의 여성 임원 리더십 같은 긍정적이고 가시적인 새로운 롤 모델을 만드는 것이다. 이러한 노력의 결과 2019년에는 출판사 펭귄북스Penguin Books와 함께 청소년 소설 시리즈를 출간하기도 했다.

2018년 사라는 「오스트레일리안 위민즈 위클리Australian Women's Weekly」에서 '미래 여성상Woman of the Future Award'을, 퀸즐랜드 공과대학교QUT에서 '젊은 혁신 및 기업가 정신 동문상'을 받았다. 그리고 「코스모폴리탄Cosmopolitan」지에서 선정하는 '올해의 여성Woman of the Year' 최종 후보에 오르기도 했다.

지역사회에 적극적으로 기여하는 그녀는 레오나르도 그룹Leonardo group과 사이언스 갤러리 멜버른Science Gallery Melbourne에서 일하고 있으며, 빅토리아 주 주장관 양성평등 자문위원회Victorian Minister's Advisory Council for Gender Equality의 위원, 브리즈번 시의회의 청소년 프로그램인 비저블 잉크Visible Ink의 홍보대사, 퓨처 오브 워크 서밋Future of Work Summit의 자문

위원회 위원이다. 아울러 빅헬스 유스 태스크포스VicHealth Youth Taskforce
의 일원이자 빅헬스VicHealth의 후원자이기도 하다.

자히라 만ZAHIRAH MANN

2017년 랄프 M. 파슨스 재단Ralph M. Parsons Foundation에 합류한 자히라
는 15년 이상 로스앤젤레스 지역의 비영리 단체에서 일한 경험을 바탕으
로 아넨버그 재단Annenberg Foundation의 프로그램 책임자, 유나이티드 웨
이 오브 그레이터 로스앤젤레스United Way of Greater Los Angeles의 프로그램
관리자로 일하면서 노숙인 문제 해결책에 투자하는 민간 및 공공 기금
의 협력을 이끌었다.

필란트로피 섹터에 뛰어들기 전에는 비영리 단체와 연합체, 정부 기관
을 대표하고 자문을 제공하는 공익 변호사로 활동했다. 자히라는 툴레
인 로스쿨Tulane Law School에서 우등으로 법학석사 학위를 받았고, 바사
대학Vassar College에서 학사 학위를 받았다.

———————————————————

이 세 여성은 단지 앞에서 사람들을 이끌기만 하는 것이 아니다. 이들
은 또한 변화에 대해 통합적이고 여러 부문을 아우르는 접근 방식을 구
축하는 일을 흥미로워하는 새로운 세대가 목소리를 낼 수 있게 한다. 이
들이 일하는 커뮤니티에서 요구하는 새로운 기준과 기대에 따라 필란트
로피가 어떻게 변화하고 있는지에 대한 이들의 관점을 읽고 당신도 이
들의 행보를 따라가보길 바란다.

새러, 사라, 자히라는 학습자이자 경청자이며 실천가다. 그리고 이전
장에서 이미 새로운 인재의 필요성과 인재를 찾을 수 있는 곳, 이렇게

재능 있는 직원들이 유리천장을 돌파할 수 있도록 역량을 강화시켜줄 수 있는 방법에 대해 설명했는데, 이 세 여성들의 이야기들은 실제 사례로 뒷받침되고 있다.

다음 단계는 리더가 성공할 수 있도록 생태계를 역동적으로 재구축하고, 진정한 변화를 실현하는 데 필요한 도구와 자금, 네트워크, 지원 구조를 리더에게 제공하는 일이다. 이렇게 하지 않으면 유리천장이 다시 확고한 구조가 되면서 우리가 너무나 힘들게 획득한 돌들*을 사용하는 것마저 두려워하는 걸 보게 될 것이다.

다음 장에서는 조직화된 필란트로피 활동에 대한 새로운 현실과 이러한 현실이 앞으로도 의미 있는 일이 되는 데 필요한 변화, 그리고 앞으로 10년 안에 이 섹터가 중대한 영향력을 발휘할 수 있게 할 새로운 기술과 접근 방식을 살펴본다. 필란트로피 섹터가 제대로만 한다면 성공 사례가 투자금만큼이나 중요한 새로운 패러다임으로 등장할 것이며, 이는 기금 제공자가 효과적인 기금지원의 새로운 표준을 보고, 이해하고, 개발하는 방식에서 중대한 차이를 만들어내게 될 것이다.

---

* 유리천장에 던져서 그것을 부술 돌들

6장

필란트로피 지형을 바꾸는 새로운 현실

지역 기금조성자 협회의 르네상스

지난 10년 동안 우리의 앵커 기관anchor institution들은 지역사회와 새로운 시민 협약을 맺을 기회를 놓쳐왔다. 기관 대표는 거래하듯 하지 말고 신뢰성을 높여야 한다. 특권을 줄이고, 소매를 걷어붙이고서 일을 마무리해야 한다. 지역사회는 우리 시대의 가장 중요한 문제를 해결하기 위해 더욱 역동적인 시민 파트너십을 요구했다. 그 시기에 우리 지역재단들은 한동안 적극적으로 경청하고 참여형 지역사회 리더에게 필요한 내부 인프라를 구축하기 시작했고, 직원과 공공 프로그램 제공 및 기금 조성을 다양화했다. 그들은 언제 주도해야 하는지, 언제 주요 파트너들과 협력해야 하는지, 그리고 언제 관여하지 않아야 하는지를 잘 알고 있었다.

그렇다면 지역 전체의 시민 참여를 조직화하는 변화의 중심이 된 지역재단에 무슨 일이 일어난 것일까?

2014년을 앞두고 지역재단이 설립 100주년을 맞이할 무렵(1914년에 프레드릭 고프Frederick Goff가 클리블랜드 재단Cleveland Foundation을 설립했다), 우리 세대의 주요 문제를 해결하는 데 중요한 단계로서 새로운 공공 및 필란트로피 파트너십이 형성됨에 따라 진정으로 필란트로피 섹터가 재정립될 것만 같았다. 심지어 이 기회를 날카롭게 포착한 오바마 대통령도 백악관에서 현장 리더 100명과 함께 설립 100주년을 축하했다. 나중에 백악관은 이 행사를 요약한 성명에서, 미국이 시민 참여라는 국가 문화를 발전시키는 데 전 세계를 선도했다고 밝혔다. 백악관 브리핑에서는 "우리는 다 함께 지역재단이 한 세기 동안 거둔 성취를 기념했고, 앞으로 펼쳐질 가능성을 기대했습니다."라고 말했다. 이와 함께 백악관 공식 블로그에는 지역재단이 구조적인 문제를 해결하는 데 도움이 되고, 지역재단이 서비스하는 지역사회의 장기적인 성공에 필수적이라는 점을 언급함으로써 이러한 가능성의 본질을 포착하는 내용이 게재되었다.

이후에는 무슨 일이 벌어졌을까? (물론 이 모든 일이 미국 제45대 대통령인 트럼프 탓이라 할 수는 없지만) 글쎄다. 진정한 시민 참여는 '프로그램'으로 단순히 정의되던 이전의 딱지를 서서히 되붙이고 말았다.

자유재량 기금Discretionary fund(대부분 멤버십과 맞춤형 공공 프로그램을 포함하는 시민 리더십 기금으로 불리는)은 재단 전반에서 사용할 수 있는 단순한 일반 기금으로 용도가 변경되었다.

또한 장기 근속 후 은퇴하는 CEO의 자리에 모금이나 재정 부문에서 활동하지 않은 지역사회 출신 리더를 앉히는 조직에서는 수많은 의욕적인 신입사원들이 진로를 변경하고 있다.

이제 이러한 리더들은 많은 주요 장기 기금 보유자들의 지원을 바탕으로 교체되고 있으며, 자신들을 자선 은행이라고 소개하며 지역사회에서 활보하고 있다.

그리고 이건 사실 나쁘지 않은 일이다!

지역재단들은 지난 100년 동안 번창해 왔다. 마이클 무디Michael Moody와 샤나 골드세커Sharna Goldseker의 저서인 『임팩트 세대: 차세대 기부자들의 기부 혁명Generation Impact: How Next Gen Donors are Revolutionizing』에 따르면 앞으로도 50년 동안 약 59조 달러가 다음 세대에게 이전될 것이기에 그들의 비즈니스 모델은 100년은 더 유지될 것이다. 많은 사람들이 이러한 현실을 지역재단들이 사명에 기반을 둔 관점 때문에 놓친 기회로 간주하지만, 실제로는 지역 기금조성자 협회들 같은 생태계 내 다른 구성원이 필란트로피 섹터에서 르네상스를 맞이할 가능성을 어느 정도 열어준 사건이었다.

지역 협회는 조직화된 필란트로피 단체가 지역사회에서 배우고, 이끌고, 투자하기 위한 회원제 단체다. 지역 협회들은 전통적으로, 기금 제공자를 지식과 자원에 연결시켜주고 필란트로피의 역할과 지역사회에 미치는 잠재적 임팩트에 대한 인식을 증진하여 지역 필란트로피스트, 가족 재단, 기업 기부자, 공공 자선단체를 지원하고 대변해왔다. 이러한 협회들은 약 50년 동안 존재해왔으며, 단일 문제에 대하여 기부자의 의도에 좀 더 집중하고, 컬렉티브 임팩트를 지원하는 전국적인 유연 단체들이 출현하면서 서서히 임팩트를 잃어가고 있었다. 또한 더 큰 재단들은 자신들의 서비스가 필요하지 않다고 생각했고, 지역재단들은 성장 중인 기부자조언기금DAF의 기반을 경쟁자로 인식했던 곳들에게서 보호하려고 했지만 이는 착각이었다. 심지어 지역사회에서 그들의 역할이 명칭과 일치하지 않는 경우도 있었는데, 많은 협회가 자신들을 '(○○시/지역)기금조성자'라고 부르지만 실제로는 상당수가 기금을 지원하지 않았다.

그렇다면 달라진 것은 무엇일까? 그리고 함께 일할 수 있는 회원의 기반이 제한적인데도 이러한 조직들이 성장하는 이유는 무엇일까? 솔직히 말하자면, 그렇게 될 수밖에 없었기 때문일 것이다. 예를 들어 120명의 회원을 보유한 서부 해안의 지역 협회가 모든 지역재단들의 성장 잠재력을 조사한 결과, 만약 모든 재단이 하나도 빠짐없이 회원 가입을 한다면, 현재 회비를 기준으로 약 25만 달러의 수익만 확보할 수 있다는 사실을 발견했다. 궁극적으로 재단이 스스로 발견한 잠재력을 실현하려면, 회비에 국한되지 않도록 비즈니스 모델을 다각화해야 한다.

이것은 단지 한 단체의 미래 생존을 보장하는 핵심 요소에 관한 이야기가 아니다. 이것은 협회 모델에 대한 전국적인 변화의 일부분을 다룬 이야기로, 이제 이러한 유형의 회원제 조직은 필란트로피 활동의 모든 기존 주체들 중에서 가장 역동적인 조직이 되었다. 유나이티드 필란트로피 포럼United Philanthropy Forum의 많은 회원 단체가 조직화된 필란트로피 활동의 의미를 재정의하고 있으며, 그 이유는 다음과 같다.

- 이들은 때때로 재정 후원자 역할을 하고, 생태계를 조성하며, 필요하고 적절한 곳에 시범사업과 딜플로우deal flow*를 실행함으로써 기부 서클과 임팩트 투자 같은 새로운 형태의 필란트로피 활동에 큰 투자를 하고 있다.

- 이들은 일부 회원들의 정치적 성향에 구애받지 않고 형평성, 인종 차별, 진정한 체제 변화에 관한 새로운 논의를 주도하면서 새로운 길을 개척하고 있다. 그리고 그들은 필란트로피의 목소리와 자원으로 이러한 뿌리 깊은 문제를 해결하는 것이 회원들의 노력으로 지역사회를 개선하는 방법 중 하나라고 믿는다.

- 그들은 (개발 직원에게는 너무나 고맙게도) 공동 기금모금 방법으로 기금을 자체적으로 지원할 뿐만 아니라, 회원들에게 교육하고자 하는 현대적인 접근 방식인 전체 비용, 신뢰 기반 및 투자에 대한 재정적 수익을 통해 기금을 지원한다.

- 이들은 더 강력한 성과를 창출하기 위해 주 및 전국 규모로 협력하고 있다. 그 정점에 있는 유나이티드 필란트로피 포럼은 최근 회원 자격을 확대하여 유연 단체affinity group를 포함시켰다. 덕분에 더 크고 더 포괄적인 기금 제공자 네트워크로 연결되어 서로에 대해 배우고 기금 제공자의 관점으로 우리 지역사회의 교차성intersectionality을 이해

---

* 벤처 투자가, 엔젤 투자자, 사모 투자자 및 투자 은행가 같은 금융 전문가가 비즈니스·투자 제안을 받는 비율을 나타내는 용어.

하고 있다. 캘리포니아 주에서는, 가장 큰 3대 지역인 로스앤젤레스, 샌디에이고, 샌프란시스코를 지원하는 3개 협회가 '필란트로피 캘리포니아Philanthropy California'라는 연합을 결성하여 공동 프로그램 수행, 커뮤니케이션 및 정책 조정, 새로운 프로젝트를 위한 모금에 협력하고 있다.

- 이들은 회원들을 대신하여 자선 기부에 관한 더 강력한 법안을 옹호할 뿐만 아니라, 불법 청소년 추방 유예Deferred Action for Childhood Arrivals, DACA, 2017년 샬러츠빌에서 목격된 것과 같은 증오 단체의 활동 및 인구 조사 등의 문제에 대한 입장을 표명하는 등 정책을 통해 목소리를 높이고 있다. 인구 조사에 관한 입장 표명은 이 섹터가 사회적·재정적 측면 모두에서 이슈를 다루면서 성숙해졌음을 보여주는 신호이기도 하다. 시민권 문제와 관련해서 대법원에 탄원서를 제출하고, 공정하고 정확한 인구 조사를 보장함으로써 그들이 대변하는 주가 재정적으로 불리한 영향을 받지 않게 하며 주민 수가 부족해 대표성이 잠재적으로 변경되어 정치적으로 불이익을 당하는 일이 없도록 하고 있다.

이 섹터의 관측통이라면 이러한 지역 협회들이 지난 몇 년 동안 이룬 성과와, 강력한 북극성으로 어떻게 혁신을 주도하면서도 참여가 느리기로 악명 높은 섹터에서 선두 주자의 위험을 극복할 수 있었는지 확인해 보는 게 현명할 것이다. 또한 이러한 단체의 대부분은 시대에 맞춰 이름을 바꾸고 있으며, 필란트로피 매사추세츠Philanthropy Massachusetts(옛 이름은 기금조성자 협회Associated Grantmakers) 및 메릴랜드 필란트로피 네트워크Maryland Philanthropy Network(옛 이름은 볼티모어 기금조성자 협회Association of Baltimore Grantmakers)와 같은 새로운 내러티브와 업무에 어울리는 명칭을 사용한다.

이러한 단체들의 리더십과 혁신에 박수를 보내면서 지역재단과의 새로운 관계를 위한 길을 개척할 수도 있다는 점에 주목하자. 이러한 단체와 지역재단은 서로 협력하여 이익을 얻을 수 있다. 협회들은 더 많은 대상에게 프로그램을 제공할 수 있으며, 또한 재단들도 더 많은 정보에 입각하여 기금을 조성하고, 기부자들은 더 많은 기금을 냄으로써 재단들이 이익을 얻을 수 있다. 그리고 재단들이 봉사하는 지역사회, 그 어느 때보다도 지원이 필요한 지역사회를 잊어서는 안 된다. 또, 더욱 전략적인 협력 활동으로 누가 보상과 지원 및 자금을 얻게 될 것인지도 잊어선 안 된다.

개성보다 진보:
비영리 단체 합병에 관한 설득력 있는 내러티브 구축

이 책의 3부에서는 기관들을 재구성하는 걸 중점적으로 살펴보고 비영리 섹터가 지속적으로 효과를 발휘하게끔 보장하는 데 국세청Internal Revenue Service, IRS이 어떤 잠재적 역할(과 책임)을 하는지에 대해 이야기한다. 하지만 먼저 내가 '북엔드 솔루션book-ended solution*'이라고 부르는 것의 한 측면에 대해 이야기해야 한다. 즉, '비영리 단체가 실제로 너무 많은가'라는, 아직 정의되지 않은 중요한 문제를 전면과 후면 모두에서 다루고 있다(현재 비영리 단체 수는 우편번호당 평균 40개에 달하며, 매년 증가하고 있다).

사전예방 조치front-end fix로는 비영리 단체의 분류 체계(유형)와 서비스 지역(지리적 초점) 모두에서 보다 엄격한 심사를 거쳐 비영리 단체 설립 전에 그 설립 신청을 검토하는 것이다. 근본적인 해결책back-end fix은 국가적 검토를 장려하거나 적어도 건강한 비영리 단체가 얼마나 되는지에 대해

---

* 책의 양쪽 끝에 두어 책을 고정하는 책갈피에 빗대어, 여기서는 솔루션에 대하여 두 가지 측면으로 접근하는 의미의 표현으로 쓰였다.

더욱 합의된 전국적 대화를 나누고, 다양한 지표와 심층 학습 데이터를 사용하여 이 활동에서 얻을 수 있는 실현 가능성 있는 권장 사항을 알리는 것이다.

이러한 검토에서 나올 수 있는 해결책 중 하나는 비영리 단체의 인수합병 선택지(또는 적극적인 장려)이다. 하지만 농담이 과해선 안 된다. 이러한 움직임은 필란트로피 섹터에서 많은 논란과 반발을 불러일으킬 수 있다.

인수합병은 주로 재계에서 환영받는 일이며, 스타트업 창업자들과 투자자들이 엑시트exit하면서 '현금화'를 실현하는 기회가 되기도 하지만, 시민사회 섹터에서 활동하는 사람들은 대부분 정반대로 생각한다. 『비영리 단체 합병과 제휴Nonprofit Mergers and Alliances』의 저자인 토마스 맥라플린Thomas McLaughlin은 "비영리 섹터에서 활동하는 일부 사람들에게 합병은 스캔들이자 혐오스러운 일"이라고 말함으로써 이러한 본능적인 반응을 강조했다. 그렇다면 그 이유는 무엇일까?

아마도 비영리 분야에서 우리가 항상 높은 도덕적 기준을 유지하고, 우리가 봉사하는 지역사회를 존중하며, 진정한 집단적 임팩트를 전달하는 방법으로서 협력의 가치를 공유하기 때문일 것이다. 혹은 때때로 자본주의의 냉혹한 속성에 대한 반발일 수 있고, 비영리 섹터에서는 좀처럼 접할 수 없는 일이기 때문에 이해하지 못하는 개념일 수도 있다.

한편 열린 마음을 가지고, 합병이 어떻게 수행되며 실제로 합병에 수반되는 사항이 무엇인지 이해하는 것부터 시작하여, 합병의 성공과 실패를 질적·양적 측면 모두에서 자세히 살펴보아야 한다. 어느 쪽을 선택하든 필란트로피는 시민사회 섹터의 생태계에서 이해관계의 충돌이나 역할이 지나치게 커질 수 있다는 우려와는 상관없이 중요한 역할을 수행하고 있다.

더 깊이 파고들기 전에 비영리 단체의 인수합병에 관한 이야기와 오명을 언급하고 싶다. 그 방정식에서 인수acquisition라는 요소를 제거해야 할

지도 모르니까 말이다.

인수라는 용어는 기관이 공식적으로 서비스를 중단하고 '자산'을 인수하는 경우와 같은 일부 상황에서만 정확하게 들어맞는다. 이는 단지 다른 비영리 단체가 조직을 공격적으로 인수하는 행위보다는 선호되는 운영 방식이기도 하다.

그렇기는 하지만 자원봉사 이사회volunteer board에 대한 적대적인 인수가 어떻게 보일지, 그리고 프로그램 구매에 어떤 가치를 두는지는 짐작하기 어렵다. 기부자는 메일링 리스트처럼 쉽게 인수할 수 있는 요소가 아니기 때문이다. 그러니 현실적으로 직시하고 이 과정을 비영리 단체 합병이라고 부르자. 이 용어를 다르게 적용하면서 생겨난 혼란스러운 인식 탓에 본질적인 이야기를 놓치는 상황을 만들지 말고, 단순하게 그에 따른 이점에 대해 설명해보자.

문제는 쉽게 이해할 수 있는 보고서에서 과거 합병에 대한 연구나 정보가 많지 않다는 점이다. 내가 찾은 최고의 보고서는 「스탠포드 소셜 이노베이션 리뷰Stanford Social Innovation Review」에서 나온 것인데, 이 리뷰는 비영리 단체 합병이 사명 발전과 프로그램 제공 확대에 잠재적인 도구가 될 가능성을 제시하는 몇 가지 중요한 결과를 보여주었다. 메트로폴리탄 시카고 비영리 단체 합병 연구Metropolitan Chicago Nonprofit Merger Research의 한 보고서에 따르면, 2004년부터 2014년까지 시카고 지역에서 발생한 비영리 단체 합병 25건을 대상으로 조사한 결과 인수 단체와 피인수 단체 모두에서 88%가 합병 후 조직이 더 나아졌다고 답했다. 합병한 조직이 이전에 협력했었던 조직이거나, 제3자 컨설턴트 또는 퍼실리테이터facilitator를 고용했거나, 처음부터 합병을 지지했던 사람이 이사회 구성원일 경우 긍정적으로 응답하였다.

이것은 상당히 유망한 결과로, 우연의 일치일 수도 있고 아닐 수도 있지만, 이 보고서가 나온 직후 실질적으로 기금 제공자와 기금 수혜자를 모두 대표하는 독특한 지역 기금조성자 협회인 포어프론트Forefront가 '사명의 지속가능성 계획Mission Sustainability Initiative, MSI'이라는 새로운 프로그램을 만들었다. 홈페이지에 소개된 바로는, 이 프로그램은 "전략적 제휴에 관심이 있는 비영리 단체를 위한 기밀 상담, 관련 프로세스의 단계에 대한 정보, 교육 프로그램, 무료 법률 지원 추천, 숙련된 유료 컨설턴트를 비롯한 각종 정보와 지원을 제공한다." 나아가 "MSI는 전략적 파트너십을 모색하고 실행하는 데 드는 비용 일부를 충당하기 위해, 선별된 비영리 단체에도 기금을 제공할 것이다."(포어프론트는 전략적 파트너십을 비영리 단체 인수합병, 후선 지원 업무 협업 및 영구적인 프로그램 파트너십으로 정의한다.)

MSI에서 일회성 보조금을 최대 75,000달러나 지원받음으로써 잠재적인 협업과 관련된 모든 비용을 효과적으로 보상받은 뒤, 약 500개 비영리 단체가 출범 행사에 참석했다. 특히 이러한 지속가능성과 재정안정성, 조직의 성장과 임팩트를 위한 잠재적인 메커니즘을 중심으로 개인적·정치적·인식적 편견을 걷어낸다면 이는 결국 필란트로피 센터가 원하는 것이 될 수 있음을 보여주는 초기 징후일 것이다(하지만 이와 관련한 내 생각은 매우 포괄적이며 일자리, 혜택, 정책, 기부자 및 고객 개인정보, 기타 우려 사항과 관련된 법적 문제나 '복잡한 문제'를 고려하지 않았다는 점에 유의해야 한다).

병합 가능성에 대해 조직이 대화를 시도하는 데 도움이 되는 몇 가지 유용한 체크리스트 외에도 이 주제에 대해 더 자세한 정보를 제공하는 유익한 웹사이트가 많이 있다. 하지만 합병에 수반되는 세부 사항을 확인하고 싶다면 버나블Venable LLP의 '비영리 조직을 위한 합병, 연합, 제휴 및 인수: 재정 및 법적 문제'를 확인하라. 이것은 이 주제를 다룬 프레젠테이션들 중 1개의 사본으로, 당신이 원하는 방향으로 가고자 하는 데 다리를 놓을 수 있도록 여러 섹션들과 편리한 글머리 기호들로 정리되어 있다.

나는 이러한 대화를 촉진시킨 경험이 있다. 샌디에이고 재단San Diego

Foundation에서 맡았던 업무의 일환으로 나는 사명, 프로그램 구성, 샌디에이고와 더 넓게는 칼리 바하Cali Baja 대도시권에서의 민간 외교 증진이라는 목표 등 여러 면에서 비슷해 보였던 두 조직을 한곳에 모았다. (보다 중립적인 장소인) 재단에서 두어 차례 회의가 열렸는데, 큰 진전이 있지는 않았지만 이러한 대화는 항상 이사회 수준에서 진행되어야 한다는 건 분명해 보였다. 이그제큐티브 디렉터들은 여러 이유로 너무 많은 투자를 하고 있으며, 이들의 자존심과 개인적 성향 때문에 이들은 때때로 급여 이상의 이점을 보지 못하곤 한다. 이들의 조직이 하락세에 접어들어 12개월 후에는 존재하지 못할 수도 있는 사실과는 상관없이 말이다. 나는 또한 비영리 단체의 합병은 하룻밤 사이에 이루어지지 않으며, 외부와 단절된 상태에서 진행되지도 않는다는 사실을 알게 되었다. 비영리 단체에는 성공을 가로막는 절대적인 지뢰밭을 피하게 해주는 중립적인 주최자가 필요하다.

나는 바로 이 지점에서 필란트로피가 중요한 역할을 한다고 생각한다. 포어프론트가 제시하는 기금 관련 절차는 협상을 진전시키는 간단한 방법 중 하나였다. 이러한 협상에서 가장 불필요한 것은 누가 비용을 부담할지에 관한 것이기 때문이다.

다음은 조직화된 필란트로피 활동이 이러한 트렌드에서 중요한 역할을 할 수 있는 다른 방법들이다.

- **주최자:** 필란트로피 섹터는 비영리 단체 리더들을 한자리에 모이게 하여 더 많은 것을 배우고, 합병 과정에 수반되는 사항을 공유하며, 합병을 진행하고자 한다면 그들이 활용할 수 있는 이점과 선택지를 설명함으로써 합병을 위한 통로가 될 수 있다.
- **연결자:** 기금 제공자는 재단협의회, 유나이티드 필란트로피 포럼 및 기타 서비스를 제공하는 전국 네트워크를 활용하여 무료 지원을 제

공할 수 있는 도구, 자산 및 자문가를 파악할 수 있다. 이로써 지역 계획에 기금을 지원하고, 이해 당사자들 간의 합병 관련 대화를 진전시키기 위한 절차 및 전문적인 지원에 관한 강력한 권고안도 낼 수 있다.

- 기금 제공자: 필란트로피 활동은 언제나 설립 목적에 맞게 지역 사회에 기금을 분배하여 더 강력한 동맹과 파트너십 및 가능한 합병을 추진하는 계획과 협업을 지원할 수 있다. 법률 비용이나 컨설턴트 비용 제공에만 국한할 필요가 없다. 또한 직원과 기술 및 기타 유형의 자산 지원을 포함한, 새로운 조직의 지속적인 성공을 보장하는 데 도움이 되는 필수 인프라에 자금을 지원할 수도 있다.

- 연구: 비영리 단체 합병이 보다 지속가능하고 효율적이며 임팩트 있는 비영리 생태계를 조성하는 데 필수 요소라고 생각한다면, 독립적인 연구에 기금을 지원해야 한다. 이러한 합병의 장점을 살펴보고, 절차의 모든 측면을 개략적으로 설명하며, 또한 성공적인 합병과 실패한 합병을 모두 감독해본 사람들의 피드백을 확보하고 공유하는 연구 말이다.

비영리 단체 합병의 필요성에 대해 더 많이 배우고 이해하게 되면, 그리고 이사회 리스트서브listservs*에서 입소문이 날 가능성이 높은 유명한 사례 연구들을 보게 되면, 향후 10년 동안 비영리 단체 합병이 더욱 두드러지게 될 것임은 의심할 여지가 없다. 그리고 이러한 합병은 대부분 자발적인 노력에 의해 수립되고 실행되겠지만, 이러한 합병이 법제화될 수 없는 것은 아니다. 정부는 지역사회를 발전시키기 위해 변화가 필요하다고 판단하는 경우에는 지속적으로 하부구조의 형질변경을 위한

---

* 이메일링 리스트 응용 소프트웨어다.

프로젝트를 수행하고, 주_州 전역의 협의회를 통합하고 있다.

　만약 당신의 조직이 재정적으로 어렵거나, 방향성을 잃고 목표에 부합하지 못한다면, 새로운 이사회 의장을 선출하면서 그에 따른 초반의 흥분과 허세가 새로운 성장의 시기를 열어주리라 기대하는 함정에 주기적으로 빠지면 안 된다. 아마도 더 합리적인 움직임은 당신 조직의 근본적인 사명이 무엇이며, 이를 위해 유사한 단체들과 힘을 합치는 것이 더 나은지에 대해 논의하는 것이다. 저항이 가장 적은 길은 타인의 관할 영역을 통해 협력하는 것일 수 있다.

투자 수익률_{ROI}에 대한 완전히 새로운 이해: 혼합 현실과 몰입 수익률_{Return on Immersion}

　앞서 언급했듯이 비영리 단체는 앞으로 전략 계획의 일환으로 조직에 물리적 공간이 실제로 필요한지 검토해야 하는데, 특히 그들이 서비스를 제공할 때 사람들이 기관을 실제로 방문하지 않아도 되는 경우에 더욱 그렇다. 이제 이 주제를 조금 더 자세히 살펴보면서 새롭게 이용 가능한 기술이라는 관점으로 가상 서비스가 어떤 모습일지, 그리고 이러한 유형의 혼란이 긍정적인 방식으로 실현될지 부정적인 방식으로 실현될지를 상상해보자.

　나는 코로나 19 팬데믹 기간에 새로운 도시에서 집을 구하는 힘든 과정을 거치면서, 이 혼란의 상당 부분을 실감하게 되었다. 여러 예측 가능한 요인 때문에 시장이 다소 둔화되었지만, 이로써 360도/3D 가상 감상과 화상 채팅 투어 같은 새로운 기술이 이제는 참신함을 넘어 기대 수준에 이를 만큼 가속화되었다. 그러나 비영리 섹터는 다른 산업만큼 민첩하지 않기에 일부 부문은 기술을 통해 전환하고 발전하고 새로운 효율성을 찾거나 시도하지만, 비영리 단체가 처할 실질적인 위험은 참여와 기금이 감소하는 시점에 빠르게 진화하는 시장에서 더욱 뒤처진다는 것이다.

세상에는 독창적인 기술이 아주 많으며, 조직들이 우리 사회에 시급히 필요한 잠재적인 솔루션을 이해하고 신속하게 추적하는 데 주도적인 역할을 담당할 기회도 있지만, 우리는 이 팬데믹을 되돌아보면서 팬데믹이 어떻게 기술 채택을 더욱 시급한 과제로 만들었는지를 확인할 것이다.

그렇다면 개인과 여타 잠재적인 파트너들을 참여시키고, 이들에게 영감을 주고, 행동하도록 유도할 수 있는 진정한 가상 체험을 만들려면 어떻게 해야 할까? 단순히 기존 접근 방식을 변경하거나 모방한 다음 온라인 매체를 통해 다시 적용하는 방법은 우리가 언급하려는 게 아니다. 가상 펀런Virtual fun run*은 절대로 성공하지도 수익을 창출하지도 못하며, 미래가 줄 선물마저 빛바래게 할 것이다. 그러니 2010년에 열린 참신한 비어 런beer run 행사계획서는 내려놓아야 한다. 5km를 달리는 유일한 방법은 당신의 조직이 사명에서 멀어지는 것뿐이기 때문이다(그렇다. 비어 런에서의 상처가 아직 남아 있다).

우리는 또한 투자 수익률return on investment, ROI뿐만 아니라 몰입 수익률return on immersion이라는 새로운 ROI를 정의하기 위해 (하나의 섹터로서) 노력해야 한다. 이것은 내가 제안하는 새로운 용어이지만, 시민사회 섹터 관련 조직들이 실시간으로 데이터와 피드백을 수집하고 있다는 것을 확인하기 위해서 추적해야 할 통계를 이해하는 것이 궁극적으로 이러한 경험의 광범위한 효과를 검토하는 데 도움이 될 것이기에 더 광범위한 논의가 필요하다.

---

* 기금 모금을 위한 마라톤 대회로, 가상 플랫폼을 통해 진행하며 참가자들은 각자 달리기를 완료하고 온라인상에 기록을 제출하는 형식으로 진행한다. 코로나 팬데믹에 따라 대면 행사가 어려워지면서 등장했다.

디지털로의 전환

그렇다면 비영리 단체가 현재 이용할 수 있는 현실적인 선택지는 무엇이며, 앞으로 몇 년 안에 부담 가능한 가격으로 이를 이용할 수 있을까?

먼저 우리는 이 일이 스위치를 켜는 것만큼 쉽지는 않다는 점을 인정해야 한다. 이러한 전환은 조직이 제안된 변화를 편안하게 이해하고 지지할 수 있을 만큼 충분한 계획, 소프트웨어 조달, 시험, 마이그레이션migration*, 교육 그리고 당신의 영역을 편안하게 만드는 데 필요한 변화를 추진함으로써 일정 기간에 걸쳐 출시되어야 한다. 이 작업은 일반적으로 12개월 이상 걸릴 수 있으며, 이 역시 일반적인 조직 역량의 제약 조건하에서는 상당히 빠른 축에 속한다.

모든 징후를 종합하면, 혼합 현실mixed reality, MR은 이 새로운 몰입 수익률에 대한 최고의 원천을 제공할 수 있는 가상 선택지로 전환하기 위한 가장 좋은 장소가 될 것이다. MR은 최근 강력한 견인력을 얻고 있으며, 시장에서 먼저 자리 잡은 증강 현실augmented reality, AR이라는 선택지의 성장을 앞지르고 있다. MR은 ('포켓몬 고'처럼) 실제 환경에 가상 객체를 덮어씌우는 게 아니라, 상호작용을 하면서 더 많은 상업적 가치를 창출하고 궁극적으로는 후원과 기부를 유도할 수 있는 방식으로 가상 객체를 고정하는 일이다.

시민사회 섹터 전반에 걸친 새로운 현실

이 새로운 접근 방식의 첫 번째 단계는 목표와 수요를 파악한 다음 진입 지점을 찾아내는 것이다. 이러한 진입 지점은 어떻게 보일까? 함께 생각해보자.

---

* 데이터를 어느 기기에서 다른 기기로 이동시키는 것을 말한다.

갈라 쇼galashow*. 코로나 19 이후의 뉴노멀new normal**에 대해 이야기할 때, 많은 대화에서는 사람들이 100명 내외의 모임에 단기적·중기적으로 참여하기를 꺼리는 거부감이 거론된다. 이것은 우리가 알고 있는 연례 갈라gala 행사의 종말로 이어질 수 있으며, 이 정도 규모와 범위의 행사에서 얻는 수익과 임팩트는 가상 티켓, P2P 모금, 경매나 패들 모금paddle raise 같은 온라인 대안으로 단순히 전환하는 것만으로는 거둬들일 수가 없다. 새로운 트렌드에 대한 단서는 인기 있는 올인 챌린지All In Challenge***에서 볼 수 있다. 올인 챌린지에서는 독특한 경험을 기부의 주요 수단으로 보고, 기부 명분cause은 보완적인 요소로 삼는다.

　심즈Sims 같은 세계(즉 게임 세계)에 들어가서 다른 사람들과 상호작용하는 중에 대화에 참여하면 줌Zoom 비디오 플러그인이 작동한다고 상상해 보라. 이렇게 하면 다른 주에 있는 지지자들의 참석률을 극대화하거나, 유명인 및 주요 인플루언서들과 독특한 상호작용도 누릴 수 있다. 우리는 이미 게더타운Gather.town의 2D 젤다Zelda와 같은 세계와 티오Teooh 및 버벨라Virbela 같은 선택지의 심즈 같은 접근 방식을 포함하여 화상 채팅 기능을 실시간으로 활성화하는 이러한 가상 세계의 출현을 목격하고 있다. 앞으로 이 시장이 완전히 자리 잡으면 어떻게 변화할지 지켜보는 것은 정말로 흥미로운 일일 것이다.

　콘퍼런스. 팬데믹의 여파를 극복하는 과정에서 콘퍼런스도 큰 타격을 받게 될 것이다. 행사들은 자연스럽게 통합될 것이며, 독특하고 매력적이며 실제 학습 기회를 제공하는 행사는 계속 개최될 것이다. 계속 유지되는 콘퍼런스에 대해서는 콘퍼런스 앱이 3D 지도, 대화형 증강 현실 키

---

*　축하하기 위해서 여는 공연이다.

**　시대가 변하면서 새롭게 떠오르는 기준/표준이다.

***　코로나 19로 악화된 식량 위기를 해소하기 위한 디지털 모금 행사다.

오스크, 실시간 세션 참여, 사용자가 다른 구역에 들어가면 휴대폰에서 소리가 나게 하는 비콘beacon 알림 등으로 대대적인 개선을 이룰 것이다. 이러한 환경에서는 어떤 정보도 놓치지 않을 것이다. 등록 시 제공한 정보를 기반으로 즉각적으로 정리된 정보가 공유되며, 행사를 진행하면서 개선될 것이다. 예를 들어 참가자들이 대규모 온라인 회의, 여행 제한, 예산 부족 등에 익숙해졌기에 반나절 동안 진행되는 수많은 소규모 온라인 콘퍼런스와 노변담화fireside chat*가 그 공백을 메울 것이다.

필란트로피. 조직화된 필란트로피는 새로운 기술을 위한 기반을 마련하고, 기금 지급 절차를 더욱 포용적으로 만들고, (용감한 리더십을 아주 약간 발휘하여) 필란트로피 섹터가 트렌드를 주도하고 있다는 사실을 깨우쳐주는 절호의 기회를 가지고 있다. 또한 필란트로피 섹터 중 대부분을 끌어들이기 위해 상당한 기금을 제공할 수도 있다. 현장 방문 같은 전통적인 절차는 360도 가상 카메라로 시설을 둘러보고, 나중에 관련 영상을 비영리 단체와 공유하여 업무를 개선하는 방식으로 모든 걸 온라인으로 전환할 수 있다. 또한 인터뷰를 온라인으로 쉽게 진행할 수 있고, (이 책의 뒷부분에서 설명할) 스마트 계약smart contract 같은 새로운 기술을 추가하면 더욱 효율적이고 안전한 절차를 만드는 데 도움이 될 수 있으며, 기금 제공자와 비영리 단체 사이에 지속적인 신뢰를 구축할 수도 있다.

비영리 단체. 여기서 가상 사무실의 핵심은 서비스를 선보이고 참여와 기부를 유도하는 데 필요한 공감을 이끌어내는 방법이다. 동영상으로 사람들의 마음을 움직일 수 있지만, 직접 만나서 체험하고 질문하는 방

---

* 난롯가(노변爐邊)에 모여 앉아 친밀하게 이야기를 나누는 것으로, 일반적으로는 미국 32대 대통령 프랭클린 루스벨트가 대공황기에 시작한 미국 대통령 담화를 가리키는 용어다.

법만큼 진정성 있고 친밀하지는 못하다.

가상 사무실은 진행 중인 당신의 업무를 개인이 직접 확인하고, 사람과 예술 그리고 기타 유형의 솔루션을 포함하는 가상의 닻anchor과 상호작용할 수 있는 곳이다. 이를 통해 잠재적인 자원봉사자와 기부자는 업무를 더 심층적으로 이해할 수 있고, 더 많은 것을 배우고 그들이 당신의 활동을 지원할 방법을 구상할 기회도 얻게 된다. 또한 가상 사무실은 언제든 '방문'할 수 있기 때문에 몇 년 전만 해도 불가능했던 방식으로 조직에 쉽게 접근할 수 있도록 해준다.

협회. 전국 협회나 대도시권을 대표하는 단체들이 도심에 호화로운 사무실을 마련할 필요는 없다. 이는 회원들이 낸 (그리고 수익 중 상당 부분을 차지하는) 회비를 비효율적으로 사용하는 행위일 뿐이다.

역동적이고 유익한 사용자 경험을 기반으로 제작된 가상 사무실은 회원들이 필요한 정보나 사람을 신속히 찾을 수 있게 하며, 회원 유지에도 도움이 되고, 고립된 단체가 아닌 대외 활동이 활발한 단체에 수요가 몰리게 할 수 있다. 또한 이러한 형식으로 운영되는 협회는 그 도시에서 활동할 수 있거나 워싱턴 DC, 뉴욕, 샌프란시스코처럼 임대료와 생활비가 비싼 곳으로 이주할 의향이 있는 사람들은 물론 관련 분야의 최고 인재도 고용할 수 있다.

하지만 VR은 어떨까? VR이 차기 대세가 된다는 말이 있지 않았는가? VR은 여전히 성장하고 있다. 하지만 번거로운 헤드셋 때문에 아직도 대규모 마케팅을 하기가 어렵고, 가격도 여전히 저렴한 편은 아니다. 또한 이 기술이 주류가 될 수 있는지는 다른 실용적인 응용 분야가 아니라 게임 분야에 달려 있다. 그래서 우리는 아직 더 기다려야 한다.

나는 지금도 VR이 모금과 관련한 가장 큰 잠재력을 가지고 있다고 생각하지만, 우리는 잘못된 소프트웨어를 선택하고, 기술로 할 수 있는 일보다 기술 자체에 집중하는 바람에 우리가 이제껏 참석했던 모든 콘퍼런스에서 이 매체가 제대로 활용되지 못했다는 점을 기억해야 한다. 이로 인해 비영리 섹터에서 이 기술의 잠재력에 대한 맥락과 이해가 부족해졌고, 필요한 기술이 아니라 단순히 참신한 뭔가로 여겨지게 되었다.

비영리 섹터의 기술은 수익을 유지하고 사람들을 참여시키려는 사용자들과 조직들 모두의 새로운 위기와 더불어 앞으로 몇 년 동안 상당히 큰 파도를 타게 될 것이다. 어찌 되었든 낮은 ROI는 성과 척도이며, 이사회는 저조한 수익률에, 특히 팬데믹에 대한 조직의 대응을 판단하는 방법의 핵심 차별화 요소인 리더십에 만족하지 못할 것이다.

새러 바즈(Sara Vaz)
- 더욱 포용적이고 임팩트 있는 기업 시민의식을 향한 길을 개척하다

만약 당신이 기업 필란트로피 활동의 미래를 알기 위해 귀를 기울여야 할 사람이 있다면, 그 사람은 바로 새러 바즈이다. 새러는 당신이 아마 이제껏 들어본 적이 없는 가장 필란트로피적인 기업인 노드슨Nordson 사의 지역사회 관계 관리자다.

접착제, 코팅제, 밀봉제, 생체 재료 및 기타 재료를 소분하는 데 사용하는 차별화된 제품을 설계, 제조 및 판매하는 노드슨의 DNA(이 경우에는 분자 간 결합)에는 자선 기부가 각인되어 있다. 이 회사는 자사 정관에 따라 필란트로피에 전념하며, 미국에서의 세전 수익 중 약 5%를 필란트로피 활동 지원에 기부한다고 명시하고 있다. 노드슨은 직원들을 위한 다양한 인센티브는 물론, 지난 30년 동안 전 세계 11개국에서 자선 기관들을 지원하기 위해 약 1억 달러에 달하는 기금을 공유했다. 이를 5% 최소지불금minimum payout과 혼동해선 안 된다.

노드슨의 핵심 제품은 새러가 우리 지역사회에서 하는 역할을 상징적으로 보여준다. 새러는 우리의 가장 활기차고 역동적인 조직들이 측정 가능한 변화에 전념하면서 이를 실현하고자 나아갈 수 있게 해주는 접착제다. 기업 시민의식corporate citizenry의 의미를 재정의하기 위해 자신이 가진 모든 기술과 영향력, 자원을 활용하는 새러의 헌신, 정직, 능력은 그들의 기업과 지역사회, 그리고 무엇보다도 우리 시대의 사회 문제들을 명확히 밝히는 데 최선을 다하고자 하는 다른 임팩트 있는 전문가들에게 청사진이 되어야 한다.

"제가 하는 모든 일들은 보다 큰 조직의 범위 내에서 이뤄집니다"라고 하면서 그녀는 이렇게 설명한다. "예를 들어 오랜 역사를 지닌 기업 재단, 대규모 기부 단체의 자원봉사자 리더, 필란트로피 봉사 조직의 이사 직들이죠. 저는 이러한 조직의 구조 안에서 운영해야 하지만, 제게 중요한 것은 제가 운영하는 방식입니다."

"저는 지역사회의 요구를 증진시키려면, 무엇을 요구하든 간에 신뢰와 우정, 정직함을 바탕으로 운영해야 한다고 항상 믿어왔습니다. 제게는 너무나 당연한 일이지만, 최근까지만 해도 이 기준은 일반적이지 않았죠. 필란트로피 활동에서의 권력 역학은 항상 존재해왔으며, 이를 완화하려면 실제로 이를 해체하려고 노력해야 합니다. 저는 이러한 노력에 있어 솔선수범하고 있다고 생각합니다."

그리고 새러의 이러한 리더십은 가장 힘든 시기에 빛을 발했다. 코로나 19 팬데믹은 우리 사회의 많은 제도적인 문제들을 부각시켰다. 이 어두운 시기에도 한 가지 밝은 점이 있었는데, 그것은 궁극적으로 기존의 운영 방식이 더 이상 가장 효과적인 방식은 아니라는 사실을 제도적 필란트로피가 인정했다는 점이다.

"저는 민간 및 지역재단들 중 대부분이 우리 지역사회의 요구를 충족시키고 기금을 보다 유연하고 공평하게 지원하기 위해 사업 수행 방식을 바꾸려고 신속히 반응하는 점에 매우 놀랐습니다"라고 하면서 새러는 말을 이었다. "필란트로피 섹터와 비영리 섹터 사이에 세워진 벽들이 하루아침에 무너지는 것 같았죠. 줌 화면 덕분에 대면으로는 할 수 없었던 대화도 가능해진 것 같았습니다. 제 바람은 우리가 과거로 돌아가지 않고, 재난 속에서 쌓아 올린 이러한 신뢰가 유지되는 것입니다."

하지만 영리 기업에서는 상황이 완전히 다르다. 전 세계 수백만 개 기업들의 매출과 일자리, 서비스에 팬데믹이 큰 타격을 입히고 있는 상황에서, 과연 기업 재단은 계속 옳은 일에 집중할까? 아니면 편리한 것에 집중할까?

새러는 이러한 진전에 대해 여전히 낙관적이다. 그녀는 조직들이 정의와 평등, 다양성과 포용을 위한 기업의 책임을 다하기 위해 계속 노력할 것이며, 블랙 라이브스 매터Black Lives Matter 같은 민권 운동의 타의 추종을 불허하는 에너지와 지원을 받고 있다고 믿는다. "필란트로피는 소외된 사람들을 위한 프로그램에 기금을 지원하는 데 기여할 수 있지만, 편견을 인식하기 위해서는 기업 내에서 더 많은 작업을 수행해야 합니다"라고 새러는 말한다. "저는 이 섹터 전반에서 기업들이 여성을 대화에 참여시키고자 더 많이 노력하기를 기대합니다. 이를 위해 저는 회사 내에 여성 친목 단체를 만들어 내부에서부터 변화 작업을 시작하기로 했습니다." 이 단체의 성공은 샌디에이고에 사는 성인 및 청소년 여성들의 경제적 자립을 지원하는 다른 조직에서 새러 본인이 거둔 성공과 동시에 일어났다. 이 조직은 회원이 150명 이상에 달하는 강력한 기부 서클인 위민 기브 샌디에이고Women Give San Diego로, 현재 새러는 이 단체의 공동 대표를 맡고 있다.

"저는 기부 서클에 필란트로피 활동을 민주화할 수 있는 엄청난 잠재력이 있다고 생각합니다"라고 말하며 새러는 이렇게 설명한다. "제가 리더 역할을 하는 기부 서클에서는 젊은 여성들이 헬스장 한 달 치 회비보다 더 적은 비용으로 필란트로피스트가 될 수 있습니다. 가처분 소득이 많지 않은 사람도 자신을 필란트로피스트라고 생각하도록 힘을 실어주는 것은 기부자는 물론 필란트로피 섹터 전반에도 영향을 미칩니다. 그것은 우리 모두가 서로에 대한 책임감을 갖게 만들고, 그 책임감이 작용하는 방식도 평등하게 해줍니다."

기부 서클이 풀뿌리 수준에서 필란트로피 활동을 민주화한다면, 제도적 필란트로피 활동의 상위 직책을 개혁하는 것은 어떨까? 지금의 필란트로피 섹터는 어느 정도의 위험을 감수해야 할까?

"상당한 영구기금endowment이 있는 재단은 그 영구기금에 손을 대고, 기금fund도 지출해야 합니다"라고 하면서 새러는 이렇게 설명한다. "지금이 아니면 언제 하겠습니까? 우리는 뭘 두려워하고 있는 걸까요? 최악의 시나리오는 무엇일까요? 당신이 비영리 단체에 투자했지만, 비영리 단체가 사업을 접는 상황이 아닐까요? 기업과 벤처 캐피탈이 위험을 감수하지 않았다면 사회를 변화시킨 엄청난 아이디어, 제품과 기술은 탄생하지 못했을 것입니다."

새러의 이러한 평가는 정확하다. 과거의 유산은 이제 즉각적인 임팩트를 미치기보다 세금 감면 혜택을 제공하는 이기적이고 허영이 가득한 연극으로 빠르게 변질되고 있기 때문이다. 하지만 그녀가 일하는 회사 설립자들의 가치관과 행동을 고려하면 이는 놀라운 일이 아니다. "결국 가장 중요한 것은 용기 있는 리더십입니다"라고 새러는 말한다. "아무리 불편하더라도 진실을 말해야 합니다. 위험을 감수하고 규모에 상관없이 옳은 일을 옹호해야 하죠."

법적 판례에도 불구하고 기업은 '사람'이 아닐 수 있다. 그러나 정말로 그렇다면, 진정한 시민 자산인 새러 바즈와 같은 사람들의 전망과 행동, 헌신을 공유하는 것이 우리에게 가장 좋은 도움을 줄 것이다.

7장

떠오르는 기회
(그리고 그것을 오해한 결과)

다시 떠오르는 기술과 이러한 기술이 미치는 새로운 임팩트의 물결

기술, 그리고 그것의 관념화에 도움을 주는 솔루션은 종종 시대를 몇 년 앞서 있다. 이 개념은 우리가 사용하는 미래주의와는 다른 개념이다. 이것은 에버렛 로저스Everett Rogers가 저서 『혁신의 확산Diffusion of Innovations』에서 일반화한 기술도입곡선technology adoption curve의 발전된 형태라 할 수 있다. 로저스가 제품 시장 점유율과 관련하여 고객을 X축과 Y축으로 일반화한 시기였던 1960년대 초에 이 심리학적인 차트를 만들었다는 사실을 감안하면, 호황과 불황, 주기적인 구매 패턴, 표적화된 알고리즘이 존재하는 세계에서 오랫동안 찬사를 받았던 이 차트가 시대에 뒤떨어지고 식스 플래그Six Flags*의 롤러코스터보다 더 기복이 심하다는 말을 듣는 것도 당연한 일이다.

새로운 기술은 우리를 놀라게 한다. 이런! 작은 장치들도 우리를 감탄하게 한다. 우리는 인터넷과 스마트폰으로 이를 봤다. 3D 프린팅과 가상현실, 그리고 시리Siri, 코타나Cortana, 구글 어시스턴트Google Assistant 같은 가상 비서로 이를 확인하고 있다. 무언가가 우리를 놀라게 할 때 우리는 그것에 순간적으로 끌리고, 이러한 기술의 다양한 활용 방법을 해석하

---

* 미국의 여러 지역에 있는 테마파크(놀이공원)이다.

여 우리 업무에 적용하고자 하는 끝없는 갈등을 느끼게 된다. 그러다 처음의 관심과 화려함이 사라지고, 전체 시장은 대중의 채택과 규모에 더욱 집중하면서 좁아진다.

　VR을 예로 들어보겠다. VR은 한동안 유행했지만 아직 전 세계 모든 가정에 보편화되지는 않았다. 그렇게 된 결정적 이유는 우리가 이미 대중 시장mass market에 진입해 있다고 가정했기 때문일 수 있다. 우리가 하던 것은 수준 이하의 사용자 경험이었고, 무료 골판지 헤드셋이 시장에 넘쳐나기만 했다.

　영화 「퀸카로 살아남는 법Mean Girls」에 나오는 대사를 빌리자면, "억지로 유행시키려고 하지 마Stop trying to make 'fetch' happen."* 하지만 기술을 그렇게 빨리 포기하는 것은 현명한 일이 아니다. 올바른 기술은 다양한 적응과 혁신, 그리고 적절한 타이밍 및 전략과 더불어 첫 번째 버전에서 보여준 잠재력을 훨씬 뛰어넘을 수 있다.

　대표적인 예는 그다지 대단해 보이지 않는 QR 코드다. 몇 년 전 나는 흰색 격자 위에 다소 예술적으로 배열된 이 흥미로운 작은 검은색 사각형을 명함에 넣어야 하느냐는 질문을 받았다. 나는 QR 코드를 스캔하려면 사람들이 리더기를 다운로드해야 하니 그러지 말라고 했다. 당시 사용량은 2011년의 시장 최고치(약 1,450만 건)에서 약 976만 건으로 감소한 상황이었다. 하지만 지금은 QR 코드가 다시 인기를 끌고 있는데, 앞서 언급한 타이밍이 결정적인 원인이다. 코로나 19 때문에 다양한 산업 분야에서 비접촉 선택지가 필요하게 되었고, 애플이 iOS 11 업데이트를 하면서 QR 스캐너를 추가하여 타사 스캐너가 더 이상 필요 없어져서다. 카메라를 갖다 대기만 해도 레스토랑 메뉴, 가상 장바구니나 개인 링크드인 계정으로 연결되니까 말이다.

---

* 영화에 실제 나온 표현이다. 'fetch'라는 유행어를 만들려는 친구에게 억지로 그 말을 유행시키려 하지 말라고 한 표현이다.

영상 통화와 회의도 비슷한 과정을 밟고 있다. 시작은 2003년에 출시된 선구적인 비디오 앱인 스카이프Skype였는데, 2010년에는 전 세계 사용자 수가 6억 명을 돌파하면서 최고조에 달했다. 나 또한 웹캠으로 친구 및 가족과 채팅을 하던 이들 중 하나다. 그 후 10년 동안 영상 통화는 우리의 의사소통 방식 자체를 바꾸고 있었지만, 잠재력을 최대한 발휘하기보다는 친구 및 가족과 연락을 유지하는 편리한 도구에 머물렀다. 더 구체적으로 설명하자면 비영리 섹터, 기금 제공자들이 기금을 지원받는 기관들과 소통하는 방식, 비영리 단체가 수혜자들과 소통하는 방식을 혁신한다는 잠재력을 발휘하지 못한 것이다.

돌이켜보면 필란트로피 섹터가 이 기회를 더 빨리 깨닫지 못한 것은 아쉬운 일이었다. 팬데믹 때문에 낡은 업무 방식과 전통적인 사무실 환경이 도태되리라는 것은 상상하기가 쉽지 않다.

내 말을 오해하지는 말라. 영상 회의를 하도록 강요당했던 우리는 여러 가지 면에서 영상 회의에 지쳐버렸다. 이는 어떤 식으로든 업무를 지속해야 했기 때문이다. 하지만 팬데믹 때문에 영상 회의 채택이 가속화됐고, 실제로 영상 회의의 지속가능성 또한 개선되었다. 영상 회의는 우리의 업무 방식을 바꿔놓았으며, 뉴스에 따르면 우리는 팬데믹 이전으로 돌아가지 않을 것이다. 우리는 영상 회의가 우리의 효율성을 진정으로 향상시키는 방법을 과소평가해선 안 되며, 특히 영상 회의의 잠재력을 최대한 이해하고 활용한다면 영상 회의를 결코 과소평가할 수가 없을 것이다. 무엇보다도 화상 회의를 사용하면 시간 낭비, 권력 역학 관계, 관료주의적 분위기, 이미 불가능한 수준의 업무량으로 초래된 추가 업무, 공유하는 정보가 이메일로 전송될 수 있다는 사실 같은 회의의 끔찍한 특성을 더욱 역동적이고 복합적인 접근 방식으로 전환할 수 있다.

비영리 단체에서 영상 회의는 다음과 같은 방법으로 판도를 바꿀 수 있을 것이다.

- 비용: 영상 회의는 업그레이드된 라이선스 덕분에 대개 무료로 혹은 저렴하게 이용할 수 있다. 실질적인 비용 절감은 사무실 공간, 즉 실제로 필요한 공간의 면적이 줄어들면서 발생한다.
- 접근성: 영상 회의는 수많은 문을, 혹은 창문을 열어준다. 비영리 단체는 이제 시간 제약이 있는 전국의 기부자들을 만나고, 교통 문제로 어려움을 겪으며 일상적인 상담만 필요한 고객들과 간단한 통화를 할 수 있다. 그리고 직장으로 복귀하고 싶지만 이렇게 하려면 직장 유연성이 필요한 재택근무 부모들은 경력을 다시 시작하고 열정을 되살릴 수 있다.
- 시간: 뉴노멀New Normal 환경에서는 출퇴근 빈도가 달라질 것이다. 회의에 참석하기 위해 캠퍼스를 가로지르는 시간과 실제 회의 시간을 모두 절약하여, 실제 업무를 수행하고 사명을 진척시키는 데 필요한 시간을 확보할 수 있다. 10년 뒤 우리는 1시간 동안 교통 체증에 시달리며 출근해서 3~5명 정도와 소통하고, 8시간 후에는 똑같은 고된 일을 반복하던 과거를 회상하며 웃게 될 것이다. 이는 가족과 더 많은 시간을 보내고, 더 많이 자고, 진정한 일과 삶의 균형으로 나아가는 첫걸음이다.
- 적정성: 일단 회의에 들어가면 끝날 때까지 자리를 뜨지 못하다 보니, 회의는 종종 팀의 발목을 잡는다. 영상 회의에서는 의제에 따라 참석자를 추가하거나 내보낼 수 있다.
- 투명성: 회의 기록과 녹음, 그리고 발언 시간 등에 관한 통계(팀의 역학 관계 관련 통계)를 도출하는 능력은 오해의 소지를 없애는 데 도움이 될 것이며, 회의록은 논의되고 결정된 내용을 명확하고 간결하게 표현할 것이다.
- 다중 모드 협력: 슬라이드나 동영상 공유, 화이트보드 기능을 사용한 브레인스토밍, 소그룹 토론 등은 모두 함께하는 시간을 건설적으로

활용하는 훌륭한 예다. 이를 활용하면 위계질서와 단방향 의사소통 때문에 단조로운 회의를 협업과 열띤 참여가 가능한 회의로 바꿀 수 있다.

- 규모: 행사 참석 인원을 제한하고 인원 수에 따라 성공 여부가 판단되는 전통적인 행사 논리는 이제 과거의 유산이 될 수 있다. 웨비나는 참여보다 콘텐츠를 중시하며, 이제 가상 회의실과 이벤트가 더 많은 청중에게 공개될 수 있게 되면서 인원 제한과 장소는 무의미해지고 있다.

이상은 가까운 미래의 표면적인 모습일 뿐이다. 줌은 사용자의 피드백을 경청하고 사용자의 요구에 대응하는 쪽으로 개선될 것이다. 키워드에 따라 이미지를 처리하고 대화를 개선하며 모든 작업 항목을 포착하여 즉시 할당할 수 있는 개념 정의와 데이터와 연구를 제공할 수 있는 플러그인을 갖춘 AI로 구동되는, 더 우수하고 직관적이며 반응성이 뛰어난 플랫폼으로 대체될지도 모른다. 영상 회의는 전화나 TV처럼 우리 시대의 가장 큰 의사소통 발전 사례가 될 수 있다. 그리고 지난 1년 동안의 재택근무 때문에 발생한 좌절감과 상처가 가라앉으면, 이러한 현실을 현명하게 받아들일 수 있을 것이다.

모두를 위한 기회 목록

필란트로피는 커뮤니티에서 일어나는 모든 일에 대한 독특한 관점을 가지고 있다. 비영리 단체들은 조직화된 필란트로피를 모금으로 가는 관문으로 여기며, 기업들은 정부와 더불어 필란트로피를 자신들을 대신해 시민사회 섹터를 소집하는, 알려지지 않은 단체보다 검증된 단체를 끌어들이는 신뢰할 수 있는 수단 정도로 여긴다. 이러한 사고방식들은 대개 필란트로피 활동이 어떻게 이루어지는지에 대한 오해에서 나온 것들이다. 다시 말하지만 돈에 대한 논의와 중립적인 주최자라는 단순한 인식은 우리 커뮤니티의 많은 섹터들이 감당할 수 있는 합의 사항이다.

  이러한 관점, 즉 필란트로피는 어디로부터 도움을 받는가? 그것에는 행사, 지원금, 이사회 공석, 일자리, 그 외에 다른 기회 등, 당신이 건강한 시민사회 네트워크에 있다면, 혹은 당신이 상상 가능한 비영리 이메일에 등록되어 있다면 당신의 레이더망에 걸리는 정보를 아는 것이 포함된다. 그러나 (유료 또는 프로그램으로 얻은) 멤버십이 접근을 제한하지 않는 방식으로 공유되고, '지인'만 고려하는 것이 아닌 이러한 기회가 자유롭게 전달되는 경우는 극히 드물다.

  나는 우리가 현재의 인맥을 넘어서 새로운 사람을 초대할 의향이 없다면 시민사회 섹터에 새로운 인재를 끌어들이고 채용하는 일은 불가능하다고 생각한다. 이렇게 다리를 놓는 행위를 우리가 당연하게 여기는 모든 것들, 예를 들어 (항상 행사 당일에 좌석을 채울 사람들을 찾기 위해 애써야 하는) 갈라 입장권처럼 간주하는 것은 순진한 생각이다. 대신 기관(또는 역동적인 개인)은 지역에서의 경력 및 네트워크 기회를 위한 자체 정보 센터를 만들어야 한다. 또한 대부분의 이벤트는 무료로 공유되거나 대폭 할인을 하고, 기회를 공유하는 목록은 언제나 오픈되어 있으며, 또한 새로운 멤버가 언제나 추천이 되고, 요구조건 없이 추가되도록 해야 한다. 이 목록은 무엇보다도 시민의 자산으로 간주되어야 하며, 개인적·전문적 가정 assumption도 전혀 없는 목록이어야 한다. 기회는 공정한 절차임을 보장할 수 있도록 웨이버 와이어waiver wire처럼 실행되어야 한다.

  이런 목록은 내가 이사로 활동하던 샌디에이고 외교 위원회San Diego Diplomacy Council와 협력하여 (선출직 공무원과 시민 리더가 포함된) EU 대표단을 모실 기회가 있었을 때 만들었다. 나는 신진 리더 기금Emerging Leaders Fund으로 이 행사를 후원했을 뿐만 아니라, 젊은 전문가 20명을 초대하는 특권도 누렸다. 정말 독특하면서 고무적인 행사였으며, 주최자(=나)를 '알아야' 참석할 수 있는 행사였다. 방에 모인 사람들의 이력과 실력은 놀라웠다. 이 행사가 더 많은 청중에게 개방되었다면 더 많은 사람들이 우리가 당면한 가장 큰 이슈들을 정면에서 다룰 정도로 고무되었을 것이다.

이 행사가 끝난 뒤 받은 피드백은 이런 형식의 행사를 얼마나 더 자주 열어야 하는지, 이렇게 독특한 행사의 주요 수혜자가 아닌 사람들도 어떻게 초대해야 하는지에 관한 것이었다. 이러한 피드백 덕분에 내가 설명한 내용의 본질을 바탕으로 하는 리스트서브listserv*를 만들 수 있었다. 이 리스트서브에는 시민으로서 의사 결정 과정에 참여하는 구독자들, 관련 도시의 인플루언서들, 갈라 행사 및 기타 특별한 기회의 빈자리를 채울 기회를 자주 공유하는 사람들이 포함되었다. 이들은 또한 일반적인 온라인 검색으로는 찾을 수 없는 리더십, 일자리 및 모금 기회에 관심을 보이고 있었다. 이들은 리스트서브에 이름을 올림으로써 호혜적인 이익을 봤고, 따라서 (대부분은 아직 만나본 적도 없는) 다른 사람들과 이 정보를 공유했다.

결국 우리는 네트워크화된 특권의 복합적인 효과(예를 들자면 백인 특권 및 기타 보편적이지 않은 이점으로 조직 내 인맥 형성)를 확인했으며, 능력주의가 아니라 진정한 방식으로 인맥을 확장하는 방법도 찾아낼 수 있었다.

바로 이 점 때문에 기회 목록의 목적은 목록에 있는 모든 사람들(당신이 함께 일하고, 감사하고, 진정한 리더십의 자질을 발견한 사람들)의 경력을 향상시키고 지역 전체를 가로지르며, 점들을 영원히 연결하려고 기회를 공유하는 것이다. 또한 이 목록은 훌륭한 일을 하는 사람들에게 감사를 표현해 이들을 널리 알리는 좋은 방법이기도 하다. 나는 내 목록에 있는 사람들

---

* 이메일 목록을 응용한 소프트웨어인데, 특정 주제에 관한 내용을 여러 사람들에게 메일로 보낼 수 있는 네트워크다.

을 '40세 이하인 40인 목록'이나 '이력서에 적기 좋은 기타 화려한 상 지원자'로 추천할 것을 정기적으로 제안했다. 무엇보다도 나는 모든 수신자 목록을 공유하여 사람들이 이메일의 초기 범위를 초과해 연결할 수 있게 했다. 이때에는 숨은 참조bcc와 미러링 같은 건 전혀 사용하지 않았다.

가장 중요한 점은, 기회 목록은 시민사회 섹터만을 대상으로 해서는 안 된다는 것이다. 정치적으로 편향되어서도 안 된다. 이 이메일은 가끔 발송되는 진실한 이메일이어야 하며, 나열된 기회에 답장하거나 수락하지 않아도 되고, 언제든지 불쾌감을 느끼지 않고도 수신 거부할 수 있어야 한다.

이러한 목록을 관리하는 것은 개인 브랜드를 구축하고 네트워크를 강화하는 데도 도움이 된다. 목록에 있는 멤버의 개인적인 성과를 알리고, 동료들과의 친밀감과 호의를 쌓을 수 있으며, 나아가 긴급한 조치를 취해야 할 때 더 많은 사람들에게 알려야 하는 특정 이벤트, 요청과 견해를 강조할 수도 있다. 이것은 마치 페이스북 알고리즘의 파도를 이해하고서 타는 것과 같다.

그러니 이제 밖으로 나가 당신의 커뮤니티를 만나라. 이번 주에 당신이 사는 도시에서 열리는 어떠한 '밤 중의 밤' 행사에서든 빈자리가 하나도 없게 할 수 있다!

결함이 있는 지표와 기금 조성 방식이 사회 발전을 저해하고 있는가?

휴스턴, 세인트루이스와 샌디에이고는 모두 미국 최대 자선단체 평가 기관인 채리티 네비게이터Charity Navigator가 매년 발표하는 '자선 도시 보고서charitable cities report'에서 지난 몇 년간 '미국에서 가장 자선적인 도시America's Most Charitable City'로 선정된 도시들이다. 이 보고서는 미국 30개 대도시 시장들에서 활동하는 가장 큰 비영리 단체들의 평균 성과와 규모를 비교하는데, 해당 비영리 단체들의 순위는 재정, 책임성과 투명성, 규모라는 3가지 평가 차원에서 21개 지표를 기준으로 결정된다(미국인은 선천적으로 관대한 본성이 있어, 표준 공제액을 2배로 늘리는 세법 개정 때문에 인센티브가 줄었는데도 2019년 미국 자선단체에 약 4,496억 4천만 달러를 기부한 것으로 추정된다). 하지만 커뮤니티의 건강과 복지를 보장하는 데 있어 중요한 역할을 하는 많은 조직들은 여전히 직원과 일상적인 운영을 유지하는 데 어려움을 겪고 있다.

무엇을 줄 수 있을까? 우리는 어떻게 이러한 긍정적 기부 트렌드를 구축할 수 있을까? 그리고 전국적으로 150만 개가 넘는 비영리 조직의 지속가능한 미래를 위해 어떤 지원을 해야 하는가?

첫 번째 단계는 채러티 네비게이터의 기준을 자세히 살펴보는 것이다. 기부 트렌드는 호의적이지만 사용하는 지표들에는 결함이 있기 때문이다. 이러한 지표들은 가장 강력한 자선단체는 간접비를 최소화하면서 프로그램에 대한 비용을 극대화하는 자선 단체라는 개념을 기반으로 한다. 더 균형 잡힌 접근 방식, 즉 투자 수익률ROI과 긍정적 영향력 이 둘 모두에 초점을 맞춘 방식이 비영리 단체의 실천에 대해 훨씬 더 잘 판단할 수 있도록 할 것이다.

예를 들자면 자선 도시 보고서에 나오는 행정 비용은 자선 단체가 전체 예산 중 행정 직원 및 관련 간접비로 지출하는 비율을 반영한다. 자선 단체의 평균 행정 비용을 평균 총 직능 비용으로 나누면 이 비율이 산출된다. 수치가 낮을수록 더 효율적인 조직으로 간주된다. 하지만 '간접비' 최소화에 중점을 두는 것은 조직의 효율성을 높이기 위한 것이지만, 많은 비영리 단체가 자신이 봉사하는 대의와 커뮤니티를 효과적으로 지원하면서 유발되는 전체 비용은 고려하지 않는다.

이러한 관점은 우리가 기록에 반영된 것만큼 필란트로피적이지 않다는 뜻은 아니다. 많은 미국인들은 여전히 자신의 시간, 재능, 재산을 비영리 단체에 기부하고 있다. 미국의 국가 및 지역사회 서비스재단 Corporation for National and Community Service, CNCS*에 따르면 미국 내 10개 가구 중 6개 가구가 매년 자선단체에 기부하고(유럽 대륙의 약 7배에 달하는 수치다), 성인 7,734만 명이 약 1,670억 달러의 경제적 가치에 달하는 자원봉사를 한다. 그러나 많은 비영리 단체 리더들이 조직의 서비스에 대한 수요가 증가했다고 보고하면서 인력 개발 이슈들에 직면하고 있는 지금 이 시기에는, 비영리 단체의 역량과 자원 간 격차 때문에 커뮤니티에 서비스 공백이 발생할 수 있다.

그렇다면 결말을 염두에 두고 시작하는 필란트로피 활동에 대한 종합적인 접근 방식을 어떻게 고안할 수 있을까? 우리가 달성하려는 결과는 무엇일까? 이러한 성과를 달성하는 데 실제로 얼마나 들까?

미국 전역에서 점점 더 많은 비영리 및 필란트로피 단체의 리더들이 많은 비영리 단체가 2개월도 버티지 못할 수준의 자금으로 운영되고 있으며, 따라서 이러한 조직들과 단체들이 봉사하는 커뮤니티의 장기적인 생존 가능성은 미약하다는 사실을 알아차리고 있다. 백만 달러 단위의 기부금을 확보하는 데 성공한 비영리 단체도 이 문제에서 자유롭지 못하다. 무제약unrestricted 기금이 고갈되고, 모든 비용 절감 선택지가 고갈된다면 한 해에 5천 달러만 쓸 수 있게 되어 있는 작년에 받은 10만 달러짜리 달콤한 선물로는 문제를 해결할 수 없다. 선택지를 갖는 것은 좋은 일이지만, 선불 선물(기부)이 목표가 되어야 한다. 결국에는 유동성이 비영리 단체의 연료이기 때문이다.

* 미국 CNCS는 자원봉사활동을 통해 전 연령, 전 계층의 사람들이 지역사회에서 나타나는 사회서비스, 교육, 공공안전, 환경 관련 문제의 해결을 위해 자발적으로 참여할 수 있도록 지원하는 독립 연방조직으로서 국가적 차원의 미국 내 자원봉사 활동의 관리 운영 체계를 제공하는 기관이다(박세경, 미국 국가봉사단 AmeriCorps의 활동 현황, 보건복지포럼 2010. 11. v. 169; 93).

바로 이 점 때문에 이 리더들은 비영리 단체에 기금을 지급하는 방식을 바꾸는 데 필요한 실질적이고 큰 문화적 변화를 지지하고 있다. 이들은 비영리 단체의 '간접비'를 줄이는 데 집중하는 대신 결과를 달성하도록 장려하고, 기금조성자들은 그들의 보조금이 결과를 달성하는 과정에서 역할을 수행하기를 원한다. 더 폭넓은 대화가 필요한 이 섹터의 최신 구조적 접근 방식은 다음과 같다.

- **조직적 유연성:** 무제약 기금 제공으로 비영리 단체는 적절한 사람들에게 일을 완수할 수 있도록 급여를 지급하고, 예상치 못한 사건과 모금이 '더딘' 기간에 대비해 충분한 여유 자금을 마련할 수 있다. 무엇보다도 중요한 것은 혁신과 개선 및 전략적 계획을 모색할 수 있는 자유를 조직에 제공한다는 점이다.

- **보조금 갱신:** 보조금을 신청할 때는 신청하는 금액에 비해 너무 많은 서류를 제출해야 한다. 200달러 미만의 소액 보조금을 받으려 해도 여전히 3페이지 분량의 정보를 제출해야 하며, 기금 제공자가 1만 달러의 제한적 기부를 받을 신규 프로젝트에 대한 개별 항목별 예산 지출을 요구하고 12개월 후에는 장문의 기금지원 후 보고서를 요청하기도 한다. 이제는 이 절차를 재평가하고, 비영리 단체들이 관심을 끌기 위해 쓰는 평균 20시간 이상을 그들에게 돌려줄 때다.

- **신뢰 기반 필란트로피:** 신뢰는 성공적인 파트너십의 토대다. 조직이 임무를 완수할 수 있도록 맡기는 것이 가장 중요하다. 검토 절차를 성공적으로 마쳤다면 분기별 또는 중간 업데이트를 할 필요가 없다. 또한 신뢰는 기금이 어떻게 이루어지는지를 보여준다. 다년간 무제약 기금을 제공하는 단체는 찬사를 받아 마땅하다! 사람들에게 영광을!

- **형평성 기금**Equity Funding: 비영리 섹터는 자신이 얼마나 깨어 있는지, 인종, 사회 경제적 정의에 입각한 프로젝트에 자금을 지원하기 위해

노력하고 있는지를 보여주기 위해 최선을 다한다. 이제는 이 기금의 주기cycle에 있어서 테마(혹은 주제)가 아니라, 그 시간이 규범이 된다. 기금 제공자들은 이러한 노력을 성공적으로 수행하기 위해 다음을 비롯한 다양한 접근 방식을 고려할 수 있다.

- 제안서를 검토하기 위해, 커뮤니티 리더와 해당 분야 전문가들로 구성된 독립 운영위원회를 만든다. 그들은 개인적이고 독특한 관점을 제공하면서도 지역을 대표하는 사람들이어야 한다.
- 성공적인 기금 수혜자에게 멘토링, 공유 학습 및 기술 지원의 형태로 추가 지원을 제공하는 것을 포함할 수 있는 진정성 있고 포용적인 파트너십을 맺는다.
- 기금을 받는 단체들이 전략적 파트너이자 사고思考 파트너로서 협력할 수 있는 공간을 조성한다.
- 수혜자 옆에 서야 할 때와, 가장 중요한 일인 물러나야 할 때를 안다. 필란트로피 활동은 자신의 관점으로 영향력과 성공을 과시하고 로고를 붙여대는 경향이 있다. 무슨 일이 있어도 이렇게 해선 안 된다!
- 시스템 변화에 대처할 때에는 위험을 감수해야 한다. 실패한다면 검토하고 개선한다. 힘든 일이 있다고 물러나선 안 된다. 데이터가 보여주는 것처럼 성공할 수 있도록 더 많은 자금과 시간을 투자한다.
- 파트너와 커뮤니티, 그리고 삶을 변화시키려는 사람들의 이야기를 경청한다. 최근 타네히시 코츠Ta-Nehisi Coates*가 올린 글 때문에 분노를 기반으로 무엇이 필요하다고 추측하지 말라. 배척받는 사람이 아닌 초대받는 사람이 되어야 한다.

---

* 미국 저술가 겸 기자로, 《애틀랜틱》지와 《타임》지 등에서 아프리카계 미국인들의 정치적·사회적·문화적 이슈를 다룬 기사를 썼다.

기빙 USAGiving USA와 채리티 네비게이터의 데이터는 낙관론과 자부심을 제공하지만, 우리는 효과적인 비영리 단체를 지원하기 위해서 지속적으로 힘을 내야 한다. 필란트로피 활동은 영향력 있는 서비스를 제공을 위한 진심 어린 커뮤니티 차원의 헌신을 반영해야 한다. 그리고 지금 당장 비영리 단체를 지원하는 방식을 바꾸면 우리가 공유하는 목표를 달성할 수 있는 비영리 단체의 능력을 근본적으로 향상시킬 수 있다.

사라 모란(Sarah Moran)
- 필란트로테크(philantrotech)의 가능성을 찾는 괴짜

사명missions, 순간moments, 운동movements. 전진progress, 프로젝트 projects, 직업profession.

이들 모두 완전히 다른 용어들이지만, 시간이 지나면서 '사회 변화의 일부'라는 좀 더 광범위한 설명으로 통합된 용어들이기도 하다. 큰 그림을 생각하고 일을 처리하는 사람들이 이것에 대해 마치 제자리걸음을 하는 것 같다고 느낄 만도 하다. 나는 사람들의 인내심을 존경하지는 않았다. 하지만 그들의 추진력과 솔직함, 그리고 자신이 누구이며, 자신이 무엇을 가져다주는지에 대한 편안함은 존경하는 요소이다.

걸 긱 아카데미Girl Geek Academy의 CEO이자 공동 창립자인 사라 모란이 바로 그런 사람이다. 현재 상황에 맞서면서 그녀와 스스로의 한계와 인식에도 도전하는 것은 그녀의 매일의 일 그리고 그녀가 하고 있는 대화의 맥락 속에서 언제나 흐르는 것들이었다. 이 책 집필을 위해 진행한 우리의 인터뷰도 다르지 않았다. 더군다나 사라의 업무는 필란트로피 활동 자체가 아닌데도 말이다. 하지만 사라는 필란트로피 활동에 매우 잘 적응하고 있다.

"'사회적 기업가 정신'에 의한 혁신이 제가 실천하는 것이지만, 이런 방식의 프레임화는 원하지 않습니다"라고 말하면서 그녀는 이렇게 설명한다. "사회적 기업가들을 그저 '좋은 일을 하는 사람들'인 양 취급하는 것은 필란트로피 활동의 진정한 필요성을 저해하죠." 사라는 똑똑하고 호기심이 많으며, 3중 상자로 이루어진 위협적인 존재다. 그러니까 사라는 상자 안에 있는 문제를 능숙하게 탐색하고, 상자 밖에서 생각할 수 있으며, 그 다음에는 전혀 다른 상자에서 생각할 수 있다. 재계, 정부 및 시민사회 섹터에 걸쳐 있는 3차원 체스와 비슷한 셈이다. "최근 햄버거 가게에 갔어요. 지역 자선 단체 세 곳을 나타내는 병 3개가 있더군요. 햄버거를 하나 사면 토큰을 하나 받습니다. 고객은 세 자선 단체 중 어느 곳에 토큰을 기부할지 선택해야 하죠. 하지만 기부할 수 있는 금액은 정해져 있었어요. 500달러, 300달러, 200달러로요. 전 이런 방식이 싫어요. 사람들은 기부를 한다고 느끼지만 실제로는 아무것도 기부하지 않고 이미 사용 가능한 것을 단지 재분배하는 것뿐이니까요. 그래서 누군가가 '기부를 하시겠어요?'라고 물으면, 사람들은 '난 오늘 이미 기부를 했잖아.'라고 생각하게 되죠. 그래서 이런 기업의 '필란트로피'는, 솔직히 말하면, 형편없습니다." 필란트로피 활동에 대한 사라의 견해는 독특한 관점에서 비롯되며, 부유한 기술 기부자들의 영향력이 커지는 가운데 기부 방식이 변화하고 있는 시점에서 비롯되었다. 사라는 '시스템'이라는 관점으로 그 모든 것의 부조리함을 바라본다. 우리 커뮤니티의 많은 부분을 방치하는 실수를 끊임없이 반복한다면, 우리는 실패할 수밖에 없을 것이다.

기술은 모든 사람들에게 풍부한 기회를 제공하는 우리 시대의 위대한 평등화 도구가 되어야 한다. 하지만 이 섹터에서는 기술 발전의 속도로 인해 수십 년 동안 더욱 심화된 불평등이 나타나고 있다. 사라는 이렇게 설명한다. "걸 긱 아카데미가 설립되기 전에는 기술 분야 여성을 위한 이니셔티브women-in-tech initiative는 자원봉사나 자선적 성격을 기반으로 운영되었습니다." 다시 말해 여성들의 모임은 자선 단체처럼 간주되었다는 뜻이다. 우리가 실제로 원하는 것은 구조적 장벽을 만든 조직들, 즉 빅테크big tech와 기업, 교육 기관, 그리고 당연하게도 정부가 바로잡는 것인데도 말이다.

"우리는 엄연한 기업이며, 엄격하게 '자원봉사자 금지' 정책을 시행합니다. 우리가 이렇게 하는 이유 중 하나는 사람들이 자신의 시간과 돈을 우리가 아니라 '그것을 받기 원하는 사람'에게 주어야 하기 때문입니다. 안타깝지만 시장만으로는 이 문제를 해결할 수 없습니다. 시장 때문에 생긴 문제니까요! 따라서 상황을 바꾸려면 우리는 자신들이 저지른 문제들을 구조적으로 해결할 수 있는 조직들에 압력을 가하고 책임을 부여할 수 있어야 합니다."

전 세계 벤처 자본 중 3%만이 여성이 이끄는 기업들에 투자되며, 유색인종 여성들이 이끄는 기업들에 대한 투자는 훨씬 적다. "인터넷은 전적으로 남성들이 구축하고 소유합니다"라고 사라는 말한다. "여성들이 기술 분야에서 일하더라도 이익은 남자들이 보죠. 벤처 투자자들은 여성이 이끄는 기업들에 현금을 투자하지 않습니다. 그렇다면 여성들은 세상에 존재하는 문제들을 해결하는 기술을 개발하는 데 필요한 자금을 어디서 구해야 할까요?"

바로 이 지점에서 필란트로피 활동이 개입할 수 있고, 개입해야 한다. 고등 교육과 연구에서 여성 창업자 및 이사회 대표에 이르기까지, 기술 분야에서 여성의 대표성을 높이는 데 필란트로피 활동은 어떤 도움을 줄 수 있을까?

"여성들은 투자에 있어 제도적인 방식으로 배제되어 왔습니다. 그리고 사회변화 기관이 추동하는 임팩트 투자의 약속이 있습니다만 주식형 크라우드 펀딩은 기부가 아닙니다. 그것은 당신이 관심 갖고 있는 문제를 해결하기 위해 우회하는 방법이긴 합니다만 아직 갈 길이 멉니다."

사라는 현재 2025년까지 여성 100만 명이 기술 분야에 진출할 수 있도록 영감을 주는 운동을 주도하는 일에 착수했다. 또한 정부, 교육기관, 청소년들, 전문직 여성들이 STEM을 실천하고 생각하는 방법에 있어 패러다임 전환을 하도록 촉진하는 일을 하고 있다. "저희는 더 많은 성인 및 청소년 여성들이 인터넷을 구축한다면 인터넷이 어떤 모습이 될지 확인하고 싶습니다"라고 사라는 말한다. "그것이 바로 필란트로피가 도움이 될 수 있는 부분입니다. 저희는 업계에서 여성들이 성공하고 업계를 주도할 수 있도록 지원하는 일을 포함하는, 모든 기반을 포괄하는 광범위한 필란트로피 활동 포트폴리오가 필요합니다."

그렇다면 구축가이자 제작자, 멘토로서 사라가 미래에 대해 가장 기대하는 것은 무엇일까? 사라는 이렇게 말한다. "우리에게 미래가 있을지도 모른다는 사실이죠."

누가 이의를 제기할 수 있겠는가? 미래는 아직 정해지지 않았다. 기술과 게임, 로봇공학, 3D프린팅, 항공, 드론, 우주 분야에서 활약하는 성인 및 청소년 여성들의 수를 늘리기 위해 함께 노력한다면, 우리는 미래를 말할 수 있게 된다.

8장

접근과 경험

공동 보조금 신청 시 어려움을 줄이기 위한 전략 설계

비영리 분야에서 가장 크게 실질적인 영향을 미쳐왔던 진보는 종종 우리가 당연하게 여겨왔던 바로 우리 코앞에 있는 것들이었다. 보조금 신청 절차가 바로 여기에 속한다. 이 절차는 시간이 많이 걸리고, 때때로 혼란스러우며, 미묘한 차이조차 적용할 여지가 없다. 또한 최종 사용자의 의견이 거의 또는 전혀 반영되지 않은 채 구성되어 형편없을 수도 있으며, 본질적으로 현대 필란트로피 활동에도 여전히 존재하는 권력 역학 관계를 더욱 가중시키는 방화벽이기도 하다. 이것은 기금 신청 성공 여부가 유일한 성공 지표인 이분법적인 절차다. 그리고 여러 결함이 있으므로 즉시 개선하기 위해 더 많은 지원이 필요한 관행이기도 하다.

투명성과 책임성, 지속적인 개선이라는 섹터별 공동 목표로 신청 절차를 간단히 재조정하면, 신청자와 보조금 제공자 모두에게 더 쉽고 유익한 절차를 제공할 수 있다. 또한 모든 기부가 어떤 형태로든 보상받도록 보장하는 방법이기도 하다.

그렇다면 이 작업에는 정확히 어떤 일이 동반될까?

디자인 씽킹 Design Thinking*. 보조금 신청 절차를 개선하는 첫 번째 단계

---

* 디자인 과정에서 디자이너가 활용하는 창의적인 전략을 문제 해결에 적용하는 것으

는 근본적인 문제들을 해결하는 것을 가로막는 모든 이슈들을 풀어버리는 것이다. 필요한 사항을 정확하게 파악할 수 있는 종합적인 보고 데이터는 존재하지 않으니, 다음 질문에 대한 답을 찾아야 한다.

- 보조금을 확보하기 위해 조직에서 평균적으로 지출하는 (실제 보조금 대비) 금액은 얼마인가? 여기에는 간접비, 광고, 고객 연계 마케팅CRM 및 기타 관리 업무가 포함된다.
- (조사 및 추가 문서 작성 시간 등을 포함하여) 직원이 보조금 신청서를 작성하는 데 얼마나 오래 걸리는가?
- 보조금 신청 성공률은 몇 퍼센트인가? 지출 및 직원 지원 대비 성공률은 얼마인가?
- 보조금 신청 절차와 관련하여 기금 제공자들과 기금 수혜자들 간의 신뢰도와 만족도는 어느 정도인가?
- 현재 실행 중인 자동화의 수준은 어느 정도인가? 검토 절차는 얼마나 편향적일 수 있는가?
- 보조금 제공자들은 신청에 성공한 신청자들에게 어떤 피드백을 제공하는가? 그리고 실패한 신청자들에게는 어떤 피드백을 제공하는가?

다른 질문도 얼마든지 추가할 수 있다.

이 작업은 당연히 시간이 오래 걸리고 번거로우며, 독립적인 연구 기관에서 관리해야 하는 작업이다.

결과가 보고되면 기금 제공자들과 더 넓은 비영리 섹터 대표들로 구성된 위원회가 한데 모여 현재 설계 절차를 파악하고, '앞으로 나아가는' 모범 사례 모음을 뒷받침하는 데 필요한 인지적, 전략적 및 실용적

로, 문제에 대한 실용적이고 창의적인 해결 기법이다.

절차들을 검토해야 한다. 필란트로피 섹터는 절차를 시작할 수 있도록 공통 보조금 신청 템플릿으로 잠재적인 지원을 제공할 수도 있다.

여담이지만, 또 다른 적극적인 조치는 새로운 보조금 신청서 작성 절차를 자동화하고, 이러한 절차와 전반적인 경험을 지속적으로 개선하는 데이터를 제공할 수 있는 오픈소스 솔루션opensource solution*을 장려하는 것이다. 캔바Canva나 우푸Wufoo 같은 선택지의 성공을 바탕으로 제작된 양식 작성기를 사용하여 기술과 경험 수준에 상관없이 모든 사람들이 사용할 수 있는 방식으로 이러한 솔루션을 제공하는 것은 매우 좋은 일이다.

UX와 UI. UX(user experience, 사용자 경험)와 UI(all the elements that enable interactions for user, 사용자와의 상호작용을 가능하게 하는 모든 요소)는 둘 다 다음 단계로 나아가는 데 중요한 요소다. 보조금 신청은 위압적이고, 번거롭고, 지루하며, 미적으로도 좋지 않기 때문이다.

이러한 기본 사항을 이해하는 데 도움이 되는 좋은 기초 자료는, 보기에는 멋지지만 사용하기는 어려운 보조금 신청서들을 접하는 것이다. 이는 훌륭한 UI와 형편없는 UX의 예시이다. 사용하고 탐색하기는 아주 쉽지만 끔찍해 보이는 신청서는 훌륭한 UX와 형편없는 UI의 전형적인 사례다.

담보 대출이 하루 만에 승인되는 세상에서 견적 요청request for quote, RFQ을 제출하여 제안 요청서request for proposal, RFP를 작성하고, 50페이지 분량의 신청서를 작성하고, 현장 방문을 준비하고, 그런 다음 피드백을 거의 또는 전혀 받지 못한 채 제안이 성공했는지 확인하기 위해 3개월을 기다리는 세상에서 왜 우리는 계속 활동할까? 모든 이사의 승인을

---

* 누구나 제한 없이 자유롭게 사용할 수 있으며, 자유롭게 수정하거나 개선할 수 있는 솔루션이다.

얻어 제안된 전체 프로세스 점검에 대한 근본적인 접근이 가능한 이 필란트로피 유토피아에서, 기금 제공자들은 이 프로세스의 향상을 바라보면서 다양한 선택지를 누릴 수 있게 되었다.

UI(보조금 신청서의 외형과 느낌 개선):

- **미학**美學: 신청서에 대한 가장 일반적인 피드백은 글자 크기 확대다. 가독성을 높이고 외형을 개선하는 것도 나쁘진 않다! 또한 조직의 브랜딩branding*으로 외형과 느낌을 일관되게 유지할 수 있다. 브랜드 변경과 멋진 로고에 5만 달러 이상을 지출하는 조직들이 여전히 흑백 PDF 양식으로 신청서를 발송한다는 사실이 당혹스럽다.
- **완전 온라인 업무**: 종이로 된 신청서를 모두 없애야 한다. 온라인에의 접근 때문에 잠재적인 형평성 논란이 발생할 수 있다면, 지역 도서관이나 컴퓨터실에서 워크숍을 열어서 사람들이 현장에서 지원을 받으면서 바로바로 신청서를 작성하게 하라.
- **화면 조정**: 양식은 컴퓨터(데스크톱 PC 또는 노트북)에서 작성하는 것이 일반상식이며, 대개 이렇게 하지만, 신청서는 여전히 가급적 다양한 화면에 맞춰 조정해야 한다.
- **프레임 짜기**: 문제를 강조하는 데 집중하는 유도 질문과 푸시폴push-polling** 전술에서 벗어나 혁신적인 솔루션을 제공하기 위해 초대하는 흐름과 구조를 구성해야 한다.
- **파트너의 가치**: 사명mission에 더욱 부합하는 응용프로그램을 사용하여 사이트에 머무는 시간을 더욱 늘릴 수 있도록 강력한 클릭 유도

---

* 브랜드의 이미지, 느낌, 정체성을 사람들의 마음에 심어주는 과정이다.
** 여론 조사를 가장하여 개인이나 단체가 유권자들의 의견을 조작하거나 변경하려고 시도하는 쌍방향 마케팅 기법이다.

제2부 변곡점에서 보는 트렌드

문안과 절차를 생성하라.

- **동영상 지원**: 지원 방법을 설명하는 긴 지원 문서(제출 팁)를 제공하는 대신 신청서의 각 부분을 맥락과 함께 설명할 수 있는 클릭 연결click-through 또는 팝업 동영상을 포함하라.

UX(보조금 신청과 관련된 흐름과 상호작용 개선):

- **자동화**: 이전 신청서의 양식을 자동으로 채우는 기능을 이용해 501(c)(3) 문서, 양식 990s* 및 기타 관련 신청서에서 정보를 쉽게 가져오면서 당신의 양식이 가급적 가장 스마트해 보이도록 만들어지게 하라.
- **진행률 표시줄**Progress Bar: 만 달러 이상을 받기 위한 신청을 완료하는 데 평균적으로 약 20시간이 걸린다. 절차가 완료될 때까지 걸리는 시간을 사람들에게 알려주고, 진행 상황을 실시간으로 업데이트하라. 시간 제한 기능이 있거나 이제껏 입력한 모든 내용이 자동 저장되지 않는 처리 방식은 삼가야 한다.
- **실시간 지원**: 간단한 FAQ(자주 묻는 질문)에 답할 수 있는 고객 서비스 챗봇을 포함시켜라.
- **더 스마트한 양식**: 적용해야 할 최소 지원 요건이 충족되면 견적 요청RFQ이 자동으로 제안 요청서RFP로 전환되어야 한다. 최종 신청자 명단이 존재해선 안 된다. 또한 블록체인blockchain을 사용하여 자금 지급에서 보고에 이르기까지 자금 지원 계약의 모든 측면을 실행하는 스마트 계약smart contract** 시스템도 곧 보급될 것이다.

---

* 501(c)(3) 조항에 따라 면세 혜택을 신청해서 승인을 받은 비영리 단체는 매년 990 호 서식에 따라 단체 현황을 보고해야 한다.
** 정해둔 조건이 충족되면 자동으로 계약이 실행되게 하는 프로그램으로, 복잡한 서

• 대시보드Dashboard*: 제안서 검토 단계를 단순화하려면 편견을 방지하기 위한 동료 검토 기능(공정성을 보장하기 위한 시간 장치 포함), 검토자가 문서 검토 진행 상황을 확인하는 기능, 그리고 검토자가 조직의 사명을 계속 추구하면서 제안서를 평가할 때 일관성이 적용되게 하는 기타 방법들이 포함되어야 한다.

HX: 필수적인 다음 단계. HX, 즉 '인간 경험human experience**'도 주목해야 하는 요소다. 이는 기술 분야에서의 진보 전부와 프로세스 자동화 추진을 위한 모든 노력에도 불구하고 일부 사람들은 인간적인 요소를 갈망한다는 사실을 조직들이 이해하게 되면서 HX는 머지않아 디자인씽킹 측면에서 더욱 부각될 것이다. 이제 HX는 대형 은행들이 당신이 진짜 사람을 만나게 된다는 사실을 강조하는 광고를 게재하는 것에 비유할 수 있다. 우리는 이 점을 놓쳐서는 안 된다. 기술의 목적은 훌륭한 일을 할 수 있는 능력을 향상시키는 것이지, 이러한 능력을 대체하는 것이 아니다.

데이터하우스 아시아DataHouse Asia의 카이 팸Ky Pham은 HX를 잘 요약한다. "HX는 단순히 작업을 마무리하는 것을 넘어, 다른 사람들이 내 산출물을 효율적으로 사용할 수 있도록 돕는 방법에 관한 것이죠. 가치를 창출하는 일입니다."

따라서 일을 할 때는 결과물을 사용할 사람의 경험을 고려해야 한다.

류 작업 등을 줄여 계약 간소화를 실현하는 자동화 계약 시스템이다.

* 다양한 데이터를 동시에 비교할 수 있도록 게시판(board) 여러 개를 인터페이스에 펼쳐놓은 형태다.

** 한 사람이 브랜드나 서비스에 대해 디지털적으로 그리고 물리적으로 가지는 완전한 경험이다.

- 프레젠테이션을 만들 때는 청중이 정보를 쉽게 보고, 읽고, 이해할 수 있도록 해야 한다.
- 이메일을 작성할 때는 수신자가 메시지를 빠르고 명확하게 이해할 수 있도록 해야 한다.
- 교육을 제공할 때는 교육생이 내용을 이해하고 직접 업무를 수행할 수 있도록 해야 한다.

"바로 이 점 때문에 우리는 항상 HX를 고려해야 합니다. 즉, 우리의 결과물과 상호작용하는 다른 이해관계자(인간)들을 '만족'시키려고 말이지요. 이것은 단순히 업무를 마무리하는 게 아닙니다. 다른 사람들이 결과물을 효율적으로 사용할 수 있도록 돕는 방법에 관한 것이죠." 이것이 바로 카이가 말하는 '가치 창출'의 궁극적인 의미다.

평가 프레임워크. 평가의 투명성 역시 신뢰할 수 있는 데이터를 수집하고 이를 활용하여 자금 지원 우선순위 및 자금 지원 프로젝트가 조직의 목표 달성에 도움이 되는지에 대해 결정하는 데 사용하는 체계적인 절차를 제공함으로써 조직화된 필란트로피 활동의 발전과 지속적인 개선에 중요한 역할을 한다. 이러한 맥락에서 강력한 평가 프레임워크를 사용하면 기금 제공자들이 절차를 쉽게 이해할 수 있고, 재정과 영향력 및 형평성이라는 관점으로 앞으로 의사 결정에 영향을 미칠 프로그램의 적절성과 비용 대비 가치를 평가할 수 있다. 필란트로피 섹터에 적합한 ROI는 다음을 포함해야 한다.

- 사례 제시: 자금 지원 주기별로 성공적인 신청서들을 공유하여 신청자가 예상하는 내용의 특성과 세부 사항을 이해할 수 있게 하라. 이 방법은 훨씬 더 강력한 신청자 풀을 만드는 데도 도움이 될 것이다.

- **데이터 시각화:** 양적 또는 ROI 관점에서 보조금이 어떻게 영향을 미쳤는가뿐만 아니라, 신청서와 보고서에서 얻은 데이터를 필란트로피 센터에 도움이 되는 방식으로 공유하라.
- **여과되지 않은 피드백:** 성공적인 신청서와 그렇지 못한 신청서를 모두 공유하라. 이렇게 하면 모든 사람이 앞으로 신청서의 수준을 높이고, 현재 및 미래의 서비스 제공 방식에 대한 귀중한 피드백도 얻을 수 있다.
- **파트너십:** 신청자들의 제안이 비슷하거나 명백한 시너지 효과가 있는 경우, 신청자들이 서로 협력할 수 있도록 보조금을 더 늘리거나 추가 지원이 가능한가? 솔루션과 접근 방식에 대한 참신한 아이디어를 바탕으로 함께 공동의 선을 증진하는 데 있어 우리 지역사회를 하나로 뭉치게 하기 위해 자원 경쟁을 피하는 것은 융통성 없는 시스템 및 많은 경우 오래된 시스템 때문에 간과되어서는 안 되며 장려되어야 한다.

 궁극적으로는 모든 주요 이해관계자가 이 프로세스에 참여하고 앞으로 개선 사항을 효과적으로 공동 설계하도록 보장하면, 자금 지원 결과에 관계없이 어떤 방식으로든 보조금 신청 절차가 유익해질 것이다. 결국 보조금 신청은 역동적인 새로운 제휴 관계의 시작이자 시민 솔루션에 관한 대화를 시작할 수 있는 기회가 되어야지, 이러한 대화를 없애는 계기가 되어선 안 된다.

디지털 접근성 확대:
필란트로피 활동이 장애를 포용해야 하는 이유

내가 활동한 이사회와 위원회 중에서 12,500명 이상의 개인이 일자리를 찾고 안정적이면서 안전한 근무 환경에서 성장할 수 있도록 지원한 조직인 '파트너십 위드 인더스트리Partnerships With Industry'보다 더 보람 있는 곳은 없었다. 이 비영리 단체의 지원을 받는 성인 중 상당수는 지적 장애나 발달 장애가 있는데, 나는 정기적으로 팬데믹 기간 동안 그들의 역할과 책임에 어떤 일이 일어났는지가 궁금해진다. 조직이 재택근무 방식으로 전환하면서 영향을 받은 사람들은 얼마나 될까? 하드웨어와 소프트웨어 측면 모두에서 서비스를 제공받는 이들의 필요가 충족되고 있을까? 그리고 이것은 단지 나와 관련된 직업적인 관점에서 바라본 질문이다. 나는 특히 장애인이 미국 인구 중 12%를 차지하는 세계에서 이 초현실적인 시대로 인해 이러한 개인과 그 가족의 생계가 장단기적으로 어떤 영향을 받았는지를 진심으로 걱정한다.

장애인은 종종 기술로 인해 가장 소외되고 불이익을 당하는 경우가 많다. 인터넷이 정보에 대한 자유로운 접근을 제공하기 위해 존재한다는 사실을 고수하려면 모든 온라인 콘텐츠, 서비스와 제품이 장애가 있는 사람과 없는 사람 모두에게 동일한 결과를 제공해야 한다. 하지만 현실에서는 모든 사람이 동일한 디지털 경험을 누리지는 못한다. 웹 접근성을 연구하는 조직인 웹에임WebAIM에 따르면, 조사 대상인 홈페이지 100만 개 중 약 98.1%에서 웹 콘텐츠 접근성 지침Web Content Accessibility Guidelines, WCAG* 2.0 오류가 1회 이상 발생했었고, 홈페이지당 평균 오류

---

* 월드와이드웹컨소시엄(W3C)이 만든 것으로, 장애인, 고령자를 비롯하여 모든 사람들이 웹 콘텐츠를 유용하고 편리하게 사용할 수 있도록 웹 콘텐츠를 제작하는 방식에 관한 지침이다.

수는 60.9개였다. 가장 일반적인 오류는 이미지 텍스트 및 양식 입력 레이블label 누락과 더불어 저대비 텍스트low-contrast text 또는 빈 링크였다.

새로운 기술을 이용해 공익을 증진시킬 수는 있다. 하지만 때로는 사람들이 평등한 상태로 돌아갈 수 있도록 돕는 것도 그에 못지않게 중요하다. 그래야 기술의 혜택을 누릴 수 있는 능력이 (약화되지 않고) 향상되도록 할 수 있기 때문이다. 필란트로피 활동은 이러한 이슈들을 해결하고, 장애인들이 보다 쉽게 접근하면서 포용할 수 있도록 한 걸음 더 나아가기 위해 다음과 같은 다양한 일을 할 수 있다.

- **경청:** 지역 커뮤니티와 교류하여 구성원들에게 필요한 것들에 대해 자세히 알아볼 수 있는 방법을 모색하고, 그들의 대의를 더 효과적으로 지원하고 옹호할 수 있는 방법을 찾는다.
- **자금 지원:** 기술로 접근성을 개선할 수 있는 혁신적인 프로그램을 발굴하고 지원한다.
- **도전:** 보조금 제안서에서 장애가 있는 고객들 및 파트너들의 접근성을 어떻게 다룰 것이냐고 모든 조직들에 질문한다.
- **레이어Layer:** 오디오 신호 대신 동영상 프레젠테이션 및 시각적 표시를 위한 자막을 추가한다.
- **집중:** 깔끔한 화면을 제공하는 향상된 UX/UI와 일관된 탐색, 전문용어 대신 일반적인 언어를 사용함으로써 인지적 요소에 집중한다.
- **검토:** 최신 온라인 상품을 간단하게 검토할 수 있는 다양한 무료 도구가 존재한다. 웹에임WebAIM에서 제공하는 '웨이브 웹 접근성 평가 도구WAVE Web Accessibility Evaluation Tool'와, 시각적 요소의 대비를 기준으로 텍스트가 잘 보이는지를 확인하는 데 도움이 되는 TPGi에서 제공하는 '색채 대비 애널라이저Colour Contrast Analyser'를 찾아보라. 문제가 있다면 검토하고 업데이트한다.

- 강조: '글로벌 접근성 인식의 날Global Accessibility Awareness Day'은 다양한 장애인들의 디지털 접근성과 포용성에 대해 이야기하고, 생각하고, 배울 수 있게 하려고 마련된 날이다. 이 행사를 지원하고 내부 및 외부 프로그래밍을 모두 진행하는 것은 이러한 문제를 의도적으로 제기할 수 있는 효과적인 방법이다.

필란트로피는 전반적으로 다양한 이슈들과 접근 방식들로 장애 포용에 대한 태도와 관심을 전환해야 한다. 이러한 변화의 기술적 측면을 올바르게 수행하는 것은 더욱 포괄적인 보조금 지급과 고용으로 이어지는 절차의 속도를 높이고 접근성에 대한 모든 표준을 뛰어넘는 데 중요한 역할을 할 수 있다.

하나의 섹터로서, 우리는 특히 정부의 자금 지원이 턱없이 부족한 상황에서 더욱 많은 일을 해야 한다. 이 사업을 촉진시키는 데 관심이 있는 기금 제공자라면 '대통령직속 필란트로피 장애포용위원회Presidents' Council on Disability Inclusion in Philanthropy'의 일부인 '장애 및 필란트로피 포럼 Disability & Philanthropy Forum'에 참여해보라.

미래의 인물

자히라 만(Zahirah Mann)

– 언덕 위의 빛

필란트로피의 미래를 보는 관점에 대해 이야기할 때, 자히라 만은 배우인 트레이시 엘리스 로스Tracee Ellis Ross의 말을 알기 쉽게 풀어서 설명했다. "햇빛은 모든 사람이 충분히 누릴 수 있죠." 자히라 만은 자금 지원이 아무리 제한적이라도 잘 활용하면 영향력을 극대화하고 엄청난 성과를 거둘 수 있다는 사실을 잘 안다. 햇빛은 그녀가 하는 일의 완벽한 배경 역할을 한다. 자히라는 현재 랄프 M. 파슨스 재단Ralph M. Parsons Foundation에서 아동 복지 관련 이슈들을 해결하기 위해 지역, 주 및 국가 차원에서 다양한 파트너들과 협력하는 전략적 계획을 이끌고 있으며, 로스앤젤레스에 깊이 투자하는 다양한 맞춤형 보조금 조성 포트폴리오를 관리하면서 콜렉티브 임팩트를 발휘하려는 역동적인 활동에 동참하고 있다.

40년이 넘는 역사를 자랑하는 랄프 M. 파슨스 재단은 로스앤젤레스 카운티 주민들의 복지를 개선하고자 노력하고 있다. 이 재단은 보건, 사회복지, 교육, 시민 및 문화 분야에 무제약 기금unrestricted grantmaking을 지급하여, 로스앤젤레스 카운티를 구성하는 88개 도시들과 수많은 비인가 지역unincorporated areas을 포함하는 4천 평방마일(약 10,360km2) 이상의 지역에서 취약 아동들과 가정들에 봉사하는 조직들을 지원한다.

자히라는 유나이티드 웨이 오브 그레이터 로스앤젤레스United Way of Greater Los Angeles와 아넨버그 재단Annenberg Foundation에서 쌓은 경험과, 공해와 저렴한 주택 및 공교육 같은 제도적 이슈들을 다루는 공익 변호사로 10년 동안 일한 경험 덕분에 더 건강하고 활기찬 지역사회 조성에 도움을 줄 수 있도록 독특한 역량을 갖추게 되었다. 자히라는 지역사회에 변화가 필요하면 도구를 조정한다. 자히라는 그녀의 경력 전반에서 법률, 과학, 정책, 조직화, 소집을 그리고 이제는 필란트로피 활동까지 활용한다.

자히라는 필란트로피 활동에 대한 자기 입장과 지역사회에서의 기초적인 경험을 바탕으로 광범위한 전략적인 메커니즘을 통해 시스템의 변화를 이해하고 주도할 수 있다. "우리는 콜렉티브 임팩트와 협력적인 노력으로 실제로 결과가 변화하는 것을 목격하고 있습니다"라고 하면서 자히라는 이렇게 설명한다. "이와 더불어 기관들은 공공 및 민간 자원을 지렛대 삼을 수 있고, 현재 시스템을 재고하여, 아동 복지와 노숙인 같은 심각한 이슈들에 대해서도 더 나은 결과를 얻을 수 있어요."

자히라를 인도하는 빛은 다음과 같다. "모든 사회 구성원들은 동등한 기회와 특권을 누릴 수 있어야 합니다. 모든 사람에게는 인종적·경제적·환경적 정의의 형태에 상관없이 동일하고 존엄한 기준이 적용되어야 합니다."

자히라가 사는 지역에는 이러한 접근 방식에 도움이 되는 자원 하나가 있다. 반짝반짝 빛나는 실리콘 비치Silicon Beach가 바로 그 자원이다. 로스앤젤레스에 거주하는 천만 명이 넘는 사람들과 더불어 자히라는 강력한 기술 인프라가 지역사회 연결을 강화하는, 즉 모두에게 기회를 제공하는 방법이라 믿는다.

"코로나 19 위기로 인해 컴퓨터와 태블릿, 안정적인 인터넷 서비스에 대한 접속이 불평등하다는 사실이 드러났습니다"라고 하면서 자히라는 이렇게 설명한다. "이러한 도구는 사치품이 아니라 소통하고, 중요한 정보에 접속하고, 현대 생활에 완전히 참여하는 데 필수적인 자원입니다. 저렴하고 안정적인 고속 인터넷과 이러한 인터넷 활용에 필요한 하드웨어 및 기술적인 소양은 비영리 단체가 업무를 수행하는 데 필수적입니다. 우리는 이러한 이슈를 학교와 의료 시스템을 비롯한 삶의 모든 영역에서 목격합니다. 이제 우리는 컴퓨터 화면으로 많은 방들에 들어갑니다."

광대역 통신은 혁신적이다. 광대역 통신은 우리가 학습하는 방식과 필수 서비스에 접속하는 방식을 바꾸고 있다. 하지만 기본적인 접속에서도 동일한 패턴이 나타나는 것을 볼 수 있다. 소외된 지역에 사는 개인들은 경제적 문제에 직면하고 있으며, 정부는 민간 섹터와 함께 다른 곳에서 새로운 인프라를 마련하는 일을 우선시한다. 자히라가 실제로 말하려는 내용은 광대역 접속 또한 사회 정의의 문제이기도 하다는 것이다.

자히라가 경력을 쌓으며 배운 것 중 이 분야의 떠오르는 리더들에게 전하고 싶은 교훈이 있다면, 그것은 바로 경청이 성공의 필수 요소라는 사실이다. "경청할 때는 상대가 말하는 내용과 말하지 않는 내용 모두에 주의를 기울여야 합니다"라고 하면서 자히라는 이렇게 설명한다. "그러면 상대방에게 진정 필요한 것을 이해하기 시작할 수 있죠. 진심으로 경청하려면 인내심과 겸손함, 열린 마음, 예의를 비롯한 다양한 기술이 필요하며, 세계 최고의 리더들만이 가지고 있는 체득하기 어려운 특성인 높은 수준의 사회적·정서적 지능도 필요합니다. 그리고 이 기술을 적용하는 대상이 소수여서도 안 됩니다. 모든 사람의 말을, 특히 당신이 지원하려는 지역사회의 말을 경청하세요. 지역사회는 자기네 문제들을 해결할 방법을 알고 있습니다. 경청으로 그 해답을 알아내세요."

우리는 이러한 지혜의 말에 귀를 기울여야 한다. 자히라는 절대적인 스타이며, 나는 우리 시대의 가장 중요한 사회적 이슈들에 대한 그녀의 지도력과 이해력에 깊은 감명을 받았다. 특히 워싱턴 DC와 캘리포니아 주의 의회에서 열린 선출직 공무원들과의 회의에서 그러한 이슈들과 그들의 영향력을 명확히 설명하고 설득력있게 전달하는 모습을 보았다. 독특한 침착함과 목적의식도 자히라를 돋보이게 한다. 자히라가 말을 시작하면 다른 사람들이 주변부를 서성일 때 그녀는 해결책을 찾는 대화를 이끈다는 사실을 당신은 알게 된다.

이것은 할리우드식 벼락 출세 이야기가 아니다. 자히라는 수년 동안 노력해왔고, 여러 방면에서 시대에 앞서 왔다. 10년 전에 자히라는 거대한 로스앤젤레스 흑인 커뮤니티를 지원하는 프로젝트에 집중적으로 투자하는 기부 서클을 공동 창립했으며, 현재는 캘리포니아주 전역의 법률 서비스 비영리 단체에 지급되는 자금을 관리하는 위원회에서 활동하고 있다. 자히라는 또한 최근에는 주민들에게 경제적 기회를 제공하여 로스앤젤레스 남부에 활력을 불어넣기 위해 노력하는 단체인 슬레이트지SLATE-Z의 차기 회장 겸 CEO로 발탁되기도 했다. 슬레이트지는 오바마 행정부에서 프로미스 존으로 지정되었고, 파트너를 70곳 이상 확보했다. 자히라의 현재 행보를 보면 그녀가 머지않은 미래에 이 천사의 도시에서 대단히 유력하고 영향력 있는 변화를 일으킬 지렛대를 당길 것이라는 사실을 믿어 의심치 않는다. 우리는 이 이야기가 어떻게 전개될지 기대해야 한다.

제3부

제도를 새롭게 상상하라

REIMAGINING
INSTITUTIONS

테이블 뒤집기

변화를 위한 접근 측면에서, 필란트로피는 더 예측가능하고, 실천적이며 실용적이다. 체제를 완전히 뒤집어엎거나 시스템의 해체를 옹호할 가능성은 거의 없다. 그렇지만 오늘날과 같은 시대에는 소심한 사람이 변화를 가져올 수 없다. 특히 우리가 기존의 사람들로 리더십들을 유지하면서 현상 유지가 최고라는 생각에 젖어있는 한 새로운 기술과 트렌드도 진보를 가속화하지는 못할 것이다.

"우리는 올해 모금 속도를 전년 대비 20% 향상시켰습니다." 업무 진행을 돕고자 재무 담당 직원 2명을 신규 채용한 어느 재단의 자랑이다.

"우리는 기금을 작년보다 2백만 달러나 더 모았죠." 지금의 프로그램을 3년째 손대지 않고 쓴다는 어느 비영리 단체에서 하는 말이다.

"우리 CEO가 이 도시에서 가장 영향력 있는 500인 중 하나로 뽑혔어요. 축하할 일이죠." 지난 5년 동안 경제 전문지에 광고를 싣는 데 수천 달러씩 지출한 15년차 CEO가 있는 조직이 외치는 말이다.

이런 공치사와 자화자찬 주고받기가 현재의 접근법이나 방법에 도전하고자 하는 우리의 자연스러운 호기심을 침식시켜 왔다. 본래 '역량강화'는 일을 하는 팀에 대한 투자라기보다는 회계 용어에 더 일반적으로 사용되는 것이다. 그리고 거듭 말하지만, 정치 게임은 필란트로피 활동과 우리의 일하는 방식에 여전히 만연해 있다.

우리는 그 등쌀에 지쳐서 그런 현실을 그저 받아들일 뿐이다.

우리는 정치와 시스템에 하도 넌더리가 나서, "아무것도 이루어지지 않는다"라고 받아들인다.

대형 단체에서도 이런 폐단이 이어지는 경우가 많은데(제대로된 조사도 없고), "일은 으레 그렇게 해야 하니까", "당장 큰일도 없는데 괜히 들쑤실 필요가 있나" 같은 사고방식 때문이다.

비판적 사고는 어떻게 되었는가? 진짜 리더라면 일이 왜 여전히 이 지경인지 근본적으로 파헤치라고 질문하도록 격려하는 뻔한 질문은 왜 없는가?

이 책의 3부에서는 이 책에서 나온 모든 핵심 포인트를 하나로 묶고서 "그럼 이렇게 하면 어떨까?"라는 질문으로 우리가 일하는 방식에 공개적으로 도전한다. 우리는 미국 국세청Internal Revenue Service, IRS과 우정청 US Postal Service을 살펴보고, 비영리적인 대학교들이 민간 재단들을 대체할 수 있는 대안이 무엇인지를 검토할 것이다. 우리는 또한 자녀 양육비와 교육비가 늘어나는 상황에서 구제책을 찾고 있는 가정들을 위한 국가 차원의 자원봉사 시스템이 어떤 모습일지도 볼 것이다.

경찰의 폭력에 대응하기 위한 방법으로 경찰에 대한 예산 지원 철회 논의를 생각해보자. 이를 객관적으로 살펴보면, 그런 논의의 뒤에는 그 예산이 어떻게 더 광범위하면서도 보완적인 방식으로 경찰 활동과 치안 활동을 뒷받침할 수 있는지 혁신적으로 생각하는 방식에 대한 이론이 있었다. 그래서 만약 경찰에 배정되던 예산 중 일부를 국민 정신건강 프로그램에 돌린다고 하면, 지속적인 예방 노력을 지원하게 된다. 더 좋게 이야기한다면, 이런 조치는 어떻게 이 중요한 정부 부처들을 '보호'하면서도 '지원'할 수 있을지에 대한 국가차원의 매우 역동적인 논의를 가져올 수 있을 것이다.

그러나 이것은 혁명에 관한 것이 아니다. 이것은 진화에 관한 것이다. 모든 것을 폭파해버리는 것이 아니다. 이것은 테이블을 뒤엎고, 식기를 갈아치우고, 식탁보를 바꾸고, 다른 종류의 와인을 내놓는 것이다. 나를 믿으라. 우리는 여전히 미래 그리고 그 속에서 우리의 역할들에 대해 이야기하고 있을 것이다. 우리는 새로운 사람들과 대화를 나누고, 그들에게 접근할 다양한 방법을 모색하고 있을 수도 있다.

당신이 테이블에 초대하고 싶어하는 새로운 사람들 중에는 앨리슨 애러곤Alison Aragon, 에린 반스Erin Barnes, 세이론 후Seyron Foo가 있다. 그들은 필란트로피 활동 방식과 그것이 표방하는 내용에 도전하고, 새로운 리더들을 양성하고, 새로운 길을 위한 기금을 모으고, 은행 계좌뿐만 아니라 사람들의 삶에 도움이 되는 입법 변화를 위한 투쟁을 벌였다. 다음 장들에서 그들과 그들이 하는 중요한 일들에 대해 더 많이 알게 될 것이다.

세이론 후SEYRON FOO

세이론은 로스앤젤레스의 고질적인 노숙인 문제 종식, 위탁 보호를 받는 전환기 청소년들 지원, 기회 청소년opportunity youth*의 생활을 변화시키기 위한 성공적인 경력 육성이라는 콘래드 N. 힐튼 재단Conrad N. Hilton Foundation의 방침에 따른 목표를 더 잘 이루기 위한 지지 전략을 운영한다. 그에 앞서 세이론은 서던캘리포니아 그랜트메이커스Southern California Grantmakers와 필란트로피 캘리포니아Philanthropy California에서 공공 정책과 정부 관련 업무를 감독했고, 그곳에서 세이론은 주 정부 및 지방 정부와 더불어 필란트로피 관련 협업 관계를 강화하는 계획들을 주도했다. 세이론은 캘리포니아주 상원 다수당 원내총무실과 롱비치Long Beach 시청을 비롯한 여러 정부 부처들에서 경력을 쌓았다. 프린스턴 대학교 공

---

* 학교 및 직장과 단절된 16~24세 청소년이다. 이 시기의 청소년은 독립과 삶의 기회를 탐색하기에 개인적 성장 가능성이 크다.

공 국제 대학원에서 공공문제학 석사를, 캘리포니아 대학교 버클리 캠퍼스에서 정치학과 수사학 학사 학위를 받았다.

앨리슨 애러곤ALISON ARAGON

앨리슨은 2019년 LA84 재단LA84 Foundation의 플레이 형평성 기금Play Equity Fund에 개발 조합원으로 합류한 이후 기부자 관리 계획과 이사회 기부 정책을 수립했으며, 그랜트 앤 프로그램Grant and Program과 협력하여 모든 개발 기능을 향상시켰다. 앨리슨은 캘리포니아 대학교 샌타크루즈 캠퍼스에서 여성 골프팀의 주장을 맡았고, 2017년에는 샌디에이고 대학교의 비영리 리더십 및 경영 과정에서 석사 학위를, 2019년에는 샌포드 필란트로피 기금 모금 아카데미Sanford Institute of Philanthropy Fundraising Academy에서도 학위를 받았다.

앨리슨은 1세대 대학생의 일원으로서 적당한 교육을 받고 서던캘리포니아 청소년들을 위해 지속가능한 사회적·정서적 지원 체계를 구축하는 데 특히 열심이었다. 앨리슨은 이 지역 전역의 수많은 재단 및 비영리 단체에서 활동했는데, 그 가운데는 샌디에이고 퍼스트티First Tee of San Diego(앨리슨은 올해 이곳으로 복귀할 예정이다)의 개발 및 커뮤니케이션 이사직을 맡고 있으며, 현재 라티나 기부 서클Latina Giving Circle 및 이머징 프랙티셔너스 인 필란트로피Emerging Practitioners in Philanthropy, EPIP의 회원이기도 하다.

에린 반스ERIN BARNES

아이오비와이ioby의 CEO이자 공동창립자인 에린은 지난 11년 동안 아이오비와이의 전략 기획, 운영, 모금 활동을 이끌어왔다. 아이오비와이를 만들기 전에는 수질 관리 관련 배경 지식을 갖춘 환경 관련 작가였다. 2007년부터 2008년까지는 「맨스저널Men's Journal」지의 환경 섹션 편집자로 일하는 한편, 기후 변화를 비롯한 환경 문제 관련 자유기고가로도 활동했다. 2003년에서 2005년까지는 오리건주 포틀랜드 소재 '야생 연어 살리기 연대Save Our Wild Salmon Coalition'의 커뮤니티 조직원이자 공보 담당으로 일했다.

에린은 예일 대학교의 삼림 환경 대학원에서 수질학-수리경제-수질 정책 환경 관리학 석사 과정을 밟으면서 미국 정부 외국어 교육 및 지역 연구과에서 포르투갈어 전문 위원으로 활동했다. 에린은 고예나Goyena, 니카라과, 볼리비아-브라질 내 아마존 우림지대에서 물의 사회적·경제적 가치에 대한 현장 연구를 수행했다. 에린의 보고서인 '마데이라강 상업어업의 시장 가치: 브라질 론도니아와 볼리비아 판도베니 어업인을 위한 산토 안토니오와 지라우 댐의 비용 산정Market Values of the Commercial Fishery on the Madeira River: Calculating the Costs of the Santo Antônio and Jirau Dams to Fishermen in Rondônia, Brasil and Pando-Beni, Bolivia'은 2007년 「열대 자원 연구소 저널Tropical Resources Institute Journal」에 게재되었다.

에린은 버지니아 대학교에서 영미학 석사 학위도 받았다. 그녀는 브루클린에 살면서 리소스 미디어Resource Media의 이사로도 재직 중이다. 록펠러 재단Rockefeller Foundation은 에린과 그녀의 아이오비와이 공동창립자인 브랜든 휘트니Brandon Whitney와 캐시 플린Cassie Flynn에게 2012년도 제인 제이컵스 기념 신기술-혁신Jane Jacobs Medal for New Technology and Innovation 메달을 수여했다. 2018년 4월에 에린은 오바마 기념 재단Obama Fellows의 창립 멤버가 되었다.

나는 감수성이 풍부한 사람일지 모르겠다. 그러나 법적인 차원에서 어찌 됐든, 기업과 사람은 별개다. 그래서 내가 기업이 하는 일과 그것이 우리 지역사회에 미치는 영향에 대해 비판의 목소리를 내면서도 기업의 감정을 상하게 할 수는 없다. 나는 독자들도 그렇게 하기를 바란다. 그렇지만 세상이 우리에게 던져주는 대로 받아들이지 말고, 세상을 더 낫고 더 좋게 바꿀 수 있는 기회를 꿰뚫어보길 바란다.

이 테이블에서는 그러지 말고….

10장

봉사하고 영향 주기
- 정부 부처를 21세기에 맞게 개혁하기

단순한 세금 분류 그 이상:
비영리 산업의 이슈를 확실히 하기

솔직해보자. 우리 비영리 섹터의 사람들이라면 누구나 이런 추한 이야기를 입에 담아보았을 거다. "비영리 단체가 너무 많은 거 아냐?"

PNP 스태핑그룹PNP Staffing Group에 따르면 비영리 섹터는 지난 10년 동안 20% 이상 성장했다. 대조적으로, 영리 섹터는 약 2~3%밖에 성장하지 못했다. 또한 캔디드Candid는 최근 이 섹터에 대한 몇 가지 주요 사실들을 발표하면서 2019년 12월 기준 미국 국세청IRS 등록 비영리 단체가 1,729,101곳에 이른다고 강조했다. 대부분의 비영리 단체는 상대적으로 규모가 작으며, 전체의 75%가 연 수입이 10만 달러 미만이다.

그러면 앞에서 언급한 질문은 재정에 관한 것인가? 또는 서비스 제공에 관한 것인가? 투자나 임팩트에 관한 것인가?

나눠야 하는 파이의 크기 때문에 비영리 단체의 수를 줄여야 한다고 말하는 것은 그야말로 '결핍 마인드'와 '근거 없는 예측'에서 비롯된다. 보다시피 비영리 단체의 수익 중 72%가 자체 프로그램 서비스에서 나오며, 이 결과는 명백히 정부가 예산을 삭감하고 사회서비스 관련 투자를 줄인 데 따른 여파로, 사회 서비스에 대한 수요가 강하다는 사실을 나타낸다. 또한 전체 비영리 단체 중 18%만이 기금조성자에게서 기금을 받고 있는데, 이는 다른 각도에서 보면 비영리 단체들 대부분이 사회에 정말 필요하며, 가장 중요하게는 다양한 출처에서 예산을 조달하여 재정적인 실행이 가능하다는 것이다.

그러면 무엇이 문제인가? 왜 우리는 비영리 단체들의 규모와 범위에 대해 계속 이런 부정적인 태도를 취하는가? 재미있게도, 내가 알기로는 이러한 대화의 대부분이 도심지에서 나오지만, 실제로는 미국에서 가장 작은 주들이 주민 1만 명당 비영리 단체 수가 가장 많다. 이곳 캘리포니아보다 더 작은 주인 코네티컷을 한번 생각해보면 된다.

내가 보기에 진실은 우리 조직들이 미치는 임팩트에서 찾아야 한다. 하지만 그 데이터는 어디에 있는가? 무엇이 임팩트를 정의할 것인가? 누가 임팩트를 정의할 것인가?

이를 위해서는 비영리 조직이 무엇인지 재정의하는 것부터 시작하여 대대적인 검토가 필요하며, 궁극적으로는 테이블을 다시 세팅해야 한다. 가장 불편한 진실은 미국 국세청IRS에서는 비영리 단체를 단지 세금 부과를 위한 분류에 불과한 것으로 간주한다는 것이다. 그러나 그 불편한 진실이 반드시 이 섹터의 미래를 묘사한다고 볼 수는 없다.

비영리 조직들은 우리 사회의 중추다. 이렇듯 몹시 황당한 시기에 비영리 조직들은 이 나라의 사회 구조를 하나로 묶어놓는 실과 같다. 그리고 비영리 조직들이 우리의 지역사회 및 국가 노동력과 관련해서 가지고 있는 중요성(이 나라에서 세 번째로 많은 일자리를 창출하고 있으므로) 때문에라도 다음 세기에도 활발하고 건실하게 존재하도록 그들의 미래를 전략적으로 살펴보는 게 현명할 것이다.

그러면 다음 단계는 무엇이 될 수 있을까?

새로운(또는 재구성된) **연방 정부.** 이는 우리 시민들의 바람과 열망에 따라 지역별 솔루션을 개발하는 데 대한 전략적인 방향을 최종적으로 설정할 수 있는 지역사회부Department for Communities 형태로 나타날 수 있다. 첫 발걸음은 이 부처의 관할에 속하는 모든 사항에 대한 전국적인 검토일 것이다. 이는 엄청난 사업이 될 것이다. 그러나 포괄적이고 다양한 분야의 지원을 받는 접근 방식을 통해 포괄적인 개혁의 기틀을 마련함으로써 비영리 단체의 다수가 실패하는 것을 막고 성공의 길로 이끌 수 있을 것이다. 이는 다음과 같다.

- 중복되는 부분을 제거하는 등 각 조직의 성격에 따른 분류를 명확히 한다.
- 새로운 서비스 품질 기준을 세운다.
- 비영리 단체가 사용 가능한 기금 모금 선택지를 이해할 수 있도록 명확한 경로를 만든다.
- 어떤 비영리 단체들을 유지할지, 합병할지, 또는 운영을 중단해야 할지 파악한다.
- 비영리 단체 등록 방식을 전면 개편한다.

이는 궁극적으로 내 주장의 핵심이자 내 고뇌의 핵심이다. 앞서 내가 언급했던 이 불편한 진실을 기억하는가? 글쎄, 조직이 대부분 이분법적으로 등록되고, 세밀한 차이나 현지인의 관점 없이 오직 신청서를 통해서만 검토된다는 사실은 요즘과 같은 시대에 매우 불편할 수밖에 없다. 너무나 기본적인 일인데도, 2020년 1월이 되어서야 예비 비영리 단체가 1023 서류*를 온라인으로 제출할 수 있게 되었다. 온라인으로 말이다.

‘과연 비영리 단체의 수가 몇 개나 되어야 너무 많다고 할 수 있을까?’

---

* Form 1023. 미국 국세청(IRS)의 세무관련 양식으로, 비영리 단체가 면세를 얻기 위해 제출하는 양식이다. 서면 제출로 진행되던 방식이 2020년 1월에 온라인 신청으로 변경되면서, 서면 제출은 2020년 4월부로 종료되었다.

라는 이 질문을 완전히 종식시키려면 우리는 얼마나 많은 비영리 단체가 필요한지를 재정의해야 할 뿐만 아니라 미국 국세청 면세 부서 및 정부 기관 부서가 비영리 단체를 등록하는 방식을 완전히 개편해야 한다.

이제 서류를 온라인으로 제출하면서(그리고 중요한 국가 면세 대상 단체National Taxonomy of Exempt Entity(NTEE) 코드 등록에서), 상당한 자동화가 이루어질 수 있었다. 이런 자동화는 사람이 작업할 때 발생하는 오류를 줄이고, 등록 과정도 빨라질 뿐만 아니라, 수많은 데이터를 기반으로 종합적인 보고서를 제공하여 비영리 단체의 적합성을 철저하게 파악할 수 있게 한다('적합성suitability'은 '적격성eligibility'과 매우 다르다는 점을 염두에 두자).

적격성은 기본적인 검토 기준이며 유일한 요건이 아니다. 현재 등록에 실패한 예비 단체들은 다음 사항 중 하나 이상을 저촉한 경우다.

- 지난 3년 연속 서류를 제출하지 않았다는 이유로 첫 등록이 취소되자 이를 뒤집으려고 했다.
- 등록에 필요한 비용을 제대로 납부하지 않았다.
- 고용주 식별 번호Employer Identification Number, EIN를 정확하게 제공하지 않았다.

그렇다면 궁극적으로 더 강력한 섹터를 만들기 위해서는 어떤 요소를 추가할 수 있을까?

자동화 솔루션: 이것은 이론상 간단한 과정이다. 미국 국세청은 비영리 섹터 중 가장 포괄적인 데이터를 보유하고 있다. 적절한 알고리즘은 예비 단체가 제공하는 정보를 정리하고, 시스템으로 실행하면서 다음과 같은 사항에 맞는지를 파악한다.

- 해당 지역에서 이미 활동하고 있는 유사한 단체가 있는지 여부
- 인구 조사 보고서와 같은 다른 데이터를 기반으로 검증된 단체의 필요성
- 프로그램 서비스 이외의 대체 수익원 데이터가 있는지 여부

그리고 이런 목록은 계속 늘어날 수 있으며, 등록과 재등록을 위한 기존 벤치마크benchmark의 필요성을 강조한다(990 양식을 제출하면 자동으로 처리되어야 함). 카운티 정부, 상공회의소, 시의회, 지역재단, 기타 비영리 단체 및 섹터별 협회들에서 거둬들인 다양한 지역 보고서들로 새로운 단체의 필요성과 수요를 실제로 하나하나 따져볼 수 있다.

궁극적으로 국세청의 담당관이 최종 결정을 내리게 된다. 그러나 이들은 마침내 충분한 정보에 따라 결정을 내릴 것이며, 이는 해당 섹터와 정부 간에 신뢰를 다시 쌓는 데에도 기여할 것이다(나는 또한 이 예비 조직의 이사진 전부가 승인을 완전히 마치기 전에 일종의 거버넌스governance* 교육을 받으라고 권고한다).

예비 단체가 이런 새로운 요건에 맞지 않아 이들을 거절할 경우 그 조직에 공식적인 답변을 줄 수 있다. 이 공식 답변으로는 해당 지역에서 활동하는 다른 조직의 세부 사항을 제공하고, 자원봉사나 또는 다른 방식으로 조직의 대의를 뒷받침할 것을 권유하여 잠재적인 시민 자산을 잃지 않도록 하는 것이다. 예비 단체들이 비영리 단체를 만들기 위해 많은 노력을 기울였다면, 이들의 명백한 열정을 긍정적인 방향으로 이끌어야 한다.

(권장 사항) **비영리 단체 합병:** 이러한 성격의 응용프로그램을 통해 정부가 활용할 수 있는 다양한 데이터를 구축하면, 국세청이 연례보고 기간

---

* 조직 또는 국가를 최고 수준으로 관리하는 방식 및 이를 위한 시스템이다.

동안에 합병할 만한 잠재적 파트너들을 파악하여 조직에 추천할 수 있는 또 다른 잠재적인 이점이 될 수 있다. 시간이 지남에 따라 머신러닝 machine learning*은 수익 감소와 예산 및 기부금 감소 등을 추적하여 비영리 단체가 폐업하게 만드는 패턴을 파악할 수 있다. 이런 트렌드를 실시간으로 파악함으로써 정부는 비영리 단체가 폐업하는 데 따른 서비스, 일자리, 인적 네트워크 차원의 손실이 해당 지역사회 및 주민들에게 미칠 파급 효과를 최소화하는 데 도움을 줄 수 있을 것이다. 또한 정부가 비영리 단체 합병을 일종의 규제 완화 전략으로 보고, 이러한 합병에 기금을 지원할 가능성도 있다.

서비스 수준을 높이기 위해 첨단 기술을 사용하는 공공 부문의 현대화 산업인 거브테크GovTech는 4천억 달러 규모의 산업이다. 우리 정부가 국민들에게 서비스를 제공하고 운영하는 방식에는 업데이트가 절실히 필요하다. 그러나 기본을 지키는 것, 즉 사람들이 생존하고 번영할 수 있도록 안전망과 지원을 제공하는 것은 필수적이다. 우리는 비영리 단체를 통해 이 점에 관하여 더 나은 서비스를 제공할 수 있으며, 따라서 비영리 단체도 업데이트가 절실히 필요하다는 점을 인정해야 한다.

필란트로피가 미국 우정청을 지원할 수 있을까?

사회적 거리두기 규제가 끝나면, 사회는 다시 새로운 '일상normal'으로 돌아갈 것이다. 코로나19 팬데믹에 따라왔던 모든 사회적·경제적 격변 가운데 모든 사람에게 일시적으로 일상의 일부가 된 것이 바로 '우편물 수령'이다.

* 인공지능(AI)과 컴퓨터과학 관련 용어로, 인공지능이 인간이 학습하는 방식을 모방하기 위해 데이터와 알고리즘을 사용하는 것에 초점을 맞추고 있다.

제3부 제도를 새롭게 상상하라

미 우정청United States Postal Service, USPS은 코로나19 팬데믹 동안 비가 오나 눈이 오나 우편물을 배달했다. 우편 서비스는 필수적이라 여겨지나, 재정적인 손실로 큰 피해를 입었다. 한때 우정청은 미국 정부에 8,900만 달러에 달하는 자금 지원을 요청했으며, 연방 정부로부터 자금 지원을 받지 못하면 4개월 뒤에는 자금이 바닥날 판이었다. 이는 헌법(제1조 8항)에도 나와 있는 이 서비스가 존립조차 하기 어려울 수 있다는 것을 보여준다.

우정청이 파산하면, 지역사회에 공공 서비스를 제공하는 이 중요한 커뮤니케이션 채널은 많은 영향을 받을 것이며, 이메일 방식과 '경쟁업체'들은 이러한 문제를 단기간에 해결할 수 없을 것이다.

미국 정부가 이 위기에 우정청을 유지할 수 있도록 정부를 향한 대중의 지지가 물밀 듯했지만(이미 구제금융을 받은 항공사와 유람선 업계에 대한 지원 지지 이상으로), 두 가지 주요 문제가 이 서비스를 저해한다는 공통된 인식이 있었다(그리고 지금도 있다). 첫 번째는 2006년에 만들어진 우편 제도 향상법Postal Accountability and Enhancement Act으로, 이 법은 향후 75년 동안 우정청 근무자들 모두의 예상되는 연금 수령액과 건강보험 지급액을 전액 사전 지불한다는 것이다(즉 이를 위해 2007년부터 2016년까지 연간 56억 달러를 저축했고 624억 달러의 총수익을 잃었다는 의미이다). 이 법에 대한 폐지안은 최근 보기 드문 초당적인 합의에 따라 하원을 통과했다.

두 번째는 미 우정청이 현대화에 실패했다는 점이다.

정부에 자선 기부를 할 수 있을까? 나는 공공 서비스의 현대화와 필란트로피 활동이 어떻게 그러한 변화를 촉진할 수 있는가에 큰 관심을 쏟고 있다. 그러나 미 우정청이 지역사회의 가장 시급한 요구에 부응하고자 서비스를 확장하여 미래에 어떻게 될지를 살펴보기 전에 다음 질문에 대답해 보자. '자선적 기부 메커니즘이 정부 산하 기관을 적법하게 지원

할 수 있는가?'

단적인 대답은 '그렇다'이다. 우리는 엉클 샘Uncle Sam*의 계좌로 직접 기부금을 쏴줄 수 있다. 1843년 당시 재무장관이던 존 스펜서John Spencer는 '미합중국에 대한 애국심을 표현하고 싶은 개인'이 그렇게 할 수 있도록 계좌를 만들었다. 그리고 지금도 그런 기부로 세금 공제 혜택을 받을 수 있다. 이건 조사가 충분히 되었지만 여전히 허점으로 남아 있는 것이 아니다. 국민들은 여전히 정부에 세금 이외의 돈을 꾸준히 기부하고 있다. 이 '기부금'은 지난 20년 동안 5천만 달러 이상에 이른다. 이런 기부는 대부분 제한이 없지만, 일부 부처는 우정청의 서비스 확장을 직접적으로 지원할 수 있는 제한된 기부를 규정으로 허용했다.

이 점을 염두에 둔다면 필란트로피 활동은 우편 서비스를 돕기 위해 무슨 서비스에 집중해야 할까?

임팩트와 즉각적인 옹호. 첫째, 해당 섹터는 시민사회 섹터의 시각으로 우정청(지금, 그리고 장래에 필요한 구제금융을 포함하는)을 지지하기 위해 집단적 목소리를 주기적으로 낼 필요가 있다. 만약 결국 우정청이 실패한다면 자선 섹터에 막대한 영향을 끼칠 것이다. 기부 측면뿐만이 아니라 자선 섹터에서 제공하는 푸드 드라이브food drive**, 퇴역군인 고용 지원(우정청 근무자 중 18%인 약 11만 3천 명이 퇴역군인이다), 캐리어 알러트 프로그램Carrier Alert Program***을 통한 노인 및 장애인 우편 고객의 생활 모니터링 서비스, 그

* 백인 중년 남성 캐릭터로, 미국을 의인화했다.
** 노숙인, 취약계층 어르신, 고아원, 난민, 재난 피해자 등에게 나눠줄 음식을 비축하는 프로그램이다. 대다수가 지역사회 단체, 비영리 단체, 교회, 심지어 개인이 조직한다.
*** 미 우정청의 서비스 프로그램 중 하나로, 우편함에 찾아가지 않은 우편물이 쌓일 경우 해당 노인이나 장애인의 건강에 이상이 생겼음을 인지하고 조치를 취하는 프로그램이다.

리고 이를 지원하는 측면에도 영향이 클 것이기 때문이다.

  우편은 현재와 과거, 내일의 기부자들과 소통하고 기부를 받을 수 있는 가장 효과적인 방법이다. 미국 암협회가 직접 우편 발송을 통한 기금 모금 프로그램을 중지했던 때를 떠올려보면 알 수 있다. 신규 기부자가 11% 감소했고, 신규 기부액수도 1,130만 달러 감소했다. 지난 5년 동안 이 조치로 해당 조직이 입은 손해는 2,950만 달러로 추산된다. 그런데 만약 미국의 '모든' 비영리 단체들이 우정청의 재정 붕괴에 영향을 받는다면 어떤 일이 일어날지 상상해보라! 파멸 그 자체일 것이다.

  우정청은 미래에 어떻게 될까? 은행 계좌가 없거나 은행 접근성이 떨어지는 사람들을 위한 은행 부문의 추가 기둥이 필요하다는 인식하에 우편서비스 개혁이 국가정책 플랫폼에 반영되기 시작했다. 또한 이것은 고약한 고율 이자를 받는 급여 담보 대출에 대해서도 중요한 대안 및 개선책이기도 했다. 2020년 대선 예비선거 때, 민주당에서 나온 후보 4명은 우정청을 다음과 같은 서비스를 제공하는 금융 서비스 센터로 바꿔 놓겠다면서 다양한 공약을 내놓았다.

- 저금리 소액 대출
- 각종 결제 지원
- 은행 계좌가 없는 6,800만 미국인들을 위한 당좌예금 및 저축계좌
- 온라인 서비스

  이 모든 서비스마다 장단점이 있다. 또한, 어떤 형태로든 이루어진 합의는 기존의 오프라인 뱅킹(31,322개 계좌가 있는)을 통한 서비스 전면 출시보다는 우체국 모바일 뱅킹 옵션들에 대한 시범 운영을 중심으로 이루어질 것이다.

우려 중 대부분은 고위험 대출자들의 채무 불이행에 집중되어 있다. 따라서 어쩌면 지금이, 대손충당금loan loss reserves을 설정하는 임팩트 투자를 제공하여 시범 프로젝트나 시도의 위험성을 줄이는 필란트로피의 공동 노력이 발휘되는 시점일 수 있다.

이런 용어가 생소한 사람들을 위해 설명하자면, 대손충당금이란 은행이 채무불이행이나 지급불이행으로 인한 예상되는 대출 손실을 메우기 위해 작성하는 회계 항목이다. 그리고 채무불이행이 일어날 경우 지역개발금융 기관community development financial institutions, CDFIs을 활용하여 금융 안전망에 기금을 지원할 수 있는 필란트로피 활동을 위한 메커니즘이 이미 존재한다.

이런 접근 방식들 중 일부를 채택한다면, 다음과 같은 이점이 섹터 전반에 제공될 수 있다.

- 재단과 투자자는 우체국 금융 같은 익숙지 않았던 시장 및 상품에 투자할 수 있다.
- 필란트로피 단체는 손실 위험을 감수하며, 결과적으로 대출 기관이 비영리 단체에 이자율을 낮추거나 대출 기간을 늘려주도록 설득하는 데 도움이 된다.
- 통상적인 수준의 신용도 이하인 개인이나 업체에도 대출해줄 수 있도록 대출 기관이 기준을 완화하는 입장을 강화한다.

필란트로피 노스웨스트Philanthropy Northwest는 이런 투자 방식에 대한 훌륭한 가이드를 제공하고 있으며, 이는 이 책 뒷부분의 참고자료에서 확인할 수 있다.

따라서 단순히 미 우정청을 민영화하는 대안보다, 특유의 물리적 인프라를 활용하여 이 서비스를 활성화하는 길을 모색하는 동시에 재정

우선 투자자들과 임팩트 우선 투자자들 모두의 동기부여 접근 방식을 지원하는 새로운 유형의 민관협력사업public-private partnership, PPP으로 자금을 조달하는 것이 정치적·정책적으로 더 바람직하다. 소규모 비영리 단체를 위한 재정 후원자가 되는 것을 비롯하여 그 밖의 수많은 대안들을 고려할 수 있다.

최근의 정치적인 동향을 살펴보면 이런 움직임은 행정부 차원에서 주도할 필요가 있으며, 이는 변화의 기회가 4년마다 돌아온다는 뜻이다. 이러한 조치를 내세운 후보들이 자신들의 정치적인 자본을 기꺼이 활용하여 장래의 민주당 플랫폼의 일부가 되도록 투자할 의향이 있는지 살펴보는 일도 흥미롭다. 특히 지난 2020년 대선 기간 동안 우정청 문제가 첨예한 쟁점이 되었던 탓에(말도 안 되는 주장에 따라서였지만) 우정청에 대한 신뢰가 약화되었기 때문에 그렇다.

동기화된 도시 옹호자들

주요 시민 활동가들과 조직이 진정성을 갖고서 한데 모여 공동의 목표와 해결책을 위해 협력하는 일이 왜 그렇게 힘들까? 우리 지역사회를 위해 봉사하는 비영리 단체들의 수, 카운티며 도시마다 절실한 수요에 부응하려고 시작된 다양한 솔루션과 프로그램, 재단이나 정부 같은 제한된 전통적 자금원을 고려할 때, 우리는 이렇게 자문할 수밖에 없다. '왜 각 지역의 시민사회 섹터에 더 많은 기금을 끌어들일 수 있는 중앙집중식 지역 전략이나 주체가 없을까?'

상공회의소와 지역 경제 개발 공사는 기업의 이익과 지역 경제 성장을 위해 존재한다. 그러나 그곳들에서 혁신을 촉구하고, 협력을 이끌어내며, 우리 이웃들이 더 안전하고 활기차면서 여유로운 삶을 살도록 돕기 위해 자원을 놓고 싸우는 이들은 누구인가? 유나이티드 웨이_{United} Way[*]와 마찬가지로 지역재단들도 분명 그런 행동의 시작점이다. 심지어 특정 이슈별로 협력 그룹이 형성되는 '펀더 테이블_{funder table}^{**}'이라는 새로운 트렌드 역시 훨씬 더 합리적으로 이 섹터를 한데 모을 수 있다.

이런 문제를 해결하기 위해 정부 부처나 앞서 언급한 단체에 소규모 팀이 존재한다면 어떨까? 그들의 임무는 핵심 이해 관계자들을 한자리에 모아 놓고서 쟁점을 논의하고, 솔루션을 구상하며, 이러한 아이디어를 잠재적인 프로그램으로서 관리하는 것을 돕고, 지역사회와 협력하여 잠재적인 임팩트를 따진 다음, 공공이든 민간이든 또는 필란트로피 단체 여부에 관계없이 각 단체의 입장에서 적극적으로 기금을 모금할 기회를 찾는 신뢰할 수 있고 공정한 주최자 역할을 하는 것이다.

그것으로 다일까? 그들은 또한 재정적인 후원자 역할을 하거나 필요한 경우 기술적인 지원을 제공하여 현장에 있는 사람들이 일을 완수하고 정치에 관여하지 않도록 할 수 있다.

이러한 접근 방식의 실제 사례가 엘에이 앤 싱크_{LA n Sync}이다. 이는 오바마 행정부의 마을 재생 사업_{Neighborhood Revitalization Initiative}에서 어느 정도 영감을 받았으며, 로스앤젤레스 카운티 주민들의 생활을 개선하기 위한 전략을 지원하는 모금 활동을 극대화한다는 단순한 사명에 따라 애넌버그 재단_{Annenberg Foundation}에서 기금을 지원받았다. 실무 그룹은 여러 해 동안 캘리포니아 지역재단_{California Community Foundation}이 운영하고 기금을 지원하는 단체로 성장하여 현재 이 지역에 3억 5,200만 달러 이상의 추가 기금을 마련했다.

다양한 섹터의 리더들을 연결함으로써 지역의 인재, 자원, 네트워크

---

* 유나이티드 웨이는 1,100개 이상의 지역 유나이티드 웨이를 두고 있는 모금단체로, 모금한 기부금은 지역 내 비영리 단체에 배분한다.
** 기후 위기에 대응하는 조직이 만든 협업 플랫폼이다.

를 잘 활용하여 지역 조직을 후원하고 다음과 같은 과제들이 시의적절하게 추진되도록 할 수 있는 기회가 열린다.

- 새로운 기금모금 기회에 대한 정보를 찾고 알리기
- 조직과 서비스 제공자들이 함께 모여 새로운 혁신에 박차를 가하도록 만들기
- 전략적이고 계획적인 방식으로 연방 및 주 정부의 추가 자금을 적극적으로 유치하고 옹호하기
- 지역 조직이나 '아는 사람'이 기회주의적으로 임무를 수행하기보다는 합의에 기반한 프로젝트나 현지화된 연구를 바탕으로 한 프로젝트에 집중할 수 있도록 지원하기

이런 직책을 만들고 기금을 모금하면 실제 투자 수익을 받을 수 있으며, 특히 시장실이나 혁신 관련 부서에 그런 직책이 있다면 역동적인 민관협력사업을 위한 강력한 후보가 될 것이다. 결국 협력해서 이뤄야 할 가장 중요한 일은 이것이 우리가 지역사회에서 가장 취약한 사람들을 위해 많이 노력하는 일선 비영리 단체들을 지원하는 것이다.

국가 자원봉사에 대해 이야기해보자
'자원봉사 은행Volunteer Bank'은 받는 만큼 준다

2020년 도널드 트럼프 대통령은 '전국 자원봉사 주간'을 선포하면서 이 나라를 위한 자원봉사의 필요성, 임팩트에 관해 몇 가지 예리한 지적을 했다.

- "시민 참여와 자원봉사는 미국의 진정한 마음, 정신, 선함을 나타내면서 우리 국가의 뼈대를 튼튼하게 합니다."
- "우리의 국민성은 다른 사람들을 돕는 미국인들이 보여주는 단결력, 동정심, 주도성에 의해 측정됩니다."
- "친구, 이웃, 그리고 낯선 이들이 공동의 목적을 위해 하나가 될 때, 그것은 우리가 삶을 변화시키고 세상을 더 낫게 만들 힘을 가지고 있음을 보여줍니다."

보자, 이것이야말로 우리가 매진해야 마땅한 환상적인 이상들이다. 그러나 지난 몇 년 동안 '미분중국the divided states of America'*이라는 별명이 그럴싸하게 들렸던 데는 이유가 있다. 그리고 이는 도널드 트럼프 대통령이 상당히 열심히 써먹었던 당파주의와 종족주의가 복합적으로 기승을 부린 점과 무관하지 않다. 그러나 이 이야기는 여기까지만 하자.

팩트는 트럼프 대통령이 했다는 이 발언들 중 대부분이 정치 성향과는 상관없이 우리가 시민 참여에 기대하는 표준들에 해당된다는 점이다. 그리고 모든 점을 고려할 때, 그것은 격리 이후 우리의 희망이 되어야 한다. 즉, 더 많은 사람들이 우리 지역사회를 이해하고, 관심 가지고, 보살펴주기를 바라는 희망이다. 우리는 합심하여 우리 나라를 통합해 나갈 필요가 있다. 국기를 휘날리거나 충성 맹세Pledge of Allegiance**를 크게 외워대는 사람들 못지않게 진지하면서도 조용하지만 충성심을 가진 사람들도 포함된다. 즉 상징적인 애국심보다는 진정한 애국심을 가진 사람들, 행동에서 드러나는 것처럼 우리 사회를 향한 자부심을 가진 사람들 말이다. 이는 아메리코어AmeriCorps*** 모델에서 벗어나 경제의 일부

---

* '미합중국(the United states of America)'을 비튼 말이다.
** 미국에서 공식의례 등을 거행할 때 외우는 미국식 '국기에 대한 맹세'다.
*** 공식 명칭은 '국가 및 지역사회 봉사단(The Corporation for National and

분을 진흥하는 쪽에 초점을 맞춘 새로운 국가 서비스에서 나올 수 있다.

　인디애나 주 사우스벤드 시의 전 시장 피트 부티지지Pete Buttigieg는 2020년 대선 당시 그러한 계획으로 가장 많은 관심을 받았다. 피트는 미국 젊은이들을 대상으로 한 클라이미트코어Climate Corps*와 커뮤니티헬스코어Community Health Corps**를 모두 포괄하도록 아메리코어를 확대하자고 제안했다. 피트의 접근법은 그의 군복무에서 자연스럽게 영향을 받았고, 또한 2018년 사우스벤드 시가 2만 5,000달러를 지원받아 자원봉사 도시Cities of Service 프로그램을 수행한 지방자치 사업의 성공도 영향을 끼쳤다. 이러한 자원봉사 서비스 접근을 세대간 통합과 지역주민 활성화의 수단으로 착안한 다른 후보로는 상원의원 키어스틴 질리브랜드Kirsten Gillibrand와 엘리자베스 워런Elizabeth Warren, 하원의원 존 델라니John Delaney, 세스 물튼Seth Moulton이 있다(아, 그리고 공식적으로, 또 대조하기 위해 밝히자면 트럼프 대통령은 자원봉사 프로그램을 주도하는 미국 정부의 기관으로서 1961년에 존 F. 케네디 대통령이 만든 평화봉사단Peace Corps을 폐쇄하겠다고 지속적으로 주장했다).

　국가 자원봉사 단체 프로그램들에 대한 찬반이 어찌됐건, 새로운 국가적 자원봉사가 어느 대통령 후보의 공약 차원을 넘어서 국가적 의제가 되지 못한 이유는 그것이 거래가 가능하지 않아 작동할 수 없기 때문이다. 특히 2018년 자원봉사에 참여한 성인만 7,700만 명에 달했음을 고려하면 그건 이해가 안 되는 말이라고 할지도 모른다. 하지만 만약 우리가 세계적인 존경을 받는 수준으로 그 기준을 설정하고, 어려움을 겪고 있는 우리 지역사회의 상당 부분을 끌어올릴 수 있도록 설계한다면

Community Service)'으로, 빌 클린턴 대통령이 1993년에 창립했다. '자원봉사 은행' 개념을 거의 최초로 도입했다.

* 기후 문제에 관심 있는 학생과 청년을 대상으로, 관련 기업이나 시민단체 등과 연계하여 10주 동안 학습과 조사를 하는 프로그램이다.

** 미국 북서부를 중심으로 학생들과 청년들의 보건 관련 지식과 행동을 향상시키고자 조직된 단체다.

어떨까?

일단 테이블을 세팅해야 한다. 여기서 좋은 점은 건설적인 아이디어를 내기 위해 몇 가지 척도를 구축해야 하는지에 대한 보편적인 기준이 있다는 점이다. 광범위한 자선 섹터를 대표하는 전국적인 회원제 조직인 인디펜던트 섹터Independent Sector는 자원봉사 시간의 가치를 시간당 25.43달러로 환산한다.

이제 정부가 자원봉사자와 그가 활동하는 조직 모두에 상호 이익이 될 수 있을 만큼의 금전적 기준이나 그에 상응하는 것을 마련했다고 해보자. 어림잡아 매년 5천 달러까지로 정해져 있다고 하자. 그러면 자원봉사자의 시간당 가치는 196.62달러가 된다. '근무일' 개념을 적용하기 위해 이를 8로 나누면, 24.5일이 나온다. 더 쉽게 말하면, 12개월 동안 2주에 하루씩 자원봉사를 하는 것이다.

이것은 근로자 가정에 내기가 힘든 시간을 내라는 것으로 보일 수 있으며, 따라서 범용성이 떨어진다는 지적이 가능하다. 그러나 인센티브가 충분히 매력적이라면, 우리 사회에도 보탬이 될 만하다.

우리는 여기서 어떤 가능성을 찾아볼 수 있는가?

- **교육**: 학자금 대출금 전액을 면제하는 대신, 버거운 학자금 부채를 줄이는 데 보다 실용적인 접근 방식(이는 초당적인 지지를 받을 수 있다)은 그 5천 달러를 현재 또는 미래의 학자금 대출금에 보태주는 것이다(아마 529 플랜*의 계정에도 적용 가능할 것이다).
- **현금 지급**: 이 5천 달러를 추가하면 굉장한 변화를 이룰 수 있는 사람들에게 선택지가 제공되어야 한다. 이 자금은 빈곤선(또는 그것과 비슷한 자격 기준) 아래에 있는 사람들에게만 직접 현금을 지급하는 형식으로

---

* 학자금 목적의 저축 계정이다. 학자금으로 사용할 경우 미국 정부 또는 주 정부의 면세 혜택을 받는다.

제3부 제도를 새롭게 상상하라

제공된다. 이는 또한 제1세계 국가의 가장 혐오스러운 문제 중 하나를 해결하는 데 도움이 될 것이다. 바로 어린이 1,050만 명, 즉 18세 미만 인구 중 14%를 포함하여 미국인 3,400만 명이 빈곤에 처해 있다는 사실이다.

- 아이 돌봄: 「애틀랜틱」지에 실린 보고에 따르면, 현재 한 아이를 키우는 데 드는 비용은 연간 평균 1만 6천 달러이며, 이 액수는 일부 주에서는 명문대 수업료보다 더 크다. 대부분의 경우 이 비용은 젊은 부모 가정에 임대료 다음으로 큰 지출이 되고 있다. 대다수 사람들은 경력의 중간 단계에 아이를 가지기 때문에 소득 대비 부채 비율이 높다. 그리고 가계 예산에 뭐든 추가 자금이 들어온다면 여러 삶의 질 지표들이 확연히 달라질 수 있다.

- 기업: 기업 부문에서는 기업의 사회적 책임 활동의 보완 차원에서 근로자 혜택과 기부를 매칭하는 것도 생각해 볼 수 있다. 이는 일정 수준까지 1:1로 맞추는 기존의 방식을 쓸 수도 있고, 기존 혜택에 봉사 휴가 일수가 추가되는 선택지를 제시할 수도 있다. 예를 들어, 사원은 자원봉사를 하거나 이사회 등 중요한 행사에 참가할 수 있도록 2일짜리 추가 휴가를 받을 수 있으며, 고용주는 자원봉사 관련 지원금으로 휴가 기간에도 급여를 보장해줄 수 있다.

- 주민참여예산 편성: 자원봉사자들이 거주하는 지역의 이웃을 위해 기금을 적립하여 매년 공공지출 결정 프로젝트 및 개선사업 등에 사용할 수 있다. 또한 지역 공무원들과 협력하여 기금이 어디에 사용되는지 확인하고 논의하고 결정하여, 민주주의와 정부에 대한 신뢰를 회복하고 구축하는 데 도움이 되는 적극적이고 응집력 있는 지역사회를 형성할 것이다.

- 기부: 자원봉사를 할 때, 대다수 사람들은 자신이 열의를 갖고 있는 조직들에 당연히 더 끌리기 마련이다. 따라서 당신이 자원봉사로 누

적한 크레디트credit를 당신이 자원봉사 시간을 적립한 조직에 기부하는 일도 분명 타당한 대안 중 하나다. 또한 조직화된 필란트로피 단체도 역시 지역사회에 임팩트를 잘 발휘할 수 있도록 사용처를 제시하여 기부를 유도할 수 있을 것이다.

- **임팩트 투자:** 자선 계좌는 국가의 적립 봉사 점수나 기금을 위한 중요한 장치일 수 있다. 또한 그 계좌는 지역재단 혹은 유나이티드 웨이에서 기부자조언기금DAF의 형태로 사용될 수도 있다. 아니면 온라인 임팩트 포트폴리오를 통해 재투자 가능한 재정적 수익을 내면서 측정 가능한 임팩트를 낼 수 있는 공익 프로젝트에 쓰일 수도 있다. 이로써 재수감reincarceration이나 예방 의료 같은 큰 문제들을 해결할 수 있고, 정부 예산을 절약하여 다양한 용처에 두루 쓸 수 있는 기반을 마련할 수 있다.

이 밖에도 대안은 무수히 많다. 그것은 사회나 정부 예산 부담을 줄이는 방향으로 가야 한다. 뿐만 아니라 빚 줄이기, 주거 스트레스 감소 등, 그리고 다른 매슬로우 욕구*의 아래쪽에 위치하는 중요한 문제들에 대한 선택지가 되어야 한다. 이를 통해 사회적 이동성을 해결하는 데 도움이 될 수 있을 것이다. 또 이는 의심할 여지없이 기록적인 수준의 기부로 이어질 것이다. 더 많은 인재들이 이사회와 위원회에서 활동하게 됨으로써 비영리 단체의 거버넌스가 강화되게 된다. 궁극적으로는 다음과 같은 대담한 국가 단위 봉사에의 헌신을 통해 우리 모두가 기대할 수 있는 결과로 이어질 것이다. 즉, 더 나은 시민 담론, 더 높은 수준의 시민

---

* 미국 심리학자 에이브러햄 매슬로우가 제시한 심리학 사상이다. 이 이론은 사회의 보편적인 수요를 기본적으로 반영하고, 이후 추가로 습득된 감정으로 나아가도록 의도된 분류 체계다. 일반적으로 피라미드 형태로 묘사되는 욕구의 계층은 결핍 욕구와 성장 욕구로 나뉘는데, 욕구 피라미드 아래쪽에 있는 욕구일수록 생물학적이고 기본적인 욕구이다.

참여, 그리고 우리 모두가 자부심을 가지고 구성원임을 느낄 수 있는 새롭고 신나는 시민들의 새 시대가 시작되는 것이다.

세이론 후(Seyron Foo)

– 정치적 · 필란트로피적 변화의 손잡이를 조금씩 당긴다

필란트로피는 옹호와 공공 정책 면에서 2가지 중요한 기능을 한다. 첫 번째는 우리 지역사회에 영향을 미치는 문제 해결과 밀접한 관련이 있는 조직들의 기금 제공자 역할이다. 시청, 주의회, 연방의회 등 공공 정책을 결정하는 현장은 여러 이해관계 집단이 강력한 대표성을 가지고 병립하는 생태계이다. 이런 생태계에서 필란트로피 단체는 옹호 활동을 펼칠 역량이 부족한 조직들의 중요한 파트너다. 옹호 활동이 필요한 사안에 대해, 가장 영향을 많이 받는 지역에 근거하여 해결책을 모색하는 기관에 펀딩을 한다는 것은 공공 정책의 발전에 있어 중요하다.

두 번째는 필란트로피 단체는 전략적으로 발언하고 옹호자들과 긴밀히 협력하여 목소리를 냄으로써 대화의 문을 열고, 혁신을 촉구하며, 주의를 환기하는 데 강력한 역할을 한다. (여기저기 금이 가 있는) 시민사회의 구조를 떠받치는 시민 인프라의 일부로서, 각기 다른 공공 정책 이슈에 근거한 다양한 필란트로피의 목소리는 소음이 늘어가는 가운데에서도 이야기를 만들어내는 잠재력을 갖게 된다.

세이론 후는 소음을 깨고 들어갈 뿐 아니라 그 과정에서 자기 것을 창조해낸다. 동남아시아 이민자 출신인 세이론은 어릴 때부터 지역사회에 대한 자신의 관심과 열정을 꿰뚫어 본 개입주의자들interventionalists과 체인지메이커들changemakers에게서 교육을 받았다. "저는 세상을 더 나은 곳으로 만들기 위해 우리 지역사회에서 영감을 얻었습니다. 그리고 우리 지역사회는 당연하게도 '세상을 더 나은 곳으로 만든다'는 사명을 제게 주었습니다"라고 세이론은 말한다.

세이론은 개혁이라는 장밋빛 환상을 좇는 젊은 리더가 아니다. 세이론은 역동적이고, 추진력이 있으며, 매력적이면서 우리 세대의 가장 심각한 문제들에 적극적으로 부딪치고, 정보에 입각한 의도적인 변화에 필요한 모든 핵심 주체, 도구, 기금을 전략적으로 모으는 사람이다. 세이론은 포퓰리즘적인 접근 방식과 정치적인 순환의 결과로 사람들이 무시를 당하는 대신 보호받을 수 있도록 일선에서 문제를 해결할 뿐만 아니라 지속 가능한 정책 솔루션을 구축해야 한다는 점을 이해하고 있다.

세이론은 서던캘리포니아 그랜트메이커스에서 공공 정책 및 정부 관계 담당 부회장이자 필란트로피 캘리포니아 연합Philanthropy California alliance에서 협업 관계를 조직하였다. 그는 지역사회를 강화하고 지역, 주, 국가 정책 목표를 발전시키기 위해 기금조성자들과 공무원들을 연결하는 것이 어떤 힘을 가지는지를 이해하고 있다. 세이론은 지금 로스앤젤레스의 고질적인 노숙인 문제 종식, 위탁보호를 받는 전환기 청소년들의 삶을 변화시키기 위한 성공적인 경력 진로 개발이라는 콘래드 N. 힐튼 재단의 프로그램 목표를 진전시키는 옹호 전략을 운영하고 있다. 세이론은 또한 캘리포니아주 상원 다수당 원내총무실과 롱비치 시청에 이르는 여러 정부 부처들에서 경력을 쌓았고, 이는 이런 성격의 공공 서비스가 필란트로피 활동 경력을 쌓기 위한 역동적인 기준이 된다는 이론을 뒷받침한다.

세이론은 이렇게 말한다. "공공 정책과 체계의 변화를 이해함에 있어서 저는 필란트로피 단체와 정부가 관계를 맺는 데 입법부에서 얻은 경험이 긴요하다는 걸 알았죠. 입법부나 관련 부처에서 일이 어떻게 돌아가는지, 어떻게 결정이 내려지는지 알면, 정책 입안자들이 겪는 외부의 압력을 파악하고 지원 사례를 구축할 때 그에 따라 계획을 세울 수 있습니다."

대규모 예산과 해결책을 이끌어내는 것은 법률상의 변화이긴 하지만, 세이론은 기술을 통해 새로운 사회협약을 체결하고, 이를 통해 우리 지역사회의 핵심적인 포용 가치를 다시 확인하는 기회를 조율해 나가고 있다. 세이론은 이렇게 말한다. "우리는 우리 지역사회에서 지속적인 개혁을 달성하기 위해 '블랙 라이브스 매터Black Lives Matter' 같은 시민 운동에서 생성되는 굉장한 에너지를 활용해야 합니다. 저는 이민자 문제, 환경 정의 문제, 트랜스젠더의 권리, 형사·사법 개혁에 이르기까지 모든 분야에서 변화와 진전을 이루기 위해 지역사회에서 모금 운동을 벌이는 데 그치지 않고, 소매를 걷어붙이기까지 하는 신세대에게서 계속 영감을 얻고 있습니다."

우리가 서로에게 배울 수 있는 것은 많다. 특히 우리는 시민 참여가 어떻게 다르게 보일 수 있는지, 그리고 그런 시민 참여가 우리의 시민 기관들에 어떤 영향을 미칠지에 대해 생각할 때 더욱 그렇다. 예를 들어 소셜미디어를 보자. 세이론은 이렇게 설명한다. "소셜미디어는 특정한 이야기들과 연계된 기부 활동을 촉진했습니다. 이는 하루아침에 조직의 예산을 늘릴 수도 있죠. 미국-멕시코 국경에서 어린이들이 가족과 생이별을 하는 현실에 대한 전 국민들의 분노가 고조되자 '난민 및 이민자를 위한 교육 법률 봉사단RAICE: The Refuge and Migrant Center for Education and Legal Services'*은 페이스북 모금 행사로 그 단체의 보통 연간 모금액인 7백만

---

* The Refugee and Immigrant Center for Education and Legal Services의 약자다. 이민자들에게 법률 서비스를 제공하는 것을 목표로 하는, 텍사스에 기반을 둔 비영리 단체다.

달러의 3배에 달하는 2천만 달러를 모금하면서 입소문을 탔습니다. 또한 소셜미디어는 평화적인 시민 불복종 운동에 참가해서 검거되었을 사회 정의 옹호자들을 지원하기 위한 보석금 기부도 크게 늘릴 수 있었죠. 이러한 플랫폼들은 모금을 빠르고 신속하게 해내며, 조직의 예산을 극적으로 변화시킬 수 있습니다."

그렇다면 이런 때에 기관이 수행하는 필란트로피 활동의 역할은 무엇일까? 그리고 형평성과 기회를 증진시키기 위해 어떤 역할을 해야 할까? 당연히 세이론은 대담하고 신랄한 평가를 내놓는다. "흑인, 아메리카 원주민, 유색인종Black, Indigenous, and people of color, BIPOC이 주도하는 조직에 기부해야 한다. 에코잉 그린과 브리지스팬Echoing Green and Bridgespan이 2020년 5월에 낸 보고서에 따르면, '흑인이 주도하는 조직들의 모금액은 백인이 주도하는 조직들의 모금액보다 24% 적다. 흑인 주도 조직의 일반 자산unrestricted net assets*은 백인 주도 조직의 것에 비해 76% 적다'고 합니다. 따라서 우리 스스로에게 물어봅시다. 이런 진입 장벽에 영향을 미치는 우리 조직의 관행은 무엇인가요?"

세이론이 진정성 있는 운동가일 뿐만 아니라 유능한 운동가도 될 수 있도록 만들어주는 것이 바로 이러한 자기반성과 책임감이다. 세이론이 생각하기에 그는 '이어주는 사람'으로서 서로 다른 길을 가는 우리를 선한 일을 하는 힘으로 엮어주는 일이 자신의 시민적 의무라고 여긴다. 따라서 우리는 직업적 경력을 이어주는 개인적 업무에 일단 충실할 것을 잊어서는 안 된다. 그리고 이 일에 대한 자기 반성을 할 공간을 마련해야 한다. 우리도 세이론처럼 멀리 바라보고 일해야 한다. 왜냐하면 우리도 알다시피 변화란 하루아침에 일어나지 않기 때문이다.

---

* 일반자산은 제약 없이 기관에서 사용할 수 있는 자산을 말하며, 집행에 있어 특정 용도가 부여되지 않은 자산을 말한다.

11장

인프라와 제도의 장점을 활용한 지역사회 구축

생리적인 요구가 꿈일 필요는 없다
– 역경에 맞서 자본을 활용하기

미국 인구 조사국에 따르면 자택 보유는 아메리칸 드림의 성공 척도 중 하나이며, 자택 소유자의 순자산가치 중위값은 세입자에 비해 80배나 된다고 한다. 그러면 왜 필란트로피는 주택 문제에 더 집중함으로써 빈곤과의 싸움과 정의 구현 과정에서 더 적극적인 역할을 하지 못할까? 가령 사회적 책임감을 다하고 의식도 있는 투자자들에게 정부가 다양한 사회 영향채권Social Impact bond 매입을 권유하지 않는 이유는 무엇인가? 그리고 왜 아직도 우편번호가 그 사람의 생애 성과를 나타내주는 지표인가?

매슬로우의 욕구단계설에서는 기본적인 안전과 생리적 욕구는 우리 머리 위에 지붕이 있어야만 지지된다고 분명히 말한다. 따라서 이런 문제들을 근본적인 원인부터 해결하는 일은 아주 좋은 전략이 될 것이다. 그렇지 않겠는가? 매년 기부 받는 4,250억 달러가 넘는 돈으로 얼마나 많은 주택을 매입할 수 있나 생각해보라.

이것이 이 문제에 대한 매우 기본적인 폴리애나Pollyanna*식 일반화이기

---

* 미국 작가 엘리너 H. 포터가 1913년에 출간한 소설 겸 주인공의 이름이다. 이 작품은 아동문학계의 고전으로 여겨진다. 아버지의 가르침에 따라 항상 낙관적이고 긍정적으로 살아가는 폴리애나는 '항상 낙관적인 전망을 가진 사람'의 대명사가 되었다.

는 하지만, 부동산 개발 업자들이 막대한 땅을 사들이며, 그 풍토와 풍광을 보고 재산 가치가 있는 지역에서만 마스터플랜에 따라 지역사회를 설계할 때 우리는 왜 무신경한가? 왜 우리는 이런 개발업자들로부터 그들에게 더 우호적인 규제 환경을 조성한 대가로 보상을 받고, 저렴한 주택 공급을 일정 비율 요구하는 프로젝트나, 개발 필요에 따라 추가적인 지역 개선 비용을 요구하는 프로젝트에 예외를 주는 정치인들을 다시 뽑는 것인가?

필란트로피 활동가나 임팩트 있는 투자가들이 토지를 사들이는 것을 막는 것은 무엇인가? 우리는 노숙인, 젠트리피케이션, 문화적인 중요성 같은 문제들을 해결하는 데 도움이 될 다양한 신탁을 비롯하여 여러 옵션들을 보유하고 있다.

인종 차별과 거주지 분리residential segregation는 미국 역사에 깊이 뿌리내리고 있다. 노예제도 그리고 모든 계층에 걸친 정부 차원의 인종분리정책(레드라이닝redlining* 같은)은 미국 흑인들에게 대대로 이어지는 빈곤, 교육, 기회에 악영향을 미쳤다. 이런 주택 관련 정책들의 유산은 우연히 이루어진 것이 아니며, 미국에서 백인과 흑인 간 소득 격차가 사상 최고치를 기록한 것에서 보듯이 그 여파는 지속되고 있다. 1968년의 공정주택법Fair Housing Act, 1974년의 신용기회평등법Equal Credit Opportunity Act, 1997년의 지역사회재투자법Community Reinvestment Act 등 이를 시정하려는 협력적 노력에도 불구하고 내 집 마련의 꿈은 너무도 많은 사람들에게 이룰 수 없는 꿈이 되고 말았다.

필란트로피 단체가 이 시장에 뛰어들기에 이보다 나은 때는 없었다. 우리 섹터는 우리 지역사회의 재활성화 과정을 지원하고, 형평성과 포용

---

* 1935년부터 미국 주택 담보 대출 기관이 흑인들이 많이 사는 낙후된 도심 지역을 지도상에 빨간 줄을 그어 표시하고서 대출을 제한하거나 고율의 대출 금리를 부과한 데서 유래한 용어다.

제3부 제도를 새롭게 상상하라

성이 기금모금 전략의 핵심적인 부분이 되도록 보장함으로써 현재와 과거의 수많은 부정의들을 시정하는 데 도움을 줄 수 있다. 이는 부분적으로 다음과 같은 새로운 지역사회 인프라 및 투자를 활용하기 위해 존재하는 다양한 재정적 선택지들로 성취될 수 있는데, 예를 들면 이렇다.

- 프로미스 존Promise Zone: 미국 정부와 지역 지도자들이 연합하여 경제 활동을 늘리고, 교육 기회를 개선하며, 다른 지역사회의 현안들 중 민간 투자를 활용하는 고高 빈곤 지구들.
- 기회 구역Opportunity Zone: 적격 기회 펀드Qualified Opportunity Funds*에 자본 수익을 재투자하여 성장할 수 있도록 지정된 인구 조사 구역.
- 신규시장 세액 공제New Markets Tax Credit: 지역사회 발전과 경제 성장을 촉진하기 위해 열악한 환경에 놓인 지역사회에 민간 투자를 유치하기 위한 메커니즘.

나는 이런 정부 프로그램 중 일부를 선도하거나 다른 프로그램들을 활용한 조직들과 함께 일하면서 배운 교훈 및 두 경우 모두에서 얻을 수 있는 것들의 감동적인 사례들을 공유했다. 이런 사례들의 묘미는 절묘하게도 내 개인사와 경력 모두에서 특정한 시기가 맞물렸다는 점이다.

1988년, 유서 깊은 기금모금 단체인 제이컵스 패밀리 재단Jacobs Family Foundation은 예상과 달리 그들의 기금이 큰 변화를 가져오는 대신 점진적인 개선만 가져온 점을 파악하고 좌절했다. 이 재단은 장소에 기반을 둔 기금 제공자가 되는 것이 큰 변화를 가져올 최선의 접근이라고 보았다. 따라서 이들은 샌디에이고 남쪽 다이아몬드 네이버후드Diamond Neighborhood의 오랫동안 방치되어온 20에이커 가량의 토지를 찾아내어

* 자산의 90% 이상을 기회 구역에 보유하는 펀드다.

매입했다. 이들의 목표는 그곳 주민들이 미래의 지역사회 자산을 보유하고, 재정적으로 지속가능해지도록 만드는 한편, 30년 뒤 그 땅이 공유지로 전환된 뒤에도 지역 리더들이 이 기세를 계속 유지하도록 만드는 것이다.

이 대담한 프로젝트(이 프로젝트의 궁극적인 성공에 중추적인 역할을 했던)에 있어, 지역사회 연계 및 전략 부문은 네이버후드 혁신 제이콥 센터Jacobs Center for Neighborhood Innovation, JCNI가 맡았다. 필란트로피 기구이자 프로그램 관리 기구인 JCNI는 이 프로젝트에서 새로 매입한 60에이커의 토지를 역동적이면서도 경제적으로 지속가능하도록 개발하는 역할을 맡았다. 그들은 일을 시작하자마자 대성공을 거두었다. 마켓 크릭 플라자Market Creek Plaza를 위한 그들의 성공적인 지역사회개발 주도 공공제안IPO은 상업시설이자 문화 센터였다. 이것은 이런 종류의 미국 최초 프로젝트였다. 지역주민들은 50만 달러를 투자하여 20%의 소유권을 갖게 되었다. 이에 더하여 주민 주도의 네이버후드 유니티 재단Neighborhood Unity Foundation도 소유권 중 20%를 추가로 가지게 되었다.

오늘날 필란트로피 섹터에서 식품 사막food desert*에 대한 많은 논의가 있는 가운데, 마켓 크릭 플라자가 30년 만에 처음으로 이 지역에 들어선 대형마트이자 지역 최초로 좌식 식당들을 입점시킨 촉매제 역할을 한 것은 반가운 일이다.

이 프로젝트의 목적은 궁극적으로 다양한 세대 간 격차를 해결하는 것이었다.

이 프로젝트는 시작 후 15년 동안 시행착오도 많이 겪었다. 사업 규모가 얼마나 컸는지를 돌이켜보면 예상할 수 있겠지만, 이는 큰 문제가 발생할 위험도 있다는 걸 의미했다. 기본적으로 JCNI는 지역사회를 만들

---

* 신선한 음식을 구매하기 어렵거나 그런 음식이 너무 비싼 지역을 일컫는 신조어다.

기보다 지역사회 내에서 일하는 데 더 많은 시간을 썼으며, 여전히 마켓 크릭 플라자 건설에 너무 치중하다 보니 결국 그것이 독이 되기도 했다. 영리투자자와 비영리 단체의 수익이 모두 늘어나던 시기가 끝나자, JCNI 직원의 거의 100%는 해고되었다. 목표를 재설정하고 새로운 리더십을 투입하기 위함이었다. 또한 이 지역이 도시로 반환되기 전 Jacobs 가족의 비전을 달성하고 지역사회의 기대를 충족시킬 수 있도록 일정을 당기기 위함이었다. 이 마스터플랜의 위상을 둘러싸고서 지역사회에는 긴장감이 감돌았으며, 언론은 답을 찾아 헤맸다.

2012년, JCNI와 제이컵스 패밀리 재단은 모든 것을 바꾸기 위해 레지널드 존스Reginald Jones에게로 눈을 돌렸다. 존스는 앞서 시카고의 스틴스 패밀리 재단Steans Family Foundation을 이끌었는데, 이 재단은 그 도시 서부에 있는 노스론데일North Lawndale에서 비슷한 지역 재생 사업을 했었다. 존스가 이사회에 들어오고 나서야, 지역 주민들은 마침내 타운센터 마스터 플랜이 최종적으로 어떤 모습일지를 보게 되었다. 이 마스터플랜은 60개 중 남아있는 37개 지역이 어떻게 일자리와 주택이 늘어나도록 바뀌고, 교육과 직업의 기회에 접근할 수 있도록 변화할지에 대한 세부적인 내용을 포함하고 있었다.

이 마스터플랜이 발표되었을 때, 내가 이전에 일했던 도시에서의 스쿼시와 교육을 위주로 하는 프로그램인 액세스 유스 아카데미Access Youth Academy, AYA에 대한 10년에 걸친 꿈도 실현되었다. AYA는 큰 꿈을 이루기 위해서 무엇이 필요한지 이해하고 어떤 일이 있어도 거기에 도달하기 위해 노력하는 훌륭한 리더십 팀이 이끌었다. 그들은 자신들의 한계를 아득히 넘는 꿈을 좇으면서도 포기하지 않는, 마치 비영리 단체들 중의 록키Rocky* 같았다. 그 꿈은 바로 새로운 최첨단 교육 및 스쿼시 시설이

---

* 1976년부터 나온 영화 시리즈 '록키'의 주인공이다. 불우한 권투선수인 록키는 역경을 딛고 챔피언이 된다.

었는데, 결과적으로 수백 명의 현지 가족에게 서비스를 확장해 제공할
수 있게 되었다.

하지만 록키처럼 AYA도 목표에 도달하기 위해서 몇 가지, 실제로는
적지 않은 장애물들을 넘어야만 했다. 원래는 제이컵스 패밀리 재단이
지정했던 것과 유사한 지역인 시티하이츠City Heights에 있던 고등학교 부
지에 새 건물을 지을 예정이었다. 공교롭게도 이 시설도 프라이스 필란
트로피스Price Philanthropies와 캘리포니아 인다우먼트California Endowment에
서 거액의 투자를 받고 있었으며, 프로포지션 Z 스쿨Proposition Z school
공채의 자금과 캘리포니아 인다우먼트 및 얼라이언스 보건 재단Alliance
Healthcare Foundation을 통해서 확보한 혁신 기금 2백만 달러로 지어질 참이
었다. 이 프로젝트는 샌디에이고 통합 교육구의 인가를 받기 직전이었지
만, 학교장 교체 때문에 보류되었을 뿐이었다.

하지만 이러한 초기의 지연 소식에 낙담한 뒤, 프라이스 필란트로피
스는 새로 지은 코플레이 프라이스 가족 YMCACopley-Price Family YMCA
근처 토지에 AYA가 공간을 확보할 것이라는 전망을 내세웠다. 하지만
YMCA의 성공은 AYA의 프로젝트에 해를 끼치면서 프라이스는 YMCA
의 확장이 그 토지의 미래를 위해 더 안전한 도박이라고 여기게 되었다.

무엇보다도 AYA는 시간 문제로 백만 달러에 달하는 기금 중 상당한
액수를 잃었는데, 이는 그 기금이 주어지는 기한 내에 계약 관계상의 처
리가 완료되지 못했기 때문이다. 이제 이 프로젝트는 잠재적인 TKO*를
노렸다.

AYA에는 새로운 접근 방식, 사고방식을 잠재적으로 바꿀 필요, 옛 계
획의 망령을 떨어낼 방법이 필요했다. 나는 개인의 열정을 이끌어내는
데 도움이 되는 상징의 힘을 믿었기에(지금도 믿지만), 우리 지도부를 이 늪

---

* 격투기 경기에서 한쪽 선수가 경기를 계속할 수 없을 정도로 부상을 당했거나 상당
한 이유가 있을 때 주심이 시합을 중단하고 승패를 결정짓는 것이다.

에서 끌어내리려면 뭔가를 할 필요가 있다고 생각했다.

우리 사무실에서 가장 눈에 띄는 곳에는 모든 홍보 자료에 실린 설립 예정 시설의 대형 아크릴제 모형이 있었다. 조직의 불운을 퇴치하는 데 이보다 더 좋은 초점은 없었고, 따라서 그것은 치워져야 했다. 우리 이그제규티브 디렉터executive director가 그걸 자기 차 뒤쪽에 실었고, 그 뒤 우리는 그걸 볼 수 없었다(나는 어떤 저주든 그것과 함께 사라졌기를 바란다).

이후 몇 달 동안 우리는 시설에 필요한 모든 자금을 필란트로피 기부로 조달할 수 없다는 걸 다수가 인지하게 되었다. 특히 이 프로젝트에 동참하기로 했던 이 지역에서 가장 큰 기부 단체 두 곳은 어반 스쿼시를 할 장소를 짓는다는 일을 무척 껄끄러워했는데, 그들이 이를 처음 검토할 때 '채소와 스포츠의 차이'* 운운하며 어색한 농담을 던지던 모습에서 그 점은 이미 분명했다. 시설의 설립 예정 위치가 시티하이츠의 위치를 넘으면서 대부나 장기 임대도 대안이 될 수 있다는 점에 동의가 되었다.

마지막 결정으로 나는 샌디에이고 재단에서 근무했던 경험을 바탕으로 지역에 대한 이해와 제이컵스 패밀리 재단의 목표를 고려하여 다이아몬드 네이버후드의 대안을 제시했다. 나는 JCNI의 리더십 중 한 사람(내가 그곳에서 일할 때 우연히도 시민 참여 센터의 자문도 맡았던)에게 연락하여 미팅을 잡았다. 간단히 말하자면, 그들의 계획과 우리의 제안은 완벽하게 맞아떨어졌고, 우리의 목표들을 모두 보완해주기 위해 서로가 필요했으며, 우리가 토지 비용을 바로 지불할 수 있다는 사실이 거래를 성사시키면서 우리 자신이 마스터플랜에 신속히 포함되는 것도 봤다.

이것은 바로 영화 〈록키 2〉** 같은 승리였다. 〈록키 1〉, 〈록키 3〉, 〈록키 6〉

---

* 여기서 언급하는 '어반 스쿼시(urban squash)'는 사방이 벽으로 막힌 공간에서 고무공을 라켓으로 벽에 쳐서 상대방과 주고받는 실내 스포츠이지만, 채소인 스쿼시는 호박의 일종이다. 즉, 언어유희다.

** 클라이맥스에서 상대방 선수와 동시에 쓰러진 주인공 록키가 자칫 경기가 무승부로

같은 아슬아슬한 승리가 아니었다.

AYA의 기부자 기반으로는, 일차적으로 기부에 힘입어 자본 유치 캠페인을 벌일 수가 없었다. 도무지 계산이 맞지 않았던 것이다. 따라서 그들은 규모가 4만 ft²에 달하는 시민 인프라를 건설하는 데 필요한 120만 달러를 확보할 수 있도록 지원해줄 복합 기금모금 메커니즘을 찾느라 이 섹터를 샅샅이 뒤졌다. AYA의 이사진은 해결책의 일환으로 대부를 받는 것을 반겼으며, 이로써 저소득 지역사회 투자에 대한 효과적인 인센티브인 신규시장 세액 공제New Market Tax Credits를 받아낼 수 있었다. 이는 시빅 샌디에이고Civic San Diego와의 제휴에 따른 레버리지 론(유익한 조건의 대출)으로 바뀌었는데, 시빅 샌디에이고는 샌디에이고 시 소속 비영리 단체로, 샌디에이고의 도시 근린 지대 개발을 목적으로 하는 사업에서 경영 개발을 맡는다고 했다.

AYA는 행운과 타이밍 덕도 보았다. 샌디에이고 남동쪽으로 목표 지구를 바꾼 결정은 그곳이 미국 정부의 프로미스 존에 위치하고 있기 때문이었다. 마침 당시에 시빅 샌디에이고는 그럴듯한 프로젝트를 찾는 데 어려움을 겪고 있었는지라 재정 확보 계획에 현실성이 매우 부족해 보였는데도 우리 프로젝트를 후원하기로 했다. 그리고 모금 계획이 승인된 직후에, 시빅 샌디에이고는 법원 합의의 결과로 박탈된 것과 같은 프로젝트를 감독할 권한을 갖게 되었다.

그러나 때로는 스스로 행운을 누리기도 했다. 때로는 이 프로그램이 돕고자 하는 청소년들처럼 자기 미래를 개척하기 위해 역경에 맞서 싸워야 할 때도 있었다.

AYA는 이후 시설을 짓기 위해 땅을 파는 작업에 들어갔고, 나는 완공하는 걸 빨리 보고 싶어 견딜 수가 없었다. 이 이야기는 의심할 여지 없

끝나기 직전에 이를 악물고 일어나 TV 방송 카메라 앞에서 아내를 부르는 장면으로 유명하다.

이 자신들의 지원 범위를 확장하고, 새로운 수익원을 확보하며, 그들이 봉사하는 사람들이 어느 정도 확실하게 의지할 수 있을 영구적인 기반을 마련하기 위한 혁신적인 방법을 모색하는 다른 비영리 단체들의 청사진이 될 수 있다.

타운센터 마스터플랜은 확실히 '요람에서 직업으로'라는 접근 방식을 실제로 구현하고 있다. 그러나 그것은 단지 통념을 깨트리기 위한 몇 안 되는 특례 위주 시스템이 아니다. 그것은 그 이상이다. 레지널드 존스는 EPIP 회원들을 초대해 가진 '오찬 공부 모임lunch and learn'에서 이렇게 말했다. "우리는 이 프로젝트를 위해서 저소득층용 주택을 지으려는 게 아닙니다. 우리는 우리 주민들이 부를 축적할 수 있도록 저렴한 주택을 지으려는 겁니다."

권력을 향해 진실을 말하는 것에 대해 말해보자. 나는 저소득층용 주택 공급, 집세 인상 통제, 밀집도 조정과 같은 정책들이 필요하다고 이해하지만, 왜 이러한 것들이 주택 문제 해결의 기본 대책이 될 수 있는지를 이해하지 못하겠다. 그렇다. 이런 것들은 솔루션 중 일부이지만, 교차시켜서 따져보면 가장 중요한 이슈는 못된다.

나는 JCNI가 사명을 성공적으로 완수하기를 진심으로 바란다. 그리고 이 프로젝트 초기 단계에서의 착수 실패가 이 필란트로피 프로젝트가 수천 명에 달하는 사람들과 그 가족들에게 대대로 미칠 수 있는 진보와 잠재적인 임팩트를 해치지 않기를 진심으로 바란다. 레지널드가 뭔가를 하고 있기 때문이다.

바로 작년, 19개 가구가 흑인을 위한 안전하고 살기 좋은 도시를 일구기 위해 조지아주 윌킨슨 카운티Wilkinson County의 땅 약 97에이커를 매입했다. 그리고 마지막 날, 그들 모두는 사회경제적으로 안전하고, 존중받고, 자기가 고립되지 않았다고 느낄 수 있는 최소한의 역량을 가지는 자격을 갖게 되었다. 또 달리 우리가 고려해야만 하고, 국가적 차원에서 논의해야 하는 것은 바로 흑인, 그리고 주거 정책에 있어 인종이나 정치적으로 영향을 받아 왔던 사람들에게 무이자, 혹은 전액 할부 주택 대출을 제공하는 것이다. 이는 오늘날은 물론이고 역사적으로도 홀대받았던 우리 지역사회의 기둥들을 위한 새로운 세대의 부와 사회적 이동성을 촉진할 것이다. 이는 또한 사람들이 앞서 언급했던 매슬로우의 욕구 피라미드를 타고 올라가게 하며, 시민 생활에 더 많이 참여하고, 인구 조사와 위원회 및 평의회 같은 것에 의지하여 대표성을 더 많이 확보하고 필란트로피 모금도 달성할 수 있게 해줄 것이다.

　주민이든, 비영리 단체든 머리 위에 지붕이 있는지 걱정하지 않아도 될 때 실로 놀라운 걸 성취할 수 있다. 따라서 제이컵스 패밀리 재단처럼 더욱 대담해지고, AYA처럼 더욱 혁신적이 될 것이며, 우리 이웃들의 삶을 개선하기 위해 우리의 주장에 더 많은 진실성을 담자.

　그러면 무엇부터 해야 할까? 미국의 역사적이고 지속적인 주택 관련 부정의에서부터 시작하자. 그것들은 반드시 바로잡혀야 하기 때문이다. 우리가 그것들을 바로잡는다면, 그런 정책의 영향을 받아온 가족들은 치유되고, 성장하고, 번영하기 시작할 것이다. 이것이야말로 내가 알고 믿어온 아메리칸 드림이며, 영원히 지속되어야 할 꿈이다.

비영리 사립대학
–정책, 프로젝트 및 성과를 이끌어내기 위한 필란트로피의 수단인가?

「크로니클 오브 필란트로피Chronicle of Philanthropy」지는 20년 동안 최상위 50위까지의 필란트로피 단체 순위를 발표했는데, 가장 최근에는 블룸버그 필란트로피스Bloomberg Philanthropies를 통해서 33억 달러를 기부한 마이클 블룸버그Michael Bloomberg를 1위로 꼽았다. 블룸버그도 거대 필란트로피스트들이 썼던 방식을 그대로 따라서 자선 기부를 했다. 그 방식은 기술관료적 접근을 가지고 증여 재단endowed foundation을 만드는 것이었다. 이 접근 방식은 프로그램들을 이끌 주제별 전문가들을 고용하고, 그들 주위에 기부 담당 관리자들, 마케팅 팀원들, 변호사들, 금융 팀원들을 배치해 모금을 할 수 있는 최선의 팀을 구성하는 것이다. 이 방식은 그 설립자들에게 가장 중요한 이슈들에 대해 현실적이고 가시적인 임팩트를 행사하거나, 몇몇 정부들이 관료주의에 바탕한 까다로운 행정 절차와 단기적 성과에 급급한 포퓰리즘적인 정책 때문에 꿈도 꾸지 못했던 대규모 인도주의적 활동에 부응하도록 설계되었다.

그러나 8위까지 내려가 보면 퍼스트 프리미어 은행First Premier Bank의 창립자이자 2019년에 5억 달러 이상을 기부한 데니 샌포드T. Denny Sanford가 있는데, 데니는 항상 틀을 깨는 것처럼 보이는 아웃라이어라는 것을 알게 된다. 이는 데니의 시도가 대담해서가 아니라, 물려받은 프로그램을 전달하는 데 있어 그가 선택한 수단들 중 하나 때문이다. 샌디에이고에 있는 내셔널 대학교National University, 즉 샌포드 사립 비영리 대학은 지난 5년 동안 학교에 사회정서학습social emotional learning, SEL 도입을 지원하기 위해 약 5억 달러를 기부했다. SEL은 유치원 과정부터 초등학교 6학년 과정까지 교사의 역량을 강화하며 창의력 학습을 지원한다. 아울러 이 프로그램은 비영리 섹터 전반에 걸쳐 모금 기술 향상도 일으킨다.

대표적인 SEL 프로그램인 '샌포드 하모니Sanford Harmony'는 이미 미국 내 50개 주 모두와 20개국에 걸쳐 1만 6천 명 이상에 달하는 학교 파트너들과 함께 천 백만 명에 달하는 학생들을 가르쳤다. 교육 과정, 훈련 방법, 교재 등은 모두 무료로 제공되며, 뉴욕 시 교육부, 로스앤젤레스 통합교구, 시카고 공립학교 등을 포함한 미국 내 10개 초대형 교육구에서 이를 받아들여 쓰고 있다. 현재 SEL은 학교에서의 아동발달과 관련하여 전체 아동을 대상으로 한 통합 접근 방법으로 국회에서 논의되고 있다. 이는 놀라운 일이 아니다. 팀 라이언Tim Ryan 상원의원(하원에서 법안을 제안한 당사자)과 뉴욕 시장 빌 디블라시오Bill de Blasio 같은 전 대통령 후보들도 이것을 지지하고 있다. 사실, SEL을 뉴욕 시 학교들에 도입하기 위해 샌포드 하모니와 양해각서MOU를 체결할 때 디블라시오 시장은 이렇게 말했다. "우리는 사회적·정서적 학습을 2배로 늘리지 않고는 우리의 교육을 한 단계 발전시킬 수 없습니다. 우리는 바로 여기, 미국 최대의 도시에서 그것을 실현할 기회를 맞이했습니다."

하지만 왜 이렇게 시간이 많이 들고, 비용도 많이 드는 접근 방식을 택했을까? 이 사업을 추진하려는 기부자가 그저 고액 급여를 받는 로비스트들을 몇 명 고용하면 되지 않았을까? 물론 그렇게 했을 수는 있다. 하지만 사업에 성공한 사람들은 새로운 상품에 대해 비즈니스적 접근 방식을 취하는 경향이 있다. 즉, 초기 혜택을 제공하면서 시장성을 검증하고, 몇 년 뒤 노력을 2배로 늘려 1억 달러를 추가로 투자하면서 3억 5천만 달러에 달하는 최대 기부를 한다. 대학은 이 모든 것들을 SEL의 새로운 과정과 엮는다. 특히 간호, 교육과 같은 지원에 비용이 많이 소요되는 영역에서 그렇게 한다.

이런 프로그램들은 나름 변화의 과정을 거쳤다. 애리조나 주립대학교에 이 프로그램의 초기 교육 과정 개발에 대한 기금을 제공한 뒤, 샌포드는 빠르게 확장이 가능하면서도 최고의 SEL 프로그램으로 주목받을 수 있는 우수한 파트너십 개발이 가능한 역동적인 플랫폼을 원했다. 40년 역사의, 퇴역군인이 세운 내셔널 대학교와 그 부속 기관들은 이에 완벽히 들어맞았다. 내셔널 대학교는 숙련된 리더인 마이클 커닝엄Michael Cunningham 총장(그 자신도 마케팅과 판매 경력이 있는)이 이끌며 '에이전시Agency'라 불리는, 팀원이 80명에 달하는 유능한 마케팅 팀과 함께 일하고 있다. 궁극적으로 내셔널 대학교는 샌포드 하모니, 샌포드 인스파이어, 샌포드 필란트로피 연구소의 보금자리가 될 것이다. 또한 교육 관련 출판사와 기술 제공 업체들로부터 온 재능 있는 영업직들과 전직 감독관을 충원하고 있다.

이것은 절묘한 투자였는가? 우선, 이 정도 규모와 범위의 비즈니스에 필요한 인프라를 건설하지 않고도 이런 접근 방식에 대한 투자 수익은 거의 즉각적으로 나타났다. 둘째로, 비영리 대학교에 기부함으로써 우리는 지역에서 가장 과소평가된 교육 자원 중 하나를 지렛대로 활용하게 되었다. 모든 미국 학생 중 거의 30%(매일 학교를 다니는 것과 다름이 없는 340만 명에 달하는 학생들)가 미국에서 운영되는 1,687개의 민간 비영리 기관들 중 하나를 거쳐 간다는 사실도 잊어서는 안 된다. 세 번째로, 브루킹스 연구소Brookings Institute에 따르면, 그들은 국가의 교육적인 성취뿐만 아니라 경제적인 계층이동에도 한몫하고 있다.

세 번째 범주, 즉 계층이동을 만들어 내는 아이비리그 및 기타 명문대들은 제쳐두고, 온라인 학습 제공 채택, 1개월 단위의 저렴한 강의 제공, 기업의 인력개발에 대한 맞춤형 코스 제공 등 학습 시스템의 구조적 유연성과 통합을 주도하고 있는 것은 바로 더 작은 대학 시스템들이다. 이런 경우, 풀타임으로 일하는 근로자, 아이를 양육 중인 부모, 사회적응 과정의 퇴역군인 등의 수요에 부응할 수 있다. 하이테크 기업, 스타트업, 계약 기반 숙련 일자리 등에 대한 수요에 따라, 고등교육 기관들은 각 부문의 요구에 발맞추고자 자격 취득 과정에 빠르게 집중하고 있다.

샌포드 교육 프로그램Sanford Education Programs의 즉각적인 성공, 확장, 브랜드화 이상으로, 당신은 이 셋 중 가장 작은 프로그램에 가장 관심을 가져야 한다. 애칭인 SIP로 더 잘 알려진 샌포드 필란트로피 연구소 Sanford Institute of Philanthropy는 모금을 더 많이 하도록 하는 기술을 가르쳐 줌으로써 어떻게 비영리 효율성을 높일 것인가를 진지하게 검토해 왔다. 이론상 더 많은 자금이 지원되면, 더 많은 역량이 개발된다.

SIP는 비영리계와 함께한 샌포드의 계속된 경험 덕분에 프로그램 포트폴리오에 이름을 올렸다. 당신은 기부 요청의 실질적인 내용이 없는 기부 요청을 수도 없이 받게 되는 억만장자를 상상해 볼 수 있을 것이다. 이것이 바로 '원인 판매cause selling'라는 새로운 방법을 고안해 낸 이유이다. 이 방법은 교과서와 직업개발 과정으로 만들어졌고, 이는 GDP의 약 1% 정도 자선 영역에서 더 많은 돈이 들어오도록 하는 역할을 하고 있다.

샌포드가 추구했던 본질은 개혁을 지향하는 요청, 이야기, 그에 따른 파트너십에 있었다. 그래서 원인 판매의 핵심은 전문적인 기금 모금과 관련한 관계 중심적인 협력적 접근이다. 그 웹사이트에 따르면, "이는 기부자와 조직 모두에게 혜택을 주는 장기적인 관계 구축에 방점을 두고서 영리적인 영역의 가치 있는 시스템을 통합한 기금모금 모델이다."

따라서 SIP의 근본적인 목표는 우리의 일선 모금 활동을 강화함으로써 필란트로피계에 가치를 더하는 것이다. 일선 모금가들이 우리 시민사회 섹터에서 여전히 전문성이 낮은 그룹으로 간주되는 걸 볼 때, 물론 이것은 빨리 이루어질 수는 없을 수도 있다.

그것은 큰 결정이기에 새로운 전환점이 필요하다. 모금Funderaising 분야는 프로그램 제공과 예산을 맞춰내야 한다는 극심한 압박 사이의 어중간한 지점에 갇힌 채 한 번도 진짜 경력 관리를 받은 적이 없다. 자격증 취득 및 출장비 또는 콘퍼런스 비용 지급을 넘어서는 섹터 전반에 걸친 투자도 드물다. 그러나 SIP의 방식이 아주 획기적이라고는 할 수 없지만, 링크드인을 통한 이러닝eLearning에 대한 대규모 투자 계획이 진행 중이며, 대형 비영리 조직들(예를 들어 AFP와 캔디드 등)과 대학교들(예를 들어 노바 사우스이스턴 대학교NOVA Southeastern University, 롱아일랜드 대학교Long Island University, 매리코파커뮤니티 컬리지Maricopa Community Colleges 등)과의 협력 관계를 통해서 학사 학위와 대학원 학위 과정을 개설할 수도 있을 것이다.

작가인 페넬로피 버크Penelope Burk가 수행한 연구에 따르면, 일반적인 모금가는 다른 직위로 옮기기 전까지 평균 16개월 동안 그 일을 한다. 이러한 전문가들을 교체하는 데 드는 직간접 비용이 대략 12만 7,650달러에 이른다. 적지 않은 비용이 드는 것이다. 이는 개혁할 필요가 있으며, 개발 전문가와 관련하여 공표된 질의응답에 수반되는 "나는 어쩌다 보니 이 일을 하게 되었다"라는 이야기가 더 이상 들리지 않을 만큼 더욱 깊은 수준의 전문성이 있어야만 가능하다. 궁극적으로, 비영리 계통의 경영학 석사 학위나 행정학 석사 학위가 아니라 모금 계통의 석사 학위는 우리 측 전국 협회들이 추진해야 마땅하다.

그렇다면 비영리 사립대학이 필란트로피 활동가들과 그들의 프로젝트들을 위한 기반이 되고 있는가? 그럴 수도 있다. 그러나 많은 이들이 지금의 기부 약정이 끝나는 2023년에 이 기부자 특유의 접근 방식이 앞으로 성공할 것인지, 그게 임팩트를 미칠 것인지 따져보면서 측정 기준에 도달하고 교육하는 것을 넘어서는 체계적인 투자 수익률ROI이 실제로 존재하는지를 검증할 것이다.

약정 마감일을 앞두고서 이 프로젝트가 성공적이었는지를 가늠할 수 있는 기준이 무엇일지 간단히 살펴보자.

• 기대: 샌포드 교육 프로그램이 의도한 방식에 지속적인 변화(가령, 개인

들 사이의 관계 개선)를 일으켰는가?

- 투자 수익률ROI: SIP와 '원인 판매'라는 개념이 비영리 발전에 분명한 영향을 미쳤는가?
- 교육: 샌포드 교육 프로그램은 SEL을 전국적인 교육 과정에 채택되도록 실질적으로 보급하는 데 도움이 되었는가?
- 연구: 샌포드 교육 시스템이 맺은 파트너십으로 SEL 관련 교육 접근 방식의 변화를 알리고 안내하는, SEL 관련 내실 있는 연구 결과가 나왔는가?
- 추가 교육: 내셔널 대학교는 SEL 전공 프로그램에 대한 강력한 교육 파이프라인을 구축하기 위해서 제시받은 기회를 활용하고 있는가?
- 필란트로피계의 청사진: 이 작업을 아웃소싱 하는 것이, 아동의 전체 문제를 영구적으로 다루는 것보다 SEL의 방향을 바꾸는 더 효과적인 방법이었는가?

이 대담한 프로젝트는 다양한 방법으로 진행될 수 있다. 프로그램을 설정할 수 있었던 다양한 방식들이 있었기 때문이다. 궁극적으로 관련된 모두의 이익은 이 프로그램들을 판매하고, 그러한 활동으로 확보한 기금으로 내셔널 대학교를 더욱 키우고, 그럼으로써 학생들이 더 낮은 비용으로 고등교육을 더 쉽게 접할 기회를 열어주는 것(공익 신탁charitable remainder trust, CRT를 모방한)이다.

지난 4년 동안 많은 일이 일어날 수 있었다. 리더십 개편 및 급속한 성장에 비추어 지속 불가능한 모델을 만들 가능성(계약상의 조건에 따라 성장 초기에 성과를 내야만 했던 상황 탓에 발생한)은 모두 이 프로그램을 좌초시킬 잠재적인 위험이기도 했다. 그리고 그런 일은 (현재 트렌드에 따라) 2만 명에 가까운 파트너들, 50명 이상에 달하는 직원들, 그리고 이 대학교가 지금 내고 있는 성과는 물론 장래에 창출할 수 있을 성과에 관한 가장 잠재적인 파이프라인들 중 하나에 가까운 프로그램을 '중단' 또는 '종료'한다는 사실임을 고려하지 않은 것이다. 궁극적으로 결정권을 쥔 기부자는 단 한 명뿐이라는 사실도 잊지 말자.

나는 우리 섹터 전반의 비평가들과 마찬가지로 이 독특한 프로젝트가 어떻게 발전하는가를 계속 지켜보고 싶다. 이 프로젝트는 SEL을 후원하기 위한 연방 기금 지원에 박차를 가할 수 있을까? 다른 필란트로피 활동가들이 더 큰 영향력을 발휘하기 위해서 내셔널 대학교에 기부하도록 부추길까? 아니면 그냥 용두사미로 끝나면서 실질적인 시스템 변화에 대처할 수 있는 실행 가능한 선택지가 몇 개뿐이라는 전통적인 접근 방식에 의문을 제기하는 사람들에게 경고로 작용할 것인가?

결국 이 접근 방식에는 박수를 보내야 한다. 그것은 혁신적이었다. 대규모 필란트로피 사업이 이루어지는 방식에 대한 기존의 정석과 모델에 반하지만, 그렇게 해야만 진보가 이루어진다. 많은 시장 조사와 테스트 및 전환력이 시장에서 그 상품이나 비전이 통한다는 사실을 입증하는 데 필수적인 요소라는 비즈니스적 관점에서 보면 이해할 수 있다.

사회정서학습은 교육에서 전인교육적 접근법을 쓸 때 중요한 단계다. 이는 또한 그것이 가장 절실할 때, 즉, 우리의 시민적인 담론과 우리의 제도에 대한 신뢰가 그 어느 때보다 낮을 때 등장했다. 이 프로그램을 추동하는 행운은 분명 '한 사람의 성공이 백만 명 이상에게 혜택을 준다'는 지혜에서 비롯되었다. 샌포드 교육 프로그램은 이러한 비전을 반영하며, 이야말로 필란트로피 섹터의 중요한 전환점이었고, 아울러 그것이 학계와 어떻게 연대했는지를 궁극적으로는 역사로 알 수 있을 것이다.

게임에 뛰어들기
–필란트로피의 앵커 기관으로서의 프로 스포츠 팀

만약 어느 지역재단들이 그 지역사회 대표들을 지지하는 모습을 보여주기 위해 대략 2주에 한 번씩 수만 명에 달하는 주민들을 동원할 수 있다면 어떨까? 프로 스포츠 팀들은 정기적인 행사를 이렇게 개최한다. 프로 스포츠 팀들은 그들의 지역 시장에서 영향력과 리더십을 결합하여 이런 지원을 잘 실현시키고 활용하게 한다. 이것은 그들의 핵심 사업을 띄우기 위해 실행했던 보충적인 자선, 즉 전통적인 CSR 활동보다도 훨씬 더 심도 있는 지역 참여를 이끌어낸다.

프로 스포츠 팀들은 오랫동안 자기네 연고지인 지역사회를 지원해왔다. 이들은 주민들의 참여를 이끌어내고, 건강과 접근성을 구조적으로 개혁하라고 촉구하고, 기금모금 프로그램으로 지역 스포츠 시설에 기부하여 지역사회에 환원하며, 스타 선수의 사인이 있는 기념품이나 무료 입장권 같은 식으로 추가 모금도 지원한다. 하지만 그것으로 충분할까? 앞으로 10년 동안 프로 스포츠 팀이 지역사회에 보다 혁신적인 접근법으로 참여할 수는 없을까? 메이저리그 팀의 오너들이 남기고 싶어 하는 유산은 뭘까? 그리고 이 스포츠 팀들의 지위와 선의를 우리 지역사회에서 우리가 간절히 바라는 변화의 촉매로 사용할 수 없을까?

이런 조직들은 통상 그들이 대표하는 도시의 정치에 관여하는 걸 기피해왔다. 그러나 우리는 프로 스포츠 팀의 신세대 오너들이 노숙인, 의료 서비스 이용, 주민 통합 같은 지역의 구조적 이슈들을 의도적으로 다루는 프로그램들과 결부된 기부와 CSR 활동으로 영향을 주려는 것을 보기 시작했다. 이는 새로운 전략 기획 차원에서 진행되는 것이 아니라, 오너들이 그게 옳다고 여기기 때문이다. 그 오너들은 자신들이 소유한 팀들이 가지고 있는 영향력을 이해하고 있으며, 그들이 속한 지역을 더욱 살기 좋은 곳으로 만들고 싶어 한다. 그들은 이것을 자신들이 선택할 수 있는 추가 사항이라기보다 책임으로 간주한다.

그래서 메이저리그 스포츠 팀들(그리고 각각의 스포츠 위계상 그 아래에 위치하는, 수천 개에 달하는 마이너리그 및 준프로 팀들)은 지역사회 변화의 새로운 등불이 되어줄 수 있을까? 간단히 말해서, 그렇다. 이들은 도시의 시민 인프라의 더 긍정적인 요소로 남아있으며, 그 프랜차이즈 모델의 특정한 부족분(예를 들어 연고지를 옮기는 팀)을 논외로 한다면, 궁극적으로 지역재단 및 지역 유나이티드 웨이United Way와 같은 다른 앵커 기관들보다 더 역동적일 수 있고, 훨씬 더 많은 다양한 회원을 끌어들이면서 훨씬 더 높은 접근성도 갖게 될 것이다.

프로 및 준프로 스포츠 팀들이 그들의 지역사회에서 진정한 리더십을 발휘하고자 한다면, 새롭게 시도할 수 있는 혁신적인 조치들은 많다.

여기서 핵심은 해당 분야에서나 그 외의 분야에서 지역사회와 소통하는 방식으로 인식 수준을 높이고, 임팩트를 강화하면서 지역사회와의 건실한 관계를 구축할 수 있는 필란트로피 및 기술 트렌드를 채택하는 것이다.

이런 선택지를 실현하기 위해 2021년 시즌을 시작으로 리그에 합류한 신생 메이저리그 축구the new Major League Soccer, MLS 구단인 오스틴 FCAustin FC를 가상 검증해보자. 검증에 필요한 기준은 다음의 4가지다.

1. **집중도:** 이 구단은 이 주요 대도시의 첫 프로 팀이자 유일한 프로 팀이 될 것이다.
2. **규모:** 오스틴에서는 '오스틴 시티 리미츠 뮤직 페스티벌Austin City Limits music festival', '포뮬러 원 미국 그랑프리Formula 1 United States Grand Prix', '사우스 바이 사우스웨스트SXSW' 등 국제적으로 유명한 연례 행사가 많이 열린다.

3. **영향력:** 이 구단의 구단주들 중에는 저명한 A급 저명인사들이 포진해 있다.
4. **방향성:** 이 구단은 이미 4ATX 재단4ATX* Foundation 설립, 상당한 규모의 초기 투자, 그리고 지역 자선 단체들과 체결한 다수의 기금 지원(현재 총 6백만 달러에 달하는) 파트너십을 발표함으로써 지역 필란트로피 활동의 중요성을 이해하고 있음을 보여준다.

(모두 풀어 이야기하면: 내가 이 책을 쓰기 시작할 때 나는 샌디에이고에서 살고 있었다. 그러나 예상치 못한 여러 가지 상황으로 인해 나와 내 가족은 결국 텍사스 주 오스틴에 들어와 살고 있다. 그때부터 나는 오스틴 FC의 서포터가 되었고, 개회 시즌마다 정기입장권을 구입해왔다. 이렇게 이 팀을 접하게 된 것은 프로 스포츠와 그것의 필란트로피 활동에 대해 내가 처음에 가졌던 생각을 개선하고 재확인하는 역할을 했다.)

그렇다면 우리는 앞으로 프로 스포츠 조직들에 무엇을 기대할 수 있을까?

영구 멤버십. 멤버십 패키지를 더욱 매력적으로 만들기 위해 더 많은 특전과 저렴한 기념품을 만드는 대신, 멤버십 가입비 중 일부를 팬들 및 그들의 가족들과의 정기적인 관계를 더 깊게 하는 기부금으로 사용할 수 있다. 복리 원리에 따라 매년 쌓이는 이 기부금은 지역사회의 투자를 강화하거나 재단 운영에 충당되어 이것이 항상 팀 클럽의 초점이 되고, 마케팅이나 대외관계에 흡수되지 않도록 할 수 있다. 자선에 초점을 맞춘 독점적인 이벤트들을 적절히 조합하면, 해당 시즌에 팀이 경기장에서 거둔 성적에 상관없이 팬들이 항상 팀을 응원하게 해줄 것이며, 여러 세대에 걸친 팀의 평생 지지자들을 구축하는 역할도 할 수 있다.

* 'For Austin'의 약자다.

선수들을 위한 기부자조언기금DAF. 선수들은 프로 스포츠 팀을 옮겨 다니면서 개인 재단Private Foundation*을 세우는 데 필요한 비용(및 서류 작업)을 부담한다. 만약 기관의 자선 관련 부서가 단지 CSR 활동 부서로서 수립된 게 아니라 501(c)(3)에 해당하는 부서로서 수립된다면 보다 개인화되고 효과적인 자선 기부를 위한 메커니즘도 만들어질 수 있다. 팀 클럽은 예정된 팀 행사와 공개석상에 참석하는 것 이상으로 팬들에게 되돌려주고 싶어 하는 선수들에게 매우 유용한 수단을 제공한다. 이런 접근 방식의 아주 좋은 예는 샌디에이고 파드레스SanDiego Padres 팀과 보스턴 레드삭스Boston Red Sox 팀 그리고 LA 다저스LA Dodgers 팀 등에서 뛰었던 야구선수 에이드리언 곤잘레스Adrián González일 것이다. 에이드리언의 재단은 사실상 샌디에이고 재단 산하 DAF로서 존재한다.

서포터 그룹을 위한 기부자조언기금DAF. 앞서 말한 선수용 DAF 외에도, 서포터 그룹이 그들이 가장 선호하는 지역의 활동을 지원하기 위해 기금을 함께 모을 수 있다. 이러한 혜택은 역시 지역사회 파트너들과 더 깊은 관계를 형성하는 데 기반을 두고 있다.

서포터 그룹의 역할 강화. 서포터 그룹은 팀의 홍보대사이자, 기초적인 지지 세력이며, 팀이 더 넓은 지역사회에서 뿌리내릴 수 있는 기반이다. 그러나 많은 프로 스포츠 팀들이 그들과 거리를 두고 있으며, 신생 팀들(특히 마이너리그의)은 그들을 지배하려고 한다. 이것은 잘못된 것이다. 서포터 그룹 회원들의 참여로 자선 캠페인과 행사를 강화함으로써 해당 팀

---

* 미국에서 일부 운동선수들은 자기가 기부하면서 자금도 조달하는 '개인 재단'을 조직하는 것을 선호한다. 이러한 재단은 기부자에게 자선 기부에 대한 더 많은 통제권을 제공할 수 있다. 개인 재단은 종종 기금을 투자한 다음 자선 목적으로 해당 투자에서 얻은 수입을 분배한다. 종종 다른 사람들에게 재정적 보조금을 제공한다.

의 브랜드 효과를 실제로 높일 수 있기 때문이다.

나는 오스틴 앤섬Austin Anthem과 로스 베르데스Los Verdes를 비롯한 오스틴 FC의 주요 서포터 그룹들에 실로 감탄했다. 이 팀이 처음으로 MLS에서 뛰기 1년 전이던 코로나19 팬데믹 당시, 이 단체들은 사회적인 이슈들을 제기하면서 지역 중소기업들과 연합해 독특한 크로스오버 프로모션cross-over promotion*(커피전문점, 양조장, 사회 개혁 단체 등을 포괄하는)을 진행했으며, 트렌드에 맞춰 사회적인 명분도 있고 깨우침도 주는 상품도 개발했다. 오스틴 FC는 자기가 보유한 힘과 오스틴 시의 핵심 가치, 지지층 및 경제 성장 요인 등을 반영하는 것의 중요성을 이해했으며, 심지어 지역의 그래미상 수상 경력 아티스트인 블랙 푸마스Black Pumas**와 협력해 티셔츠를 제작·판매하고, 수익금 전부를 팬데믹으로 수입이 감소한 지역 라이브 뮤지션들 후원에 사용했다.

'인게임-온필드In-Game/On-Field 기술' 사용. 오스틴 FC의 새 경기장이 곧 건설될 예정이며, 최근 전국적으로 새 경기장의 발전으로 교훈을 얻는 상황에서 경기에서의 경험과 행사 당일에 운영되는 일반적인 인프라에 자선 옵션이 내장된 것In-Game을 볼 수 있으면 좋겠다. 여기에는 앱을 통한 기부, 매점 계산 시 잔돈 기부, 푸시 알림 및 광고판을 통해서 기부에 동의하느냐고 물을 때 관중의 감정을 분석, 클럽의 자선 활동에 대한 메시지 전달과 감동 유발, 상황 인식시키기 등On-Field이 포함될 수 있다.

---

* 경쟁 관계에 있지는 않지만 유사한 고객들을 대상으로 하는 다양한 브랜드들이 제품과 서비스를 홍보하고, 판매를 촉진하며, 브랜드 인지도를 확립하는 일련의 행위들이다.

** 미국 텍사스 주 오스틴을 연고지로 하는 사이키델릭 소울 밴드로, 2020년대에 각광을 받고 있다.

주요 국제 행사 활용. 신생 구단에는 일정 수준의 '스타'가 있기 마련이다. 오스틴 FC도 예외가 아니다. 매튜 매코너헤이Matthew McConaughey*는 오너 팀에서 동업자로 있으면서 문화 부문 이사도 맡고 있는데, 그는 오스틴에 있는 텍사스 대학교에서도 문화 부문 이사 직함을 갖고 있다. 매코너헤이는 자신의 기반을 언제 어떻게 확충할지를 아는 열정 넘치는 사람이며, 2020년 여름 서포터 그룹과 줌Zoom으로 했던 회의에서 신축 경기장에서 경기할 날들에 대한 비전을 이야기했다. 나는 운 좋게도 그 자리에 참석할 수 있었다. 이때 오스카 수상자가 웃통을 벗은 채 회의에 참석하였고, 몇몇 유명인들도 그를 따라하여 너무 놀랐었지만 말이다. 매코너헤이는 '백년 전쟁'을 언급하더니, 드럼을 사용함으로써 어떻게 그 클럽의 열정적인 심장 박동이 대중들의 에너지에 스며들 수 있는지에 대해 설명했다(그렇다. 라 무가 드 오스틴La Murga de Austin처럼 오직 그런 목적을 위해 존재하는 서포터 그룹도 있다).

아무튼 신생 스포츠 팬클럽은 초기 자선 활동에 더욱 전략적으로 접근해야 하며, 시간이 지날수록 더욱 발전할 연례 이벤트를 마련해야 한다. 이 지역에는 이미 많은 제휴 그룹들이 존재하며, 광범위한 지원도 받고 있다. 하지만 오스틴 시티 리미츠 뮤직 페스티벌, 포뮬러 원 미국 그랑프리, 사우스 바이 사우스웨스트 같은 행사들의 흡입력을 감안하면, 이렇듯 더욱 명실상부한 브랜드들과 제휴하면서 이 클럽과 그 지역사회 활동에 대한 인지도도 높일 수 있는 역동적인 기회가 존재한다. 노숙인 관련 문제를 주제로 명사들과 밴드들이 참여하는 5인 1조 대회 같은 행사라면 내 눈에는 성공이 확실해 보인다.

시스템 개혁에 도전. 앞서 언급했듯이 많은 조직들은 정치적인 이유로

---

* 미국의 배우로, 2013년 아카데미 남우주연상을 수상했다.

그리고 자기들이 중립을 취하는 편이 더 많은 인기를 얻을 수 있는 비결이라고 보기에 중대한 지역 이슈들에 얽히는 것을 피한다. 그러나 지역사회는 변하고 있으며, 시민사회 생태계를 이루는 모든 이들에게 더 큰 기대를 걸고 있다. 현실에서 스포츠 팀 팬클럽은 대체로 존중받는 단체이며, 그 소속팀 스타 선수들의 정의에 대한 헌신을 대신 실천하는 게 아니라 그들의 영향력을 선하게 사용할 수 있는 능력을 가지고 있다.

이렇듯 실질적인 지역사회와의 새로운 협약은 점점 더 빈번해지고 있으며, 더 많은 여성들이 스포츠를 즐길 수 있도록 장려하고, 배경에 상관없이 누구나 스포츠에 참여할 수 있도록 해줄 방법들을 지원한다. 샌디에이고 파드레스와 같은 조직들의 소유권을 보라. 그들은 민관협력사업으로 기금을 지원받고 지역 봉사자들과의 협력으로 노숙인 문제 등을 해결하고 있다. 또는 캘리포니아 주의 경관 규범 훈련 단체Peace Officer Standards and Training, POST*가 인증한 사법기구-지역사회 연계 프로그램인 게임 체인저Game Changer와 공식적으로 연대한 로스앤젤레스 레이커스Los Angeles Lakers가 있다. 게임 체인저는 경찰과 지역사회 주민들이 한데 뭉쳐 포커스그룹focus group을 통해서 지역사회 현안을 논의하고 해결책을 고안한다. 그 포커스그룹이 종료되면, 참여자들은 주민과 사법기구 간의 더 나은 관계 구축을 위해 스포츠 경기를 보려고 휴회한다.

어떤 대의를 대표한다는 것은 팬들 중심의 소규모 인기몰이보다 훨씬 더 나은 장기적인 이익을 제공한다. 시민들의 자부심을 자극하는 것도 그중 하나다. 팬들이 자기네 지역 팀을 자랑스러워하는 것은 값을 따질 수 없는 보물이다.

여기에는 새로운 행위자가 우리 시민 생활에서 주도적인 역할을 할 수 있는 정당한 경로가 있다. 그것은 사회 인프라를 보완하기 위해서만 존

---

* 미국의 지역사회 경찰관의 규범 교육 훈련을 담당하는 준정부단체다.

재하는 것이 아니다. 게임이 벌어지는 날과 사람들의 일상적 나날을 연결하는 것은 기술을 통해서 그리고 CSR에 대한 비전통적인 접근 방식을 받아들임으로써 더욱 강화될 수 있는 중요한 과업이다.

내가 항상 말했듯이, 혁신은 새로울 필요가 없다. 단지 당신에게 새롭기만 하면 된다. 조직화된 필란트로피 활동과 그 전략적 임팩트에서 배울 게 있는 메이저리그 구단들이 많다. 뭐, 심지어 팀의 연고지를 옮길지 말지의 차이일 수도 있다. 오스틴 FC가 개최 시즌 6개월 전에 1만 5천 장이 넘는 시즌 티켓을 매진시킨 데는 이유가 있다.

앨리슨 애러곤(Alison Aragon)
- 지역사회의 운동장을 평평하게 만들기

이 책의 앞부분에서 우리는 '급여 형평성 갭pay equity gap'을 다루었다. 그렇다면 '운동 형평성 갭play equity gap'은 어떨까?

스포츠는 인종, 피부색, 신앙, 민족, 출신국, 성별, 결혼 여부, 장애 유무, 연령 등을 따지지 않고 사람들을 평평한 운동장에 모아서 우리 지역사회의 구조를 강화할 수 있다. 스포츠야말로 진정한 만국공통어이며, 그렇다면 올림픽만한 게 어디 있겠는가?

1984년도 올림픽의 유산은 개최지였던 로스앤젤레스에서 여전히 영향을 미치고 있으며, 44년 후 다시 개최되는 것에 대한 기대감도 커지고 있다. LA84 재단의 플레이 형평성 기금Play Equity Fund 담당자인 앨리슨 애러곤은 유색인종 어린이들의 평생의 행복을 보장하기 위한 모금과 지속가능한 솔루션을 위해 열심히 일하고 있다.

앨리슨에게 필란트로피는 그녀 경력의 핵심 요소이며, 그녀가 깨달은 것은 필란트로가 '지역사회 돌봄의 상징이라기보다는 행동'이라는 것이다. 이는 우리가 공유하는 '인류에 대한 신뢰와 인식', 즉 현재의 시스템이 현재와 미래를 어떻게 살피는지 따지고, 누가 어떻게 그것을 혁신할 수 있을지에 대해 개방성과 호기심을 갖고서 대하는 것이다. 앨리슨은 말한다. "모두가 변화에 직면해 있을 때 저는 필란트로피 활동이 변화의 물결에 발을 담그고 있다고 생각합니다. '캐논볼cannonball'*을 외치며 바로 뛰어들기 위해 세워진 기관은 아니지만, 제가 가장 좋아하는 기금 제공자들은 규정집을 작성한 사람이 누구냐고 물으면서, 그런 규정이 지역사회의 목소리를 어떻게 제한하는지 아느냐고 합니다."

"궁극적으로 우리는 서로에게 마음을 열어줌으로써 우리의 진실을 알게 됩니다. 그런 일은 일찍부터 비영리 단체와 자원이 부족한 지역사회의 몫이었죠. 필란트로피 관련 기관이 의뢰를 받은 적은 없습니다. 제 생각인데, 우리는 이제 이런 변화를 느끼기 시작했습니다. 진정한 변화는 기금 제공자들과 그들이 도우려는 지역사회 간의 교환 그리고 취약성을 기반으로 형성된 공감대를 바탕으로 합니다."

앨리슨은 이런 대화 중 대부분이 보다 지역화된 대화와 기부에 대한 민주적인 접근 방식에서 나온다고 본다. 그녀는 사람들이 자기 지역사회에 대해 더 많이 배울 수 있는 선택지가 있다는 데 흥분한다. 그런 참여자들이 전문적인 지식과 경험을 쌓고 성숙해질 때 풀뿌리 기반의 교육이 변화를 만들 수 있을 것으로 생각되는 곳에서 임팩트를 이끌어내는 방법으로 채택할 것이라는 점에 주목한다.

"'라티나 기부 서클'에 참여했을 때, 진정한 기부와 경청, 배움의 경험을 얻을 수 있었죠. 우리는 아예 처음부터 직접 접근가능한 애플리케이션 프로세스를 만들면서 기금지원 사이클grant cycle을 만들어냈어요. 회원들과 함께 의미 있는 프로젝트를 중심으로 만든 거죠. 그리고 코로나 19 기간 동안 두 차례의 긴급재난대응rapid response 사이클을 겪으면서 개인적으로나 직업적으로나 많은 걸 배웠죠"라고 앨리슨은 말한다.

* 다이빙을 할 때 외치는 말로, 다이빙 선수가 무릎을 껴안고서 가급적 공(옛날 포탄) 모양을 한 채 물에 들어가려고 시도하는 다이빙 스타일이다. 이렇게 하면 입수 때 큰 물보라가 일어난다.

기부 서클은 독특하면서 다재다능하며, 다른 필란트로피 활동 수단들과 마찬가지로 구조적인 견고함이 결여되어 있다. 이를 통해서 관리 직원을 고용할 역량이 없는 조직(이들은 지원금 프로포절proposals을 써도 인정받지 못하거나, 써낼 기회조차 없는 경우가 자주 있다)에 긴급재난대응 지원금rapid-response grants을 줄 수 있었다.

"이러한 신속 대응 지원금의 첫 번째 사이클은 긴급 지원 펀딩 요건을 채우지 못하는 집단에 갑니다. 많은 이민자 가정, 증빙서류가 없는 미등록자, 복합적 지위의 가정mixed-status families*은 연방 정부와 주 정부의 혜택을 받을 기회를 별로 얻지 못하니까요"라고 앨리슨은 설명한다. "두 번째 라운드는 여성이 주도하는 좀 더 규모 있고 유서 깊은 재단과 파트너십을 맺었습니다. 흑인 여성을 지원하고 우리 지역사회의 인종적 정의를 실현하는 단체들을 지원하는 재단이었죠. 여러분이 관료적이고 상아탑ivory tower**에 가까워질수록, 이런 식의 대응적이고 집단적인 기부방식은 더 이루기가 어려워집니다. 그렇지만, 지역사회 요구의 교집합성을 받아들이고 이해하게 되면, 그것은 필요한 것으로 보일 겁니다."

앨리슨 같은 사람들은 필란트로피의 새로운 트렌드를 보고, 개념화하고, 다른 섹터에 적용할 수 있다. 또 새로운 행위자들에게 그들의 커뮤니티를 위해 기부가 무엇을 이룰 수 있는지를 소개할 수 있다. 이것이야말로 기부가 사람들을 위해 어떤 의미인지를 포괄할 수 있는 더 큰 텐트를 치고 선을 위한 추종자들을 활용하는 것이다.

앨리슨은 확대되고 있는 운동선수 옹호athlete advocacy 활동에 대해서

---

* 시민권자나 이민자로서의 신분이 다른 사람이 섞여 있는 가족이다. 예를 들자면 부모는 증빙서류가 없는 미등록자(이민자)인데, 자녀는 미국에서 태어난지라 시민권이 있는 경우다.

** 사전적 의미는 '속세를 떠나 오로지 학문이나 예술에만 잠기는 경지' 혹은 '대학교'를 가리키지만, 최근에는 현실도피적이고 몽상적인 태도를 가리키기도 한다.

도 당연히 관심이 있다. 큰 스포츠 행사 후에 팀 또는 도시 단위에서 모금을 하는 것에 관심이 있을 뿐만 아니라, 프로 스포츠계에서 존재하는 버블 문제를 줄이고, 더 넓은 차원에서의 인권 논의가 활발해져야 한다고도 주장한다. "운동선수들은 슈퍼히어로처럼 비칠 때가 많죠. 따라서 '미국에서 살기 버거운 슈퍼히어로'임을 인정하는 것은 대단한 겁니다. 불확실성에 대한 두려움을 인정하는 일이야말로 필란트로피가 기꺼이 뛰어들어야 하는 논의 주제인 거죠."

스포츠 팀들과의 필란트로피적인 파트너십에 관한 한 모든 이해관계자들에게 솔직해져야 한다. 그리고 투자의 가치를 매길 때 브랜드 팔기나 티켓·상품 판매량을 높이기보다는 불공평과 부정의가 없는가에 따라 가치를 매겨야 할 것이다. 이를 위해서는 '수표책과 색종이checkbook-and-confetti style'* 같은 지역사회 필란트로피 활동에서 벗어나야 한다.

아울러 지금은 스포츠계와 팀들이 불편하다고 여길 때인데, 이는 워싱턴 풋볼 팀의 경우**처럼 사회적 압력을 받게 되어서만은 아니다. 이는 해당 조직이 자신과 그 지역 모두의 성장을 적극적으로 추구하기 때문이다. "기관 필란트로피에는 많은 전통과 유산이 있지요. 하지만 우리는 그 과거에 대해 솔직해야 합니다. 저는 지역사회들의 의견을 기꺼이 경청하고, 그들이 공유하는 통찰, 교훈, 그리고 격려와 비판이 담긴 조언을 신뢰하는 조직들을 존경합니다"라고 앨리슨은 말한다.

2028년 올림픽을 앞두고 세계는 다시 한번 로스앤젤레스로 시선을

---

* '전략적인 필란트로피 활동'과는 반대되는, '후속 조치 같은 건 고려하지 않고서 생각 없이 베푸는 자선 행위'를 가리키는 '수표책 필란트로피(checkbook philanthropy)'로 만들어낸 표현이다. 즉, '특별히 제작된 화려한 수표책처럼 겉멋만 잔뜩 든 소액 자선 활동'이라는 의미다.

** 2020년대에 워싱턴 커맨더스(Washington Commanders)의 구단주였던 대니얼 스나이더 때문에 불거진 문제 많은 직장 문화, 재정적인 부정·부패 및 개인적인 성 비위 의혹으로 인해 미국 하원마저 조사에 착수했다.

돌릴 예정인 가운데, 주최 측이 엘리슨 같은 새로운 리더들에게 귀를 기울이기를, '운동 평등play equity'이 실제로 사회 정의 이슈이며, 포용적이고 참여적인 필란트로피 활동이 진정한 지역사회에 중점을 둔 유산의 열쇠라는 사실을 납득하기를! 어찌되었든 서던캘리포니아가 앨리슨을 팀에 합류시킨 일은 틀림없이 기뻐해야 할 일이다.

제3부 제도를 새롭게 상상하라

시민사회 섹터의 집중 토론회(Charrettes*)
- 효율성, 효과성, 탐구가 필요한 시간

실리콘 시청의 경우
- 선善을 위한 테크 클러스터

테크 플랫폼tech platform의 세일즈콜(영업상담)을 경험해봤는가? 그리고 그 업계에서 쓰는 내러티브, 통계, 언어, 인사이트와 묘한 거리감을 느껴 본 적이 있는가? 그쪽이 우리의 서비스나 임팩트를 이해하지 못하고, 우리의 디지털 취약성을 '기술로 설명하는 것techsplain**'이 필요하다'고 느끼지 않았는가? 사실, 그런 경험은 당신만 하는 것이 아니다. 비영리 단체의 기술 사용에 대한 넷체인지NetChange의 조사를 보면 조직들 중 겨우 11%만이 자신들의 디지털 전략이 매우 효과적이라고 여기는데, 이는 영리 섹터와 비영리 섹터 모두를 위한 테크 솔루션tech solution 도입과 활용 사이에서 현재 일어나는 정보 격차digital divide***를 부각시킨다.

---

* 프랑스어로 '마차'를 뜻하는 샤렛(Charrette)은 건축, 디자인, 도시계획 등 분야에서 사용하는 용어로, 다양한 이해관계자 및 각 분야 전문가들이 모여 프로젝트의 목표와 방향을 논의하고 집중적으로 검토하는 협업 워크숍을 의미한다.

** 컴퓨터 또는 소프트웨어에 대해 아무것도 모른다고 여기고서 설명하는 것으로, 기술(technology)과 맨스플레인(mansplain)의 합성어이다. 즉, 상대방이 컴퓨터라든가 소프트웨어에 대해 전혀 알지도 이해하지도 못한다고 여기고서, 혹은 상대방이 원하지도 않는데 '아니, 당신은 이게 필요할/알아야 할 것이다!'라면서 다짜고짜 하는 설명인 것이다.

*** 스마트폰, 태블릿PC, 노트북 컴퓨터와 인터넷을 비롯한 디지털 기술에 대한 접근

민간 부문에 종사하는 사람들은 실제로 비영리 단체들이 디지털화와 관련해 그들의 시스템과 서비스를 진지하게 받아들일지가 문제라고 믿게 될 것이다.

하지만 진짜 문제는 디지털화를 위해 제공되는 제품이 실제로 비용, 용량, 지원을 기반으로 한 비영리 단체들의 요구 사항을 충족시키느냐에 있다.

'선善을 위한 기술Tech for good'이라는 말은 다음과 같은 경우에는 잘못된 용례가 된다. 디지털화 상품이 영리 섹터를 위해 개발된 것이고, 그 솔루션이 비영리 섹터 고객의 구조와 요구를 제대로 이해—제멋대로 가정하거나 갖다 붙인 것이 아닌—하지 못한 상태에서 구체화된 것이라면 말이다. 놀랄 만큼 많은 기술 기업들이 비즈니스를 위한 강력한 솔루션들을 보유하고 있지만, 이를 약간만 수정하고서 비영리 단체 영업 부서를 추가한 다음 '우리 솔루션만 쓰면 만사형통'이라고 장담하면 당신 조직의 수많은 문제들을 해결할 수 있다고 믿는다.

다음과 같은 다양한 이유로 비영리 단체들이 추가적인 기술 업계의 블루오션이라고 여겨지는 것은 중단되어야 한다.

- 운영 규모를 확장하는 것은 비즈니스 세계와 비영리 세계에서 의미가 완전히 상반된다. 영리 쪽에서는 더 많은 제품을 팔면 마진을 낮추면서 수익을 올릴 수 있다. 비영리 쪽은 성공하면 서비스의 수요가 증가하면서 운영비가 늘어나고, 이 새로운 예산 현실에 부응하기 위해 더 많은 수입원(즉 기금과 기부금)을 확보해야 한다.
- 비영리 기부자들은 벤처투자자들과는 다르다.

이 불평등한 상황이다. 정보통신기술(ICT)이 세계 경제와 사회적 연결성의 기반이 되는 오늘날에 인터넷 등 정보통신기술을 사용할 수 없는 사람들은 일자리를 찾고 지원하거나 학습을 할 기회가 적거나 없어서 사회적·경제적으로 불리하다.

- 기부자들은 비영리 단체의 '고객'이 아니다.
- 비영리 단체에 할인된 가격의 모델을 제공하는 것은 자선이라고 볼 수 없다. 할인은 그저 판매를 촉진하는 기법일 뿐이다.
- 영리 단체에 맞춰진 판매 모델은 연 수입이 50만 달러 미만인 조직들(비영리 단체 전국 위원회National Council of Nonprofits에 따르면, 이는 미국 전역의 150만 개 비영리 단체들 중 약 88%에 해당된다)에 적용될 때 '약탈적인 접근predatory approach'일 가능성이 높다. 이런 조직들은 직원이 부족하며, 미션과 임팩트 관련 투자 대비 수익률ROI에 초점을 맞춘 전문적인 판매 공세에 적절히 대처할 힘이 없다. 그들이 '프리미엄freemium*' 콘텐츠를 다운로드받을 때, 정교하게 짜여진 구매 퍼널funnel에 진입하게 된다는 것을 제대로 인식하고 있을 가능성은 적다.

　지금 당장 당신은 이렇게 생각할 수도 있다. '하지만 조직들이 처한 오늘날의 가장 중대한 문제들을 해결하는 데 도움이 될 혁신적인 솔루션을 구축하는 비영리 기술 기업들도 있는데…' 당신의 말이 맞다. 패스트포워드Fast Forward, 코드 포 아메리카Code for America, NTENNonprofit Technology Network, 비영리 기술 네트워크, 테크숲TechSoup 같은 조직들은 인재를 양성하고, 가장 소외된 지역사회를 돕기 위한 현실적인 솔루션들을 만들어내고, 정보 격차를 해소하는 가교 역할을 수행하고 있다. 또한 점점 더 많은 비영리 허브들, 협업 공간들, 재정 지원 업무를 위한 혁신적인 애플리케이션들과 시민사회 분야 전문 엑셀러레이터accelerator**들이 미국 내 전국 모든 대도시에서 속속 나타나고 있다.

　그러나 우리는 의도적인 노력을 보다 더 많이 촉진해야 한다. 크고 대담한 노력을, 지속가능한 방식으로 비영리 섹터의 역량을 구축하는 데

---

* 무료로 제공되는 기본 서비스 이외 추가적인 요금을 지불하는 서비스이다.
** 이 엑셀러레이터는 조직의 성장을 가속화하기 위한 집단 기반 프로그램이다.

도움이 될 노력을. 그것은 바로 여기 미국에 진정한 비영리 테크 클러스터tech cluster를 구축하는 것이다.

테크 클러스터를 정부에서부터 시민사회까지, 옹호 활동부터 서비스 제공까지, 그리고 그 사이에 있는 모든 다른 주체와 활동을 포함하는 시민사회 섹터와, 이들의 기술에 대한 니즈needs라는 교차점을 다루는 '실리콘 시청Silicon City Hall'이라고 생각해보자. 비영리 섹터는 주요 주체와 자산을 함께 모으고 가능한 한 기금을 통합함으로써, 비영리 테크 클러스터라는 모델을 활용할 수 있다. 비영리 테크 클러스터는 시민 기술civic tech* 산업의 수요와 공급 측면 모두를 지원할 수 있는 역동적인 허브로서, 이러한 조직들을 위한 기술 패키지를 큐레이팅하는 온라인 시장으로서의 역할을 수행할 수 있다. 다음은 비영리 섹터의 주요 행위자들에게 비영리 테크 클러스터가 주는 이점이다.

비영리 기술 기업. 일선에서 혁신을 주도하면서도 비즈니스 모델의 독특함 때문에 지속가능성 이슈들과 마주한 이런 조직들은 제품보다 판매에 비정상적으로 집중해야 하는, 더욱 시스템적인 문제를 안고 있다. 협력적 리더십 모델을 갖춘 테크 클러스터는 솔루션들을 더 많은 고객들에게 연결해주고 획득 비용을 줄이는 데도 도움을 줄 것이다. 추가적 공동 지원(아마도 많은 비영리 단체들이 확보할 여유가 없는 자원일 고용된 디지털 전문가와 같은 잠재적인 지원)을 제공할 가능성을 고려한다면, 비영리 기술 기업들은 더 많은 적극적인 사용자들로부터 이익을 얻고, 더 높은 갱신율을 경험하며, 궁극적으로 기부자 및 정부 지원 증가에 대한 강력한 사례를 제시함으로써 공급자 측면에서 보다 지속가능한 섹터를 구축할 수 있다.

---

* 소통, 의사 결정, 서비스 전달, 정치 프로세스 등을 위해 소프트웨어로 시민—정부 관계를 강화하는 기술이다.

사회 개혁 조직들. 사람들은 종종 내게 묻곤 한다. "우리가 어떤 기술을 사용해야 합니까? ○○라는 기술 들어보셨어요? 그건 어떨 것 같아요?" 비영리 테크 클러스터를 설립하면 필란트로피 섹터에 종사하는 모든 사람이 이런 질문들 중 일부에 대한 답을 더욱 쉽게 얻을 수 있을 것이다. 본질적으로, 이는 시민 기술을 민주화하여 다양한 도구, 추가 기능 및 솔루션을 보다 저렴한 가격으로 제공하고, 더 큰 성과를 얻을 수 있도록 대여해줄 것이다. 따라서 사회 개혁 조직들은 온라인 시장이나 동료 리뷰 플랫폼 등 그들의 전략을 지원하고 실행하는 데 가장 적합한 도구를 골라 쓸 수 있다.

정부. 비영리 서비스, 캠페인, 옹호 활동 외에도 비영리 섹터는 4천억 달러 규모의 거브테크GovTech* 산업 시장(실제 시스템 개혁을 제공하는 필수적인 파트너)을 공략하려는 조직들과 협력하여 시민 참여와 시민 담론을 개선할 수 있는 기회도 얻을 수 있다. 정부는 익숙하지 않은 시민 해커톤, 투박한 앱, (기금이 부족하거나 공개 경쟁을 가장한 방식을 통한) 일회성 프로젝트 등을 넘어, 방대한 정부 데이터를 분석할 수 있는 코딩이 가능한 공무원을 채용하는 등 자체적인 현대화에 투자해야 한다. 또한 대중이 민주주의에 참여하도록 활력을 불어넣을 진정한 솔루션들을 찾거나 구축하고, 그들이 자신들만의 거버넌스에 참여하도록 혁신적인 방법을 제공하거나, 주민들을 위한 더 나은 솔루션들과 향상된 서비스 제공을 추진할 수 있다.

많은 지역이 잠재적인 '실리콘 시청'을 위해 훌륭한 배경이 될 것이다. 버몬트 주 그리고 (앞서 언급한 것처럼) 오클라호마 주의 털사와 같은 지역에

---

* 기술 기업과 스타트업이 사용자의 요구를 충족시키는 혁신적인 제품과 서비스를 제공해 정부와 공공의 문제를 해결하는 영역이다.

서는 원격 근무자들에게 1만 달러를 지급하고 있어 이러한 야심찬 프로젝트를 신속히 추진할 수 있다. 특히 점차 증대하는 서비스 관련 수요를 감당할 수 없는 분야에서 수백만 명을 지원할 수 있는 프로젝트를 추진할 수 있다. 아, 그리고 일자리가 생긴다. 새로운 일자리 수천 개가 말이다. 그리고 투자도 잊지 말아야 한다. 여기에는 민관협력사업PPP(물론 두 번째 P는 필란트로피의 P다!*)과 임팩트 투자 잠재력이 모두 깔려있다.

그럼 이제 실리콘 밸리에서 나와, 해변을 뒤로 하고, '실리콘 시청'을 향해 행진하자!

기부자조언기금이 넘쳐나
전통적인 주체들이 도태되다

몇 년 전, 피델리티 자선 단체Fidelity Charitable Gift Fund, FCGF가 민간 기부 부문에서 유나이티드 웨이 월드와이드United Way Worldwide를 제치고 미국 최대 기금지원 자선 단체 리스트 1위에 올라 많은 사람들을 놀라게 했다. 「크로니클 오브 필란트로피Chronicle of Philanthropy」는 피델리티의 민간 기부 금액이 매년 최대 20%까지 상승했다고 밝혔다. 그런데 다들 알고 있겠지만, FCGF는 전통적인 자선 단체가 아니다. 기부자조언기금DAF으로 힘을 얻는 이런 기부단체는 부자들이 필란트로피에 접근하는 방식이 변화하고 있음을 나타낸다.

그러나 우리는 현재의 트렌드를 이야기하기 위해 여기 온 것이 아니다. 우리는 새로운 트렌드를 바라보려는 것이다. 그리고 기부자조언기금DAF의 미래는 자동화된 온라인 플랫폼으로 이루어진다.

---

* public−private partnership(관−민 협력)을 public−philanthropy partnership(관−필란트로피 협력)으로 바꾼 말장난이다.

제3부 제도를 새롭게 상상하라

왜 그런 방향으로 가게 될까? 다음과 같은 3가지 이유에서다.

1. 밀레니얼 세대 기부자들을 참여시키려는 섹터의 끝없는 갈증.
2. 기부자조언기금DAF의 개설 및 관리에 드는 수수료가 지나치게 부풀려져 있음.
3. 이 섹터의 혼란에 대한 성숙함.

내가 '혼란'이라고 한 것은, 앞으로도 더 많은 혼란이 일어나리라는 뜻이다. 잘 알다시피 피델리티, 슈왑Schwab 자선기금, 뱅가드 자선기부 프로그램Vanguard Charitable Endowment program은 25년 전에 이 섹터를 처음으로 혼란에 빠뜨렸다. 기존 투자기업들에서 파생된 그들은 이런 유연한 자선 관련 계정들을 매년 수십억 달러에 달하는 기금 지원 수단으로 전환함으로써 2010년보다 500% 이상 급성장했다.

어째서 이 기업들은, 아니, 자선 단체들은 동일한 옵션을 제공하면서 더 나은 성과를 보장하는 지역재단들과 같은 보다 안정된 다른 기관들을 압도할 수 있었을까? 간단히 말해서, 비용 문제였다. 지역재단들은 계정 하나를 열 때 평균 2만 5천 달러를 청구한다. 반면 피델리티는 최근까지 5천 달러를 청구하였으며, 최근에는 진입 장벽을 더욱 낮춰 가계당 매년 자선 기부 한도를 2,600달러로 정했다.

기부자조언기금DAF은 지난 30년 동안 가장 인기 있는 필란트로피 수단 중 하나였다. 하지만 소위 '종잡을 수 없는 밀레니얼 세대elusive millennial'의 눈으로 보면, 기금 개설 비용 때문에 보통 젊은 세대나 경제력이 부족한 기부 희망자들에게는 그림 속의 떡이었다. 그러나 앞으로 몇 년 동안 우리는 기부와 관련하여 또 다른 지각 변동이 일어나는 것을 보게 될 것이며, 그 단초는 모바일 앱일 것이다. 하이브리드 기업hybrid corporation*들이 시장을 이해하고 계좌를 상당히 낮은 비율에 개설할 수 있을 때, 기부자조언기금DAF은 일반화될 것이다. 왜냐하면 그들의 소프트웨어는 물리적인 사무소나 불필요한 재무, 자선 기부, 행정 인력을 필요로 하지 않기 때문이다.

밀레니얼 세대가 직장에서 영향력을 행사할 수 있는 위치가 되면서 기부자조언기금DAF과 자선 은행업은 더욱 일반화되고 쉽게 접할 수도 있게 되는데, 무엇보다 기금 제안이 즉각적으로 이루어질 수 있으면 더욱 그러하다.

그리고 그리 멀지 않은 미래에 이들은 틀림없이 다음과 같은 사안들과 결부될 것이다.

- 사용자에 따라 적절한 자선 단체와 트렌드를 파악해주는 AI
- 기부자들의 돈이 어떤 임팩트를 미쳤는지를 보다 확실하게 보여줄 강력한 대시보드
- 기부된 돈이 어떻게 쓰이는지 추적할 수 있게 해줌으로써 섹터 내에서의 신뢰성, 투명성, 책임성을 높이는 블록체인 기술

밀레니얼 세대 중 87%가 매년 기부를 하고 있으므로 이제 우리 섹터의 기존 행위자들은 이런 미래 트렌드들(기부자조언기금만이 아니라 반올림 지출 옵션 round-up spending option, 기부 서클 관리, 컬렉티브 임팩트를 위한 공동 기금 등을 지원하는 기술도)을 예측하고, 더 유연한 기부 방식을 제공할 방법을 고려할 때다. 그렇지 않으면 그들은 케케묵은 퇴물 기관으로 전락할 위험에 직면할 것이다.

---

* 재택 근무 방식을 기존의 대면 근무 방식과 조합하여 활용하는 기업이다. 이로써 직원들은 근무 장소·방식을 더 유연하게 선택할 수 있으며, 기업은 사무 공간 및 관리비 등을 절약할 수 있다.

'미국을 다시 관대하게 만들자'
– #GivingTuesday를 보다 임팩트 있게 하기 위한 약간의 조정

가장 최신 보고에 따르면 '기빙튜스데이GivingTuesday'는 전 세계에서 거의 25억 달러 이상을 모금하리라 예상되며, 다음과 같이 빠르게 갱신되는 실적들을 매년 거두고 있다.

- 3,480만 명이 24억 7천만 달러를 미국 비영리 단체에 기부했다.
- 2019년에 기록을 세울 당시에는 모금액이 34% 늘었다.
- 이는 진정한 글로벌 제네로시티global generosity 운동*으로, 150개국의 비영리 조직들이 이 행사로 혜택을 보고 있다.

이런 대단한 성과를 두고, 어째서 비영리 분야의 달력상에서 가장 큰 모금 이벤트를 가져간 이 컨셉에 대해 현장에서는 왜 계속 불평의 목소리가 나오는 것일까? 기빙튜스데이에 대한 우려를 분석하고 기빙튜스데이의 효율성을 향상시키기 위해 장기적으로 볼 수 있을 개혁들에 초점을 맞춰보자.

성장통? 그 배경을 살피면, 기빙튜스데이는 추수감사절 이후 시즌의 소비주의에 대한 대응으로 2012년에 뉴욕 92번가 Y**와 UN 재단의 파트너십으로 설립되었다. 최근 기빙튜스데이는 자체 조직을 만들었으며, 지금은 재단의 창립 파트너이자 92번가 Y의 혁신 및 사회적 임팩트 담

---

* 기빙튜스데이에서 진행하는, 사람과 조직의 힘을 발휘하여 지역사회와 세계를 변화시키는 전 세계적 '관용' 운동이다.
** 대담, 공연, 영화 상영, 강습 등 다양한 활동으로 유명한 미국 뉴욕 시 소재 커뮤니티 겸 문화 센터다.

당 이사였던 아샤 쿠란Asha Curran이 이끌고 있다. 이는 그룹의 흥미로운 발전상이며, 특히 '기빙튜스데이 데이터 콜라보레이티브GivingTuesday Data Collaborative'의 발전으로 섹터 전반에 실질적인 혜택을 가져다주리라는 것은 의심할 여지가 없다.

기빙튜스데이는 블랙프라이데이Black Friday*와 사이버먼데이Cyber Monday**의 자본주의적 성향에 대한 해독제이자 자선 기부 시즌의 완벽한 첫 단추다. 당신은 이런 장밋빛 색안경으로는 논쟁을 벌일 수가 없다. 그러나 사람들이 돈을 물 쓰듯 한 뒤 그들이 가장 좋아하는 자선 단체에 남은 얼마를 기부함으로써 물질주의적인 죄책감을 덜려는 기간의 마지막 순간에 이날을 두는 것보다 비영리 섹터가 사회에서 어떻게 보이는지를 더 잘 상징할 것이 어디 있겠는가?

2020년(심지어 코로나19 팬데믹으로 이전보다 열기가 식었는데도), 미국인들은 블랙프라이데이에 90억 달러를, 사이버먼데이에 108억 달러를 썼다. 그러나 기빙튜스데이에는 그에 비하면 변변찮은 정도만 돈이 모였다.

기빙튜스데이를 둘러싼 우려는 대체로 "뿌린 대로 거둔다"는 오래된 속담에 근거한 잘못된 주장이며, 이 행사 덕분에 수요와 공급 측면 모두에서 혜택을 가장 많이 받는 조직들에 의해 계속 반박됐다. 우리가 기빙튜스데이의 향후 임팩트를 파악할 때, 먼저 더 넓은 섹터에 혜택을 주기 위해 향상된 기능을 채택할 수 있는 이러한 영역을 인정하고 다뤄야 한다.

---

* 11월 중 넷째 주 목요일, 즉 추수감사절 다음 날로, 미국에서 연중 가장 큰 규모의 쇼핑이 이루어지는 날이다.
** 미국에서 시작된 마케팅 용어로, 블랙프라이데이와 함께 대규모 할인행사에 속한다. 추수감사절 다음 주 첫 번째 월요일을 뜻하는 사이버 먼데이는, 연휴가 끝난 후 일상에 복귀한 소비자들에게 온라인 구입을 유도한 데서 시작되었다.

연말 기부를 약화시킬 위험이 있다. 비영리 단체 중 28%는 연말 기부로 그들의 연간 모금액 중 26% 내지 50%를 채운다. 이때가 최대 기부 시즌임을 감안하면, 실제로는 더 큰 액수의 기부가 많이 이루어지는 시기인 것이다. 기존의 정기적인 기부자들은 기빙튜스데이에 정기적으로 추가 일회성 기부를 하고, 때때로 여러 번 기부하는 반면, 최대 130달러(모금 플랫폼을 전부 통틀어 최고 액수였다)라는 평균 기부액은 이것이 잠재적으로 대규모 기부금의 규모를 줄일 수 있으며, 그날의 기부액은 수많은 조직들에 분배된다는 추론이 가능하다. 여기서 해결책은 이메일 캠페인으로 대규모 기부 가능성을 이끌어내고 싶다는 유혹을 뿌리치고, 소액 기부와 연례 기부자들에게 초점을 맞추는 것이다.

대형 자선 단체가 여전히 혜택을 가장 많이 받고 있다. 기부는 전체 자선 기부 중 11%를 차지하는 100개 자선 단체(상위 0.006%)에 집중되고 있다. 더 넓은 범위, 더 많은 직원, 엄청나게 많은 홍보 예산을 갖춘 조직들은 이 행사의 주인공이며, 이들은 어수선한 상황을 돌파하고서 신규 기부자의 대다수를 확보할 수 있다. '기빙튜스데이'를 소셜미디어 사이트나 검색엔진에 '기빙튜스데이'를 쳐보기만 해도 이런 조직들의 영향력을 확인할 수 있다.

숫자가 늘 늘어나는 것은 아니다. 선을 좀 넘는 것처럼 보일지 모르나, 기빙튜스데이가 소규모 비영리 단체들을 위한 또 하나의 '골프 기금 모금가golf fundraiser'*가 될 위험은 확실히 있다. 모금된 기금의 규모 또는 신규 기부자 확보 대비 단체 직원들이 들인 시간을 반드시 각 캠페인이 끝날 때마다 진지하게 검토해야 한다. 예를 들어 직원 조합이 총 캠페인(회의, 기

---

* 특정 목적을 위해 기금을 모금하기 위한 골프 대회다.

부자 발굴, 미디어 홍보 등)에 60시간을 써서 1,500달러를 모금했다면, 그것은 유형(급여, 추가 광고비 지출) 또는 무형(시간, 자원봉사자의 지원 및 아웃리치)의 비용 측면에서 보아 가성비가 있는 일이었는가? 만약 그렇지 않다면, 소셜미디어에서 한껏 과시하는 것이 성공의 결정적인 증표가 되어서는 안 된다.

넘쳐나는 기회. 기빙튜스데이는 앞으로도 세계적인 운동으로 성장할 것이다. 그러나 'GDP의 3%까지 증가시킨다'라는 섹터 전반의 꿈을 실현할 수 있는 변혁 단계에 도달하려면, 그것이 제공하는 것과 접근하는 방식에 대해 다음과 같은 수정을 고려해야 한다.

- **조직 확대:** 앞서 본대로, 올해에는 전문성을 더하고 본질적으로 더 많은 사람들이 선행을 하도록 독려하는 단순한 아이디어에 초점을 맞추기 위한 공식적인 조직이 만들어졌다. 비록 이 조직이 이제 막 결성되었지만, 매주 기빙튜스데이를 앞두고 비영리 단체를 육성·양성할 지역 자원봉사 조직자들을 선발하고, 이 운동의 성장 가속화와 범위 확장을 위해 여러 전략적 파트너십을 개발하여 이러한 단체들이 현지화된 관점으로 유기적으로 성장할 수 있도록 지원하길 바란다(#ILGive 그리고 #GivingTuesdayCA 등을 생각해보라).
- **임팩트 활용:** 기빙튜스데이가 필란트로피 단체 및 기업 같은 파트너들과 연계해서 공동 기금을 이끌어내는 자원 개발 담당자들을 영입한다면 정말 좋을 것이다. 이 상시모금기금은 본질적으로 일종의 매칭 펀드처럼 작용할 것이며, 조직의 규모에 걸맞게 조정되기만 한다면, 기부자와 비영리 단체 모두가 참여할 수 있는 놀라운 인센티브를 제공할 수 있을 것이다.
- **추가 도구 공급:** 현재 기빙튜스데이를 지원하기 위해 쓰이는 주된 도구들은 성공적인 캠페인을 위한 힌트와 팁을 강조하는 블로그와 해

당 캠페인의 로고, 공유용 소셜미디어 이미지이다. 기빙튜스데이가 새로운 '기빙 랩Giving Lab'*의 연구 보고 활동을 촉진하기 위해 조직들에 무료로 제공하는 자체 모금 플랫폼을 만들고, 거래 수수료를 물리지 않으며, 더 많은 내부 데이터를 처리하는 것을 볼 수 있다면 참으로 멋질 것이다. 이런 식으로 이 연례행사는 더 투명하고 그럴듯하게 진행될 것이며, 테크 회사들의 이해 충돌이 발생하지 않을 것이기에 신규 비영리 고객들의 파이프라인을 개발하는 데 하루를 온전히 사용할 수 있을 것이다.

• 데이터의 민주화를 계속하기: 기빙 랩과 그곳의 데이터 커먼즈Data commons**는 데이터 필란트로피의 원칙에 대한 근본적인 헌신을 기반으로 만들어져야 하며, 이는 파트너들이 그 데이터 세트를 공유하고, 개인과 그룹이 그 데이터를 활용하여 우리 섹터와 그 봉사 대상인 지역사회를 개선하기 위해 사용할 수 있는 진정한 저장소를 만들어낸다. 해커톤이나 엑스프라이즈XPRIZE*** 같은 도전 과제처럼 파생된 이벤트들 역시 새로운 기빙 랩과 그에 따른 목표를 달성하기 위한 환상적인 보완재이자 자산이 될 것이다.

• 쉬운 이득과 속임수 피하기: 신생 조직일수록 다양한 과장 광고로 영향력이 미치는 범위를 넓히고 싶은 유혹에 빠지기 쉽다. 그들은 아주 멋진 인포그래픽을 만들어낸다! 그중 하나는 언제나 자원봉사 시간

---

* 영국 런던의 웨스트-센트럴 사우스워크(West-Central Southwark)의 사람들, 조직들, 기업들이 모여 지역사회의 건강을 증진하기 위한 아이디어를 공유하고 개발하는 지역사회 주도 기금이다.

** 파트너에게서 얻은 데이터를 정리·분석하여 그 결과를 주고받는 것이다.

*** 일정한 난제를 놓고 세계 각국의 도전자들이 해법을 내놓으면, 그중 우승자에게 거액의 상금을 주는 행사다. 일론 머스크 등이 출자한 엑스프라이즈 재단에서 진행한다. 2019년에는 교육 관련 주제를 내건 '러닝 엑스프라이즈'에서 한국인 대표가 이끄는 교육 스타트업 에누마(enuma)가 공동우승해 상금 600만 달러를 받았다.

의 가치인데, 이는 자연스레 시간과 재능 기부를 일의 중심으로 삼게 한다. 이는 기빙튜스데이가 기부 측면에 집중하고 전국 자원봉사 주간 같은 기존 인프라에서 지원 역할을 맡도록 도울 것이다(아, 그리고 캠페인을 예약하기 위해 #ThankYouWednesday 접근 방식을 시작하지는 말자).

• **날짜 바꾸기!** 축제 시즌을 둘러싼 소비주의(블랙프라이데이, 사이버먼데이, 명절 선물 관련 연례 세일 등)에서 행사를 분리하고, 한 해 중에서 기부가 가장 활발할 때와 가장 저조할 때를 고려하면 전통적으로 기부가 저조한 달에 촉매 효과를 발휘해 가장 필요한 시기에 새로운 기금이 유입될 수 있다. 그렇게만 되면, 우리는 이러한 움직임을 다음 단계로 끌어올리는 데 필요한 보편적인 동의를 보게 될 것이다.

기빙튜스데이는 이 행사가 열리는 달에 성공적인 변화를 이룰 수 있을 만큼 명성을 확보했다. 코로나19에 대한 긴급 대응 역할을 했던 별도의 전 세계적 기부의 날인 #GivingTuesdayNow는 미국에서만 온라인 기부로 5억 3백만 달러를 모금하는 등 크게 성공했다. 나는 이 결과를 보며 메인 행사를 변화시킨 것이 정말 대단한 성공으로 이어졌다고 믿게 되었다.

기빙튜스데이 운동은 최종 소비자에게 새롭게 초점을 맞춰 성장할 수 있도록 지원해주는 조직적인 인프라와 리더십을 갖춘 인재를 확보하고 있기에 앞으로 몇 년 동안 계속 키워 나가야 한다. 이 행사가 이제 기금 모금 계통에서 주요 요소가 되었다는 점을 고려하면(이 운동에 동참한 조직들을 위해 10억 달러가 넘는 기부금을 사용한다), 이 운동이 올바르게 관리되었을 때, 성공은 기정사실이 될 것이다. 만약 새로운 세법의 여파로 정체 상황이 발생할 가능성을 탐색하고, 세대 사이에서 막대한 부가 이동하는 상황에 직면하여 밀레니얼 세대의 기부 패턴 파악이 이루어진다면, 이는 또한 우리 시대에 미국인의 관대함을 보여주는 가장 큰 통로 중 하나로 역사에 남을 것이다.

어떻게 보든, 기빙튜스데이는 부정할 수 없는 성공을 거두었다. 기빙 튜스데이의 아이디어는 더 많은 기부자들이 그들이 신경 쓰는 '기부 명분cause'과 연결되도록 했다. 또한 전 세계의 지역사회를 위해, 그리고 지역사회를 대표하여 핵심적인 서비스를 제공하는 우리의 비영리 단체를 지원하도록 비영리 섹터를 활성화시켰다.

미래의 인물

에린 반스(Erin Barnes)
– 우리 지역사회를 위한 크라우드소싱(crowdsourcing)*의 힘과 열정과 참여

"자원봉사는 민주주의의 궁극적인 실행이다. 당신은 1년에 한 번 선거에서 투표한다. 그러나 당신이 자원봉사를 할 때, 당신은 살고 싶은 지역사회 유형에 대해 매일 투표하는 셈이다."

–마조리 무어Marjorie Moore

　지역사회에서 '투표'하는 일은 본질적으로 우리의 비영리 단체들, 학교들, 스포츠 클럽들 중 대다수에 매일 필요하다. 그러나 우리는 종종 이웃 차원에서 개인들의 보다 작은 '미시적' 행동들을 간과하며, 주변의 개인과 이웃이 시민으로서의 삶에 진입하고, 많은 사람들이 따르는 용감한 지도부가 되어 기존에 선출된 리더십의 교착 상태와 양극화를 돌파하도록 지원할 수 있는 기회도 마찬가지로 가볍게 흘려버린다.

　"건강한 민주주의는 우리가 살고, 일하고, 놀고, 기도하는 곳에서 어떻게 행동하느냐에 관한 겁니다"라고 아이오비와이ioby의 CEO이자 공동 설립자인 에린 반스는 말한다. "이는 우리의 비공식적 네트워크를 넘

---

* '대중(Crowd)'과 '아웃소싱(Outsourcing)'의 합성어로, 언제 어디서나 그리고 누구나 온라인 플랫폼으로 데이터를 수집, 정제, 가공, 검토 활동을 하는 것이다. 온라인 백과사전인 위키피디아(Wikipedia)가 대표적인 사례다.

어, 구성원 또는 우리 지역사회의 문턱을 넘어 능동적이고 깨어 있는 시민으로 거듭날 수 있는 능력입니다. 진정한 집단적 힘을 가진 존재는 기관이 아니라 개인입니다. 진정한 집단적인 힘을 가지고 있는 우리는 우리의 완전한 모습, 즉 어머니의, 아버지의, 직장인의, 이웃의 모습을 제대로 보여주어야 합니다. 선善을 위해 우리의 정체성을 되찾고, 진정성 있고 매력적이며 역동적인 방식으로 지역사회를 단결시키려면 말이죠."

에린은 아이오비와이ioby(in our backyards)*가 전형적인 크라우드펀딩 플랫폼이 아니라는 점을 재차 강조한다. "아이오비와이는 서로를 돌보고, 시민 참여를 옹호하며, 이웃들을 믿고, 이웃들에게 무엇이 최선인지를 아는 겁니다."라고 에린은 말한다. "우리는 지역 리더들에게 처음부터 현실적이고 지속적인 변화를 구축하는 데 필요한 자원을 크라우드펀딩으로 확보할 방법을 제공하여 우리가 사는 지역을 더욱 지속가능하고, 건강하며, 친환경적이고, 살기 좋으며, 활기차게 만듭니다."

에린은 11년 동안 아이오비와이에서 시민 참여에 대한 사람들의 공감대를 변화시키는 일을 해왔다. "우리 플랫폼은 사람들이 자기가 사는 곳에서 환경 활동을 지원하도록 장려하고 교육하려고 시작됐습니다"라고 에린은 말한다. "글로벌 이슈는 중요해요. 하지만 규모가 너무 커서 압도당하기 쉽죠. 자기 집 뒷마당을 돌아보지 못할 경우도 많고요. 예를 들어 인근에 나무를 심는 누군가는 그걸 환경 활동이라기보다 미화 활동이라고 볼지도요. 사람들이 그런 소소한 노력 덕분에 미묘하게 달라진 점과 더 큰 효과를 인식하도록 도울 수 있다면, 그것을 더 큰 흐름의 일부로 본다면, 우리는 새롭고 중요한 목소리를 평생 낼 수 있도록 해줄 수 있죠."

----

* '우리가 사는 데서는 돼'라는 의미다. 관용구 not in our backyards(우리 사는 데서는 안 돼)를 패러디하여, 이웃 공동체의 연대와 공동선을 위한 적극적 자세를 표방한 말이다.

그러나 2012년 슈퍼 태풍 샌디가 몰아쳤을 때, 아이오비와이는 지역사회의 회복력이 본질적으로 영리-비영리 섹터의 구분을 초월하며, 뉴욕이 어떤 문제들에 직면하더라도 계속 번영할 수 있도록 환경을 중심으로 하는 이니셔티브에만 초점을 맞추던 것을 넘어설 필요가 있다고 깨달았다. 이후 몇 년 동안 아이오비와이는 계속 성장하여 오늘날에는 변화를 위한 통로, 지역사회 및 크라우드펀딩의 코치, 그리고 본질적으로 훌륭한 아이디어와 그것이 실현되게 하는 에너지와 신념을 가진 사람들을 위한 모든 시민적 봉사 도구를 제공하는 단체가 되었다.

"미국 전역에서 지역 주민들은 빈곤이나 보건, 교육, 환경 같은 문제들이 자신들에게 어떤 영향을 미치는지 아주 잘 알고 있죠"라고 에린은 말한다. "아울러 그들은 그런 점들을 어떻게 해결할 수 있을지도 아주 잘 알고 있을 수 있어요. 그러나 동네 수준의 변화는 종종 하찮다, 소소하다며 폄하되죠. 그래서 이러한 시민 문제 해결사들은 필요한 자원이 부족하고, 손도 대지 못한 채로 있어요. 그 결과 그들의 노력이 제대로 진행만 되면 모두 이루어졌을 구체적인 개선이나 지역사회의 응집, 장기적인 관리 같은 것이 잘 이루어지지 않는 거죠."

아이오비와이가 미국에서 차세대 시민 혁신의 물결을 주도하리라 꿰뚫어본 오바마 대통령 부처의 지명에 따라, 2018년에 에린이 오바마 펠로우십Obama Fellows*의 창립 멤버가 된 점은 놀라운 일이 아니다. 그런 혁신은 전통적으로 투자가 가물었던 지역에서 계속 크게 이루어지고 있다. 이제 아이오비와이의 현장 사무소들은 미국 각지의 5개 도시에 있고, 현장에서 지역사회 조직가community organizer**는 새로운 리더들을 통

---

* 오바마 대통령 연구소에서 우수한 국제적 석학들에게 재정적 지원 및 사무실 공간·시설을 제공하는 프로그램이다.

** 이웃들끼리 혹은 동일한 문제를 가진 사람들이 공동의 이익을 위해 행동하도록 조직을 만들고 이끄는 사람으로, 조직을 확대하고, 대안을 제기하며, 건전한 조직 전

해 지역의 변화를 확인하고 지원한다. 이때 중요한 점은 새로운 리더들이 유색인이거나 아메리카 원주민이라는 것이다.

"유색인종 리더들은 기금 모금과 지원을 확보하기 위해 지금도 애를 먹고 있어요"라고 에린은 말한다. "특히 필란트로피 섹터에 있으면서 심각한 인종적 편견을 계속 목격한답니다. 조지 플로이드 George Floyd 살해 사건*으로 '양심의 위기'에 직면한 기관들이 많지만, 여전히 많은 변혁적인 아이디어들이 기금 지원에 대한 낡고 경직된 접근법에 따라 외면당하거나 무시당하고 있어요."

"많은 필란트로피 섹터가 결과 지향적이죠. 하지만 여기 아이오비와이에서는 그걸 다르게 해석합니다. 우리 프로젝트의 절반 가량을 BIPOC**가 이끌고 있는 상황에서, 우리는 결과보다는 리더들에게 더 큰 관심을 쏟습니다. 구체적으로, 그들이 지역사회 내에서 그들 자신과 자신들의 서비스를 어떻게 바라보는지, 필요할 때 얼마나 당당하게 목소리를 내는지에 대해 더 관심을 갖는 거죠." 이러한 접근법은 특히 지자체 수준에서 실질적인 변화를 가져온다. 그곳이야말로 필요와 공감, 자부심에 대한 깊은 이해와 함께 혁신이 이루어지고, "바로 여기서 시작하는 것이 세상을 바꾼다"라는 오래된 격언에 부합하는 곳이기 때문이다. 우리는 또한 이러한 접근법을 촉진하여 기금을 지역사회로, 훨씬 더 유연한 방식으로 이동시킬 수 있다.

"불과 몇 년 전만 해도 유색인종 리더들에게 기금을 지원하는 일은 급

략을 수립하고, 지도부를 모집하고, 기금 모금을 지원하고, 회원 회의를 운영하는 데 중점을 둔다.

* 2020년 5월 25일, 미국 미네소타 주 미니애폴리스에서 흑인 청년 조지 플로이드가 위조지폐 사용 혐의로 체포되던 중 경찰에게 살해당한 사건이다. 미국 전역에 격한 반응을 불러왔으며, 이로써 2012년에 트레이본 마틴 살인 사건으로 시작되었던 '블랙 라이브스 매터' 운동이 재개되었다.

** 'Black(흑인), Indigenous(원주민), people of color(유색인)'의 약자다.

진적으로 보였죠. 풀뿌리 집단에 기금을 지원하는 것도 너무 위험했고요"라고 에린은 말한다. "그러나 우리는 경험으로 이러한 집단들이 실제로 긍정적인 시민 변화를 위한 정답이라는 걸 배웠어요. 그리고 팬데믹이 우리에게 준 교훈이 있다면, 그것은 기금을 직접 지원하는 것이 우리가 이웃들 사이에서 보고 싶어 했던 변화를 가져온다는 점일 겁니다."

"기금 지원 모델은 계속 변화하고 있으며, 크라우드펀딩도 진화하고 있습니다. 조직들도 대담한 리더십을 보여줄 것이며, 이제까지 일반적으로 그랬던 것처럼 조직들이 자칫 자체적으로 나중에 모금을 받기 힘들어질까 봐 모험을 피하는 것과 달리, 새로운 프로젝트들과 소외당해온 집단들을 재정적으로 지원함으로써 오히려 이들을 지원하기 위한 자원 투입에 따른 리스크를 해소할 수 있지요."

변화의 바람은 우리 섹터에 마구 휘몰아치기 시작했다. 에린처럼 영감을 주는 동원 전문가는 새로 참여하는 시민적 자산의 임팩트를 증폭시키는 데 도움을 주고 있으며, 오랫동안 의사 결정 과정에서 배제당했던 시민들의 역량을 강화하고, 현재의 상황에 맞설 수 있는 힘을 키우기 위해 변함없이 헌신하고 있다.

글로벌 필란트로피
- 우리의 버블(bubble) 너머의 공유된 미래

2020년은 전 세계적으로 초현실적이었다. 코로나19로 인한 팬데믹이 한쪽에서는 미국이 무엇이며 이들이 무엇을 대변하는지에 대한 구조와 (논쟁의 여지가 있는 말이지만) 쇠퇴를 드러내는 동안, 다른 한쪽에서는 강력한 리더십과 집단 정신을 통해 비유적으로나 문자 그대로 그들의 형제자매를 보호하려는 노력으로 집결했다.

나는 올해와 이번 선거를, 고향 오스트레일리아에 있는 내 친구들과 가족들이 끊임없이 묻던 이 메시지와 함께 떠올린다. "대체 거기서 무슨 일이 벌어지고 있는 거야? 너도 이쪽으로 올 때가 된 것 같아." 그들이 뭔가가 잘못되고 있다는 걸 알아차렸다면, 우리는 왜 그렇게 못하는가? 그리고 왜 우리는 해외로 이전했거나 더 이상 재정적으로 실현가능성이 떨어지는 산업뿐만 아니라 미국의 구조 자체를 재건하기 위한 새로운 목적을 갖고 동지애로 나아가지 못하는가?

이는 미국의 미래에 대해 긍정적이지 않은 견해를 보여줄 수 있으며, 앨런 소르킨Slan Sorkin의 '뉴스룸The Newsroom'* 첫 회에서 제프 대니얼스

---

* 미국 정치 드라마로, 2012년 6월 24일에 HBO에서 첫 방영했으며, 2014년 12월 14일에 종영했다. 제프 대니얼스는 이 드라마에서 공화당 온건파이자 '뉴스 나이트'의 앵커 겸 편집장인 윌 맥어보이 역을 맡았다.

12장 시민사회 섹터의 집중 토론회(Charrettes)　　　　2　8　7

Jeff Daniels가 마이크를 떨구면서 왜 미국이 더 이상 세계 최고가 아닌지를 보여주는 수많은 통계자료들을 무시하려고 했던 명장면을 떠올리게 하지만, 내가 알기로는 다른 어떤 나라도 정치적으로나 경제적으로나 미국처럼 눈부신 복귀를 할 수 없다. 소르킨은 내가 도저히 할 수 없는 방식으로 이 세계적인 르네상스를 짚었고, 그 가감 없는 영광을 읊은 대사가 여기 있다.

우리는 옳은 일을 위해 일어섰다. 우리는 도덕적인 이유로 싸웠다. 우리는 도덕적인 이유로 법을 만들고, 법을 폐지했다. 우리는 가난한 사람들이 아니라, 빈곤 그 자체에 맞서 싸웠다. 우리는 희생했다. 우리는 우리 이웃을 돌봤다. 우리는 말로만이 아니라 실천했으며, 결코 후회하지 않았다. 우리는 위대하면서 거대한 과업을 완수했다. 경이로운 기술적 진보를 이루었다. 우주를 탐사했다. 질병을 치료했다. 세계 최고의 예술가들을 길러내고, 그리고! 세계 최고의 경제를 일궈냈다. 우리는 꿈을 크게 가졌고, 강건하게 행동했다. 우리는 지성을 갈구했고, 결코 지성을 경시하지 않았다. 그런 게 우리로 하여금 열등감을 느끼게 한 적이 없었다. 우리는 지난 선거에서 누구에게 표를 주었느냐로 스스로의 정체성을 확인하지 않았고, 결코 쉽게 겁을 먹지도 않았다. 우리가 이 모든 일을 할 수 있었던 것은 우리가 본을 받았기 때문이다. … 우리가 존경해온 위대한 사람들에게서 말이다. 어떤 문제든 풀어내는 첫걸음은 그 문제가 존재한다는 것을 인식하는 것이다. 미국은 더 이상 가장 위대한 나라가 아니다.

미국은 나와 내 가족에게 풍족한 기회를 주었다. 내가 만약 미국으로 이민하지 않았다면 나는 결코 필란트로피 섹터에 있지 못했을 것이고,

이 책도 쓰지 못했으리라 확신한다. 그러나 영국과 오스트레일리아를 거쳐 미국에 오면서, 나는 현재의 관행을 비판적으로 보고 다른 나라들이 동일한 문제에 어떻게 대처했는지에 대한 내 경험을 되돌아볼 수 있는 능력을 갖추게 되었다.

여기서 내가 제시하려는 사실은 미국의 필란트로피가 공동선을 증진하는 다른 방법들에 더욱 열린 자세를 취해야 하며, 그것의 내재된 버블 bubble을 넘어서 다른 나라들이 제공하는 교훈에 눈을 돌려야 한다는 것이다. 그것은 어떤 트렌드와 접근법이 효과가 있는지 살펴보고, 기존의 최선책에 얽매이기보다는 대안인 전략에 귀를 기울이며, 해양 보존, 자연재해, 새로운 트렌드(가령 10년 전 영국에서 비롯된 사회영향채권social impact bonds*) 이해와 같은 전 세계적 이슈들에 대해 협력할 의지를 보이는 것을 의미한다.

이제는 지금까지 이 책에서 소개된 내용들을 되새겨보고, 필란트로피가 지역사회를 변혁시키는 과정에서 어떻게 도움이 되는지 외부에서 살펴볼 때다. 그러기 위해, 크리스티안 시버트Krystian Seibert와 라일라 부카리Laila Bukhari의 생각과 경험으로 필란트로피적 관점에서 오스트레일리아와 사우디아라비아에서 있었던 진보와 접근법을 알아보자. 우리 이야기와 비슷한 면들이 여전히 몇 가지 있지만, 당신은 우리 눈앞에서 벌어지는 일들에서 감명을 받을 것이다. 그리고 궁극적으로 우리 지역사회의 고질적인 문제점들을 해결하기 위해서 대륙과 대륙을 넘나들며 힘을 합치는 필란트로피의 능력에 대해 희망을 갖게 될 것이다.

* '특정한 집단에 속한 시민들을 위한 사회적 결과를 개선하기 위한 파트너십'으로 정의된다. 이는 영 재단(Young Foundation)의 회장 제프 멀건(Geoff Mulgan)이 만들었는데, 첫 번째 사회영향채권은 2010년 9월 영국에 본사를 둔 '소셜 파이낸스(Social Finance Ltd.)'가 시작했다. 공공 부문이나 정부 기관과의 계약으로 특정 영역에서 더 나은 사회적 성과를 달성하기 위해 저축액 중 일부를 투자자에게 양도하는 채권이다.

그들의 깊은 지식, 미국에 구축해둔 강하고 확고한 네트워크, 그리고 무엇보다도 변화에 대한 그들의 열정을 보면, 크리스티안과 라일라가 여기 미국에서 파장을 일으킬 날이 머지 않았다. 그들은 분명 새롭고 역동적이며 다양한, 전 세계적 필란트로피계를 대표하는 사람들이며, 미국에서 국외 거주자들의 지원을 활용하기 위한 기반을 마련할 만큼 명석하면서도, 우리의 실책들에서 교훈을 얻을 만큼 뛰어나다. 우리의 다음 세대가 또 다른 '도금 시대gilded age'*에서 벗어나 진보와 파트너십을 통하여 우리의 이웃을 그저 뒷마당에 있는 사람들이 아닌, 공동의 목표와 가치관을 가진 협력자로 여기는 시대로 이끌 수 있기를 바란다.

변화의 양립성:
(미국) 필란트로피 트렌드에 채택하고 조정하기

나는 내 인생의 특별한 3개의 장(영국, 오스트레일리아, 미국에서의 생활)에서 얻은 경험의 혼합물이지만, 언제나 내 목소리에 진정성을 담으려고 했다. 누군가가 나더러 어디 출신이냐고 물을 때마다 정체성 갈등을 겪기도 했다. 나는 "글쎄요…"라는 말로 대답을 시작했고, 내 이력을 줄이고 잘라 15초 이내로 이야기하고는 했다.

3개국 출신이라는 것은 내 앞에 풍부한 기회가 펼쳐져 있다는 것을 알면서도, 우리 가족이 다시 이사하기로 결정할 때 나를 잡아줄 집과 지원 기반이 있음에도, 내가 커리어에 대한 위험에 늘 대비하도록 만드는 원인이었다.

---

* 1865년에 남북전쟁이 끝난 뒤부터 불황이 오는 1893년까지를 지칭하는 말이다. 당시 미국 자본주의는 급속히 발전했지만, 그만큼 물질주의와 사치, 허영, 빈부격차 등도 심해져서 소설가 마크 트웨인(Mark Twain)이 조롱하는 의미로 이 처음 사용했다.

제3부 제도를 새롭게 상상하라

그 문제를 놓고서 한참 고민했던 우리는 필란트로피에서 이상적인 종착점을 찾았다. 그러나 오스트레일리아에서는 이 섹터가 차지하는 면적이 상대적으로 작고, 미국에서 필란트로피 섹터를 역동적이고 적극적으로 만드는 구조가 그곳에서도 반드시 양립하는 것은 아니라는 점 때문에, 나는 '관심이 있는 방관자'의 입장에서 오스트레일리아 비영리 섹터의 발전을 지켜보고, 이제는 상원의원, 주 정부 총리, 그리고 여러 사회 운동들 전반에 걸쳐 주도자가 된 내 옛 동료들과 주기적으로 교류하면서 그들이 사회 개혁에 대한 새로운 접근법에 대해 생각하도록 격려하면서 세제 개혁에 대한 제3의 길도 건드리고 있다.

이 책에는 오스트레일리아 출신인 비범한 리더들도 많이 나오며, 그들 중 다수는 미국 재계·사상계 지도자들과 협업하고 있다. 그러니 어떻게 하면 미국의 필란트로피 섹터를 더 효과적이고 정의롭게 만들 수 있을지에 대해 우리 머릿속을 맴도는 모든 생각과 아이디어는 잠시 접어두고, 오스트레일리아 필란트로피의 미래를 더 깊게 들여다보자는 선택은 매우 당연했다. 그리고 더 아주 솔직하게 말하자면, 오히려 이 버블에서 눈을 돌리니, 우리가 그 어느 때보다 더욱 긴밀히 연결되어 있으며, 남들이 하는 일에서 한두 가지를 배울 수 있고, 반대로 그들에게 가르침을 줄 수도 있음을 자연스럽게 깨닫는다.

일단 간단하게, 오늘날 두 나라에서 제공하는 기부에 관한 최신 연구를 반영하는 통계 몇 가지를 살펴보자.

2015년에서 2016년까지 오스트레일리아 성인(전체의 80.8%) 1,490만 명이 12개월 동안 자선 단체와 비영리 단체에 총 125억 오스트레일리아 달러AUD를 기부했다. 1인당 평균 764.08AUD이며, 중위값은 200AUD다. 이에 대한 구체적인 출처는 「2016 오스트레일리아 기부 실태 조사Giving Australia」의 일환으로 실시된 개인 기부 연구다. 「2019 미국 기부 실태 조사Giving USA」에 따르면 개인이 기부한 금액은 총 2,920억 9천만 달러로 추산된다.

2018년도 자료에 따르면, 오스트레일리아 자선 단체들은 기부나 증여로 105억 AUD를 받았다. 오스트레일리아 자선 단체들이 모든 활동으로 확보한 액수는 1,554억 AUD이므로 기부와 증여가 차지하는 비중은 6.64%인 것이다. 이는 단지 자선 단체의 수치일 뿐이며, 「오스트레일리아 기부 실태 조사」에는 기타 비영리 단체의 상황도 담겨 있다. 미국은 기부나 증여로 총 4,277억 1천만 달러를 확보했다.

오스트레일리아 자선 비영리 위원회Australian Charities and Not-for-Profits Commission, ACNC에 따르면, 조직화된 필란트로피의 측면에서, 또는 일반적으로 '자선 신탁'이라 부르는 것과 민간/공공 보조 기금을 포괄하는 '구조화된 필란트로피'에서 말하는 것과 같은 경우, 2016년에 이러한 구조에서 기부한 가치는 비영리 섹터를 통틀어 일반적으로 '기금 지원액'이라 불리는 금액이 15억 3천만 AUD에 달했다. 2016년에 오스트레일리아 자선 단체들이 확보한 1,505억 8천만 AUD와 비교하면, 구조화된 필란트로피에서 확보한 기부금 총액은 너무 적어 보일지도 모른다.

또한 ACNC의 보고서에 따르면, 같은 기간 동안 정부의 자선 단체 지원금은 613억 5천만 AUD에 이르렀다. 2018~2019년도 연방 예산에 명시된 2016~2017년도 오스트레일리아 정부의 총 지출액 4,478억 AUD와 비교하면, 구조화된 필란트로피에 의한 기부금은 더욱 약소해 보인다.

구조가 매우 다르기에 맥락 비교를 너무 많이 하지는 않으려 한다. 하지만 나는 미국에서의 기부가 새로운 도금 시대, 그러니까 상류층의 시대를 예고하고 있으며, 필란트로피의 방식을 어설프게 손봄으로써 우리 사회에서 가장 부유한 사람들에게 주로 혜택이 돌아가고 있다는 점에 주목한다.

자선 단체는 오스트레일리아 정부가 생기기 오래 전부터 존재했지만 (1813년에 베네볼런트 소사이어티Benevolent Society 수립), 오스트레일리아는 비영리 단체, 스포츠 클럽, 기타 단체들을 통한 시민 참여의 전통이 탄탄했고, '메이트십mateship'*으로 이미 구체화된 사회 구조에 이를 보다 의도적으로 엮을 수 있는 기회도 가지고 있었다. 문제는 섹터 간 경계가 모호해지며, 학계, 정부, 비영리 부문이 실제로 하나의 단위로 일할 수 있는지, 각자의 역할과 방향을 이해하고 있는지, 그리고 그 연합 전선이 대중에게 신뢰를 심어줄 수 있는지의 여부이다.

필란트로피는 그 이상을 해낼 수 있으며, 우리 모두 이를 체험했다. 그리고 이것을 가능하게 하기 위해서는 여러 섹터들이 다학제적이고 다부문적인 접근법을 취해야 할 것이다. 주된 두 축은 학계와 정부로, 이 접근법에서는 이들이 각각 원인과 결과의 역할을 효과적으로 수행한다. 한편으로 학계에서는 미래 예측을 이론화하고, 그 효과를 연구한다. 이러한 조사 결과와 독자적으로 나온 제언 및 결론은 입법가들과 시민사회 섹터로 넘어가 토론과 논쟁을 거친 다음, (이상적으로는) 오랜 고민을 끝내거나 낡은 해법을 덮어버리고 현행 규정들을 확대하고 새로운 과정을 성문화한 뒤 광범위하게 적용하거나, 신규 프로그램 및 모금 등을 위해 새로운 법안으로 담아낸다.

이런 일이 한쪽에서 일어나고 있음에도 선출직 관료들과 필란트로피의 역할과 잠재력 간에는 분명히 단절이 있다. 나는 연방 의회와 캘리포니아 주 의사당을 방문하는 동안, 그리고 오스트레일리아 연방 의회에서 일할 때도 이러한 단절을 여러 번 목격했다.

그러면 앞으로 어떻게 이 간극을 메울 수 있을까?

나는 질문에 대한 답을 찾기 위해서, 이 모든 구조 안에서 일해봤지만, 미국 필란트로피와는 운영 생태계가 크게 다른, 미국 필란트로피의 버블 밖에서 온 사람과 이야기하고 싶었다. 그래서 나는 오스트레일리아

---

* '친구'를 의미하는 '메이트(mate)'에서 유래됐으며, 평등과 충성심 그리고 우정을 구현하는 호주의 문화적 관용어다.

의 멜버른에 있는 스윈번 기술대학교Swinburne University of Technology 부설 사회적 임팩트 연구 센터Center for Social Impact에서 산업 연구원인 크리스티안 시버트Krystian Seibert가 그의 생각을 내게 공유해주었을 때 무척 기뻤다.

내가 오스트레일리아에 살면서 일했을 때, 나는 자선이라는 게 유명인들과 스포츠 스타들 위주로 돌아가는 거라고 여겼다. 지역재단과 같은 조직화된 필란트로피 단체는 앵커 기관이라기보다는 비영리 단체에 더 가까웠고, 오스트레일리아는 1901년에야 연방 정부를 수립했을 정도로 오래되지는 않은 나라다 보니 대형 가족 운영 재단은 그렇게 두드러지지 못했다. 따라서 현재 전통적인 필란트로피를 대표하는 포드, 록펠러, 월튼처럼 많은 재산을 기부한 업계의 개척자가 오스트레일리아에는 없다.

이 사실은 그런 단체들이 사회에서 갖는 역할에 대해 내가 왜 근본적으로 불편함을 느끼는지를 설명할 수도 있을 것이다. 특히 광업계 거물들이 막대한 개인 기부를 하면 회의적인 쑥덕공론이 일고, 정부 정책에 어긋난다며 거의 악마화할 때 더욱 불편한지 말이다.

미국에서 산 지 10년이나 됐어도 나는 오스트레일리아에서 필란트로피가 진화하는 모습을 항상 관심을 갖고서 본다. 오스트레일리아가 우리보다 더 빨리 다른 나라의 수단과 접근을 채택할 수 있는 특별한 입장에 있음을 알기 때문이다. 또한 오스트레일리아에서의 필란트로피는 지난 수십 년 동안 급속한 세계화의 혜택도 누릴 수 있었는데, 미국으로 이주하여 큰 성공을 거둔 사람들이 베푸는 은혜를 활용하기 위해 미국에 재단을 설립하는 유명 대학교들(그리고 전 세계로 뻗어나간 자선 단체들)이 증가하는 것을 보기 시작한 것이다.

나는 오스트레일리아가 새로운 기부의 황금기를 촉진하는 보다 역동적인 세법과 문화를 만들기 위해 정부와 손을 잡는 '새로운 필란트로피'

의 청사진이 되어주기를 간절히 희망한다. 그리고 크리스티안은, 정부에서 일한 경력이 있고 필란트로피 오스트레일리아Philanthropy Australia의 정책 자문 단장을 맡았고(지금도 맡고 있으며), 현재 학계에 종사하면서 이 섹터의 오피니언 리더이기도 하니 아무리 생각해봐도 최고의 적임자이다. 크리스티안은 구조화된 필란트로피의 규제에 관한 박사 학위 과정을 밟고 있으며, 특히 재단이 국가의 규제를 받는 이유를 파고드는 중이다. 그의 작업은 이론만이 아니라 정책입안자들, 규제 당국들, 필란트로피 활동가들, 재단 직원들의 인식과도 관련되어 있다.

오스트레일리아의 필란트로피 정신은 고유한 특징이 있으나, 구조적으로는 미국을, 문화적으로는 영국을 중심으로 느슨하게 구성되었으며 공익을 위해 민간의 부를 활용한다는 개념을 가지고 있다. 이를 둘러싼 이들 간의 미묘한 차이는 현장의 사람들이 해결하려고 노력하는 것이며, 아울러 그것이 바로 앞서 언급된 기저의 긴장감을 형성한다.

누군가는 정부가 우리의 가장 시급한 모든 문제에 해결책을 제시할 필요가 있다는 견해를 가질 수 있다. 그러나 정부는 정의롭고 공평한 사회를 제공하는 데 있어서 독점권을 가지고 있지 않으며, 여러 다른 이념들이 서로 다른 시기에 변화를 주창할 경우에 정부는 중립적인 세력이 아니다.

필란트로피와 비영리 섹터 전반에 대해 요즘 어떻게 생각하느냐는 질문에 대해 크리스티안은 낙천적인 기질을 드러내면서 '둘 다 시민사회 구조의 일부로서 개인과 국가 사이의, 완전한 사적인 영역과 완전한 공적인 영역 사이의 중대한 영역에서 필수적인 역할을 한다'고 언급했다. 크리스티안은 말한다. "저는 지난 몇 년간 필란트로피 영역, 특히 오스트레일리아에서의 필란트로피의 경우, 현재 필란트로피가 어디에 있는지를 이해하고 어디로 나아가야 할지 생각하려는, 또 난제에 직면하고 어려운 토론을 마주하려는 자기성찰적이고 반성적인 의지를 보았습니다. 그러나 저는 동시에, 필란트로피 실천이 어떻게 바뀌어야 하는지에 대해 이야기하는 많은 옳은 말들에도 불구하고, 여전히 그 옳은 말들과 '행동의 일치'가 필요한 많은 영역을 보기도 했어요. 그렇기에 우리의 진전이 고무적이긴 해도, 여전히 할 일은 훨씬 더 많습니다."

학계. 학계는 많은 사람들이 인정하는 것보다 필란트로피 분야에서 훨씬 더 중요한 역할을 할 수 있다. 학계란 파트너를 구할 수 있다든가, 다음 행사를 열 때 손을 빌릴 만한 곳에 불과한 곳 정도가 아니다. 학계는 비영리 및 필란트로피 관련 연구로 그리고 종종 지역화되거나 특정 분야에 국한된 관점으로 우리 분야를 강화해주는 학자들, 교육자들, 실무 지도자들로 구성된 복합적 공동체이며, 이는 크리스티안이 말한 것처럼 우리 섹터를 강화하는 데 필수적이다.

이와 관련하여 학계는 다음과 같은 아주 중요하고 핵심적인 역할을 수행한다.

- **연구**: 연구는 무엇이 효과적이고 무엇이 효과가 없는지에 대한 증거 기반의 구축을 지원하고, 또 당면한 도전과 문제점을 파악하고 개념화하는 데 도움을 주며, 이에 대응할 방법을 분석하고 명확하게 설명해준다.
- **교육**: 교육은 시민사회 섹터에서 일하는 사람들의 역량을 강화하며, 교육을 이끄는 사람들도 마찬가지로 역량이 강화된다. 교육은 현재와 미래의 리더들 간에 지식과 기술을 배양해주며, 연구 결과를 실용화하는 데에도 도움이 된다. 그러나 교육은 학자들이 학생으로부터 배우기도 하는 양방향 과정이기도 하며, 이 과정은 사고의 진전과 모범 사례의 발전에 도움이 된다.
- **사회 참여**: 학계는 지역사회를, 정부를, 그리고 그 밖의 사람들이 필란

트로피와 비영리 단체의 본질을 이해하도록 돕는 중요한 시민 참여 역할을 수행한다. 학계는 사회 참여를 통해, 증거에 근거한 전문가로서의 자문을 정부에 제공하거나, 관련 분야의 사람들과 협력해 일할 수 있다. 또 학계는 이상적으로는 증거와 이론에만 그치지 않은 실제적인 정보에 기반하여, 필란트로피와 비영리 단체를 관찰하고, 논평하고, 면밀히 조사하고, 비평하면서 이들의 비판적인 친구가 될 수도 있다(이상적으로는 이론이 아니라 증거를 기반으로, 실무를 통해서 얻은 정보를 바탕으로).

마지막으로 주목할 점은, 학계의 공헌은 이론적인 근거만이 아니라 실무적인 근거도 있다는 점이다. 그래서 크리스티안은 자신의 역할을 설명하기 위해 내가 좋아하는 '실천학자pracademic'라는 용어를 사용했다. 그는 자신의 작업을 학계와 실무 현장 사이의 가교에 비유한다. 특히 자신의 작업이 다양한 섹터와 학문이 교차하는 곳에 있을 때 더욱 스스로가 가교의 역할을 하길 바란다.

크리스티안이 말한 이 작업을 앞서 언급한 학계의 핵심적인 역할의 측면에서 이해하기 위해서는 '실천학자'적인 접근을 활용하자. 이로써 일에 빠져들어 종사하기보다는 실천학자로서의 커리어를 이해하게 될 것이다.

• 연구: 크리스티안은 필란트로피 섹터의 본질과 직면한 도전, 그리고 필란트로피가 활용할 수 있는 기회를 이해하려고 노력한다. 크리스티안은 말한다. "저는 이 섹터의 정책과 규제 체계에 특히 관심이 있습니다. 그러나 제 관심은 여기에 국한되지 않죠. 제 일은 실무에 기반을 두고 있으며, 제가 어떤 일을 하든 이 섹터가 더 효과적이고 임팩트 있게 발전해나가도록 의미 있는 기여를 하고자 합니다. 개인적으로, 저는 현실과 동떨어진 추상적인 논쟁에 쓸 시간은 거의 없지

만, 이런 토론이 가치가 있다는 점도 인정합니다. 다만 그런 일은 '실천학자'로서의 제 일에서 중심이 될 수는 없을 뿐이죠."

- **교육**: 스윈번 기술대학교의 사회적 임팩트 프로그램 석사 과정에서, 크리스티안은 필란트로피 및 비영리 섹터, 그리고 기업의 사회적 책임과 의무 같은 영역에 초점을 맞춘 여러 과목들을 가르친다. "교육 Teaching은 제 일에서 핵심적인 부분입니다. 필란트로피·비영리 섹터는 거기서 일하는 사람들의 능력에 달렸으니까요"라고 크리스티안은 말한다. "그리고 차세대 섹터 리더들이 그들의 업무에 효과적으로 대처할 수 있도록 지식과 기술을 갖추게 하는 것은 제가 매우 중시하는, 절대적으로 중요한 일입니다. 그러나 저는 교육을 단지 제 지식을 전달하는 것으로만 보지 않아요. 교육은 일방적으로 이루어지는 것이 아니라, 학생들이 저로부터, 저도 학생들로부터, 저와 학생들이 실용적인 전문 지식과 경험을 공유하는 초빙 강사로부터 배우는, 교육은 우리 모두가 함께 배우는 여정입니다."

- **사회 참여**: 크리스티안은 말한다. "저는 필란트로피적이면서 비영리적인 섹터와 관련된 정책 논쟁에 열심히 참여하고 있습니다. 그리고 앞서 말씀드렸듯, 저는 이 섹터의 정책과 규제 체계에 대해 특별한 관심과 전문 지식을 가지고 있습니다. 저는 이게 중요한 일이라고 봅니다. 해당 섹터에 대해 잘 설계된 정책과 규제 틀은 효율성과 임팩트 발휘에 필수적이니까요. 그건 단지 면세 같은 문제뿐만 아니라, 예를 들어 정부와의 옹호 활동이나 협업 같은 접근법으로 개혁을 이룰 수 있는 해당 섹터의 능력에도 영향을 미치죠."

"이 일을 놓고 보면, 저는 스윈번 기술대학교에서 근무하지만 필란트로피 오스트레일리아의 정책 고문이기도 합니다. 필란트로피 오스트레일리아에서 저는 팀의 작업을 지원하는 일환으로 정책 옹호 활동과 관련한 전략적 조언을 해주고 있죠. 저는 또한 참여 업무의 일환

제3부 제도를 새롭게 상상하라

으로 언론 인터뷰와, 해당 센터 및 기타 출판물에 기사를 기고하는 일 등 공적 참여도 다수 하고 있습니다."

이 글에서 뒷부분에 주목하자. 우리는 자신의 작업이 현장에서 보다 매력적으로 받아들여지게 하기 위해 브랜드화하는 것이 중요하다는 걸 이해하는 신진학자들과 접촉하기 시작해야 한다. 전문 지식을 더 많은 청중과 공유하고, 필란트로피 및 비영리 섹터에 대한 이해도를 높이는 것이 학계 활동에서 더욱 중요한 측면이 되어야 한다.

정부. 나는 필란트로피 섹터에서 정부의 역할 그리고 정부가 어떻게 더 많은 정보를 얻고, 더 많이 연결되고, 섹터의 발전에 더 적극적으로 참여해야 하는지에 대해 적극적으로 주장해왔다. 이는 단지 명백한 파트너십뿐만 아니라 시민사회 발전이라는 의기투합으로도 가능하다.

같은 영어권 국가인데도 미국과 오스트레일리아는 수많은 점에서 서로 다르다. 이 차이는 기금의 마련과 집행 양방향 모두에 구조적인 어려움의 형태에 놓인 필란트로피에서도 기인되기도 한다. 따라서 필란트로피가 보다 효과적으로 이루어지게 하는 데 도움이 되는 입법적 변화가 하나 있다면, 그것은 무엇일까?

크리스티안은 제안한다. "재단이 필란트로피를 면밀히 연구하는 데 중점을 둔 조직에 연간 기금지원액 중 일부를 지원해야 한다는 요구 조항을 제안합니다. 소액이면 됩니다. 연간 기금지원액 중 1% 내지 2%를 기부하는 것입니다(따라서 어느 재단이 백만 달러를 모았다면 1만 달러 내지 2만 달러를 기부해야 하는 거죠). 이 기금은 기관(아마도 재단 자체)에 기부됨으로써 일반 운영 지원 같은 식으로 지원될 수도 있고, 조직들 및 개인들에게 특별히 지원될 수도 있을 겁니다."

무릎을 탁 칠 만한 대답은 아니다. 그러나 이 대답은 지역사회 안에서 어떻게 운영할 것인지에 대한 허용된 기준을 우회하는 방법보다는 이 섹터에서 파트너로서의 신뢰를 쌓을 필요가 있음을 보여준다. 그게 바로 '페어 딩컴fair dinkum*(이 낯선 오스트레일리아 속어는 무언가의 진실성을 강조할 때 사용되는데)'의 올바른 정의다.

필란트로피의 이점 중 하나는 정부와 기업이 하는 것과 같은 방식으로 책임을 지지는 않는다는 것이다. 즉, 이론보다 유연하고 민첩할 수 있다는 뜻이다. 그러나 크리스티안의 설명처럼, "저는 필란트로피 섹터를 비평하고 면밀한 분석을 하는 기관과 개인에게 기금을 지원한다는 측면에서, '책임성에 대한 투자'가 요구된다고 생각합니다. 비평과 분석은 건설적이고 증거에 기반하기만 한다면, 필란트로피를 더 낫게 만드는 데에 도움이 된다고 믿습니다."

이를 최우선적으로 추진하려면 이에 대한 건전한 정책 수립과 옹호 활동이 분명히 필요하다. 공공 정책은 미국에서 보다 중요해지기 시작했으며, 필란트로피 섹터는 마침내 자신들이 우리 지역사회에서 차지하는 독특한 위치와 목소리를 이해하기 시작했다.

크리스티안은 여기서 이렇게 말한다. "저는 필란트로피 섹터가 옹호 활동과 공공 정책에서 중요한 역할을 한다고 봅니다. 제가 필란트로피 오스트레일리아에서 전임으로 일할 때, 제가 이끌었던 업무 중 하나는 우리 현장 구성원들과 현장 전체가 이 공간에서 더 적극적으로 참여하고 모금하도록 격려하는 것이었습니다."

"저는 우리가 정부 그리고 정부의 한계를 현실적으로 바라봐야 한다고 생각해요. 그리고 우리 사회가 직면한 모든 문제를 정부가 해결해줄 수 있다는 순진하거나 과도하게 이상주의적인 사고방식을 갖지 않도록 주의해야 한다고 봅니다. 하지만 저는 여전히 좋은 정부의 힘을 굳게 믿습니다. 우리가 겪고 있는 많은 사회적·환경적 과제들은 정책과 정부

---

* '의심할 여지없이 좋다/진실하다'는 의미의 오스트레일리아 속어이며, 이따금 '승인'을 뜻하는 단어로도 사용된다.

관행의 변화로만 해결될 수 있어요. 시스템의 변화에 대한 이러한 접근법은 문제의 증상뿐만 아니라 그 원인을 해결하려는 노력에도 근거를 두로 있습니다."

이런 전체론적holistic 접근법은 분명 변화를 추진할 뿐만 아니라 정부에 책임을 물을 때 중요한 역할을 하는 비영리 단체 파트너들의 옹호 활동도 포함해야 한다. 그러나 그들이 목소리를 높이려면, 보조금 제공과 표적 연구로 논거를 뒷받침해야 하는데, 이는 민주주의에 기여하는 또 하나의 방식으로 필란트로피를 통해서 가능해질 수 있다.

크리스티안은 설명한다. "저는 그런 옹호 활동을 항상 찬성하지는 않습니다. 하지만 다원적 민주주의에서는 다양한 목소리와 아이디어가 논쟁을 벌이기 마련이죠. 이런 목소리와 생각의 상호작용, 그들 간, 또 정부와의 긴장은 대체로 좋은 것이죠. 그러나 저는 필란트로피 섹터가 당파적인 옹호 활동이라든가 캠페인에 기금을 지원할 수 있어야 한다고 생각하지는 않습니다(또한 자선 목적의 비영리 단체들이 그런 활동에 참여해서는 안 된다고 생각합니다). 그러나 자선을 목적으로 하며 당파적이지 않다면 더 이상의 제한이나 규제는 필요 없다고 봅니다."

시민사회 섹터가 정부에 책임을 묻는 것이 중요하다. 그러나 앞서 말한 대로 이해 부족 때문에 발생하는 필연적인 긴장감은 전략적 협력 관계로 극복할 수 있다. 우리 대화에서 크리스티안이 설명했다시피, 재단이 새로운 프로그램과 접근법을 시범적으로 시행하거나 임팩트를 미치기 위한 새로운 방식에 공동 투자하는 등 정부와 필란트로피 섹터 간의 전략적 협력에는 긍정적인 면들이 있다.

오스트레일리아에서 섹터를 초월해 이루어진 협력의 특별한 두 사례는 크게 고무적이며, 이는 새로운 공공-필란트로피 파트너십들의 모범이 될 수 있다.

1. **마랑구카**Maranguka **사법 재투자 전략:** 오스트레일리아 원주민이 주도하는 이 계획은 뉴사우스웨일스 주의 외딴 지역사회인 보크Bourke 시에서 발생하는 범죄, 투옥, 불이익 같은 문제를 해결하기 위해서 색다른 접근법을 취했다. 이는 오스트레일리아 필란트로피 수상식 Australian Philanthropy Awards에서 2019년도 최대모금액 상Best Large Grant award을 수상했으며, 현재 정부 투자를 유치하고 있다.

2. **아워 플레이스**Our Place **모델:** 멜버른의 동쪽 교외 지역인 도보턴Doveton 에서 처음 시작된, 교육에 대한 이 새로운 접근법은 높은 수준의 불이익을 겪었다. 정부와 필란트로피 단체 사이의 파트너십은 현재 빅토리아 주 전역의 다른 지역으로 확산되고 있다.

이처럼 성공적인 프로젝트들은 필란트로피가 어떻게 변화를 촉진할 수 있는지를 조명하고, 프로그램에 청신호가 주어지는 경우와 그렇지 못한 경우 사이에서 중간자 역할을 할 수 있다. 해당 섹터는 이런 프로젝트들을 찾아내고, 현지 대표자들 또는 적절한 정부 부처를 활용함으로써 가장 적절한 서비스를 제공할 수 있다. 4년마다 한 번씩 선거라는 허위 기금의 우상이 우리 섹터를 바라볼 때까지 기다리지 말고 적극적으로 나서자.

기업의 사회적 책임. 적어도 영리 섹터에 대해 언급하지 않았다면 내가 태만한 것이고, 이에 대한 근거가 당신을 놀라게 할 수도 있다.

크리스티안은 이렇게 말한다. "우리 경제 모델은 압박을 받고 있으며, 불안정한 일자리, 상당히 많은 '노동 빈곤층working poor'* 등의 주요 이슈들

---

* 임금·복지 차별 및 고용 불안 등으로 고통을 받는 비정규직 노동자들 및 임금과 복지가 대기업이나 중견기업 등에 비해 열악한 중소기업 및 영세사업장 등에서 일하는 정규직 노동자를 말한다. 아무리 열심히 일해도 빈곤에서 벗어날 수 없는 경우인 것이다.

제3부 제도를 새롭게 상상하라

이 있습니다. 그리고 저는 기업 이사회에서 직원 대표를 통해 직장 내 민주화를 향해 가는 것이 이러한 이슈 중 일부를 해결하는 데 도움되는 방식으로 기업 관행을 바꿀 수 있다고 생각합니다."

크리스티안에 따르면, 직장 내 민주주의는 일정 규모 이상의 기업 이사회에 직원 대표를 의무적으로 포함시켜야 하고, 직원 이사도 민주적으로 선출함으로써 이루어져야 한다. "저는 그런 협력 모델을 좋아하지만, 이사 중 대다수가 반드시 직원이어야 할 필요를 이야기하는 게 아닙니다. 단지 이사회마다 직원 이사가 적어도 1~2명은 있어야죠. 그건 딱히 혁명적이라고 할 수 없어요. 그보다는 점진적인 개혁이라 해야겠죠. 그게 잘못된 생각이라고 하는 사람이 있다면, 그런 사람과 논쟁을 벌일 준비가 되어 있습니다." 우리는 기업 거버넌스의 긍정적인 변화를 보고 있지만(예를 들어 주주 가치 극대화가 기업 이사의 유일한 책임이 아니라는 인식), 기업의 부를 만들어내는 주 원천인 직원들은 기업이 지속적으로 나아갈 방향 설정에 대해 일종의 의사결정권을 가져야 함을 주장할 수 있다.

크리스티안은 이렇게 덧붙인다. "저는 일반적으로 기업 이사회를 구성하는 사람들의 폭이 너무 좁으며, 그렇기에 직원 이사의 존재는 막대한 가치를 추가하고, 기업이 의사 결정을 내릴 때 실제로 더 광범위한 요소를 취할 수 있도록 하는 새롭고 색다른 관점을 제공할 것이라고 생각합니다. 우리는 종종 우리 사회에서 민주주의의 중요성에 대해 이야기하지만, 직장에서는 민주주의가 없어도 상관없다고 생각하죠. 우리는 미국 및 오스트레일리아 같은 나라에서 정치참여율이 낮고 회의주의가 커지며 불신 풍조가 깊어지는 '민주주의의 위기'에 대해서도 말합니다. 아마도 이 위기를 타개하는 방법 중 하나는 우리 사회의 다른 부분들에 민주주의를 주입하여 사람들이 주중의 시간을 많이 보내는 장소에서 민주주의의 혜택을 볼 수 있도록 하는 것입니다. 바로 일터에서요!"

지도부에 동료 직원이 들어가면, 그동안 현장 사람들의 의견을 무시하면서 의사결정을 내리는 지도부와 갈등을 빚어온 직원들이 반대로 기업에 대한 자부심을 갖게 될 것이다. 특히 기업 기부와 관련하여 그들이 내리는 작은 결정은 그들이 살고 일하는 지역사회의 필요에 대한 기업의 반응에 또 다른 공감과 이해를 더할 것이다.

시민 참여. 필란트로피에 대한 면밀한 조사는 해당 섹터에 어려운 질문을 제기할 수 있지만, 질문 제기는 책임감의 중요한 형태이며, 해당 섹터를 더 낫고 대응력 있게 만드는 데 도움을 줄 수 있다. 이 측면에서 섹터 미디어, 더 광범위한 주류 미디어, 학계, 평론가 등의 역할은 중요하다.

크리스티안은 나와 이야기를 나누면서 필란트로피에 대한 면밀한 조사가 야기할 수 있는 일부 일반화 문제, 즉 부정적인 면은 과장하고 긍정적인 면은 축소해서 바라볼 수 있음에 대한 우려를 표하기도 했다. "나는 필란트로피계 활동을 면밀히 조사하거나 비판할 때 일부 평론가들이 필란트로피의 실체와 정부의 이상을 비교하는 것을 우려합니다. 그건 제가 보기에 불공정하며 비현실적인 비교거든요"라고 크리스티안은 말한다. "우리가 비교해야 하는 건 필란트로피의 현실과 정부의 현실입니다." 정부는 선하고 긍정적인 변화를 위한 힘이 될 수 있으며, 실제로 종종 힘이 된다. 그러나 미국과 오스트레일리아 같은 곳에서는 (필란트로피와 달리) 민주적 책임이 있음에도 불구하고 정부는 잘못된 결정을 내린다. 포퓰리즘적 접근법이 기승을 부리는 가장 최근에는 국민들 중 일부의 지지를 얻고자 다른 일부를 억압하는 결정을 내리기도 한다.

"저는 정부가 집단 행동의 이상적인 형태라는 점에 동의하지 않습니다"라고 크리스티안은 말한다. "저는 정부의 구성이 매우 중요하고 실제로 필수적인 집단 행동이라고 보며, 우리의 많은 사회적·환경적 과제들이 정부 정책과 실행의 변화에 의해서만 해결될 수 있다고 봅니다. 그러나 정부는 오히려 시민들과 유리되어 있을 수 있고, 이론적으로는 책임을 져야 하지만 실제로는 꼭 그렇지가 않거든요."

민주적 참여에 대한 보다 폭넓은 개념인 정부 밖에서의 집단 행동 역시 중대한 역할을 맡고 있으며, (규모에 상관없이 필란트로피는) 그 핵심이다. 그렇다고 필란트로피가 완벽하다거나 나쁜 일(또는 우리가 나쁘다고 간주하는 일)을 하지는 않을 것이라는 뜻은 아니다.

"물론 그런 점에서 비영리 단체의 역할 역시 절대적으로 중요하지요"라고 크리스티안은 말한다. "그리고 어떤 면에서 그들은 민주주의의 폐를 채워주는 공기와 같다고 할 수 있어요. 그리고 필란트로피가 그 역할을 '제대로 하고 있는' 때라면, 필란트로피는 민주주의라는 폐에 공기를 채워넣도록 도움을 줘야 하죠."

"비영리 섹터와 관련해서는 그 역할과 가치가 그 어느 때보다 중요하다고 봅니다. 진부할 수도 있겠지만, 우리 사회는 분명 기로에 서있어요. 나라마다 당면 과제가 다를 수 있습니다. 그러나 비영리 섹터는 개혁의 일꾼, 논쟁과 집단 행동의 퍼실리테이터, 다양한 사람들이 사회적 과제에 대응하게끔 한데 묶는 수단으로서 중요한 역할을 합니다." 비영리 섹터는 특히 세계의 일부 지역에서 '시민사회를 위한 입지가 축소되는 상황'에 직면하여 '시장화'된 사회 맥락에서 (그리고 종종 시장 논리 그 자체 안에서 운영되는 동안) 어떻게 운동의 방향과 목적의식을 유지할 것인지, 정부, 기금 제공자, 기타 사람들에 맞서 싸울 때 어떻게 회복탄력성을 유지할지와 같은 다양한 과제를 안고 있다. 일부 국가에서 시민 참여가 감소하는 것은 이 섹터에도 영향을 미치고 있다. 오스트레일리아에서 투표는 법으로 강제되지만, 비영리 단체들은 어떻게 하면 더 많은 사람들을 그들의 과정과 활동에 끌어들일지, 그리고 새로운 방식으로 그렇게 할지에 대해 심각하게 고려할 필요가 있다.

필란트로피에는 시민 행동의 퍼실리테이터로서의 중요한 역할이 있다. 주민들과 그들이 속한 집단이 한데 모여 연합을 구축하고, 실험하고, 혁신하고, 다른 이들(정부와 기업 포함)에게 책임을 물을 수 있는 권한을 부여하면 변화를 위한 완전히 새로운 동력을 보게 될 것이다.

오스트레일리아 필란트로피의 미래. 필란트로피의 미래가 특히 이 책에서 제시하고 예측한 내용처럼 실현된다면, 이 미래는 전 세계적으로 동시에 구현될 가능성이 높다. 그것은 전면적인 변화를 개혁하거나 법제화하는 고된 작업(절대 완벽한 해결책은 아닌)이 아니라, 기존 구조들의 임팩트와 효율성을 향상시키는 '플러그 앤 플레이plug and play'* 방식이 될 것이다. 나는 크리스티안에게 우리 섹터에 임팩트를 미칠 가능성이 가장 높다고 보는 새로운 기부 방식에 대해 질문했다.

"저는 참여적 기금 지원이 많은 잠재력을 가지고 있다고 봅니다. 그것은 필란트로피를 민주화하는 데 도움이 되며, 의사 결정 권한을 지역사회와 해당 지역 생활 경험이 있는 사람들에게 줄 수 있죠"라고 크리스티안은 대답했다.

그러나 이제껏 대부분의 일들이 그랬듯이, 참여적 기금 지원의 이점에 대해 많은 대화와 합의가 있었지만, 실행은 거의 이루어지지 않았다. "저는 대형 재단의 경우 참여적 기금 지원에 대해 '안 된다고? 왜 안 되는 거지?'식의 접근법을 취해야 한다고 봅니다"라고 크리스티안은 말한다. "만약 그들이 기금 지원의 적어도 일부를 위해 그렇게 하지 않는다면, 왜 안 될까요? 무엇 때문에 안 될까요?"

그것은 영속적인 관점에서 공정한 지적이다. 그리고 이렇게도 질문할 수 있을 것이다. '지금 필란트로피 섹터는 얼마나 위험을 감수해야 하는가?'

---

* 컴퓨터에 프린터 같은 하드웨어를 연결하면 컴퓨터를 별도로 조작하거나 프로그램을 설치할 필요 없이 바로 사용할 수 있다는 뜻이지만, 지금은 '꽂기만 하면 사용할 수 있다'는 의미다.

제3부 제도를 새롭게 상상하라

"저는 필란트로피의 핵심 역할 중 하나는 '사회 변화를 위한 위험 자본risk capital*'을 제공하고, 조직들이 사회적·환경적 이슈들을 해결하기 위한 혁신적이고 새로운 접근법을 실험할 수 있도록 기금을 지원하는 것이라고 생각합니다"라고 크리스티안은 말한다. "저는 이 '발견' 역할(스탠포드 대학교의 롭 라이히Rob Reich가 표현했듯이)을 수행하는 것이 필란트로피가 사회에서 그 정당성을 유지하는 데 중요하며, 민주주의 안에서 필란트로피가 수행하는 중요한 기능이라고 생각합니다."

말하자면 필란트로피가 '반드시' 감수해야 할 적당한 수준의 위험 따위는 없다. 때때로 어떤 지역사회 집단이 장비를 보관할 새로운 창고가 필요한 경우, 재단은 그에 필요한 기금을 기부할 수 있다. 이는 위험하지도 혁신적이지도 않다. 그러나 그 집단에는 중요한 일이며, 더 넓게 보면, 풀뿌리 시민사회를 지원하는 일이다. 우리는 이런 일이 소소하다는 이유로 덜 중요하거나 비효율적이라고 치부해서는 안 되며, 오히려 조직과 문제의 원인별로 필요한 게 다르다는 점과, 상황과 맥락에 기민하게 반응하는 것이 필란트로피에 필요하다는 점을 인지하고 기억해야 한다.

크리스티안은 말을 이어 나갔다. "그러나 저는 필란트로피가 다른 사람들이 위험을 감수할 수 있도록 힘을 실어주는 쪽으로 방향을 더 틀어야 한다고 생각합니다. 제 말은, 더 많은 기금이 일반 운영 기금으로 제공되어 각 대상 기관들이 그 돈을 어떻게 쓸지 스스로 결정하는 경우를 더 많이 볼 수 있으면 좋겠다는 뜻이죠."

"저는 필란트로피에 전략적으로 접근하는 것을 좋아합니다. 가장 쉽게 말하자면, 필란트로피에 대한 전략적 접근은, 어떤 철학을 가지고, 어떻게 어떤 기금을 투입할지를 고려하는 것이죠. 하지만 동시에 저는 우리가 필란트로피를 지나치게 어렵게 생각하고 복잡하게 만들까 봐 걱정

---

* 투기 활동에 할당되어 고위험·고수익 투자에 사용되는 자금, 즉 투기성이 높은 투자를 위해 할당된 자금을 가리킨다.

합니다. 우리는 지나치게 범위가 좁고 세부 지침이 많은 보조금 지원 프로그램을 만들고, 기금 지원을 받으려면 허다한 단계를 통과해야 하며, 많은 의사결정의 문을 지나야 하고, 지원 희망 비영리 단체가 기금 제공자와 협의하면서 상대방이 제시하는 조건에 맞추기 위해 온갖 노력을 다하다 보니 오히려 전보다 어려워지도록 몰고 갈 수 있습니다. 그렇다고 해서 우리가 기금 제공자를 배제해야 한다고 말하는 건 아닙니다. 왜냐하면 저는 민감하고 사려 깊은 기금 제공자가 과정에 참여함으로써 실질적인 혜택을 제공할 수 있고, 실제로 제공한다고 생각하니까요. 하지만 동시에 때로는 기금 제공자의 관망이 더 나을 수도 있습니다."

그가 말한 마지막 포인트에서 잠시 멈추고 시간을 두고 관망이 더 낫다는 것에 대해 조금 더 깊이 생각해보자. '방관적 접근법hands-off approach'은 조금 더 확장된 범위에서 지속적으로 논의되고 있는 대화 주제인 신뢰 기반 필란트로피의 일부로서, 필란트로피 관련 기관들은 이 지점에서 조직과 기금 운용 방식에 대해 근본적 고민을 하고 있다. 궁극적으로 이러한 성찰과 재건의 단계에서 힘든 작업이 이루어질 것이며, 이를 통해서 가급적 단순하고 투명하며 포용적이고 책임감 있는 접근법이 추진될 것이다.

약 7년 전에 필란트로피의 세계에 들어온 이후, 크리스티안은 오스트레일리아에서 조직적인 필란트로피에 대한 논의를 추동하고 심화하는 과정에서 중추적인 역할을 해왔다. 크리스티안은 한정된 수의 재단들과 일자리들 때문에 기금 원조를 받기 위해 넘어야 할 장벽이 높다는 것을 알고 있었지만, 그는 이 책의 제3부에서 중점적으로 제시한 것과 아주 비슷한 생각에 이르렀다. 정부와 비영리 단체 등 이 분야에서 경력을 쌓을 준비를 하는 다양한 보완적 역할이 있다는 사실을 이해한 것이다.

"저는 필란트로피 섹터와 비영리 섹터에서 일하는 사람들에 의해 고무되었습니다"라고 크리스티안은 말한다. "그들은 미래를 만들어가는 과정의 일부니까요. 그들이 제가 그 섹터에서 같이 일하는 사람들이든, 학생들이든, 저는 단지 더 나은 세상을 만들고자 하는 그들의 열정과 열망에 큰 감명을 받았습니다. 이런 사람들과 함께 일하고 싶다는 생각에 이 섹터에서 일하기로 했고요."

나 역시 오스트레일리아 필란트로피의 미래가 기대된다. 아직은 다소 먼 미래지만 말이다. 이 글을 읽고 있는 다른 미국 사람들도 오스트레일리아에서 자신의 일을 함으로써 영감을 얻고, 기여할 수 있다. 특히, 해당 지역에서 영향력 있는 고등 교육 기관 및 기타 자선 사업에 초점을 맞춘 글로벌 기관의 기금 모금 전문성이 성숙해짐에 따라서 더욱 그럴 것이다. 내가 아는 것은 지금 오스트레일리아의 시민사회 섹터에서 일하는 사람들이 우리 모두를 위해 일하는 세상을 새롭게 상상하는 데 큰 역할을 할 것이라는 점과, 필란트로피가 우리 모두가 공유하는 미래를 만들어내는 데 보조적인 역할을 수행한다는 사실이다.

필란트로피를 통한 사우디아라비아의 비전
- 신앙과 금융의 관점

『쿠란Quaranic』에 규정된 신도의 의무 중 '살라트salat(기도의 의무)' 다음으로 중요한 의무가 '자카트zakat(개인이 매년 일정 비율의 재산을 자선 단체에 기부해야 하는 의무)'인지라, 이슬람교가 국교인 사우디아라비아에서 필란트로피가 기하급수적으로 증가하는 것은 당연하다. 이는 그 나라 국민의 정체성 중 상당한 부분을 차지하며, 이슬람 교리가 장려하는 기부(사다카sadaqah)에 더불어 각자 자신의 시간, 재능, 재산을 기부해야 한다는 강력한 의무가 있다.

일반적으로 사우디아라비아에서 일어나고 있는 일은 조직화된 필란트로피에 대한 흥미로운 사례 연구 대상이다. 모금의 구조적 요소들과 재단 설립 절차 등은 대체로 미국 것을 본뜨고 있지만, 이 지역에서 일어나고 있는 급속한 성장, 교육 및 세계화와 더불어 이 지역의 필란트로피 섹터를 구성하는 종교, 국가 및 특정 이슈별 요소들(어떤 경우에는 비영리 단체를 공식화하기 위한 어명御命을 의미한다)이 더해지면서 다른 나라들에서의 지속적인 성공을 위한 본보기도 되고 있다.

사우디아라비아에서 이루어지는 필란트로피를 다룬 「얼라이언스 Alliance」지의 특집에서, 한 컨설턴트는 현지 조사 여행을 마친 뒤 이 왕국의 전반적인 생태계에 대한 다음과 같은 통찰을 제공했다.

필란트로피 조직들에 기금을 지원하기 위해 기부금을 사용하는 방식은 이 현지 조사 여행에서 본 가장 혁신적인 관행이었다. 몇몇 지역(가난한 농촌 지역 포함)에 있는 재단들은 쇼핑 구역, 주거 건물, 약국, 병원 등에 기부금을 증여했으며, 그러한 투자로 발생한 수입을 관리비와 프로그램 관련 비용에 충당했다. 또한 보통 주머닛돈을 건네는 식으로 이루어지는 자카트 헌금은 아동 복지, 보건, 교육 등 특정 목적에 맞춰 사용되며, 어느 쪽을 우선할 것인지에 대해서는 수혜자들의 입장을 따른다.

아울러 하버드 대학교 케네디스쿨 부설 하우저 연구소Hauser Institute가 스위스의 UBS 은행으로부터 기금 지원을 받아서 실시한 연구에 따르면, 중동에 있는 필란트로피 재단들 중 약 4분의 3이 사우디아라비아에 집중되어 있는 것이 확인되었다. 이 재원은 전 세계적으로 가장 인기 있는 투자 분야인 교육에 매우 집중되어 있다.

사우디아라비아에 대해서는 많은 문화적 가설이 세워져 있다. 그러나 더 깊이 들어가 보면, 사우디아라비아와 같은 곳에서 여성, 청소년, 교육에 대한 태도의 변화가 시작된 때가 필란트로피가 국가 발전 과정에서 더 큰 역할을 맡기 시작할 때와 겹친다는 것을 알 수 있다. 이때란 지난 10년 동안 30개 정도의 대학교들(그중 24개는 공립이며, 대학생 중 70%가 인문사회과학

분야 전공자다)이 신설되고, 인구 중 3분의 1 이상이 25세 미만이며, 불과 한 세대 만에 세계에서 가장 높았던 문맹률(60%)이 반대로 가장 높은 문해율(95%)로 탈바꿈하는 때였다.

석유가 이런 성장을 뒷받침한 것은 사실이지만, 이 지역은 성장을 유지하고 그 추세를 계속 이어나가기 위해 (석유 외의 섹터들 중에서) 기술과 관광을 주목하고 있다. 인터넷 보급률이 가장 높은 10개국 가운데 상당수가 걸프 연안국들이다. 그 나라들은 휴대폰 가입률이 세계에서 가장 높은 나라들이며, (놀랄 일도 아니겠지만) 아랍어는 트위터 같은 소셜미디어 채널에서 가장 빠르게 성장하는 언어다.

이 모든 것이 가리키는 바는 화석 연료 의존적인 경제 체제에서 새로운 디지털 경제로의 전환이며, 새로운 목소리들이 그런 이행을 주도하고 있다.

이런 방향은 사우디아라비아의 석유 의존도를 줄이기 위한 전략적 틀인 '사우디 비전 2030'에 근거한다. 그에 따르면 신기술과 금융 서비스, 기업, 제품 개발 등으로 경제를 다각화하며, 보건, 교육, 관광 등 공적 섹터 서비스 개발을 가속화한다. 또 다른 중요한 목표는 보다 현대적으로 탈바꿈한 이 왕국의 이미지를 널리 홍보하는 것으로, 이로써 사우디아라비아는 전 세계적으로 중요한 경제대국 겸 디지털 강국으로 존중을 받게 될 것이다.

우리는 이미 이러한 변화에 따른 혜택을 목격하고 있다. 이러한 성공 사례 중 하나가 라일라 부카리Laila Bukhari인데, 마이크로소프트에서 근무했던 기술 부문의 스타인 라일라는 현재 코그니전트Cognizant*에 있다. 라일라는 주로 금융 섹터와 비영리 섹터를 비롯한 전 세계적 커뮤니티 (일반적으로)를 발전시키기 위해 더 나은 디지털 경험을 만들어냄으로써 사

---

* 미국의 다국적 정보기술(IT) 서비스 및 컨설팅 회사로, 현재 본사는 미국 뉴저지 주에 있지만, 전 직원 중 3분의 2 정도가 인도 첸나이 시에 있다.

용자들이 커뮤니티의 잠재력과 규모를 최대로 실감할 수 있도록 노력한다. 라일라는 또한 올해 G20 Y20* 실무 그룹 중 사우디아라비아 대표단의 일원으로 Y20 공동선언문 초안 작성(미래 적합성 부분에 집중하여)을 도왔으며, G20 청소년 대표단과 함께 일자리의 미래, 기술의 미래, 기업가 정신에 관한 청소년 중심 정책을 창출하고 협상하는 데 매진했다.

이 공동선언문은 Y20 공식 회의가 끝날 때인 2020년 10월 17일에 나왔으며, G20의 의장이던 '두 성스러운 모스크의 관리자' 살만 빈 압둘아지즈 알 사우드Salman bin Abdulaziz Al Saud 국왕의 서명을 받고 2020년 11월 G20 정상회의에서 공식 회람되었다.

라일라는 근본적으로 필란트로피를 보다 광범위하게 선善을 위한 구명줄로 여기면서도, 동시에 또한 그것을 사람의 삶의 질을 높이는 데 필요한 핵심 요소로도 본다. 이 가치관을 기반으로 라일라는 필란트로피가 무엇에 집중해야 할지에 대해 확실히 알고 있다. 바로 여성 대표성이다.

"지난 10년 동안 미국에 본사를 둔 애니타비AnitaB.org 재단, 여성 정보기술 전국 센터National Center for Women and Information Technology, NCWIT, 세계 기술 여성Women in Technology International 같은 비영리 단체들은 기술 섹터에서 여성의 다양성과 포용성을 높이기 위한 행동 촉구를 증폭시켰습니다"라고 라일라는 설명한다. "저는 커리어에 진입하는 단계나 중간 직위의 여성 대표성에서는 진전이 있었다고 보지만, 최고경영진에 든다거나 이사가 되는 차원에서는 갈 길이 아직 멀다고 봅니다. 고위직에서의 여성 대표성을 달성하기 위해서는 해당 섹터 전체가 동일 임금과 관대한 임신·육아휴직을 옹호하고, 떠오르는 여성 리더들을 위한 제도화된 스폰서십에 대해 표적 연구를 활용하여 권고하며, 기술 분야로 전향하거나 발전해나가려는 여성들을 대상으로 하는 기술 인증 제도와 관련해

---

* G20 정상회의와 함께 해당 국가들의 청년들이 모여서 전 세계적인 현안을 논의하고 공동선언을 발표하는 자리다.

제3부 제도를 새롭게 상상하라

기술 수준 향상 및 재교육 계획을 지원해야 하죠."

라일라는 이런 점에서 선도적 위치에 있으며, 기술을 활용하여 혁신적이고 투명한 방식으로 이를 실현하고 있다. "저는 젊은 인재들이 취업에 필요한 기술적 능력을 갖추도록 돕는 코그니전트 미국 재단Cognizant US Foundation 활동의 핵심인 디지털 기술 훈련 지원을 자랑스럽게 여긴답니다"라고 라일라는 말한다. "그리고 저는 필란트로피가 해결되지 않았을 수도 있는 문제를 해결하고 그로 인해 영향을 받는 사람들의 삶을 개선하는 데 도움을 주는 변화의 힘이라고도 생각하지만, 이에 앞서 필란트로피가 더 일찍부터 회사 문화, 학교 및 사회 봉사에 더 많이 녹아들 수 있다고 생각해요."

교육, 자동화, 그리고 증강 현실로 다른 사람들이 '자신의 미래를 볼 수 있게 해주는' 일도 성공과 변화를 위해 라일라가 접근하는 방식의 핵심 부분들을 구성하는 것으로 보이며, 라일라는 기업가들과 협력하고 있는데 이 기업가들은 태동하는 혁신 허브로 방향을 돌리는 것의 이점도 알고 있다. "필란트로피는 비전통적인 방법으로 기술에 더 많이 의존해야 합니다"라고 라일라는 말한다. "데이터 모델링과 증강 현실이 필란트로피 섹터에 어떻게 도움이 될 수 있는지에 대해 더 자세히 알아보고, 이상과 현실의 격차가 있는 곳에서 임팩트와 발전을 강조하며, 경제적 선진국이라면 자랑스러워할 디지털 변혁으로 이 왕국이 '사우디 비전 2030Saudi Vision 2030'*을 달성하도록 도울 겁니다."

라일라는 로보틱 처리 자동화robotic process automation, RPA**와 함께 증강 현실, AI, 머신러닝machine learning을 새로운 10년의 임팩트를 실현하는 열

---

* 사우디아라비아의 국가 변혁 프로그램으로, 2030년까지 경제적·사회적·문화적 다양화를 증대시키는 것을 목표로 한다.

** 기업의 재무, 회계, 제조, 구매, 고객 관리 등에서 데이터 수집, 입력, 비교 같은 단순하고 반복적이며 상당히 많은 업무들을 자동화해주는 소프트웨어 프로그램이다.

쇠로 꼽았는데, 특히 이런 기술들이 왕국이 전략적으로 기금을 지원하고 있는 금융 기술(핀테크fintech) 스타트업 붐과, 이로 인해 뒷받침되는 신디지털 경제를 보완하며 임팩트를 실현할 것으로 보기 때문이다.

"저는 핀테크가 새로운 모바일 결제 앱 및 소셜미디어와 더불어 필란트로피에 열정적인 개인들에게 새로운 '기부 채널'을 소개하리라고 봐요"라고 라일라는 말한다. "나아가 AI와 데이터 시각화는 숫자에 따른 임팩트를 기부자들에게 강조하고, ID2020 동맹ID2020 Alliance(법적 신분이 없는, 전 세계 11억 명에 달하는 사람들을 지원하기 위해 헌신하는 전 세계적 민관 협력 사업)과 같은 놀라운 협력을 일궈내는 데 있어 투명성을 높이는 길도 열어줬어요. 이는 마이크로소프트 애저Microsoft Azure*의 블록체인 기반 신분증ID의 프로토타입 제작에 대한 마이크로소프트, 액센추어Accenture, 아바나드Avanade 등의 협력인 것이죠."

라일라는 보편적이고 전 세계적 최저임금제, 기존 제공 서비스를 더욱 디지털화하는 방법, 그리고 그녀와 그녀의 여성 동료들이 지닌 담대한 리더십 특성을 모두 활용할 수 있는 방법들에 대해 생각하게 되었다. 특히 이 야심찬 나라(사우디아라비아)가 전 세계가 지켜보는 가운데 괄목할 만한 문화 변혁을 계속 모색하고 있을 때 말이다.

"제게 진정성, 회복가능성, 야망, 그리고 추구하는 대의와 이끌어야 하는 사람들에 대한 헌신은 제가 지금까지 해온 일의 특성입니다."라고 라일라는 말한다. "저는 제 나라와 국제사회 모두의 발전을 위해 더 많은 혁신과 더욱 긍정적인 임팩트를 미칠 수 있는 가능성을 매우 기대하고 있으며, 전 세계가 사우디아라비아를 단지 파트너로만 여기지 말고, 우리 세계의 이상을 위해 나아가는 리더로 여기기를 바랍니다."

라일라처럼 혁신적이고 포용적인 리더들이 돌격하는 것과 더불어, 그

---

* 마이크로소프트가 개발한 클라우드 컴퓨팅 플랫폼이다.

리고 전례 없는 세대 간 부의 이전이라는 궤적과 더불어, 이제는 과거의 차이를 넘어서 앞으로는 우리들 간의 공통점을 바라보고 인류의 미래를 위한 우리의 공동 목표를 향해 나아갈 때다.

제4부

다가올 격동의 10년

THE DECADE OF
DISRUPTION

13장

테이블이 필요하기는 할까?

나는 테이블에서 목소리와 자리를 더 마련하는 것, 새로운 목소리들이 회의에 기여하고, 회의를 주도하며, 분절되지 않도록 테이블을 재배치하는 것, 그리고 테이블을 뒤엎을 수 있는 방법에 대해 논의하면서 네 가지 기둥을 설명해왔다. 그러나 따져보자. 테이블 자체가 필요하기는 한가?

어쨌든 이 책은 코로나19 팬데믹, 블랙 라이브스 매터Black Lives Matter 운동, 2020년 대선과 더불어 사회적인 격변과 함께 우리 업무에 대한 공식적인 접근법 및 우리의 공동체들이 기능하는 방식을 이야기한다. 그리고 시민사회의 부정적 요소들을 극복할 잠재력은 우리 모두의 손에 달린 것이지, 우리가 오랫동안 권력자라고 인정해온 사람들의 손에 달린 것이 아니다.

'테이블'이 공식적으로 상징하는 것은 늘 중대한 의사결정이 내려지는 회의실이자 우리가 경력을 쌓고 싶어 하는 장소였다. 그러나 그것은 진정한 정의와는 관계없이 우리 공동체의 실제 이슈들을 간과하고, 능력ability이 아니라 역량capability에 점수를 주는 구식 능력주의meritocracy에 불과한 내러티브다.

기술은 경쟁의 장을 평평하게 고르고, 그곳에 참가하는 사람들의 수준을 높일 수 있는 잠재력을 갖고 있다. 기술은 10년 전에는 불가능하던 해결책을 구축할 수 있는 도구와 역량을 사람들에게 제공하고, 현재 눈앞에 펼쳐진 미래에 만족하지 못하는 개인, 집단, 정부에게 새로운 미래를 창조할 기회를 준다.

우리는 기술의 소비자에서 생산자로서 변모하며, 기술이 어떻게 작동하는지, 그리고 이것이 어떻게 세상을 개선할 수 있는지에 관심을 가져야 한다. 그리고 우리는 기회를 포착하여 기술이 소수를 위한 것이 아니라 공동선을 위한 기술이 되게 해야 한다.

우리는 기술을 우리의 일상생활에 성공적으로 통합시키기 위한 '통로들lanes'을 만들지 않으면 어떤 결과가 빚어지는지를 이미 보고 있다. 의도적이건 아니건, 부와 권력의 통합, 데이터에 대한 감시와 조작으로 인한 자유의 상실, 기술이 우리 민주주의에 야기한 모든 악영향과 같은 것들 말이다.

시민사회 섹터는 여기서 큰 역할을 한다. 이것이 바로 우리가 기술의 잠재적인 영향을 살펴보기 전에 정책적인 관점과 심리적인 관점 양면에서 기술 발전의 도덕적인 원리를 살펴볼 필요성을 설명하는 이유다. 그리고 이 지점에서 상황은 매우 흥미로워진다.

이 부분은 내가 이 책을 쓰면서 가장 좋아한 부분이었다. 그것은 내가 지평선 너머 무엇이 있는지를 보고, 무엇이 될 수 있을지 상상할 수 있게 해주었다. 금전적 이익만 따지기보다는 순전히 임팩트를 바라보고 선택지가 아니라 필연적인 변화로서 노동의 미래를 상상할 수 있게 해주었다.

이 마지막 기둥에서 부각된 떠오르는 리더들은 이러한 변화의 엔진룸에서 정책 환경을 구축하고, 기술을 개발하고, 대규모 필란트로피 투자를 통한 새로운 접근법과 솔루션을 신속히 찾아왔다.

당신은 나머지 장들을 읽으면서 로라 토마스코Laura Tomasko, 에프렘 바이서Efrem Bycer, 루비 볼라리아-시프린Ruby Bolaria-Shifrin의 업적들과 어떤 가치가 그들을 이끄는지에 대해 자세히 알게 될 것이다. 그리고 무엇보다도, 그들이 더 나은 내일을 위해 당신의 편에 서서 어떻게 싸우는지를 알게 될 것이다.

로라 토마스코 LAURA TOMASKO

로라는 어반 인스티튜트 Urban Institute 의 비영리 및 필란트로피 센터의 정책 프로그램 매니저다. 로라는 자선 기부와 임팩트 투자 관련 업무를 감독하고, 어반 인스티튜트의 연구가 실무자들, 옹호활동가들, 정책입안자들에 의해 두루 활용되도록 감독한다. 어반 인스티튜트에 들어오기 전에 빌 앤 멜린다 게이츠 재단에서 프로그램 부책임자였던 로라는, 필란트로피 센터를 위한 정책 및 데이터 역량 구축에 중점을 둔 모금 포트폴리오를 관리했다. 로라는 오바마 행정부 시절에 백악관 국내정책위원회에서 사회 혁신을 위한 선임 정책 자문 위원을, 환경품질위원회에서는 공공 참여부 차장을 역임했다. 로라는 그에 앞서 전국 필란트로피 협회 (재단 협의회 Council on Foundations, COF 겸 효율적인 조직들을 위한 기금조성자 Grantmakers for Effective Organizations, GEO) 뿐만 아니라 지역사회 기반 조직들인 중앙 뉴욕 지역사회 재단 Central New York Community Foundation 및 아동 지원 협회 Children's Aid Society 등에도 몸담았다.

에프렘 바이서 EFREM BYCER

에프렘은 우리 경제와 사회를 보다 공정하게 만드는 데 중점을 두는 초섹터 cross-sector 리더다. 지금 에프렘은 링크드인의 공공 정책 및 경제 그래프 팀 Public Policy and Economic Graph team 의 일원이며, 특히 직업 훈련 및 재취업 서비스를 통해 노동자들이 경제적 기회와 연결될 수 있도록 돕기 위해서 정부 기관들 및 민간 조직들과 일련의 협력 관계를 이끌고 있다. 에프렘은 링크드인에 들어오기 전에 정부가 애자일 개발 방법론agile software development*과 사용자 중심 디자인을 더 잘 활용하여 경제·인력 개발 역량을 향상시킬 수 있도록 코드 포 아메리카Code for America**를 이끌었다. 에프렘은 경제 개발, 인력 개발, 시민 참여, 디지털 정부, 공적 섹터 혁신 같은 분야들을 넘나들며 10년 이상의 경력을 쌓았다. 에프렘은 코넬 대학교에서 도시지역학으로 학사 학위를, 시라큐스 대학교의 맥스웰 스쿨Maxwell School of Syracuse University에서 MPA를 취득했다.

루비 볼라리아-시프린RUBY BOLARIA-SHIFRIN

루비는 챈 저커버그 이니셔티브Chan Zuckerberg Initiative, CZI에서 주택 구입 지원 프로그램housing affordability program을 관리한다. 파트너십 포 더 베이즈 퓨처Partnership for the Bay's Future는 CZI의 주택 투자 중 가장 큰 규모이다. CZI 입사 전에 부동산 개발 일을 하던 루비는 샌프란시스코의 파이브포인트Fivepoint(前 레나 어반Lennar Urban)에서 다세대 혼합 소득 개발 프로젝트를 관리했으며, JLL***에서 상업 부동산 분야의 일도 했다. 루비는 또한 남아프리카공화국의 요하네스버그 주택부에서 기존의 시범 사업을 현장에 맞게 조정하는 국제적 업무도 했다. 루비의 첫 경력은 환경, 공중 보건, 사회 정의 관련 비영리 단체에서 조직가로 일한 것이었다. 루비

---

* 소프트웨어 개발 방법론으로, 개발자와 고객 등 이해관계자들이 긴밀하게 협력하면서 반복적이고 점진적인 방식으로 고객의 요구에 정확하고 신속하게 대응하는 개발방법론이다.

** 미국 정부와 협력하여 주로 저소득 지역사회 및 소외계층에 소프트웨어 서비스를 제공할 수 있도록 지원하는, 501(c)(3) 조항에 해당하는 시민 기술 비영리 단체다.

*** Jones Lang LaSalle. 전 세계적인 종합 부동산 서비스 회사다.

는 캘리포니아 주립대학교 산타크루즈 캠퍼스에서 정치학 학사 학위를, UCLA에서 도시·지역 계획학 석사 학위를 받았다.

내가 '격동의 10년The decade of disruption'이라 이름 붙인 시기는 가상이 아니라, 실제 현실에 근거하고 있다. 스마트 계약smart contract, 3D 프린팅, 머신러닝 등을 비롯해 이 책의 다음 페이지부터 조명되고 고려될 내용 중 대부분은 2030년까지 주류가 될 것이다. 그리고 날아다니는 자동차가 밀스 온 휠스Meals On Wheels*의 새로운 운반 수단이 될 것이라는 식의 이야기는 하지 않겠지만, 그들의 첫 번째 시도에 불씨를 지필 몇 장의 비장의 카드를 던질 것이다.

변화가 다가오고 있다. 따라서 그러한 변화가 우리에게 강요되기보다는 우리의 일이 순조롭게 진행되도록 필요한 행동과 조치를 해야 할 것이다. 그러나 우리는 기계가 아니라 사람이라는 점을, 그리고 우리가 미래의 승리자가 되려면(나는 우리 모두 그렇게 될 수 있음을 안다) 우리 자신의 행복을 위해 시간을 들여야 한다는 점을 잊지 말자. 그것이 우리가 이 책을 잠시 멈춤과 성찰을 제공하는 베스 캔터Beth Kanter의 글(이 책의 후기)로 마무리하는 이유다. 번아웃Burnout은 현실이며, 회로를 태워 먹는 건 컴퓨터만이 아니다.

---

* 미국 정부의 복지 서비스로, 거동이 불편한 노인이나 장애인 등을 위해 집까지 무상으로 식사를 배달해준다.

현대적 생태계를 큐레이팅하기

좋은 일을 하도록 설계되고 구축된 시스템조차 편향성을 내포한다

2018년에 나는 파운데이션 온 더 힐Foundations on the Hill에 참석하기 위해 워싱턴 D.C.에서 열린 필란트로피 캘리포니아의 대표단에 합류했다. 파운데이션 온 더 힐은 재단 리더 수백 명이 연방 의회 의원들과 만나 필란트로피 활동과 관련하여 매우 중요한 이슈들을 이틀 동안 논의하는 모임이었다. 이 모임의 하이라이트는 당시 캘리포니아 주 상원의원이었던 카멀라 해리스Kamala Harris와의 만남이었다. 하트 시네이트 오피스 빌딩Hart Senate Office Building에 있던 해리스 상원의원의 사무실은 가장 많은 플래시 세례를 받은 곳 중 하나였는데, 건물 입구에서 가까운 데다 바깥에 놓여있던 '꿈꾸는 사람들 환영'이라 적힌 대형 표지판 덕분이었다. 그날 우리 중 15명 정도가 그의 사무실에 모였는데, 그중 다수는 우리 주의 지역 협회와 기타 저명한 가족 운영 재단의 CEO들이었다. 당연히 우리 모두는 이 미래의 미국 부통령에게 제기할 명확한 이슈를 가지고 있었다.

그 상원의원이 들어왔을 때 우리 모두는 큰 테이블에 둘러앉아 있었다. 서로 인사차 환담을 나눈 뒤, 그녀는 곧바로 당시 그녀를 골치 아프게 만들던 문제로 넘어갔다. 신기술의 코딩에 내밀히 포함된 편향성 관련 이슈들이었다.

우리 대표단 사람들 중 대부분이 당황했지만, 내 눈은 번쩍 빛났다. 이 사람은 그런 점을 꿰뚫고 있었으며, 필란트로피가 이러한 이슈를 다룰 핵심 요소임을 인식하고 있는 리더였다.

무의식적인 편향성에 대한 필란트로피 단체의 인식과 이해를 높이는 것은, 우리가 핵심 과정, 구조, 관계를 다루는 방법과 수단을 재고하고 개선할 수 있게 한다. 우리가 포용성의 가치에 대해서 자주 이야기하고 의식적인 수준에서는 공정하고 포용적이 되고자 하는 의도를 가지고 있다고 하더라도, 우리의 무의식적인 믿음은 우리가 이 섹터에서 할 수 있다고 생각하는 공정성과 포용성에 대한 실제적인 대처를 가로막을 수도 있다.

기술은 부지불식중의 편향성을 찾아내는 역할을 하고 있으며, 이미 지속적인 효과도 거두고 있다. 이러한 이슈들에 대한 내 경각심을 높인 이야기 중에는, 컴퓨터로 백인과 흑인 그리고 그들의 성격에 대한 핵심적인 묘사를 수십만 권의 책에서 검색한 연구가 있다. 검색 결과 긍정적이든 부정적이든 우세한 경향성이 발견되었다(그 점에 대해서는 누구나 따져볼 수 있을 것이다). 오퍼튜니티 어젠다Opportunity Agenda(뉴욕의 사회 정의 커뮤니케이션 연구소)를 통해 한 토론회에서 제시된 이러한 연구 결과들은 미국의 스토리텔링과 역사에 대해 더 비판적으로 생각하고 분석하도록 자극했다. 이들은 또 내 관점과 태도를 바꿔놓았고, 과거의 중대한 순간들에 대한 나의 서술 방식을 명확히 하고, 이의를 제기할 수 있게끔 도왔다.

그러나 기술이 우리의 이해를 향상시킬 수 있는 영역에서는 이러한 발전이 사회에 미치는 법적·윤리적·경제적 영향에 대한 더 광범위한 논의와 탐구가 필요하다. 예를 들자면, 아마존의 실패한 AI 프로젝트는 최고의 인재를 발굴하고 채용하는 과정을 혁신하기 위해 지원자의 이력서를 검토하는 프로그램을 개발하고 있었다. 1년 뒤, 새로운 시스템이 성별에 편향된 방식으로 지원자들을 선별하고 있음이 드러났다. 기본적으로, 아마존의 컴퓨터 모델은 10년 동안 기업에 제출된 이력서들의 패턴을 관찰하여 지원자들을 조사하도록 학습되었다. 다양성이 확립되지 않은 업계에서는 '남성'이라는 점이 이상적인 직원(지원자)의 지배적인 필수 조건이었다. 또한 이 학습된 방법론으로 '여성women'이라는 표현이 포함된 이력서를 적극적으로 감점하여 평가했다. 그리하여 모든 여대 women's college 졸업자들이나 여성 STEM 전공자 모임 또는 로봇공학 모임의 주장들마저 부당하게 평가절하를 당했다. 이는 당연히 해리스 상원의원의 피를 끓게 만들었을 것이다.

앞으로는, 기술이 사회를 위해 할 수 있는 일에만 관심을 쏟는 것은 윤리적으로 무책임하다. 기술이 무엇을 해야 하는지(그리고 하지 말아야 하는지)를 묻는 것도 중요하며, 우리의 디자인씽킹에 즉시 안전장치를 도입하는 것도 중요하다.

기술(더 구체적으로는 AI 및 기타 강화된 학습 패러다임)은 우리의 사고와 미래 계획의 선두에 있다. 그리고 기술은 사람이 혼자서 할 수 있는 것보다 많은 일을 더 빠르고 더 효율적으로 수행하지만, 고려해야 할 윤리적·사회적 영향은 남아 있다.

예를 들자면, 어떻게 AI가 인류 발전에 이로운지, 해롭지는 않을지 보장할 수 있을까? 조작되고 남용될 소지가 있는 기술을 개발하면서 뜻하지 않은 결과를 간과한다면 어떻게 될까? 새롭고 정교한 시스템과 애플리케이션의 목표는 우리 세계를 개선하는 동시에 보호하는 기술을 만들어내는 것이어야 한다.

기술 자체는 선하지도 악하지도 않지만, 중립적이지도 않다. 기술은 자기를 설계하고, 학습시키고, 사용하는 인간들의 편향성을 반영한다. 워싱턴 D.C.에서 있었던 저 대화에 참석했던 우리 중 누군가가 거기서 어떤 교훈을 얻었다면, 그것은 우리가 이 새로운 기술들이 가져올 변화들을 더 잘 이해하고, 그러한 변화가 어떻게 전개될지를 예측하며, 이로 인해 발생할 피해나 예기치 못한 결과를 완화하면서 여전히 그 혜택을 활용해야 한다는 사실일 것이다. 그리고 우리는 지금도 이 모든 것을 수행해야만 한다는 것이다.

필란트로피 단체는 이러한 세대적인 난제 해결을 지원하기 위해 학계와 협력하고 보조금을 제공해야 한다. 내가 함께 일하고 있으며 (내 편향성에 따라) 내가 기쁘게 여기는 프로그램으로 오스틴 소재 텍사스 대학교의 '굿 시스템 이니셔티브Good Systems initiative'가 있다. 이 프로그램은 AI 기반 기술을 평가, 개발, 구현 및 규제하기 위한 프레임워크를 구축하며 인간적 가치를 핵심으로 반영한다.

AI는 우리가 살고 일하는 방식을 (대체로 더 낫게) 변화시키고 있지만, 우리가 예기치 못한 방식으로 폐해를 유발할지도 모른다. 사회에 유익한 AI 기술을 설계하는 것은 아무리 힘겨워 보일지라도 우리 사회와 경제를 떠받치는 모든 기둥들(시민사회 섹터를 포함하는)에 고귀한 도전이 될 것이다.

연구개발R&D과 오픈데이터:
필란트로피 지식, 교훈, 학습을 위한 저장소

나는 필란트로피 섹터에서 일한 첫 주에 샌디에이고 재단의 문서 보관소에 들어가던 일을 아직도 기억한다. 라벨 없이 봉인된 수많은 상자들이 바닥에서 천장까지 그 독특한 골판지 특유의 갈색이 바래지면서 생겨난 모든 색조로 모자이크를 이룬 걸 봤다. 갈색으로 바랜 상자들의 색깔은 먼지, 또는 그 상자가 처음 누군가의 책상 위에 있을 때 창문으로 쏟아진 햇빛 때문에 더 어두워졌을 것이다. 나는 깨달았다. 이 상자들에는 우리 지역에서 쓸 수 있는 가장 독창적이고 풍부하며 선별된 자료들이 포함되어 있다는 사실을 말이다. 이 중에는 3만 명이 넘는 주민들을 대상으로 설문조사를 실시하고, 4가지 주요 지표(일자리와 경제, 문화 및 지역사회의 편의시설, 주택과 환경과 이동성과 생활비, 교육과 학습)에 걸쳐 수많은 제언을 제시하는 비전 문서인 『우리의 위대한 샌디에이고 비전Our Greater San Diego Vision』의 인쇄본 수백 부도 있었다. 『우리의 위대한 샌디에이고 비전』은 기억하기 쉬운 WELL(일Work, 즐김Enjoy, 삶Live, 배움Learn)이라는 약어가 부여되었고, 샌디에이고 재단이 시민 참여의 세계로 나아갈 새로운 길을 구축했다.

그리고 몇 년 동안은 그랬다. 하지만 WELL의 출시가 실패하자 지역사회의 주목을 피하기 위해 조직의 마케팅 부서로 편입됐다. 내가 두 번째 생명을 불어넣고 싶었던, 문서 보관소에 쌓여 있던 보고서의 수는 이 사실을 꽤나 상징적으로 보여주었다. 알고 있겠지만, 재단은──그들의 모든 자금, 범위, 영향력, 잠재력 등──거의 모든 것에 자신들의 로고를 붙이고, 지역사회로부터 자신들의 조직에 대한 친화도를 확인하며 도파민을 얻고, 그들이 모든 시민 동향의 최전선에 있음을 증명하기 위해 관련한 언론 보도 자료를 발송하는 경향이 있다.

이는 '오, 좀 다르네' 정도의 이야기일 수도 있다. 인내심을 갖고 장기적으로 공감대를 형성하면서 협력적인 장기 변화를 이끌어낼 수 있다는 사실을 이해하는 단체를 상상해보라. 보고서를 변화에 대한 1년 내지 3년 동안의 대화를 위한 촉매로 사용하고, 그 결과와 권장 사항을 교육하고, 홍보하며, 실행할 수 있도록 지원하는 재단을 상상해보라.

알고 있겠지만, 이 보고서들이 상자에 처박힌 데에는 이유가 있다. 그 보고서들은 현실적인 과정보다는 당장 눈에 보이는 방향에 몰두했다. 그 보고서의 투자 수익률ROI은 시민사회 섹터 전반에 걸쳐 충분히 활용될 수 없었다. 또한 성공에 대한 책임 요소가 있는 전략적인 계획의 일부도 아니었다.

보고서의 효율성을 다양한 지표(가령 보고서의 배포 범위, 지역사회에서 발견될 결과가 활용되는 데 따른 영향)에 따라 평가하는 필란트로피 단체나 기관이 설립되면 좋을 것이다.

이에 대한 질적·양적 사례로는 언론 보도나 학술 논문에서 인용되었는지, 보조금 신청 시 핵심 데이터 세트들이 강조되었는지, 또는 그 결과가 정부 정책 변화의 기반이 되었는지 등이 있다.

이 보고서들은 단지 선반에서 자리만 차지하고 있었기에 아무에게도 도움이 되지 않았다. 연구와 데이터에 대한 접근과 채택은 비영리 단체가 마음대로 사용할 수 있는 자산 중 활용도가 가장 낮은 자산 중 하나다.

중대한 시민 요구 사항에 관한 연구 보고서를 작성하는 데 시간과 자원을 투자한다면, 다음과 같은 다양한 방법으로 그 콘텐츠를 최대한 활용해야 한다.

- **배포**: 보고서 사본을 마치 행사 소품마냥, 딜러가 도박 테이블에 카드 늘어놓듯 주르륵 늘어놓지 마라. 해당 이슈들을 정면에서 다루고 있는 지역의 선출직 공무원들과 조직들에 사본을 배포하라. 여기에는 기업들과 비영리 조직들이 모두 포함된다.
- **참여**: 매월 또는 분기마다 '솔루션 시리즈'를 만들어 리더들과 지역사회가 보고서에 나온 이슈들과 권장 사항들에 대해 적극적으로 토론하게 하라. 탄력이 붙으면 행동을 이끌어낼 수 있다.
- **접근성**: 웹사이트에서 눈에 띄고 찾기 쉬운 공간에 다운로드가 가능한 복사본(비밀번호로 보호되지도 않고, 회원 등급에 따라 제한되지도 않은 것)을 올려두라. 인쇄 선택지도 덧붙여서!
- **콘텐츠 제작**: 백 페이지짜리 보고서로 1년 동안 소셜미디어 채널을 충분히 홍보할 수 있을 정도로 많은 콘텐츠를 생성할 수 있다. 이를 블로그 게시물로 발췌해 활용하거나, 새로운 시각을 담을 수 있게 공저

자를 섭외하고, 영상화하고, 6개 에피소드로 이루어진 테마 팟캐스트를 만드는 등 응용 가능성은 무한하다.

　캔디드Candid의 일부인 이슈 랩Issue Lab이 이에 대한 좋은 사례다. 이 기관은 7,500개가 넘는 조직들이 발간하는 3만 종에 가까운 출판물들과 보고서들을 수집하고 취합하여 웹사이트를 통해 무료로 제공한다. 이는 모두 단순한 검색창을 통해 이루어지며, '오픈 포 굿Open for Good' 캠페인에서 후원받는다. 이 오픈 포 굿 캠페인은 여러 재단들이 공동으로 각자의 보고서와 연구 결과 및 궁극적으로는 해당 분야와 지역사회 모두를 위해 지식을 공유하도록 장려한다. 이는 무엇보다도 학습 도구인데, (이슈 랩 측의 적절한 설명을 빌리면) "우리 모두는, 특히 매년 50억 달러가 넘는 기금이 지급되는 투입물과 산출물에 대한 내용을 포함해서, 모두 서로에게서 배울 수 있기" 때문이다. 이슈 랩은 바Barr 재단에서 이와 비슷한 '지식 센터'라는 이름으로 검색 가능 도서관의 기본 요소도 구축했는데, 이는 보다 광범위한 지역사회 기반 데이터 저장소의 중요한 청사진이 될 수 있다.

　필란트로피 활동은 모든 보고서들과 평가서들을 공개함으로써 이 문제에 대해 앞장설 수 있고 또 앞장서야 하지만, 이 섹터는 또한 궁극적으로 주민들이 공동의 이익을 추구하기 위해 활용할 수 있는 '데이터의 모체mother lode of data'*를 보유한 도시들과 협력할 수 있는 기회를 모색해야 한다.

　일부 대도시들에서는 혁신을 촉발하고 더 나은 의사 결정이 이루어질 수 있도록 정보를 제공하기 위해 오픈데이터open data** 포털을 통해서 이

---

* mother lode는 특정 물품 등을 대량으로 공급하는 장치다. 여기서는 데이터베이스 database를 말한다.
** 누구든 자유롭게 사용하거나 재사용하면서 재배포까지 할 수 있는 데이터다.

문제를 해결하고 있다. 그러나 '보다 완전하고, 공정하며, 효과적인 민주적 참여를 가능하게 하기' 위해 시민 기술과 오픈데이터를 활용하여 투명성을 위해 싸우는 조직인 선라이트 재단Sunlight Foundation은 현재 20개에 달하는 핵심 구역에서 오픈데이터 정책을 시행하는 백 개가 넘는 도시들, 국가들 및 주들 중에서 고작 36개만이 지역사회에 보탬을 주었음을 밝혀냈다.

토큰 해커톤token hackathon과 학생들의 앱 개발 계획을 뛰어넘는 것을 목표로 주요 관계자들이 이에 대해 더 폭넓은 논의를 하는 것이 좋을 것이다.

물론 이러한 이니셔티브들도 나름 기특하고 패기만만하지만, 이들은 정면으로 가장 큰 이슈를 해결하려고 하거나, 지역 스타트업에 의해 상업적으로 데이터를 재포장하는 것 정도를 넘어 지역사회에서 활용될 수 있는 솔루션을 구축하고 있지는 않다.

런던의 왕립 예술 협회Royal Society for the Arts CEO이자 토니 블레어Tony Blair 전 총리의 정치 전략 관련 수석 자문 위원을 지냈던 매튜 레일러Matthew Taylor는 "도시는 시스템처럼 생각하고, 창업가처럼 행동해야 한다"고 주장함으로써 이 문제를 완벽하게 요약했다.

이 주장은 브루스 카츠Bruce Katz와 제레미 노웍Jeremy Nowak이 쓴 『새로운 지역중심주의The New Localism』의 기반이 되었다. 이 책은 포퓰리즘의 시대에 도시들이 번영할 수 있는 방법을 모색했다.

궁극적으로, 우리는 데이터를 단지 활용 가능하게 하는 데 그쳐서는 안 된다. 데이터는 기준 지표 중 가장 기초적인 것이기 때문이다. 그보다도 우리는 시 의회에서 급여를 받는 연구개발 팀을 통해서 적극적으로 연구에 뛰어들어야 하고, 이러한 노력을 지원하기 위한 연구보조금을 적극적으로 탐색해야 하며, 우리 도시를 더 나은 곳으로 만들기 위한 효율성을 새로이 구축하도록 해야 한다. 그건 간단한 일이다.

새로운 공감 기계에 몰입하라

비영리 단체들과 협회들은 가상 현실virtual reality, VR, 증강 현실augmented reality, AR, 360도 동영상 등을 비롯한 혁신적 스토리텔링 수단들을 사용하여 몇 가지 고무적인 성과를 냄으로써 미션을 달성하는 데에 도움을 주고 있다. 그렇다면 자선 섹터가 VR을 합법적인 커뮤니케이션 및 모금 수단으로 사용하려면 얼마나 더 있어야 할까? 글쎄, 이는 아직 도입 단계에 있고, 오리지널 콘텐츠 개발 비용 때문에 실제로 세계에서 가장 큰 자선 단체들만 활용할 수 있다. 이 비용은 수십만 달러를 쉽게 넘기는 수준이니, 투자 수익에 관한 기존 관점에서 보면 '몰입에 대한 수익'이라는 관점으로 초점을 다시 맞춰야 한다. 이를 위해서는 마케팅과 기금 모금에서 VR에 대한 인식을 지속적으로 높이고 궁극적으로 더 많은 조직(자선 단체와 제작사 모두)이 공익을 위해 이러한 살아있는 경험을 보다 편안하게 활용할 수 있도록 돕기 위한 선도적 단체들의 선견지명(과 선의)이 필요하다.

특히 VR은 2025년까지 다음과 같은 비영리적인 필수 요소들을 형성하는 데 기여할 것이다.

콘퍼런스. 대규모 비영리 단체 대회들 중 최소 75%에는 참가자들이 사용할 수 있는 일종의 VR 구성 요소가 있을 것이다. 참가자들에게 컴퓨터 시뮬레이션 리얼리티를 체험시키는 간단한 VR 부스부터 VR의 향후 활용 가능성을 토론하는 브레이크아웃 세션까지 망라될 것이다(아마 몇몇 사람들에게는 입장할 때 무료 헤드셋이 제공될 수도 있다!). 상영되는 콘텐츠는 원본이 아니라 주로 복사본일 것이다. 그러나 이는 관련 대화를 유도하면서 참가자들이 사적인 용도로 VR 하드웨어를 구입하도록 권유할 것이다.

갈라 이벤트 및 일회성 모금/캠페인 이벤트. VR이 주류 상용화 측면에서는 아직 상대적으로 새로운 분야라는 점을 감안하면, 이 독특한 가상 경험 위주의 특별한 이벤트 기획은 자선 단체들로 하여금 실시간으로 실적을 늘리고 영향력에 대한 이야기를 강조하면서 심드렁해진 주요 기부자들의 주의를 환기시킬 수 있는 독창적인 사고방식을 제시할 수 있다. VR의 사용을 성공적으로 실행하면서 단순히 매력적인 트렌드니까 추가하는 것이 아니라 제대로 체험할 수 있게 준비하는 이벤트 매니저들은 고객들이 상당한 혜택을 누릴 수 있다는 점을 알게 될 것이다. 이런 경험적 접근 방식의 좋은 예가 '약속의 연필Pencil of Promise'인데, 이는 월스트리트 갈라에 서아프리카의 가나 공화국에 있는 $16ft^2$ 크기의 교실을 재현한 것이다. 이 90초짜리 영상물은 스타들이 많이 모인 어느 행사에서 190만 달러를 모금했다. 앞으로 몇 년 안에 많은 이벤트들이 VR을 사용함으로써 더욱 혁신적이 될 것이며, 이로써 단일 이벤트나 며칠간 진행되는 콘퍼런스로 5백만 달러가 넘는 기부금을 모금할 수도 있을 것이다.

거액 기부. UN이 시리아의 참상을 강조하기 위해 VR을 활용했던 콘퍼런스에서 거액 기부 예상치가 최대 70% 이상 초과되었다고 한다. 아울러 동일한 체험을 했던 6명 중 1명은 기부를 약속했다고 한다. 이는 일반적인 수치의 2배다. 비슷한 사례로, 한 기부자가 최근 자선 단체 사무실을 찾았다. 이미 물을 공급하는 사업에 6만 달러를 기부하기로 약속했던 그는 아프리카의 실상에 대한 VR 동영상을 본 뒤 마음이 움직여 6만 달러 대신 40만 달러를 기부하기로 했다.

이런 결과를 과소평가하면 안 된다. 해당 섹터(또는 학계)는 거액 기부자들의 공감을 유발하고, 동기를 부여하며, 몰입을 경험시키는 등의 효과를 모금자들이 이해할 수 있도록 중대한 연구 프로젝트에 착수해야 한다. 최근 VR/AR 업계는 1,500억 달러 규모의 산업을 주도하고 있으며, 언젠가는 VR 헤드셋이 가장 중요한 기부 계약에 대비해 여러 비영리 단체 대표의 사무실에서 당당히 자리를 차지할 것이다.

활동 영역. 미국에서는 2년마다 주요 선거를 실시하는데, 이때 공개되는 VR 캠페인 영상은 중요한 정책 이슈들을 부각시키면서 선거 참여 활동의 일환으로 기부를 독려할 것이다. 국제 앰네스티Amnesty International 및 국제 구조 위원회International Rescue Committee 같은 조직들은 지역적으로나 국제적으로 자신들의 사명과 최근 활동을 알리는 가상 콘텐츠를 연결하는 데 앞장서고 있다. 또한 혁신적인 풀뿌리 참여 전술에도 활용되어 일반 길거리에서도 VR이 나타나고 있다. 가장 두드러진 사례는 국제 앰네스티가 전통적인 가두모금 효과를 확충하기 위해 영국의 3개 대도시에서 시작한 '가상 현실 알레포Virtual Reality Aleppo'일 것이다. 이 캠페인은 리퍼비시 스마트폰과 보급형 VR 헤드기어를 사용했다. 이는 튀르키예 국경에서 100km 떨어진, 전쟁으로 황폐해진 시리아의 도시 알레포Aleppo를 시청자들이 둘러볼 수 있게 했으며, 드럼통 폭탄barrel bomb*이 빚은 결과가 얼마나 참혹한지를 생생히 체험할 수 있도록 했다.

기금 모금자들과 집집마다 방문해 모금을 권유하는 사람들은 이제 단순히 당신의 경계심을 푸는 미소와 깍듯한 인사만으로 대화를 유도하는 데 그치지 않을 것이다. 그들은 몰입도가 높은 하드웨어로 당신의 호기심을 자극할 수 있다.

---

* 시리아 내전 당시 탄약이 부족해진 시리아군이 드럼통 등으로 급조한 폭탄인데, 파괴력이 딱히 강하지는 않지만 주로 민간인들이 밀집된 구역에 투하되었기에 참혹한 결과를 빚었다. 시리아 내전에 대한 세계의 관심을 환기시키는 중요 요소 중 하나가 되었다.

업계와 재단의 지원. 비영리 단체들 사이에서는 이 기술에 대한 접근성으로 인해 형평성 격차가 엄청나게 벌어지고 있다. 자선 단체들 중 상위 10%에는 대규모 커뮤니케이션 팀들과 기금 모금 담당 직원들이 있으며, 이를 운영할 예산도 있다. 종종 현장에서 열심히 일하면서 영감을 주는 이야기도 공유하는 소규모 비영리 단체들은 많지도 않은 기부자들을 위한 VR 체험을 만드는 것과 관련된 리스크와 비용을 감수하느니, 이제까지처럼 소소한 수입이나 올리는 데 더 관심을 보인다.

이러한 격차를 해소하기 위해 대형 전국 재단들은 소규모 조직들이 VR 콘텐츠를 만들 수 있도록 보조금 제공 기회를 늘리거나 만들어야 한다. 이는 또한 오큘러스 VR Oculus VR, 삼성 기어, HTC 바이브 HTC Vive와 같은 대기업들과 플랫폼 사이의 제휴로 이루어질 수 있으며, 영향력 있는 비영리 단체들과 VR 제작업체들의 제휴를 지원할 수도 있다. 이들은 이미 'VR 포 굿 VR for Good'과 '360 부트캠프 360 Bootcamp' 같은 프로그램들로 이러한 접근법을 모색했다.

'당신의 이야기를 들려주기'는 언제나 비영리 단체들에 제공되는 조언의 첫머리에 있었다. 이제 이 섹터는 기금 모금 수단이자 그 이야기를 전개하는 것을 지원해줄 수단인 새로운 도구를 얻었다. 우리가 만든 임팩트를 읽어서 맥락화하는 것과, 당신이 한 기부가 누군가의 삶을 어떻게 바꾸는지 눈으로 보는 것과, 또 때로는 지나쳐 버리기 쉬운 혹독한 현실을 (어느 정도) 이해하는 것은 분명히 다르다.

VR 업계는 채택과 표준화가 외부에서 주도될 것이며, 시민사회 섹터에서 VR이 번성할 수 없다는 것도 이해하고 있다. 그리고 비영리계에서 여전히 VR을 탐색하고 인식함을 보류하는 패턴을 취하고 있지만, 동시에 우리가 이 미디어에 대한 정말 임팩트 있고 혁신적인 사용을 개념화하고, 이러한 논의를 온라인상의 공론公論에서 구체적인 캠페인으로 발전시킬 준비가 되어 있음에는 의심의 여지가 없다.

아마 당신도 VR을 사용함으로써 확보할 수 있는 다른 결과들을 상상할 수 있을 것이다. 그러니까 새로운 방식으로 데이터를 시각화하고, 입법가들과 기금 제공자들이 재해 '현장'으로 가게 해서 재난 대응을 지원하게 하며, 후원자들이 곧 있을 집중 모금 캠페인capital campaign을 위해 제시된 새로운 건물 주변을 '걸어'보게 하고, 보건 및 안전 관련 훈련도 실시하고, 자원봉사자와 직원 교육에도 사용하는 것들 말이다. 이 기술의 실체는 물리적 환경의 모든 것이 가상 현실에서 모방될 수 있다는 것이다. 이 사실을 아는 것만으로도 미래를 도모하고 꿈꾸는 데 도움이 될 것이다.

미래의 인물

로라 토마스코(Laura Tomasko)
- 필란트로피적인 힘에 대한 새로운 태도를 알려주기

내 생각에 로라 토마스코는 필란트로피 활동의 전략적 변화에 대해 생각하기에 적절한 위치에 있다. 로라의 필란트로피 활동 경험은 과거 빌 앤 멜린다 게이츠 재단과 지역재단에서 보조금 조달 분야의 직책 외에도, 미국 재단 협의체Council on Foundations, COF를 포함한 필란트로피 인프라 2곳에서 섹터 구축 역할을 맡음으로써 만들어졌다. 로라는 지금 어반 인스티튜트에서 비영리 단체, 필란트로피 활동, 임팩트 투자에 중점을 두고 일하고 있다.

많은 기금 제공자들이 데이터를 활용하여 보조금 조성 관련 결정을 알리고, 특정 프로그램이나 조직의 효과를 평가한다. 그러나 그들은 그러한 데이터가 어디서 왔으며, 그 목적이 무엇인지 신중하게 생각할까?

로라는 말한다. "전략을 설정하거나 후원 기관을 결정할 때 기금 제공자들은 의사결정 테이블에서 새로운 목소리를 낼 수 있는 기회를 갖게 됩니다. 그 과정에서 너무나 자주 학문적·전문적 경험이 삶으로 체득한 경험보다 더 중요시 여겨집니다. 이런 역학에 관심이 있는 기금 제공자들은 실제적인 체험이 우선시 되도록 실행 방식을 조정하고, 참여 보조금 결정 원칙을 의사결정 과정에 통합시킴으로써 생생한 경험을 가진 사람들이 테이블에서 목소리를 낼 수 있도록 합니다."

로라는 현재의 기금 마련 관행이 이 섹터의 역사적·현재적 불평등과 특권 그리고 권력 역학을 어떻게 악화시키는지를 인식하고 있다. 로라는 말한다. "이 섹터에서는 규모를 키우고, 증거에 기초한 개입을 지원하는 데 초점을 많이 맞추고 있습니다. 저는 이러한 목표가, 구조적인 인종 차별과 편견이 일부 조직들에게만 성장과 성공의 증거를 구축할 수 있는 여건을 조성하게 하며, 반면 어떤 조직은 적은 자원으로만 생존할 수밖에 없는 여건을 조성했는지에 대한 비판적 사고와 함께하는 것이 중요하다고 생각합니다. 규모가 더 큰 조직들은 평가를 위한 보조금을 확보할 수 있게 해주는 강력한 필란트로피 네트워크를 가진, 학계에서 받은 훈련과 전문적인 경력으로 전문성도 갖춘 리더들이 있잖아요? 펀딩과 평가에 대한 동일한 접근권이 주어진다면 자원이 부족한 조직들의 프로그램들이 그와 비슷하거나 더 나은 효과를 보여줄 수 있지 않을까요?"

로라는 계속해서 이렇게 이야기한다. "보조금 지급 결정을 내릴 때, 프로그램 목표를 달성할 가능성이 있는 조직들을 후원하려는 기금 제공자들은 자원이 적고 공식 평가상 높은 점수를 받을 수는 없지만 그 리더들이 자기네가 봉사하는 지역사회 출신인 경우를 중히 여기는 것이 현명할 겁니다. 그런 리더들은 생생한 경험으로 무엇이 효과가 있을지 알고 있으며, 변화를 가져올 수 있는 지역사회의 지식과 신뢰를 갖고 있으니까요. 기존의 네트워크 내에서 기부하는 일은 지역사회 리더들과 그들의 실제 경험에서 파생되는 솔루션을 무시함으로써 불평등을 영구화할 수 있죠."

기존의 보조금 조성 절차를 넘어, 데이터는 보조금이나 조직의 효율성을 평가하는 데 중요한 역할을 한다. 로라는 기금 제공자들이 데이터를 특정한 예측을 달성하지 못한 조직들에 대한 규정 준수 및 징벌적 조치를 위한 도구로 생각하기보다는 평가 도구로 여기고 조직의 학습, 성장,

스토리텔링 역량을 지원해야 한다고 믿는다.

로라는 말한다. "우리는 보조금 제공자들이 데이터를 통해 보조금 수혜자들이 성공할 수 있도록 지원하는 방식을 인식하는 동시에, 데이터의 결함과 한계도 인정하기를 바랍니다. 효율성을 평가하기 위해 데이터를 수집할 때, 누가 평가 비용을 대는지, 누가 연구를 위한 설문 문항을 결정하는지, 어떤 정보가 사용 가능하고 수집되었는지, 누가 수집하는지를 생각해봐야죠. 이 모든 요소들은 궁극적으로 프로그램이나 기부금의 효과를 판단하는 데 기여하는 데이터에 영향을 줍니다. 그러면 누가 그 데이터로 혜택을 볼까요? 그 데이터를 수집하는 수고가 수혜자들에게 부담을 주며, 궁극적으로 조직 자체에도 도움이 되지 않는 게 아닐까요? 아니면 조직들이 프로그램을 평가하면서 개선할 수 있도록 권한을 부여하고, 이해관계자들에게 자신의 이야기를 전달할 수 있는 정보를 제공하고 있나요?"

그리고 해당 섹터가 반영해야 하는 것은 데이터만이 아니다. 필란트로피 기금 제공자들은 자신의 사명을 달성하기 위해 정부와 얼마나 잘 협력하고 있는지를 고려해야 한다. 공공 정책 개발과 시행 모두 필란트로피 기금 제공자들이 변화를 위한 전략적 접근에 기여할 수 있다. 그리고 정책 결정 과정에 관여할 수 있는 방법은 로비 말고도 다양하다.

오바마 행정부 때, 로라는 백악관의 국내정책위원회에서 사회 혁신을 위한 선임 정책 자문 위원을, 환경품질위원회에서 공공 참여부 차장을 맡기도 했다. 그때의 경험 덕분에 로라는 필란트로피 활동이 어떻게 옹호 활동에 더 효과적일 수 있는지에 대한 독창적인 통찰력을 얻었다.

로라는 말한다. "종종 필란트로피 기금 제공자들은 정책 변화를 입법부의 영역으로 여기지만, 행정부 쪽의 기회도 무시하면 안 됩니다. 많은 필란트로피 섹터와 공공 섹터의 기금 제공자들이 비슷한 목표를 달성하려고 노력하니까, 적절한 때에 두 섹터들이 정보를 공유하고, 조정하고,

파트너십을 맺을 기회를 찾는 게 합당하죠. 자신들의 일을 정부와 조율하는 것에 관심이 있는 재단들은 어느 정부 부처들이 그들의 자선 관련 목표에 영향을 미치는 정책을 추진하는지 파악하고, 해당 관료들과의 관계를 발전시켜야 합니다. 그들은 회의에 참석한다거나, 편지를 쓴다거나, 제안된 법규에 대해 의견을 낸다거나 하면서 이해관계자가 관여할 수 있는 기회들을 활용해야 합니다. 재단은 또한 수혜자들이 공공 기금을 신청하는 데 도움을 줄 수 있는 방법들을 확인해줄 수도 있습니다. 그리고 정부와 필란트로피 활동의 우선순위가 높을 때, 재단들은 정부의 계획과 보조금을 보완하기 위해 보조금 조성을 조정할 기회들을 모색할 수 있습니다."

로라는 재단들이 정부와 제휴하는 것이 유익할 수 있다고 여기는 만큼, 정책입안자들과 정부 관료들에게 필란트로피 활동이 정부의 자금 지원을 대신할 수 없고 대신해서도 안 된다는 점을 잊지 말아야 한다고 경고한다. "필란트로피계에서 나오는 돈은 1조 달러에 이르는 정부 예산에 비하면 바다의 물 한 방울 정도일 뿐입니다. 정부의 예산 감축분이나 부족분을 보충하기 위해 존재하는 게 아니라는 사실을 잊지 마세요"라고 로라는 말한다.

로라는 데이터와 공공 섹터의 파트너십을 넘어서 앞으로 10년 동안 이 섹터에서 무슨 일이 일어날지를 설명한다. "개인적인 기부와 제도적인 필란트로피 활동 사이에 명확한 선을 긋기보다는, 기존의 민간 재단 구조와는 다른 모금과 필란트로피 활동이 더 많아지리라 생각합니다. 우리는 가지고 있는 자산의 수준이 다양한 기부자들, 그리고 다양한 규모와 법적 구조를 가진 기관들이 공동의 목표를 지원하기 위해 필란트로피적 자원을 모을 수 있는 기회들을 더 많이 볼 수 있을 것입니다."

"코로나19 위기는 도움이 필요한 개인들에게 직접 현금을 제공하는 것의 이점에 대해 많은 사람들이 눈뜨도록 했습니다. 이는 온라인 기부 플랫폼들, 앱 기반 결제 플랫폼들, 그리고 아직 개발되지 않은 신기술들로 크게 가능해졌으며, 앞으로 10년 동안 계속해서 직접 기부를 촉진하리라 예상됩니다. 그리고 직접적인 현금 기부를 관리하는 비영리 중개 기구들이 계속 존재하겠지만(재단들이 보조금을 지급할 수 있는 기회와 개인 기부자들이 자선 공제 대상이 되는 소규모 납세자들의 소액 기부에 대한 세액 공제를 받을 수 있도록 할 수 있는 기회와 더불어), 많은 개인들은 세금 관련 혜택이 있는지 없는지를 따지지 않고서 직접 기꺼이 기부할 겁니다."

가장 중요한 점은, 로라가 앞으로 10년 동안 해당 섹터가 권력, 특권, 인종 정의에 대한 자체적인 이슈들을 해결하기를 희망한다는 점이다. "필란트로피 섹터는 많은 불공정함을 악화시키는 데 핵심적인 역할을 하지만, 이를 개선하는 것을 목표로 삼기도 합니다"라고 로라는 말한다. "지금으로부터 10년 뒤, 우리는 이 순간(팬데믹과 인종 정의를 위한 운동이 합쳐진 때)을 되돌아보면서 이것이 이 섹터의 분수령이었다고 말할 수 있을까요? 이로써 필란트로피 단체가 권력을 공유하고, 고용과 보조금 지급 결정에 있어서 실질적인 경험보다 백인의 특권을 우선시하던 게이트키핑 gatekeeping*을 줄일 방법에 대해 생각하게 되었다고요? 저는 희망적이라고 말하고 싶지만, 가야 할 길은 분명히 멀어요."

---

* 공동체 내부의 권력층이 타인들을 확실하게 배제하는 지속적인 관행이다.

15장

기계에 주입해야 할 것들

**만약 기계가 사회의 중대한 이슈들을 해결하기 위한
우리의 접근법이 틀렸다는 사실을 보여준다면 어떨까?**

빅데이터에 대한 온갖 이야기에도 불구하고, 우리 시대의 가장 중대한 이슈들을 해결하기 위한 혁신적인 새로운 방법을 찾을 수 있는 방식으로 빅데이터를 사용할 수 있는 능력을 갖춘 비영리 단체, 재단, 전국적인 협회가 몇 곳이나 될까? 이는 아마도 수십억 달러에 달하는 기부금을 받고 있는 대형 재단들에나 해당될 것이다. 하지만 그렇다 쳐도, 그들은 개발도상국이나 신생 산업 등 눈에 띄는 변화를 일으킬 수 있을 만큼 큰 투자 수익률ROI이 있는 영역에만 집중한다.

디지털 시대에 계속되는 급속한 성장을 목격하는 가운데, 중소 규모 조직은 프로그램 관리자, 마케팅 담당자 및 보조금 담당자에게 그저 더 지엽적인 렌즈를 통해 문제를 조명하는 시각화 도구 같은 제한된 기능의 소프트웨어만을 지원함으로써 현 상황을 가중시키고 있다.

그러나 사람들이 조직 내에서 자신의 경력을 바쳐온 이슈들을 해결하기 위한 색다른 접근법을 결정할 수 있는 새로운 패턴을 식별할 수 있는 기술이 존재한다는 점을 감안하면 이는 놓치고 있는 기회인 셈이다.

빅데이터를 설명하는 기원들은 처음에는 오늘날의 것과 같은 용어가 아니라 문제를 다루는 방법에 대한 형용사에 가까웠다. 이러한 해석의 표류는 궁극적으로 시민사회 섹터의 접근법에 영향을 미쳤으며, 사람들은 특정한 문제를 풀 때 자신의 상징적 추론과 절차를 재확인하기 위해서 데이터 세트를 선택적으로 활용했다.

그렇다면 우리의 시민사회 섹터는 빈곤, 노숙인, 보건에 대한 접근과 같은 보다 지역적이고 고질적인 사회 이슈들을 해결하기 위해 새로운 기술을 활용하여 접근법을 개선하고 획기적인 솔루션을 만들기 위해 무엇을 할 수 있을까? 요약하자면, 이 과제를 기계에 맡길 때가 온 것 같다.

물론 완전히 전부는 아니다. 네트워크는 단지 패턴들만 보여줄 수 있을 뿐, 해답을 보여줄 수는 없기 때문이다. 그러나 기계는 빅데이터 세트를 일반적인 통념, 정치, 성격에 영향을 받지 않는 방식으로 소화할 수 있으며, 사람들이 새로운 관점에서 이슈를 인식하고 대안적인 접근법을 찾아낼 수 있도록 새로운 질문을 하는 것을 촉진할 수 있다.

여기에는 무엇이 따라야 할까? 먼저 구글 코랩Google Colaboratory이나 아마존 머신 이미지Amazon Machine Image, AMI처럼 클라우드를 기반으로 하는 접근법을 활용하여 딥러닝deep learning*을 가능하게 하는 새로운 머신 환경machine environment**을 구축해야 한다. 그런 다음에는 자체 딥러닝 모델을 코딩coding***하고 실행해야 한다.

하지만 현실적으로 생각해보자. 이는 아마도 일반적인 비영리 단체의 역량을 넘어서는 일이며, 규모가 훨씬 더 큰 기관과 협력하여 많은 데이터 세트들과 추가적인 개인 정보 보호 및 부정 방지를 위한 정보 센터를

---

* 머신러닝의 방법 중 하나로, 인공지능(AI) 컴퓨터가 인공신경망(artificial neural network, ANN)을 기반으로 활용하여 사람처럼 스스로 학습하게 만드는 방법 중 하나다.
** 컴퓨터를 활용하는 장치가 존재하거나 작동하리라 예상되는 환경이다.
*** '컴퓨터 프로그래밍'을 말하는데, 사람이 컴퓨터와 의사소통을 함으로써 컴퓨터에게 무엇을 해야 하는지 알려주는 방법이다. 웹사이트와 앱 같은 컴퓨터 프로그램을 만드는 기술이다.

제공해야 가능한 일이다(이에 대해서는 이 책의 뒷부분에서 더욱 자세히 설명한다). 머신러닝이 처음이라면, 먼저 기초적인 용어부터 익히고, 이에 대해 대내외적으로 말하는 것이 익숙해지면, 그때 머신러닝이 당신 조직의 미래 영향력에 어떻게 적용될 수 있을지를 살피는 것이 시간적으로 효율적이다.

머신러닝의 실제. 이를 염두에 두고서 가령 노숙인 문제와 관련하여 어떤 결과를 보게 될지를 예시로 이야기해보자. 이 이슈와 교차성 효과는 풍부하고, 강력하며, 아래와 같은 (그러나 이에 국한되지는 않는) 다양한 데이터 세트를 제공한다.

- 지역, 주, 미국 정부 관할 지역 전반에서 수십 년 동안 축적된 데이터
- 그러한 이슈를 해결하기 위한 다수의 접근법들
- 이로 인해 피해를 입은 사람들을 지원하는 관련 비영리 단체 수천 곳
- 다양한 이유로 거리에 나온 노숙인 50만 명 이상

(노숙인을 이해하기 위해 데이터를 사용하는 방법에 대한 보다 잘 정리된(그러나 조금 오래된) 입문서에 관심이 있다면, 미국 주택 도시 개발부Department of Housing and Urban Development, HUD의 웹사이트를 참조하라. HUD의 웹사이트 주소는 이 책 뒷부분의 참고자료에 있다.)

여기서 목표는 대규모의 클린 데이터clean data* 세트를 딥러닝 모델에 공급하고, 쉽게 볼 수 없는 연관관계들에서 의미를 찾아낼 수 있게 하는 것이다. 이는 현재 분류(가령 장기적, 일시적, 과도기적, 대외비적 등)와는 무관하게 맹점이나 편향성 없는 '표제 없는 그룹화'로 이어질 것이며, 그러면 의사결정자들이 이슈들을 새로운 방식들로 해결하는 데 적용할 수 있는 (또는 지금의 방향을 재확인하는 데 도움이 되는) 방법으로 소화하고서 활용할 수 있다. 이

* 오차가 전혀 없는 자료다.

런 패턴들이 낳을 수 있는 결과는 사람들이 애초에 노숙인이 되는 이유와 노숙인들이 그런 생활을 관두게 하는 데 가장 중요한 요소가 무엇인지를 파악하는 데 있어서 진짜 X 인자로 활용할 수 있는 도구를 확보할 수 있도록 이끌어야 한다.

회귀분석_{regression analysis}* 사례로 이를 조명해보자.

- 종속변수(결과) – 노숙인이 될 가능성
- 독립변수(예측변수) – 임대료 납부일 이전에 신용카드로 구입한 위생용품이나 소액 결제 내역

머신러닝은 분석가(인간)가 수행한다면 식별하기가 극히 어렵고 시간이 많이 필요한 패턴들을 분석할 수 있다. 위의 예에서 노숙인 그리고 생활 필수품을 특정한 방식으로 또는 특정 기간에 집중적으로 구매하는 것 사이에서 패턴을 감지할 수 있다. 그러면 위기에 처한 개인이 즉시 필요한 도움과 지원을 받을 수 있도록 신호를 작동시키는 메커니즘을 구축하여 누군가가 우리 거리에서 또 하나의 노숙인 통계 숫자로 잡히게 되는 것을 예방할 수 있다.

새로운 구조의 필요성. 머신러닝의 온갖 잠재력에도 불구하고, 이와 같은 새로운 기술을 도입하면 다음과 같은 경우를 비롯하여 비영리 섹터 운영 방식의 근본적인 변화를 의미하기 때문에 즉각적인 활용을 예측하기는 어렵다.

- **인력 충원:** 비영리 조직들은 데이터 분석가들을 선발하기 시작해야

---

* 여러 자료들 사이의 관계성을 수학적으로 추정하고 설명하는 통계학적 자료 분석 방법이다.

하며, 조직 전문가들과 공공 정책 전문가들이 새로운 데이터 패턴들을 분석하고 해당 분야에 대한 법률과 규정 그리고 대중의 인식을 전환할 수 있도록 더 많은 지출을 해야 할 것이다. 데이터 분석가들은 다양한 기술들과 방법들을 활용하여 데이터를 탐구하며, 새로운 이야기들을 찾아내고, 현재의 통찰력을 넘어서는 실험을 한 뒤 집행부(그리고 기타 주요 관계자들)가 의사 결정을 할 수 있도록 정보 보고서를 제출한다.

- **협력:** 거듭 말하지만, 소규모 비영리 단체들이 잠재적인 연구 성과로 최선의 ROI를 거둘 수 있다고 하더라도 이러한 노력을 추진할 역량을 갖추지 못할 가능성이 높다. 따라서 협력이 필수적이다. 일단 신뢰와 개인 정보 보호와 관련된 이슈들이 있을 것이다. 하지만 조직들, 정부, 기타 주요 이해관계자들이 데이터를 공유하기 위해 특정 기업과 법적 협약을 체결할 의사가 있다면, 섹터 전반의 성과가 훨씬 더 효과적으로 이루어질 것이다.

- **국가적 책임성:** 사회적으로 거대한 이슈에 영향을 미치는 모든 머신러닝 모델이 편향성으로부터 자유롭고, 그것이 잡아내는 패턴들이 개방적이고 투명한 절차의 일부인지 확인하기 위해 독립적인 기관 또는 국가 기관 컨소시엄이 존재해야 한다.

- **펀딩:** 노숙인 문제는 대체로 노숙인에 대한 공감을 바탕으로 펀딩이 이루어지는 분야다. '노숙인 생활을 끝내기 위한 기금 제공자들의 모임Funders Together to End Homelessness(시스템, 구조, 정책, 역량을 검토한다)' 같은 조직들과는 별개로, 소규모의 지역 기반 단체에 하는 기부들은 대체로 서비스 제공자들이 전반적으로 문제를 해결할 수 있는 역량을 제공하기보다는 현장에서 문제를 해결할 수 있게 해준다. 기금 제공자들이 보다 틀이 잡힌 수준에서 일부 근본 원인들을 더욱 쉽게 이해할 수 있도록 데이터를 보다 쉽게 활용할 수 있다면 필란트로피 활동가

들은 단기적인 영향을 억제하면서 문제를 더욱 전략적으로 살필 수 있다.

- 신규 투자 촉진: 또한 머신러닝은 임팩트 투자와 같은 새로운 트렌드를 빠르게 추적하여 정부의 지출을 줄여주고, 비전통적인 기금 제공자들을 위해 투자 수익을 창출할 수 있는 새로운 트렌드를 식별하는 데 도움이 될 수 있다.

우리 세대를 대표할 만한 이 기술은 우리 시대의 가장 큰 이슈들을 해결할 수 있는 능력을 가지고 있다. 그리고 앞으로 몇 년 동안 이 실존적 문제들을 진정으로 해결하고자 하는 미래 지향적인 집단들이 머신러닝을 더욱 쉽게 활용할 수 있게 될 것이다. 필란트로피는 머신러닝을 주류에 편입시키는 데 큰 역할을 할 수 있다. 이는 직접 펀딩으로 대규모 투자를 홍보하고 리스크를 제거하는 데 사용하는 공공 필란트로피 파트너십들을 옹호하거나, 지원하거나, 단지 신뢰할 수 있는 보고 수단(지역사회 재단, 경제 개발 기관 및 산업 단체 등을 생각해보라)이 됨으로써 이루어질 수 있다.

머신러닝은 시민사회 섹터의 새로운 도구함에 추가될 정도로 환영받을 만한 요소가 될 것이며, 시스템 편향성과 무관하게 작동할 수 있어야 한다. 잊지 말자. 그 모델들은 패턴들이 존재하거나 발생한다는 사실을 설명하지만, 그런 패턴들이 나타나는 이유까지는 설명하지 않는다. 이것이 이 내러티브의 중요한 부분이다(머신러닝이 업무를 완전히 대체할 수 없다는 점에 유의해야 한다. 해당 분야의 전문가들은 언제나 인간적인 관점에서 데이터를 해석해야 한다).

따라서 우리의 사고방식과 우리의 접근법에 도전할 수 있는 것에 투자하는 것을 두려워하지 말고, 앞으로 수십 년 동안 더 성공적이고 수익성 있는 조직이 될 수 있도록 노력하자.

스마트 계약과 기금 조성의 자동화 혁명

블록체인과 비트코인은 공적 담론에 대한 관심이 높아지면서 첨단 기술 중 가장 많이 거론되는 대상이다. 그러나 스마트 계약의 개념이야말로 필란트로피 섹터에 대한 연구, 시험 및 실행에서 당장 집중적으로 주목받아야 할 개념이다.

이 자체 실행 가능 계약self-executable contract*은 보조금 획득 보고, 투명성 관련 모범 사례, 조직 생산성을 비롯한 다양한 방식으로 해당 섹터에서 혁명을 일으킬 수 있는 역량을 갖추고 있다.

그리고 솔직히 말해서 이런 유형의 기술은 지역사회의 변화와 영향력을 공동으로 추구하는 과정에서 기금 제공자들과 비영리 수혜자들 사이의 권력 역학이 사라지도록 보장하기 위해서 필요한 것을 보여주는 훌륭한 사례다.

스마트 계약이란 무엇인가? 정기적인 보조금 계약 관련 내용이 컴퓨터 코드로 다시 작성된 뒤 계약 조건이 달성되면 자동으로 실행되어 해당 계약이 완전히 실행되고 보조금 수혜자에게 기금이 지급된다고 상상해보자. 이는 비영리 보조금 계약의 맥락에서 스마트 계약이라고 할 수 있다.

간단히 설명하자면, '계약'은 자산을 효과적으로 접수하고 배분한다. 중개인도 없으며, 당신의 조직이 해당 펀딩의 성공을 알게 된 날로부터 중요한 기금을 수령하기까지 두 달 동안 지연되는 일도 없다(그래도 씁쓸하지는 않을 것이다. 그렇지 않은가?). 청산 및 결제clearing and settlement를 위한 자동화되고 추적도 가능한 프로세스는 이런 형태의 계약이 진정으로 투명하고 분쟁의 소지도 없음을 보장한다. 이는 규칙과 벌칙을 미리 명확하게

---

* 별도의 법적 조치 없이 즉시 효력이 발생하는 계약이다.

정의하고 다년간의 펀딩 계약에 대한 이러한 의무(배분 개시에 필요한 조건들까지 포함)를 자동적으로 시행하며, 규칙을 준수하지 않을 경우 제공받은 기금을 기부자에게 반환한다.

기부자-수혜자를 위한 운영상의 혜택. 기부자에 대한 혜택은 명확하지만, 비영리 단체의 생산성(우리 모두 알고 있듯이 금전적인 가치가 있다)에 따른 혜택에는 다음과 같은 가능성이 포함된다.

- 보조금 신청에 드는 시간을 단축한다. 불필요한 내용을 중복 기재할 필요 없이 '요청' 표시 하나만으로 전체 신청서가 완성되기 때문이다.
- 보조금 처리 속도를 높인다. 증명서 파일 업로드, 예산 계산, 전체 계약서 발송, 계약 체결, 그리고 모든 자금을 온라인으로 송금(배분)하는 등 접수에서 송금까지 보조금 교부 과정이 빨라진다.
- 간단한 보조금 연장 과정을 위한 기반을 제공한다.
- 업로드된 지표와 입력을 스캔하여 간단하고 유익한 보조금 종료 보고서를 제공한다.

이제 사회영향채권 Social Impact Bonds**이 변화를 위한 진정한 동력이 될 때인가?** 이런 혜택은 기부자-수혜자 모두에게 상당한 시간을 확보해주지만, 그것은 운영 측면에서 혁명적이라기보다 개선에 가깝다. 따라서 큰 그림으로 보면, 블록체인을 적용하면 사회영향채권이 사회의 가장 크고 가장 시스템적인 이슈들을 해결하기 위한 합법적인 공공-민간-필란트로피적 접근법으로 도약하는 데 실제로 도움이 될 것이다. 2020년 말 현재 15개국에서 적어도 60개에 달하는 사회영향채권이 활성화되어 있으며, 지금 미국에서 유통되는 채권의 평균 거래 규모는 약 천만 달러에 달한다.

그러나 센터 포 퍼블릭 임팩트Center for Public Impact의 연구에 따르면, 투자자들은 1,500만 달러 미만인 사회영향채권의 비용 대비 효과를 실감하기 어렵다고 생각한다. 그렇다면 성공에 따른 지불pay-for-success 모델의 평가 단계의 발전이 (그리고 실제로 수익률을 분석할 중개인이 필요 없는) 그 과정에 대한 신뢰를 구축하면서 더 많은 기부를 유치하는 데 도움이 될 수 있는, 더 작고 혁신적인 프로그램을 촉발할 수 있지 않을까?

그리고 이 점을 잊지 말자. 스마트 계약을 비영리 보조금 사이클들에 통합시키는 데 따른 온갖 혜택에도 불구하고 잠재적인 단점도 분명하지만, 이 기술이 성숙하면서 극복할 수 있다.

비영리 블록체인 기술 적용에 대한 현재 이슈. 첫 번째 이슈는 블록체인이 이미 해당 섹터에 내재하는 왜곡된 권력 역학을 악화시킬 가능성이 있다는 것이다.

투명성이 가져오는 모든 혜택들과 더불어, 계약이 비영리 단체들의 서비스 능력과 실효성 유발 능력을 지원하여 조정하기보다는 현실적인 결과를 중심으로 기부금 배정을 제한하는 데 집중한다면, 이는 우리 비영리 조직들(가장 취약한 사람에게 필수적인 일을 수행할 공간을 제공하기보다는 조직 유지를 위한 일정 자격을 유지하는 일에만 골몰하는)의 시시콜콜한 사항까지 따지고 드는 또 다른 방법이 되고 말 것이다.

또 다른 우려스러운 트렌드는 블록체인의 기술적 특성 때문에 비영리 애플리케이션에 대한 내러티브가 영리 위주로 진행되고 있으며, 그들이 영향을 주려는 비영리 섹터의 목소리와는 맞지 않는다는 것이다. 즉, (기금 제공자가 그들의 고객 기반이 될 가능성이 더 높기 때문에) 전반적으로 기금 제공자의 상황에 맞추는 것으로 이어지고, 이는 앞서 언급한 바와 같이 전체 비용 문제를 악화시킬 가능성을 남긴다. 이 기술에 대한 논의도 정확한 도움이 되지는 않는다. 논의 대부분이 다른 산업에서의 잠재력을 살펴보는 것이고, 비영리계를 유효한 시장으로 논의하는 것은 소홀히 함으로써, 암호화폐를 기금 마련의 대안으로서 주목하지 않고 블록체인에 대한 논의를 공백으로 남겨 두며 제3섹터에서 변화의 지점을 놓치게 만든다는 점에서 그렇다. 우리는 가능성을 보여주지만 잘못된 솔루션이 될 수도 있는 테크 솔루션에 혹하지 말고, 올바른 테크 솔루션이 나오기를 인내심을 갖고서 기다려야만 한다.

내가 본 비영리·필란트로피계의 블록체인에 대한 모든 웨비나(온라인 세미나)들과 영업 홍보물들은 놀랍게도 해당 섹터의 악질들에게서 사기를 당한 가장 극단적인 사례들에 초점을 맞추고 있으며, 해당 분야의 모범 사례들에 대해 잘못된 가정을 하고 있다. 그러나 비영리 단체들은 민간 섹터처럼 운영될 수 없으며, 모든 비영리 단체들이 똑같이 만들어진 것도 아니다.

기금 제공자들이 비영리 파트너들의 조직 효율성이 다양한 방식으로 나타날 수 있다는 점을 인식하는 것이 중요하다. 블록체인과 스마트 계약 같은 기술을 활용하여 번거로운 작업, 보고 체계, 역량 제한 같은 부담을 줄이면서 기부자들이 달성하고자 하는 실질적인 영향과 성과를 제공할 수 있기를 바란다. 어쨌든, 모든 이들이 계약 때문에라도 그렇게 해야 한다!

미래를 묻는다:
인공지능을 위한 검색 데이터 판매

AI는 결국 최고의 개발 자산이 될 것이며, 어쩌면 새로운 '높으신 분'이 될 것이다. AI는 보다 정확한 잠재 기부자 관련 데이터를 제공하고, 기회를 놓치는 경우를 줄이며, 사람 냄새가 나는 메시지를 자동 생성할 수 있다. 게다가 모금의 미래에는 기부자가 될 것 같은 사람이 언제

쯤 기부를 요청 받을 준비가 되었는지를 실시간으로 식별하고 이해하는 시스템이 등장할 것이다. 기부 요청은 온라인에서 봇bot을 통해 보내지거나, 비영리 조직의 대표에게 그가 직접 기부를 받을 수 있도록 알림을 보내는 방식으로 전달될 수도 있다. 자세한 방식이야 어떻든 우리는 이 게임 체인저game-changing가 될 기술에 큰 변화를 기대할 것이다.

그러면 AI는 어떻게 작동하는가? 도너 리드Donor Lead나 웰스 엔진Wealth Engine 같은 자산 조사 플랫폼을 생각하면 된다. 이전의 자선 기부, 정치적 기부, 사업적 이해관계, 부동산 등 잠재적인 기부자들에 대한 공개적으로 열람이 가능한 모든 정보는 더 많은 맥락화와 개인화를 위해 하나의 플랫폼에 집약되고, 이들의 검색 기록도 함께 겹겹이 쌓인다. 그러면 새로운 기부자의 '심리' 프로필이 생성된다. 일단 AI와 융합되면 해당 기부자들이 인터넷에 접속할 때마다 기부자의 관심사들, 갈망하는 것들, 자극하는 것들에 대한 파악이 더욱 정교하게 이루어지는 역동적인 단계가 이루어질 것이다.

이러한 미래는 연방 통신 위원회Federal Communications Commission, FFC가 도입한, 역사적인 의미가 있는 사생활 보호 규정을 의회가 최근 폐지하여 당신의 웹 검색 정보나 앱 사용 습관을 인터넷 서비스 제공자internet service provider, ISP가 더 쉽게 수집하고 판매할 수 있도록 한 것에서 촉진될 수 있다. 그러나 기부자 기반을 구축하는 혁명의 바퀴를 돌리는 것은 사생활 보호 규정의 폐지가 아니다. 사생활 보호 규정의 폐지는 오히려 자기 데이터에 대한 통제권을 되찾으려는 소비자들의 반발을 필연적으로 부를 것이다. 특히 자신이 남긴 디지털 발자국이 사업가들에게는 실질적인 '돈'이 되지만, 나 자신은 그것을 공유할 수 없는 세상에서라면 말이다. 그땐 개인의 디지털 활동, 행동, 커뮤니케이션 내역에 대한 개인의 소유권을 정당하게 인정하는 법안이 도입될 수 있다(또는 연방 대법원이 개인이나 단체에 유리한 판결을 내릴 수도 있다). 일단 사람들이 자기 데이터를 통제하면 이 유일

무이한 데이터 세트를 직접 판매할 수 있을 것이다. 이때가 파격적으로 흥미롭고 중요한 시점이 될 것이다. 그러나 솔직해지자면, 당신이 엣시Etsy 나 이뉴스E! News를 검색한 시간으로 몇 만 달러를 벌지는 못할 것이다.

개인 데이터 시장은 곧 온라인에서 일반화될 것이며, 이해관계자들에게 데이터를 판매하는 것을 쉽게 만들고, 이는 다시 데이터 판매 플랫폼의 미래를 먹여 살릴 것이다. 이러한 시장은 이제 온라인(데이터쿱DataCoup과 시티즌미CitizenMe 같은 플랫폼들)에 등장하고 있지만, 개인이 소매상, 은행, 지역 비영리 단체 등과 제휴할 만큼 성숙하지는 못했다. 그러나 당신의 은행 계좌, 소셜미디어 계정, 윈도우Windows와 크롬Chrome 확장 프로그램이 애플리케이션 프로그래밍 인터페이스application programming interface, API로 연결되어 당신만의 고유한 프로필을 생성하는 장소를 상상해보자. 당신은 이 프로필을 사용해 당신의 데이터가 당신에 대해 말해주는 내용을 학습하고, 이 정보를 누구(무엇)에게 팔지 선택할 수 있다.

그러면 어떻게 해야 이 데이터를 더 효과적인 질문을 생성하는 시스템으로 전환할 수 있을까? 이 질문은 결국 기부자의 심리라는 답으로 귀결될 것이다. 무엇이 진정으로 그들이 기부하고 싶게끔 동기를 부여하는가? 그들이 기부를 하고자 인터넷에 접속할 때 그들은 곧바로 비영리 단체의 홈페이지로 이동하여 후원자 탭tab을 클릭하는가? 아니면 지역 반려동물 보호소에 대한 기사를 읽고서 자선 단체 웹사이트를 클릭하는가? 기부로 이어지는 모든 것은 미래에 기부자의 프로필을 만들면서 필수적인 부분이 될 것이다.

AI는 주요 동기 요인이 실시간으로 발생하는 동안 이를 연중무휴로 관찰할 수 있으며, 공통적인 패턴과 이전의 동기들이 과거 기부 기록과 일치하는 것을 발견하면 가장 중요한 일을 촉발할 것이다. 그러면 시스템은 기부자가 기부할 준비가 되었는지, 아니면 '설득 가능한 상태'인지를 상당히 높은 수준으로 예측하고서 조직의 포괄적인 모금 전략(가령 소규모 기부를 권하느냐, 중급 기부를 권하느냐, 또는 이벤트 티켓이나 이벤트 후원을 권하느냐)에 따라 미리 설정한 대로 움직인다. 역사적으로 온라인에서 행동할 가능성이 높은 밀레니얼 세대를 대상으로 할 때 성공적인 요청을 할 가능성은 긍정적인 측면에서도 더욱 커질 것이다. '캠페인 모니터Campaign Monitor'가 의뢰한 최신판 「소비자 이메일 습관 보고서Consumer Email Habits Report」에 따르면, "개인화된 마케팅은 이메일을 이 세대를 위한 훨씬 더 강력한 도구로 만들어 비영리 단체에 충동적으로 기부하도록 만든다. 이는 적정 캠페인을 대규모로 만드는 데 필요한 데이터가 없었다면 불가능한 작업이다"라고 했다.

모금에 AI를 도입한 것은 그 자체로 혁신적이지만(그리고 퓨처러스 그룹 Futurus Group과 그레이비티Gravyty 같은 기업들에서 본격적으로 시작되었지만), 프로그램은 온라인 기부, 기부 이전(및 이후)의 선행과 관련된 모든 데이터의 지속적인 증가에 따라 필연적으로 더욱 똑똑해지고, 예측 가능하며, 대응력도 향상될 것이다. AI의 가능성은 무궁무진하며, 결국 이 섹터에서 가장 오래 지속된 난제 중 2가지(GDP의 3% 이상을 기부하는 자선 활동을 늘리고, 차세대 필란트로피 활동에 참여하기)의 암호를 푸는 데 도움을 줄 수도 있다.

역동적인 담론:
챗봇과 가상 비서가 기부를 간소화하는 방법

우리는 연중무휴로 근무가 가능하며, 시간이 얼마가 걸리든 일을 완수하지 못하면 변명의 여지가 없는 (주주들의 기대 그리고 이를 악용하는 수동적-공격적인 관리 스타일로 인해 증가하는 하달식의 조직적 압박으로 완성되는) 세상에서 살고 있다. 우리가 이러한 요구를 충족시키지 못하면 업무에서 배제되거나 '교체'를 당할 수 있다.

이 지점에서 균형을 잡는 것이 중요하지만, 균형이 무엇인지 쉽게 규정되어서는 안 된다. 저마다 사정이 다르기 때문이다. 그러나 우리는 기술이 우리의 일상적인 업무에 녹아들어 효율성을 높이면서 더욱 생산적으로 일할 수 있게 하기 위해서 '더 많은 시간'을 확보할 수 있다면 이렇게 확보된 시간으로 의미 있는 일을 해야 한다는 사실에 어느 정도 동의할 것이다. 그것은 가령 더 심층적인 연구와 전략과 실행 시간이 필요한 대규모 프로젝트를 수행하는 것일 수 있다. 그리고 인원이 부족하거나 준비가 덜 된, 또는 둘 다로 인해 발생하는 더 일상적인 업무에 시달리지 않도록 해야 한다.

비영리 단체들은 이런 접근법과 복잡한 관계를 맺고 있다. 영리 단체들은 규모의 경제와 수익 극대화를 위해 더 높은 생산성을 추구하는 반면, 비영리 단체들은 그들이 제공하는 서비스가 누군가에게 매우 절실하며 때때로 말 그대로 누군가는 '생명이 위태로워질 수 있다'는 사실을 알고 있기 때문에 더 오랫동안 일해야 하는 경우가 있다.

그렇다면 문제점은 어디 있는가? 그리고 적용 가능한 솔루션은 무엇인가?

비영리 단체에게는 행정 업무와 모금 활동이 명백한 문제점일 것이다. 그러나 솔루션은 그렇게 분명하지 않다. 비용 면에서 적당하고, 매력적이며, 활용하기 쉽고, 개인화된 선택지들이 현재에도 존재한다. 하지만 그것들은 동시에 어디서나 저평가되고, 거의 쓰이지 않는다.

내가 말하는 선택지란 챗봇과 가상 비서다. 이들은 현장에서 유용하고, 기부자들과 고객들의 경험을 향상시키며, 현장 활동가들에게는 여가를 챙겨줄 수 있다. 챗봇이 화면에서 중요한 공간을 차지하거나 여러분이 찾고 있는 주요 정보 위에 나타나기에 짜증이 날지도 모르지만, 최근 유저빌라Usabilla*의 보고서에 따르면 설문 응답자 중 70%가 이미 챗

---

* 여러 웹사이트 방문자들의 의견을 수집하여 그 사용·기술 문제를 분석·개선하는

봇을 써봤다고 대답했으며, 나머지 응답자 중 60%는 챗봇을 사용하는 것이 편할 것 같다고 응답했다. 사람들은 사람과 대화하는 것을 선호할 수 있지만, 시간을 절약하기 위해 챗봇에게 질문하기를 좋아할 것이 분명하다.

챗봇Chatbot. 대체 챗봇이란 무엇인가? 간단히 말해서 한 줄짜리 답변들로 다양한 대화가 가능하도록 만들어진 단순한 프로그램이다. 보다 복잡한 챗봇들은 AI를 활용하여 고객 서비스 수준을 높이고, 데이터를 수집하며, 올바른 경로를 제시하는 첨단 시뮬레이션 대화로 사용자들과 상호작용한다.

그것이 어떤 모습을 하고 있을지 상상해보고, 그것이 당신의 조직에 얼마나 유용할지 따져보기란 어렵지 않다. 여기에는 가장 일반적으로 사용되는 통계치, 패턴, 경로를 확인하고, 그에 따라 그러한 과정들도 개선함으로써 서비스 보급을 향상시키는 데 데이터를 활용하는 것은 포함되지 않는다. "더욱 열심히 일할 게 아니라 더욱 똑똑하게 일하라"는 말은 여기에 완전히 들어맞는다.

더 똑똑하게 일하는 경우야 존재하지만, 비영리 단체의 도구함에서는 낯선 존재일 기술을 활용하는 것이다. 2018년에 페이스북에서 챗봇이 30만 개 이상 사용되었다는 사실을 아는가? 또한 많은 웹사이트 제작자들이 챗봇의 플러그인plug-in(기능 확장용 소프트웨어)들과 앱들을 무료로 제공한다. 이러한 도구의 시장 규모는 2024년까지 26억 달러에서 94억 달러로 성장할 전망이며, 이는 복합성장률compounding growth rate*이 거의

일을 지원하는 웹사이트다.

* 1년보다 긴, 지정된 기간 동안 이루어진 투자의 연평균 성장률이다. 개별 자산과 투자 포트폴리오 그리고 시간이 지나면서 가치가 상승하거나 하락할 수 있는 모든 것의 수익을 계산하고 결정하는 가장 정확한 방법 중 하나다.

30%에 달한다는 사실을 의미한다.

이쯤에서 좋은 소식은 무료로 사용할 수 있는 옵션부터 최고급 소프트웨어 플랫폼과 에이전시에 이르기까지 가격이 저렴하다는 점이다.

특히 다음과 같은 용도로 사용한다면 높은 ROI를 얻을 수 있다.

- 리드Lead 생성: 챗봇은 기부 과정에서 잠재적인 기부자들을 식별하고 이동시킬 상황에 맞는 질문을 할 수 있으며, 적절한 키워드들을 활용하여 기부 담당자에게 안내하거나 의도적으로 질문자들이 세부 사항을 등록하게 만드는 방식으로 응답할 수 있다.
- 리드 검증: 자, 다시, 시스템이 리드를 기부자 모집을 담당하는 직원에게 전달하기 전에 적합한 질문을 통해 기부자를 계층화하면, 기부자 모집을 위한 진입점을 자동화하는 데에 도움이 될 수 있다. 기부자들과 자원봉사자들이 어려움을 겪지 않도록 이 모든 것을 자산 심사 플랫폼과 관련 CRM 데이터와 동기화하는 것은 시간 문제다.
- 기부자 전환: 비영리 단체들이 기부 버튼을 그들의 홈페이지(그리고 이후로는 다른 모든 페이지)에 두드러지게 배치하는 이유가 있다. 그 페이지에서 기부를 하려는 사람이 가장 효율적인 방법으로, 아울러 최소한의 클릭으로 목적을 이룰 수 있도록 보장해주려는 것이다. 여기서 최적화는 리드를 기부자로 전환하는 일의 핵심이므로, 화면 오른쪽 하단에 있는 작은 프롬프트가 모든 것을 좌우한다. 여기서 챗봇은 브라우징을 지원하며, 더 스마트한 AI로 IP 패턴과 행태를 인식하여 매 방문 때마다 경험치를 개인화하도록 프로그래밍을 한다. 이는 비영리 단체들이 두루 따라해야 할 판매 전환 응용프로그램 중 하나다.

이처럼 챗봇은 관리 작업을 최적화하고 직원의 역량을 늘려주는 탁월한 선택지다. 그러나 궁극적으로는 기부자보다 조직에 기여하는 쪽으로 맞춰져 있다. 사용자 경험은 개념화되고 검증할 수 있는 것이지만, 사용자 경험 개발 동기를 처음부터 고려하면 진정으로 사용자 지향적이지는 않다.

가상 비서 Virtual Assistant. 가상 비서는 보다 역동적인 대화를 조성하고, 단순 요청보다 사용자 이해에 중점을 둔다. 또한 '스마트 오디오 리포트Smart Audio Report'에 따르면 6명 중 1명이 스마트 스피커smart speaker를 갖고 있으며, '퍼피시언트 디지털Perficient Digital'이 이야기하는 것과 같이 스마트폰에서 음성 기능이 검색엔진 다음으로 많이 사용한다는 점을 감안하면 이 분야에 주의를 기울일 필요가 있다. 이 기술은 이미 당신이 좋아하는 자선 단체에 기부하는 데 활용되고 있다(특히 아마존페이Amazon Pay에 연결되어 있을 경우에는 더욱 그러하다). 그러나 이 정도의 영향으로는 그리 혁명적이라 할 수 없을 것이다. 그렇다면 무엇이 대단한 걸까?

기부자들에게 당신의 업무를 알리는 데 도움을 줄 수 있는 새로운 알렉사 스킬Alexa Skill*을 창조하여 당신이 미션과 메시지 사이에서 균형을 잘 맞출 수 있을 것이라는 점에는 의심의 여지가 없다. 일단 당신이 대중 교육 부문 비영리 단체에 있다고 하자. 당신은 "알렉사, 올해 클리블랜드에서 1세대 대학생 중 몇 명이 졸업했지?"라는 질문에 대답하도록 스킬을 구축할 수 있다. 그러면 알렉사가 선별한 대답은 이럴 것이다. "'X 유스 아카데미X Youth Academy'에 따르면, 클리블랜드 출신 학생 105명이 2019년에 가족 중에서 처음으로 대학을 졸업했습니다." 이는 기부자들에게 당신의 비영리 단체의 서비스들과 영향에 대해 정보를 제공하고 인식을 제고하는 훌륭한 방법이다.

이런 스킬을 코딩하고 스크립팅scripting**하는 일은 매우 간단하며, 아마

* 아마존이 개발하고 제공하는 음성 인식 서비스 겸 인공지능(AI) 플랫폼이다.
** 프로그래밍과 마찬가지로 컴퓨터(들)에 명령을 전달하는 방법이다. 해당 명령은 컴

존에서는 다양한 기술 수준에 맞춘 튜토리얼tutorial*과 코드 샘플을 제공한다. 이벤트 일정표에 알렉사 스킬을 생성하고, 후원자들에게 '회신 부탁합니다'라는 공지에 알림을 추가하도록 요청하며, 더 많은 펀딩을 위해 로비할 때 버튼 하나 누르지 않고도 후원자들을 연방 의회 의원과 연결해주는 스킬을 만들어내는 것을 상상해보자.

몇 가지 중요한 스킬들도 익혀보자. 예를 들자면, CEO는 각 직원에게 에코닷Echo Dot이나 구글 홈Google Home을 지급하여 기부자에게 전화하기 직전에 "구글에서 존 스미스John Smith의 지난번 계약 보고서를 찾아줘" 또는 "제인 스미스Jane Smith의 계약은 언제 끝나지?" 같은 질문을 할 수 있다. 당신은 또한 뭘 입력하지 않고도 CRM에 기부자 참여 노트를 직접 추가할 수 있다!

현재 값비싼 CRM이나 모금 플랫폼과 연결된 서비스가 없다면, 간단한 코딩 과제로 실험을 해보라. 이 과정은 실제로 일련의 규칙을 설정하는 것이기 때문에, 이로써 당신의 사무실은 보다 역동적이고, 상호연결이 더 잘 될 것이며, 사원들의 역량도 늘어날 것이다. 여기서 유일한 한계는 당신의 상상력이다.

안개 속에서:
전 세계적 재난에 대처할 때 데이터의 중요성

우리는 정당한 공포를 느낀 것일까 아니면 코로나19 팬데믹이 과장된 것이었을까?

퓨터가 무엇을 해야 하는지는 물론, 언제 어떻게 해야 하는지도 알려준다.
* 하드웨어나 소프트웨어를 구동하는 데 필요한 사용 지침 등을 알려주는 시스템이다.

이런 질문은 은유적으로 보이지만, 실제로 내가 알고 존경하는 많은 사람들은 이와 같은 문제를 다루는 법을 알고 있다. 그들은 정보에 입각한 의사 결정을 하기 위해 그들이 쓸 수 있던 데이터를 들여다본다. 그러나 이것의 문제는 팬데믹 초기 몇 달 동안의 데이터가 불완전하며 매우 의심스러웠다는 점이다.

가장 피해가 컸던 몇몇 국가들에는 자국민들을 돕기보다 언론을 통제하는 데 급급했던 지도자들이 있었다. 그 외에도, 보편적으로 데이터를 획득하는 과정에서 체계적인 문제가 있었다. 예를 들자면, 2020년 3월 말에 캘리포니아 주에서는 검사를 77,800회 실시했는데, 이는 캘리포니아 주 주민들 중 99.8%가 검사를 받지 않았음을 뜻이다. 그 77,800회의 검사 중 57,400회의 검사는 결과가 나오지 않았었다. 그런 속도라면 그 다음 달에도 검사 결과는 나오지 못할 터였다.

코로나19 팬데믹 당시 캘리포니아 주가 특이했나? 누가 알겠는가? 심지어 그 시점에 백로그backlog*를 보고하는 주는 거의 없었다.

우리가 이 바이러스 자체에 대해 더 심층적인 이해를 계속하면서 우리 과학자들은 백신을 찾기 위해 경쟁했다. 동시에 우리가 우리 집에 고립되어 있던 동안 우리는 상당한 정보 격차, 일관성 없는 보도 또는 뭐가 어떻게 돌아가는지 알 방도가 거의 없게 했던 기타 장벽들로 인해 점점 더 좌절감을 느낄 수밖에 없었다.

간단히 말해 이렇다. '우리는 데이터의 안개data fog** 속에서 일하고 있었다.' 그리고 당시에 테스트된 케이스들이 입원만을 나타낸다는 점을 감안할

---

* 수행·처리되지 않은 작업들이 누적된 것이다.

** 카를 폰 클라우제비츠의 <전쟁론>에 나오는 명언인 '전쟁의 안개(fog of war)'의 패러디다. 전쟁과 마찬가지로 컴퓨터의 데이터에도 불확실한 요소가 많으며, 데이터 중 대부분이 근본적으로 예측·계획대로 실행되기는커녕 돌발적·우연적인 상황들에 지배된다는 의미다.

때, 곧 그 안개가 걷힐 것도 아니었다. 우리는 과소집계하고 있었고, 이데이터는 후행지표*였다.

패스트트랙fast-track** 백신이 승인을 받고 생산되려면 약 1년이 걸리며, 앞으로 다가올 독감 시즌(이제는 코로나19도 포함) 동안 전 세계적으로 5조 달러 이상의 타격, 전 세계적인 불황, 20%에 달하는 실업률, 그리고 수만 명에 달하는 인명 손실의 상황을 또 겪지 않으리라고 어떻게 보장할 수 있을까?

필란트로피 활동은 사람들을 어떻게 이 안개 속에서 벗어나도록 인도하고, 미래에 이와 같은 이슈들을 해결하는 데 필요한 인프라를 어떻게 지원할까?

담대한 투자. 대형 필란트로피 활동은 그 접근법에 있어서 획기적인 변화가 필요하다. 시스템을 다루고, 장기적인 투자에 집중하고, 크게 성장하면서 대담해지는 것이다. 기부금은 혁신에 따르는 리스크를 제거하고, 미래 해결 방안의 씨앗을 뿌리는 데 도움이 된다. 연구, 솔루션들, 완화 전략에는 자금 지원이 필요하다. 선별은 비용이 많이 드는 사업이며, 조치를 취하지 않아서 발생하는 비용이 조치를 취하는 데 드는 비용보다 크다. 예를 들자면, 텍사스 대학교의 연구에 투자한 결과, 그 연구소는 이후 인간의 세포에 부착되어 감염을 일으키는 코로나 바이러스의 스파이크 단백질을 확인했다(백신 개발을 위한 중요한 첫발이었다). 또한 이 연구소의 슈퍼컴퓨터인 프론테라Frontera도 새로운 고성능 컴퓨팅 컨소시엄 내의 핵심 자원이 되어 전 세계 연구자들에게 바이러스를 이해하고, 모델링하고, 예측하고, 퇴치하는 데 도움이 되는 방대한 컴퓨팅 자료들을 제

* 경제학에서 경기변동이 나타난 이후에 통계적으로 측정되는 지표를 후행지표, 경기변동 이전에 측정되어 미래 경제를 전망하는 통계를 선행지표라 한다.
** 어떤 작업을 일반적인 경우보다 신속하게 진행시킨다는 뜻이다.

공했다.

재난 기금. 팬데믹이 지역 경제에 미친 파괴적 영향에 대처하고자 많은 긴급 기금이 마련되었다. 이런 재난 기금을 위한 모금은 계속 연간 계획으로 유지되어야 하며, 추가적인 재난 복구·재건 노력이 필요할 때 기금을 활성화하기 위해서 일련의 절차도 확립해두어야 한다. 필란트로피 활동은 지역사회 재활 노력을 위한 인적 자원 공유에 자금을 지원하고, 재해 위험의 감소·예방·관리 조치를 추진하는 데 도움을 주며, 재해 발생 전 및 재해 발생 시 대응 정보 전파 및 협력 절차를 수립해둠으로써 이 분야에서 적극적으로 활동하기 시작해야 한다.

재난 분석. 머신러닝에 대한 앞선 논의에 이어 이 접근법은 새로운 이론 개발의 동기를 부여하고, 실제 문제들과 직면하여 중요한 피드백 패턴들을 제공하는 방식으로 과학을 변화시켜 사회적 영향을 달성할 수 있는 새로운 방법들을 열어준다. 이 일, 특히 재해 분석 부문에 자금을 지원한다는 것은 데이터, 물리학 기반 모델링, 고성능 컴퓨팅이 재난을 더 잘 예측하면서 완화·대응을 가능하게 한다는 것을 의미한다.

옹호 활동. 비영리 파트너들과 연계하는 필란트로피계는 메디케이드 기금Medicaid funding을 지원받는 비영리 단체들이 중소기업들을 지원하기 위한 수천억 달러에 접근할 수 없게 하는 조항들을 법안에서 빼도록 의회를 상대로 로비하는 데 성공함으로써 2조 달러 규모의 경기부양책과 관련하여 큰 승리를 거뒀다. 다음 단계는 공중보건, 질병 통제 예방 센터, 국립 보건원 및 의료 보험 보장 범위 확대에 대한 더 많은 투자를 위해 로비하는 것이다.

우리 지역사회는 여전히 고통받고 있으며, 우리 사회 구조는 상상할 수 없을 정도로 확장되고 있다. 음식, 쉼터, 기타 기본 필수품에 대한 수요가 증가하고, 기부금과 수입은 감소하며, 사회적 서비스 측면에서 영향력이 감소함에 따라 우리는 코로나19 팬데믹과 같은 미증유의 사태에 더 잘 대비해야 한다. 이러한 미래 대비는 수준 높은 데이터로 지탱되어야 하며, 강력한 리더십으로 강화되어야 한다.

안개는 결국 걷힌다. 우리의 결의에 대한 이 시험이 우리가 더 명확하고, 안전하며, 건강한 미래를 위해 노력하도록 우리를 고무시켜주기를 바란다.

미래의 인물

에프렘 바이서(Efrem Bycer)
- 시민 테크의 권위자

　기술은 사회문제 해결의 분야에서 양날의 칼이다. 한쪽에선, 서비스 비용의 지속적인 증가 없이 수혜자의 수가 기하급수적으로 늘릴 수 있는 수준의 규모를 달성하길 요구받는다. 그러나 언제나 규모가 목표여선 안 된다. 사람의 손길이 필요한 프로그램을 비롯해서 규모가 무의미한 프로그램도 있다. 너무도 많은 필란트로피 활동가들이 임팩트 측면에서 '하키스틱hockey stick 우상향'*의 실적을 낼 수 있는 벤처 기업인을 자처한다. 그것은 경영대학원 동문회에서 나누기에는 좋은 이야기지만, 이것이 사명선언문**에 명시된 장기적인 영향을 보장하지는 않는다.

　정부, 비영리 단체, 민간 섹터에 걸쳐 경력을 쌓아온, 섹터를 넘나드는 리더인 에프렘 바이서는 사회적 임팩트Social Impact***의 정신으로 전개되는 기술의 가능성과 함정을 봤다. 에프렘은 말한다. "저는 제가 기술 쪽

---

*　곧게 뻗었다가 끝에서 짧게 꺾어진 하키스틱을 그리듯이 처음에는 느린 성장을 보이다가 갑자기 급격히 성장하는 모양새를 일컫는다.

**　개인이나 단체가 이루려는 핵심 가치를 설명하고, 그것을 달성하기 위해 단계적으로 달성할 일들을 적은 글이다.

***　행동, 활동, 프로젝트, 프로그램 또는 정책 등으로 발생하는, 사람들과 지역사회에 미치는 영향이다.

에서 일한다고는 생각해본 적이 없어요. 사실 저는 정부의 업무를 개선하고 경제를 더욱 공정하게 만드는 데 도움이 되는 정부와 비영리 단체들에서 경력을 쌓으리라 생각했지만, 실제로 기술이 이러한 목표를 달성하는 데 도움이 될 수 있다고는 생각하지 않았죠. 제 오산이었습니다."

에프렘이 대학과 대학원에 다닐 때, 그는 경제 개발 분야에서 일자리를 얻고 싶어 했다. 에프렘은 설명한다. "마침내 그럴 수 있었을 때, 그 일은 제가 늘 꿈꿔왔던 모든 것이었습니다. 역동성, 복잡성, 섹터 넘나들기, 그리고 다면성을 모두 갖추고 있었던 것이죠. 저는 샌디에이고에서 가장 혁신적인 기업들과 협력하고, 미국 및 국제사회의 사상적 리더들과 교류했으며, 정책입안자들에게 통찰력을 제공하게 되었죠. 그러나 저는 자금이 풍부한 대기업과 살아남기에 급급한 중소기업의 세상이 돌아가는 방식에 대한 몇 가지 불평등도 직접 목격했습니다."

에프렘의 우려 사항들 중 상당수는 영리업계가 어떻게 '돌아가는지'에 대한 그의 관찰에 있다. 특히, 에프렘은 컨설턴트, 변호사, 은행가, 상업 부동산 리더들로 구성된 군대가 그들의 고객(대기업)의 이익을 잘 대변하고 그들이 정부 관계자와 만날 때 이러한 문제들을 최우선적으로 고려한다는 사실을 알아냈다.

"어느 정도는 그럴 수 있어요. 이 기업들은 이 지역에서 가장 큰 고용주들이었고, 경제적으로 광범위한 영향력을 행사했으니까요."라고 에프렘은 말한다. "우리는 대규모 고용주들이 복잡한 관료적 절차(즉, 승인)를 신속하게 처리할 수 있도록 도와주었지만, 중소기업들에게는 스스로 알아서 하라고, 혹은 소통도 제대로 안하는 조직들에 의존하라면서 내버려 두죠. 저는 대기업들과 중소기업들 사이에 존재하는 권력 역학에 더하여 문제시되어야 할 또 다른 주요 문제는, 이러한 과정이 애당초 너무 복잡하다는 점이라는 걸 깨달았어요. 그리고 정부와 협력하는 것이 왜 그렇게 어려운지를 더 깊이 이해하면서 그중 많은 부분이 정부가 대중에게, 이 경우에는 기업들에 제공하기 위해 활용하는 기술과 관련이 있다는 걸 알게 되었습니다."

에프렘은 기술이 만능은 아니며, 약점도 있음을 이해하고 있다. 에프렘은 말한다. "결국 기술은 1과 0을 이리저리 짜놓는 거죠. 기술을 구축하려면 해결하려는 문제의 실제 복잡성을 차단하는 일련의 가림막들이 거의 항상 필요해요. 이런 장단점을 고려하면 비용이 상당히 많이 들 수 있습니다."

본래 문제의 아주 작은 부분이라도 해결할 수 있는 기술을 구축하는 데에는, 끊임없는 집중이 필요하다. 이는 문제를 각각 구분해서 상호 관련 없는 수준으로 분류하고, 각각을 박스에 쪼개 넣어 지나치게 단순화해야 한다는 점을 시사한다. 이는 버그가 아니라 기술 개발의 특징이다.

필란트로피 활동은 기술이 문제 해결에 도움이 되는지 여부를 살펴볼 수 있고, 또 그래야 한다. 하지만 그 기술이 그 도전의 더 크고 완전한 맥락에서 어떤 역할을 수행할 수 있는지 고려해야 한다. 또한 필란트로피 섹터는 최종 사용자, 수혜자, 고객, 혹은 저 다른 쪽 끝에 있는 사람을 묘사하는 데 사용되는 더 인간적인 용어에 대한 공감이 무엇보다 중요함을 강조해야 한다.

그러나 많은 비영리 단체들은 그들이 함께 일하는 대상에 대한 전문가이다. 이러한 조직들에게 '21세기에 합류하여 대상 고객이 사용하지도 않고, 아무도 장기적으로 지원할 수 없는 앱을 만들라'라고 말하는 대신, 필란트로피 부문은 이러한 전문성을 향상시키고, 다른 비영리 단체, 필란트로피 활동가, 기업 그리고 정부 등 그들의 포트폴리오에 있는 조직들이 서비스를 받는 사람들의 필요에 실제로 부응하도록 독려하는 데 더 잘 활용될 수 있다. 그렇게 함으로써 해당 섹터는 또한 역사적으로 필란트로피 활동가들에게 오늘날 그들에게 힘을 부여한 사람들도 포함한 기존의 권력 역학에 도전할 준비를 하고 있어야 한다.

에프렘은 이런 견해에 동의하는바, 이는 또한 정부가 공공 서비스를 제공하고 대중을 참여시키기 위해 기술을 어떻게 만들어내고 도입했는지에 대해 더 자세히 알고자 하는 그의 열망에 의해 형성되었다. "그래서 저는 사용자 중심 기술과 애자일 소프트웨어 개발agile software development의 원칙을 적용하여 정부가 가장 필요한 사람들을 위해 더 나은 서비스를 수행할 수 있도록 노력하는 비영리 단체인 '코드 포 아메리카Code for America, CfA'로 눈을 돌렸습니다. 우리는 정부 그리고 정부에 봉사하는 사람들을 위해서 기술을 개발한 게 아니라 그들과 함께 개발했습니다. CfA에서 저는 정부가 중소기업 및 인력 개발 서비스를 더 잘 제공할 수 있도록 돕는 데 중점을 둔 집단인 경제 개발 팀을 출범시켰어요"라고 에프렘은 설명한다.

"정부 및 기술 전문가들과 직접 협력하면서 저는 기술 중심 서비스 제공의 가능성과 잠재적인 위험을 직접 확인했습니다. CfA의 제품인 '겟콜프레시GetCalFresh'가 캘리포니아에서 영양 보충 보조 프로그램Supplemental Nutrition Assistance Program, SNAP 신청 절차를 획기적으로 간소화하여 결국 팬데믹 기간 동안 접수된 SNAP 신청 중 70% 이상을 차지하는 것도 봤고요. 경제 개발 측면에서 저는 CfA가 롱비치 시 및 시라큐스 시와 합작해서 만든 새로운 중소기업 포털이 어떻게 헌신적인 공무원들의 혁신적인 사고를 촉진하는지를, 그리고 재계와 더 나은 관계를 촉진하는지를 목격했습니다."

에프렘은 링크드인 같은 기업이 정부 기관과 협력하여 실업급여가 만료되기 전에 다시 직장을 구할 수 있을 가능성을 높이는 것도 CfA에서 확인했다. 그런 이들에 대한 링크드인의 집중이 결국 에프렘을 링크드인으로 이끌었으며, 링크드인은 사람들을 경제적 기회에 연결시켜 주기 위해 정부와 손잡고 규모에 맞춰 일할 수 있는 역량을 갖추고 있다. 아울러 에프렘이 링크드인에서 일하면서 필란트로피 활동이 사람들의 경력에 대한 투자에 어떻게 보완적인 역할을 할 수 있는지 알게 된 것도 놀라운 일은 아니다.

에프렘은 말한다. "저는 소득 공유 계약income-share agreements이 성장하는 걸 지켜봤습니다. 이러한 금융 수단이 학자금 대출 같은 전철을 밟지 않는다고 가정한다면 전망은 있다고 봅니다. 필란트로피 활동은 임팩트와 수익이 일치하는 곳에 투자함으로써, 시장금리 투자자들이 선호하는 것보다 더 많은 인내자본patient capital*을 제공하고, 사람들이 교육을 이수하는 데 실질적으로 도움이 될 자금과 서비스를 제공함으로써 좋은 위치를 점할 수 있습니다. 미국인들 중 절반 이상이 4백 달러에 달하는 뜻밖의 지출(이건 팬데믹 이전의 통계이지만)을 감당할 수 없다면, 필란트로피 활동이 개입해야 하는 영역입니다."

"정말 영향력 있고 효과적인 기술을 구축하려면 코딩 기술 이상의 것이 필요해요. 이를 위해서는 제품 팀이 실제 사람으로 식별되는 사용자들이 겪는 이슈들을 내재화해야 하죠. 그들은 사용자 조사를 효과적으로 활용하여 모든 의사결정에 사용자의 목소리를 반영하고, 이 애플리케이션의 상대방이 이 도구를 사용하면서 긍정적 경험과 감동을 느낄 수 있도록 세심하게 노력합니다. 그들은 기술 개입을 위한 적절한 순간을 찾기 위해 그들이 작업하던 더 큰 맥락을 이해하는 데 시간을 들였습니다. 많은 면에서 기술 자체는 그렇게 복잡하지 않아요. 복잡성은 맥락에 맞춰 구축하는 데 있죠."

그리고 이런 도전의 와중에서 필란트로피 활동이 제 역할을 할 수 있는 곳이 바로 여기다. 필란트로피 활동은 기술 자체를 위해 기술에 투자하기보다, 기술 전문가들이 도우려는 사람들에 대한 더 큰 공감 능력을 키울 수 있도록 수년 동안 이 작업을 수행해온 조직들의 목소리를 높이는 데

* 투자의 영향력이 제대로 발휘될 때까지 인내하면서 장기적으로 관망하는 투자자본이다.

집중할 수 있다. 이는 기술의 효과에 중점을 둔 개발을 가능케 한다.

필란트로피 활동이 기술을 외면해야 하는 것은 아니다. 오히려 필란트로피 활동은 기술이 도전의 더 큰 맥락에서 문제를 해결하는 데 어떻게 도움이 될지를 고려해야 한다. 필란트로피 활동은 또한 최종 사용자에 대한 공감을 강조해야 한다.

최악의 경우 필란트로피 활동은 유산을 쌓거나 돈을 사용하여 돈이 없는 다른 사람들이 일하는 방식에 대해 갑질하려는 헛수고일 뿐이다. 최악의 필란트로피 활동은 현실에 직면하기보다 현실을 강화함으로써 수년, 수십 년, 또는 수 세대에 걸친 착취적인 행동을 근본적으로 변화시키려고 시도한다. 이들은 자기 보전을 미션보다 앞세운다. 이들은 진정한 임파워먼트empowerment를 위해 노력하기보다는 권력을 더욱 집중시킬 뿐이다.

그러나 필란트로피 활동은 한 개인이 생면부지의 미래 세대를 돌보는 것을 의미한다. 진정한 필란트로피 활동은 이웃에 대한 배려를 보여주며, 지원이 없다면 결코 실현시키지 못할 아이디어를 실현시키기 위해 돈과 신뢰를 제공한다. 경제적 유동성, 권력, 임팩트의 민주화에 기여한다. 이런 유형의 필란트로피 활동은 인간의 관대함과 자기 자신을 뛰어넘는 사고력을 보여준다.

에프렘은 최선의 필란트로피 활동을 대표한다. 그의 작업, 가치, 접근법은 사람들이 단지 최종 사용자로서가 아니라 필수적인 존재로 간주되도록, 집계되도록, 관여되도록 보장할 것이다. 결국 필란트로피 활동은 영향력을 발휘할 수 있는 기술을 포함한 모든 도구에 자원을 실어줌으로써 선善을 위한 힘이 될 수 있고, 또 되어야만 한다. 결국 우리가 소득 불평등, 인종 정의, 정치권력의 편중, 기후 변화 같은 이슈들을 풀어나가려면 위에서 언급한 모든 것을 포함한 접근이 필요하다.

16장

희망사항일 뿐인가?
아니면 기다릴 가치가 있는가?

모든 것이 금으로 바뀌지는 않는다:
암호화폐를 모금 환경에 어떻게 맞출 것인가

비트코인과 기타 암호화폐 기부가 단기적 그리고 중기적으로 변화하는 자선의 원천으로서 미치는 임팩트는 미미하다(그래서 블록체인 및 스마트 계약 사용·응용과는 따로 서술하는 것이다). 나는 내가 틀렸다는 것이 증명되기를 바란다. 세계화된 경제에서 여러 층으로 이루어진 보안 시스템을 갖춘, 투명성 높은 새로운 디지털 화폐에 대한 아이디어는 특히 필란트로피에 미칠 수 있는 임팩트를 고려하면 정말 흥미로운 제안이기 때문이다.

실질적인 기부와 관련하여 화폐 분야에서 더욱 흥미로운 점은 오스트레일리아에서 세계 최초로 기부를 위해 고안된 법정화폐인 '도네이션 달러Donation Dollar'를 출시한 것이다. 오스트레일리아 조폐청은 모든 오스트레일리아 국민들을 위해서 도네이션 달러를 개설하면서 2,500만 명에게 기부 의사를 환기시켰다. 그것은 1비트코인의 1/1187 액수만큼 기부하는 것보다는 낮지만, 더 이상 이야기하지 말기로 하자.

비트코인은 2021년 1월 최고조에 달하면서 미국 달러로 4만 달러 이상으로 거래되고 있었다(연말 기부를 위한 완벽한 순간에 정점에 도달할 기회를 놓쳤다고 해야 할 것이다).

그러나 비트코인은 전통적으로 최고치를 경신한 이후 몇 달 동안 4분

의 1에서 절반까지 가치가 하락하는 경향이 있는데, 이번 최고치도 예외
는 아니었다. 변동성은 세상이 본질적인 가치가 없는 뭔가에 올인하지
않는다는 것을 보여줄 뿐이며, 희소성과 '나만 뒤처질지 모른다는 공포
Fear of Missing Out, FOMO'가 수요 증대로 가장 큰 이익을 보려는 사람들에
게 큰 효과를 발휘하는 강력한 조합이라는 사실도 보여줄 뿐이다.

내가 개인적으로 아는 몇몇 사람들이 몇 년 전 이 모든 히스테리에 빠
져서 거액을 잃거나 사기로 날렸다. 소셜미디어는 이 모래성을 쌓아올리
는 데 일조했고, 결국 쉽게 번 돈은 쉽게 나간다는 속설을 재확인했다.

이 모든 이유 때문에 나는 암호화폐에 대해 길게 이야기하지 않을 것
이다. 그러나 실리콘밸리 지역재단Silicon Valley Community Foundation, Square,
스퀘어Square, 유니세프UNICEF 같은 조직들이 이 영역에서 기금지원 프
로그램을 추진하고 있다는 것을 인정하고 싶다. 또한 현재 생태계의 문
제점에 대해서 광범위한 연구를 수행하기 위해 국립 과학 재단National
Science Foundation이 3백만 달러에 달하는 연구비를 코넬 대학교, 캘리포니
아 대학교 버클리 캠퍼스, 메릴랜드 대학교에 지원하였다.

나는 또한 2018년에 익명의 기부자가 레딧Reddit으로 60개 비영리 단
체들에 5,500만 달러를 기부한 파인애플 기금Pineapple Fund에도 관심이
있었다(암호화폐 크라우드펀딩 폰지 사기Ponzi scheme로 드러난 바나나 펀드와 혼동하지 말자). 기
부는 5만 달러에서 5백만 달러까지 다양했으며, 미국시민자유연맹ACLU,
채리티 워터Charity: Water, 약속의 연필Pencils of Promise 등의 단체들이 기부
를 받았다.

'기빙 블록Giving Block'은 이 과정에서 탄생한 조직이다. 기빙 블록은 이
과정의 경험과 효과를 확인하기 위해 기금 수혜자들을 조사하고 추적
했다. 당신도 관심이 있다면, 그 웹사이트를 방문하여 그들의 결론을 읽
어보는 것도 가치가 있다.

그러나 필란트로피 섹터(특히 소규모 비영리 단체들)는 암호화폐를 기부 수단

으로 적극 도입하면 안 된다. 만약 당신이 암호화폐로 기부를 받았다면, 당신의 조직은 암호화폐를 즉시 매도할 수 있는 체계를 갖추고 있어야 한다. 여기에는 블록체인의 이전 거래 상황을 검색하여 (과거 또는 현재에) 악의적인 거래와 얽혀있지는 않은지 확인하고, 기부액을 수령하고 거래할 수 있는 비트코인 지갑을 개설하는 일이 포함된다. 주식과 마찬가지로 암호화폐 기부는 기부 시점의 시장 가치에서 세금 공제 혜택을 받을 수 있다.

잠재적인 기부자가 암호화폐를 사용하고자 한다면, 비영리 단체들은 그것을 옵션으로 제시할 것이다. 그 점에 대해서는 나를 믿으라. 암호화폐는 혼합 기부blended gift*라는 옵션의 좋은 후보이기도 하다. 만약 당신이 암호화폐를 받기로 한다면, 당신 조직의 홈페이지에 기부 규정상의 옵션으로 명시하고, 적절한 태그를 붙여서 방문자들이 알아볼 수 있도록 하라. 첫 페이지에 비트코인 로고를 대문짝만하게 올려두지 말라. 단지 임팩트에 관한 이야기들을 나눌 수 있는 공간을 차지할 뿐이니까 말이다.

'0 또는 1'을 넘어서는 시민 솔루션:
퀀텀Quantum**은 사회의 가장 큰 병폐를 해소하는 데 기여할 수 있을까?

머신러닝이 우리 시대의 가장 중대한 사회적 문제(가령 노숙인 문제, 빈곤, 기후 변화)를 해결하기 위해 제공할 수 있는 모든 혜택에도 불구하고, 훨씬 더 강력한 컴퓨터를 사용하는 옵션은 아직 날개를 펼치지 않았다. 최

---

* 혼합 기부(blended gif)란, 현금, 증권, 암호화폐 등 다양한 형태의 기부를 함께 하는 것으로, 기부자가 원하는 방식으로 기부를 할 수 있는 옵션이다.
** 양자역학적 현상을 활용하는 양자 컴퓨터(Quantum computing)를 말하지만, 2018년 10월 15일에 문을 닫은 암호화폐 업체의 이름이기도 했다.

근 IBM의 예측에 따르면, 양자 컴퓨터 활용은 앞으로 5년 내에 상업적으로 실행 가능해질 것이다. 시민사회 섹터에 당장 임팩트를 미친다든가, 이해하기에는 상당히 어려운 개념이다. 그러나 일단 그것이 주류가 되면, 이는 사회에 큰 혜택과 파급효과를 가져올 것이며, 공동선을 위해 지역사회 발전에 기여하고자 하는 산업의 성장을 가속화할 것이다.

방금 언급에서 마지막 부분은 좀 기묘했던 것 같다. 모호한데다 업계에서 사용하는 용어들이 가득하니까 말이다. 그러나 앞서 말했다시피, 이는 마치 우노Uno* 카드놀이에서 '초보자의 행운'을 누린 직후에 3차원 체스3D-chess**의 명인으로 승격하는 것과 같다.

나는 저명한 컴퓨터 이론 과학자인 스콧 아론슨Scott Aaronson과 같은 과에서 일할 수 있는 특권을 누리고 있다. 스콧의 주요 연구 영역은 양자 컴퓨터 사용법과 계산 복잡도 이론computational complexity theory이다. 반면, 나는 동문들에게 우리의 일을 알리고 이에 대한 지원 기회를 알리기 위해 우리 일에 대한 기본 지식을 갖춰야 하는, 일개 기금 모금가일 뿐이다. 내가 양자 컴퓨터 사용법에 대해 뭐라도 알려면 스콧의 블로그에 올라와있는 글 101편을 읽는 것이 최선이라는 말을 정중하게 전달받았다. 나는 그 글들을 다섯 번씩 읽으면서 궁금한 점들이 생겼다(모조리 궁금했다).

양자 컴퓨터를 사용하는 것은 농담이 아니며, 많은 주목을 받고 있다. 간단히 말해서 우리가 이해하는 컴퓨터의 '0 또는 1'이라는 이진수 사용 방식을 뛰어넘어 한번에 다양한 상황들에 대응할 수 있으며, 아원자 subatomic 수준에서 정보가 축적되고 처리되는 방식도 향상시킨다. 기술

---

* 1971년에 미국인 이발사 멀 로빈스(Merle Robbins)가 고안하고, 미국 장난감 회사 마텔(Mattel)이 1992년부터 제조·판매하는 카드 게임이다.

** 각기 다른 레벨을 대표하는 체스판 여러 개를 붙여놓고 사용하는지라 체스의 말들이 각기 다른 공간(3차원)들에서 움직이는 것 같아 이렇게 부른다.

적인 내용은 더 다루지 않겠지만, 머신러닝이 막대한 데이터에서 패턴을 식별한 반면, 양자 컴퓨터는 문제를 여러 번 실행하여 다양한 결과를 도출하고, 확률과 신뢰 수준이 더 높은 최상의 해답을 제시한다. 마치 '어벤저스: 인피니티워Avengers: Infinity War'에서 닥터 스트레인지가 1,400만 가지 시나리오 중 이길 수 있는 단 한 가지 방법을 찾아낸 것과 같다.

이제 이 기술은 정부와 기업의 막대한 투자로 대학교 연구실에서 벗어나 주류로 진입하고 있으므로 시민사회 섹터에서도 많은 혜택을 볼 수 있게 되었다.

- 기부: 양자 컴퓨터는 상호연결종속성이 있는 자산을 대량 교차분석하여 최강의 포트폴리오 선택지를 결정하는 데 도움을 주는 CIO(최고 정보 책임자)에게 꿈과 같은 기술이 될 것이다. 자, 이제 판돈을 5% 올려도 되겠는가?

- 보안: 현재 비영리 섹터의 사이버 보안 상태(그리고 이에 대한 접근법)는 참으로 심각하다. 내가 이 장을 다듬기 시작했던 날, 세계 최대의 모금·관리 소프트웨어 기업 중 하나인 블랙보드Blackbaud에 심각한 데이터 보안 사태가 발생했다. 비영리 단체들은 잠재적인 위협에 맞설 수 있는 가장 기본적인 소프트웨어조차 부족할 뿐만 아니라, 민감한 정보를 처리하고 사이버 공격을 당했을 때 대응하기 위한 기본 정책도 부족하다. 따라서 양자 컴퓨터를 사용하는 것은 사이버 사기 같은 이슈들을 파악하는 데 도움을 줄 수 있지만, 모든 최신 암호화를 쓸모없게 만들 것이며, 이를 위해서는 양자에서의 모든 암호화 알고리즘을 재구성해야 한다. 이것은 실로 대단한 개편이며, 이 과정에서 우리는 기본 수준을 다시 설정하고, 모든 이들을 그 수준까지 끌어올릴 것이다.

- 마케팅: 이는 주로 사용자에게 노출하는 알고리즘에 따른 의사 결정

을 향상시키는 것과 같은 최적화 작업이다. 양자 컴퓨터 기술을 도입하면 당신의 조직은 기빙튜스데이 기간 동안 모금 방법에 대한 마스터 클래스 코칭 패키지master class coaching package에 대해 사이버 먼데이Cyber Monday 혜택이 연장되는 전략과 경쟁하지 않을 수 있다.

다시 말하지만, 이 기술의 가장 좋은 사용례는 정부나 대형 필란트로피 단체가 크고 다양한 데이터를 분석하여 우리 삶에서 가장 혁신적인 사회적 솔루션의 열쇠로서 제시하고, 정치적·개인적 영향력을 초월할 수 있는 수준의 자신감도 제공할 수 있는 것이다.

양자 컴퓨터는 분명 우리 섹터를 위한 와일드카드가 될 것이다. 나는 임박한 성장이나 상업적 생존 가능성에 대한 IBM 연구소의 국제 부문 부사장이 하는 예측에는 그다지 동의하지 않지만, 기술의 복합적 촉진에도 불구하고(즉, 우리는 아직도 비영리 단체 대회에서 우리 업무와는 거리가 있는 VR 경험을 선보이고 있으며, 그래서 가짜뉴스, 아동비만, 물 부족 같은 문제들을 해결하기 위한 효과적인 솔루션들을 거의 생각해내지 못하고 있다) 우리는 5세대 컴퓨터와 세대를 초월하는 수준에서 우리 지역사회를 위한 옵션들, 응용 프로그램, 성과의 품질을 향상시킬 수 있는 압도적인 잠재력에 큰 기대를 걸어야 할 것이다.

서비스 제공을 위해 추가되는 차원

비영리 단체 그리고 변화를 주도할 사람들이 미래에 활용할 수 있는 것은 온라인 및 가상 기술만이 아니다. 조직의 사명과 서비스 제공을 지원하고 잠재적으로 수익을 창출하여 수입을 증대시킬 물리적 제품들은 기술 발전과 생산량 증대로 대형 3D 프린터의 구입비가 낮아지면 일반화될 것이다.

소형 데스크톱 프린터부터 산업용 프린터(주택 가격을 낮추고, 비영리 단체들이 사무실을 벗어나 이동할 수 있게 해줌)까지 쓰임새는 무수히 많다. 이런 경우에 예술과 교육 분야는 혁신을 일으킬 수 있는 훌륭한 분야이다. 예를 들어, 이 기술을 옹호하는 사람들은 교육 분야에 도입될 3D 프린터를 다음 세대 학생들의 '굴림대(에 놓인) TV'라고 부른다. 가령 생물 수업 때 3D 프린터로 골격 표본을 하나하나 인쇄할 수도, 화학 수업 때 주기율표에 나타난 원소 하나하나의 모형을 만들어줄 수도 있다. 이는 교육에 혁명을 일으키고, STEM의 일부 요소를 갖추고 있을 내일의 직업들에도 영감을 준다.

3D 프린터가 우리가 일했거나 자원봉사를 했던 전형적인 비영리 단체들에서는 흔치 않을지라도, 이미 이 기술에 대한 진정한 게임 체인저 역할을 하는 응용 프로그램은 나와있다.

핸드 재단Hand Foundation은 어린이들을 위해서 무료 의수를 제작하고 있으며, 뉴스토리New Story는 볼리비아, 아이티, 멕시코에서 6백 ft²짜리 주택을 4천 달러도 안 되는 돈으로 짓고 있으며, 엘살바도르에는 주택 1백 채 정도를 지을 계획을 가지고 있는 등 황폐한 빈민가들을 변화시키기 위해 노력하고 있다.

이런 유형의 문제들을 해결하는 대형 프린터를 갖춘 작업장이 아동병원이나 지역 해비타트Habitat for Humanity* 단체에 존재하는 미래를 상상하는 것은 어렵지 않다. 특히 프린트를 할 때 패턴과 디자인의 다운로드나 구입이 손쉬울 만큼 흔하다면 더욱 그럴 것이다. 또한 작업에 도움이 될 수 있는 모든 것을 '인쇄'할 수 있다는 것도 상상하기가 어렵지 않다. 이는 참으로 흥미진진한 발상이다. 특히 신흥국들과 외딴 국가들에서 전 세계적 규모와 잠재적 임팩트 측면에서 보면 말이다. 따라서 당신 조직의 규모나 업무 범위에 상관없이 3D 프린터를 다양한 방식으로 사용할

---

* 주거 환경이 열악한 곳에서 살아가는 사람들에게 집을 지어주는 국제적·비영리적 비정부 기구다.

수 있다.

프로그램. 3D 프린터는 신규 주택 건설에서 노숙인 문제나 주택 가격 문제 같은 이슈들을 해결하는 데 도움이 될 수 있다. 선도적인 필란트로피 기관들은 노숙인 위기를 해결하기 위해 주거 우선 접근법을 추진하고 있는데, 집 1채를 24시간 내에 4천 달러 안쪽의 비용으로 짓겠다는 것이다. 이는 체제에서 소외되거나 희생자가 된 사람들에게 새로운 미래를 열어주는 열쇠가 될 수 있다.

내가 지금 살고 있는 텍사스 주 오스틴 시는 3D 프린터 전문 기업인 아이콘Icon의 본거지인데, 아이콘은 2018년에 350ft²짜리 소형 주택을 이틀 만에 1만 달러로 지었다. 아이콘이 프린터를 최고 속도로 돌리지 않았으며, 이후 3,500만 달러에 달하는 시리즈 ASeries A* 기금모금도 마감했다는 사실을 감안하면, 아이콘이 해당 섹터 전반에 걸쳐 새로운 솔루션에 대한 이야기로 꽃을 피울 새로운 건축 시대를 개척할 것이라는 사실에는 의심의 여지가 없다. 3D 프린터로 만들어낸 이 모든 건물들은 아마도 LEEDLeadership in Energy and Environmental Design** 인증을 받을 것이며, 이는 2030년까지 일반화될 수 있는 매력적인 제안이 될 것이다.

가격대 때문에 그리고 기업들이 더 크고 더 좋은 건축물들을 짓기 위해서 분명 3D 프린터 관련 기술을 발전시킬 것이라는 사실을 고려하면, 우리는 '내 집 마련'의 붐, 신세대의 재산 축적, 중산층 강화와 확대를 보게 될 수 있다. 이 책의 앞쪽에서 말한 것처럼 그것이 가질 인종적 정의의 의미는 말할 것도 없다. 간단히 말해서 이 기술은 비영리적 맥락에서 프로그래밍을 위한 다양한 애플리케이션을 갖출 수 있다. 그러나 지금

---

* 스타트업 기업이 시장 검증을 마친 시제품이나 베타 버전을 내세우면서 정식 론칭을 준비하는 단계다.
** 미국의 녹색 건축 위원회(USGBC)에서 수립한 친환경 건물 인증이다.

은 당신의 조직에서 어떻게 활용할지를 시간을 두고서 생각해보라. 이는 꿈꿀 수 있다면 실현도 가능한 미래다. 이를 진심으로 생각해본다면, 실로 대단하지 않을 수 없다.

이벤트와 책무. 이벤트나 그 밖의 시민 참여 모임에서 3D 프린터를 사용하는 것은 대의를 강조하고, 기부자와 자원봉사자의 관계를 심화시키며, 업무에 대한 인식을 높이는 가장 재미난 방법 중 하나가 될 수 있다. 내가 참여했던 가장 멋진 사례는 은퇴한 CEO의 사무실을 그녀를 위한 송별회장으로 사용하려고 재현한 것이다. 이 콘셉트는 호평을 받았지만, 파티에 참석했던 사람들은 굳이 모든 걸 설치했다가 치우고 할 필요가 없었다!

교실이나 당신 자신의 CEO 사무실을 구현하거나, 조직의 역사상 결정적인 순간이라든가 사람을 중심으로 조각상을 만들고, 갈라쇼 디너를 위한 참석자 이름표를 만들거나, 심지어 새로 기부받은 장학금을 기념하기 위한 만년필을 만든다고 상상해보자. 다시 말하는데, 가능성은 무궁무진하다. 하지만 과거에는 불가능했거나, 하비라비Hobby Lobby*에 서둘러 달려가는 것만으로는 성급하게 마련할 수 없었던 방식들로 개인화하고, 의미를 드러낼 수 있다.

상용화. 비영리 단체가 미래에 성공하려면 보다 역동적이고 지속가능하게끔 새롭고 고정적인 수익원을 확보할 수 있도록 예산을 다양화해야 한다. 어쨌거나, 팬데믹은 이 섹터가 얼마나 취약한지를 보여줬다. 3D 프린팅을 사용하여 현장이나 소비재에 위젯widget**을 구축하고, 프로그램이나 일선 서비스에 다시 기금을 직접적으로 재투자하는 것은 무리

* 미국의 유명 완구 · 기념품 전문 기업이다.
** 다양한 용도로 사용되는 작은 장치나 부품을 말한다.

한 일로 여겨서는 안 된다. 사실, 굿윌Goodwill은 이러한 접근법을 기반으로 하며, 그 외 인력 개발 조직들도 동일한 방법론을 적용한다. 내가 장애인 고용 기관인 '파트너십 위드 인더스트리Partnerships With Industry'의 이사회에 참석했을 당시 현장엔 많은 할 일이 있었고, 자동화가 결코 대체할 수 없는 위젯이나 기타 고유한 일회성 작업이 수반되었다. 따라서 3D 프린팅을 활용하여 고객에게 꼭 필요한 소비재나 독특한 제품을 생산할 수 있을 뿐만 아니라, 제대로 된 고용 상태에 있지 않거나 통상적인 일자리를 구하기 어려운 사람들을 고용할 수 있다.

지역사회의 반응. 날로 늘어나는 자연재해, 시민 불안, 코로나 바이러스에 따른 팬데믹으로 인해 드러나면서 악화된 불안정한 경제 상황에서 현금 기부 또는 '희망과 기도'는 재해 대비 기획, 재해 피해 완화 및 대응 등에 대한 새로운 중점을 환기시킨다.

팬데믹은 우리에게 2가지를 보여주었다. 첫 번째로는, 우리 시스템은 바이러스에 대한 대비가 매우 소홀해서 인공호흡기, 개인 보호 장비personal protective equipment, PPE, 심지어 소독제조차 부족했다는 점이다. 두 번째 것은 보다 고무적이었으며, 긴급 상황에 도달한 사건의 보편적인 영향이기도 했다. 이를테면, 사람들이 나서서 긴급한 수요를 충족시키는 일을 도왔다. 양조장은 주류 대신 소독제를 생산했다. 장비 제조업체들은 생산의 중심을 마스크와 인공호흡기로 전환했고, 기술 관련 스타트업들은 새로운 접촉 추적 앱contract-tracing app* 제작에 뛰어들었다.

이 사례 중 하나는 내가 예전에 살았던 샌디에이고 시의 스크립스 랜치Scripps Ranch**에서 나왔다. 스크립스 랜치의 시민단체는 3D 프린터를

---

* 우리나라에서는 '코로나19 앱'이라 불리는 앱으로서, 코로나19 양성자와 접촉한 사람을 식별하는 데 쓴다.

** 캘리포니아 주 샌디에이고 시의 북동쪽에 있는 부유한 지역이다.

가진 주민들에게 파일로 배포한 디자인으로 최초 대응자^{first responder}* 들을 위한 안면 보호대의 홀더를 제작해달라고 요청했다. 단순형 헤드 기어 보호대는 6~7시간이면 만들 수 있었고, 자원봉사자들은 투명 시 트와 밴드를 부착했다. 그럼에도 불구하고 그들은 여전히 제품 수백 개 를 당장 필요한 지역에 공급·배포했다. 이는 인도주의에 대한 믿음을 회복시켜준 신호였다. 특히 의사, 간호사, 구급대원들은 사진을 찍고 온 라인상에서 감사 표시를 했다.

앞으로는 주의 비상사태 관련 부처가 긴급 상황 발생 시 요청할 수 있 는 3D 프린터 사용 능력이 있는 조직들의 목록을 작성한 다음(아마도 선호 하는 파트너들에게 미리 장비를 지급할 수도 있다), 디지털 파일을 제공해 가장 필요한 물품들을 제작하는 것이 현명할 것이다. 이는 물론 신속 대응 기금으로 사용될 기부금으로 뒷받침될 수 있다.

또한 이 기술의 사용 과정과 기능이 사용할 때마다 향상되면서 3D 프 린터 사용 비용도 낮아지는 중이다,

앞으로는 생산, 유통, 폐기물 관리 과정 전반에서 달성되는 새로운 에 너지 효율성을 비롯하여 기존 제조 옵션에 비해 친환경적인 성과를 얻 을 수 있을 것이다.

이는 임팩트 투자자들과 잠재 거액 기부자들 모두에게 매력적인 기회 가 될 것이다.

이는 무시할 수 없는 점이다. 3D 프린터는 주류 기술이 될 것이며, 아 마도 금속 재료를 사용하고, 자동화도 가능해지며, 새로운 제품 개발을 하는 등 그 역량과 능력을 향상시킬 것이다. 기회는 무궁무진하며, 해당 섹터는 여기에 적극적으로 대응해야 한다.

조직들은 프린터에 대한 기금을 신청해야 하며, 기금 제공자들은 이런

---

* 경찰관이나 응급실 담당 의료인처럼 사고나 응급 상황 현장에서 바로 도움을 제공할 책임이 있는 사람이다.

유형의 제품을 추구하는 비영리 단체들에 상을 줌으로써 잠재적인 ROI 에 대한 혜안을 가져야 한다. 왜냐하면 이러한 유형의 제품은 잠재적으로 더욱 역동적이고, 경제적이며, 친환경적인 방식으로 우리 지역사회에 직접적인 혜택을 가져다줄 것이기 때문이다.

다층적 학습:
비영리에서의 응용을 위한 빠른 아이디어 창출

앞서 우리는 머신러닝과 그것이 미래에 달성할 수 있을 솔루션들을 식별하고, 이해하며, 공식화하는 방법에 미칠 잠재적 임팩트에 대해 이야기했다. 그러나 광범위한 이해의 범주 아래에 존재하는 무수한 응용 프로그램들과 미묘한 차이들을 간과하는 것은 심각한 실수가 될 것이다.

다시 말하지만, 지금 당장 인공지능AI의 이러한 부분집합들에 연연할 필요는 없다. 하지만 인공지능은 정말로 중요한 일에 그들을 내어주고 있다. 인공지능이 존재한다는 것에 대한 이해, 그것들이 앞으로 10년 동안 우리 작업에 더욱 의도적으로 도입될 것이라는 지식, 그리고 단지 SF 물적인 관점만이 아니라 실제 과학적 관점에서 미래를 상상하는 즐거움 같은 일에 말이다.

실시간으로 제품을 시험해보고 개선하는 메커니즘인 '신속 프로토타이핑rapid prototyping, RP'을 들어봤을 것이다. 이는 궁극적으로 더 나은 결과를 얻기 위해 생각을 열심히 나누고, 이를 실시간으로 반복·평가하는 것이다. 신속한 개념화가 그 촉발점이 되며, 이를 토대로 아이디어가 거침없이 자라나거니와, 참여하는 사람들은 자유롭게, 빠르게, 단정 짓지 않으면서 생각하도록 권유받는다면 아이디어들이 제약을 넘어서 성장할 수 있다는 전제를 기반으로 한다. 즉, 당신은 짧은 시간(가령 편집자가 제시한 마감 날 전) 안에 대단한 아이디어들(예를 들어 책 한 권의 초고 전체)을 낳게 된다.

필란트로피의 미래를 더욱 깊이 상상하는 데 도움을 주기 위해서 나는 학계에서 회자되는 비영리 기술 제품들에 아직도 스며들지 못한 여러 연구 영역들을 파악한 뒤 나만의 신속한 관념화를 수행했다. 과학이 어떻게 우리 섹터를 더 낫게 만들지에 대해 내 머릿속에서 빠르게 떠오르는 예측들은 다음과 같다.

설명 가능한 AI. AI로 생성되거나 계산 가능한 모든 모델들과 결과들에 대해 우리가 그 데이터를 이해하거나 해석할 수 없다면 무슨 의미가 있겠는가? 설명 가능한 AI(인간이 이해할 수 있을 정도로 해석이 가능하고 신뢰도가 높은 솔루션들을 개발하는 데 도움이 되는 방법) 기술은 AI가 그런 결정을 내린 방법을 분석하는 데 필수적이다. 특히 그런 방법을 복제하는 것이 큰 시스템적 이슈들을 해결할 수 있다면 또는 입법적인 변화를 변화를 추동하는 데 필요할 때 더 절실하다. 이는 또한 신뢰에 관한 것이며, 대다수 비영리 파트너십에서 핵심이기도 하다. 지난 20년 동안 사람들이 수많은 사회적 문제들에 대해 어떻게 생각하고 말해왔는지 연구해온 프레임웍스 연구소 FrameWorks Institute 같은 조직들은 다른 저명한 싱크탱크들과 협력하여 인위적으로 생성된 솔루션들에 대하여 우리 섹터의 해석자들과 지식중개자들이 될 수 있으며, 신뢰 수준에 따라 타당성에 대한 추가 설명도 제공할 수 있다.

그래픽과 시각화. 이는 쉬운 문제다. 문구 하나 혹은 다양한 데이터 세트들을 입력하고, 그것들이 실제로 살아나는 것을 상상해보라. 머신러닝의 도움을 받아 이미지들을 생성하는 이 기술은 이미 수많은 플랫폼, 웹사이트 구축자, 캔바Canva 및 고급 로고 생성 업체와 같은 디자인 사이트들에 존재한다. 이런 기술이 앞으로 5년 안에 더 좋아지고 더 개선되고 적절성이 높아질 것이며, 마침내 필란트로피와 관련된 모든 것에 대한 기본적인 그래픽으로서 잎이 무성한 나무나 두 손으로 하트를 받치는 일반적인 기호들은 폐기될 것이다.

대규모 머신러닝. 어느 시점에서 미래의 고액 기부자는 기부액(2억 5천만 달러 이상)을 새로운 슈퍼컴퓨터에 투자해야 할 것이다. 그 새로운 컴퓨터는 우리 시대의 가장 큰 사회적 문제들 중 일부에 대한 새로운 해답들을 계산하는 데 도움이 되도록 대용량의 개방형 데이터들을 처리하고, 비영리 단체들로부터 확보한 제안요청서RFP를 발표하는 일종의 데이터 필란트로피 컴포넌트component가 있을 것이다. 기관들은 각 기관의 독자적인 연구 조사를 위해 컴퓨터를 활용할 수 있을 것이며, 이는 현물 기부와 공공-민간의 파트너십을 통해 촉진될 것이다. 이는 시민사회 섹터에 대한 새로운 연구 보고를 위한 엔진룸이 될 수도 있다. 그러면 우리는 사회적 임팩트의 이니셔티브들에 대한 실제 ROI를 이해하고, 궁극적으로는 임팩트 투자의 새로운 시대를 보게 될 것이다.

자연어. 언어는 궁극적으로 우리의 의사소통 방식이다. 따라서 우리 시스템이 구조적이고 전통적인 방식으로 우리와 양방향 대화에 참여하게 하는 일은 '자연'스럽다. 사람에게서 사람으로, 사람에게서 기계로, 기계에서 기계로 소통하는 초연결 세계에서 컴퓨터에 의한 처리는 가치 있는 방식으로 우리의 언어를 이해할 필요가 있다.

이 기술의 혜택은 무궁무진하다.

이는 이주한 새 나라의 언어와 모국어가 다른 사람들에게 도움을 줄 것이다. 역사 기록물들, 일반 자동화, 그리고 대규모 분석에서 편향적인 점들을 식별해낼 것이다. 또한 변화를 추진하는 옹호 그룹이 주는 사용자 피드백에 우선순위를 매기는 등 더 큰 대규모의 분석을 수행하는 데에도 도움을 줄 것이다.

그리고 그것은 단지 시작에 불과하다.

추천 시스템. 이는 상업적 용도로 널리 이해되고 적용되는 기술이다. 협찬 광고나 페이스북, 링크드인 등의 '알 수도 있는 사람people you may know'이라는 기능을 생각해보라. 이는 또한 비영리 세계에도 스며들 것이며, 잠재 고객 식별 및 일반 모금 활동과 더불어 직원 교육 및 머신러닝의 특정 기본 요소들의 주요 수혜자들이 될 것이다.

로봇공학. 앞으로 몇 년 동안 더 많은 로봇 응용 프로그램들이 우리 일상에 포함되리라고 보는 일은 거의 틀림이 없는 예측이다.

그러나 지능형 기계들은 비영리 조직들에서 현재 역할을 전면적으로 대체하지는 못할 것이다. 그 대신 푸드뱅크에 시간당 더 많은 식품들을 비축하는 등 서비스 제공 능력을 향상시킬 수 있다.

드론은 자연재해 때 구호품을 배급하는 데 사용될 수 있다.

로봇은 실제로 서비스 제공 규모에 대한 해답일 수 있지만, 지금은 대체로 영리 섹터의 것보다 수준이 많이 떨어진다.

비전. 디지털 이미지와 동영상을 해석─이해하도록 컴퓨터를 학습시키는 컴퓨터 비전은 상업적 영역에서 빠르게 성장할 것이다.

아마존 고Amazon Go 매장에 들어가서 상품을 집어들고 나갈 때 계산이 자동으로 이루어지는 영상을 이미 봤으리라. 아마존 에코룩Amazon Echo Look은 아직 정식 출시되었다고 할 수 없는* 또 다른 흥미로운 기술이

---

* 2018년 7월에 정식 출시되었는데, 소비자가 옷을 입어보고 그 모습을 스캔한 뒤 아마존의 AI 챗봇인 알렉사의 조언에 따라 어울리는 옷을 고르는 기기다. 이 책을 쓰던 시점에 이미 출시되었는데도 이렇게 표현한 것은 아마도 더 많은 기능이 탑재되어

다. 그러나 일단 나오면, 전시물들을 관리하거나 극장 계획을 지원하려는 문화·예술 비영리 단체들을 위해서 활용될 수 있다. 딥센싱 카메라depth-sensing camera*와 기타 추가 기능을 활용하여 촬영한 이미지의 위와 주변을 증강할 수 있다.

이미지 인식은 수표와 같은 문서를 분류하고, 캡처하고, 인증하는 등 금융 섹터에서도 널리 쓰이고 있다. 이는 비영리 섹터 전반의 인사·시설 관리에서 사용할 수 있는 간단한 도구다. 그리고 코로나19 팬데믹으로 인해 향후 우리의 관행 중 일부가 분명히 바뀔 것이므로, 컴퓨터 비전은 확실히 보다 정교한 비대면 서비스 제공을 촉진할 것이다.

무선 통신. 광대역망broadband이 범용 FTTPfiber to the premises를 부여받지 못하는 상황에서는 무선 통신 기술 발전에 계속 힘쓸 필요가 있다. 우리의 비영리 단체들이 더 빠른 다운로드 속도 및 연결성과 더불어 더 강력한 네트워크 안정성을 가지도록 보장하는 핵심 구성 요소는 5G다. 이는 기부자와 고객 정보에 대한 민감성을 고려하면 중요하다. 이는 또한 AI, 사물인터넷Internet of Things, IoT, 혼합 현실 및 가상 현실의 강력하고 새로운 발전을 위한 중추를 제공할 것이다.

머신러닝이라는 과학 분야에는 다른 많은 연구 영역들이 있지만, 그중 대부분은 본질적으로 수학적·계산적이다. 이들 모두 광범위한 부가적

야 한다고 봤기 때문인 듯하다.

* 딥센싱(depth-sensing, 깊이 감지)은 장치에서 물체까지의 거리 또는 두 물체 사이의 거리를 측정하는 것이다. 이를 위해 3D 딥센싱 카메라를 활용하며, 이동 중에 근처에 있는 물체의 존재를 자동으로 감지하고 물체까지의 거리를 측정한다. 이로써 딥센싱 카메라와 통합된 장치나 장비가 실시간으로 지능적인 결정을 내려 자율적으로 움직일 수 있다.

용도들이 있겠지만, 이 절이 아마도 이 책의 입문서적 성격101 nature을 확장하고 있다는 점을 감안할 때, 이 절에서는 거짓 우상일 수도 있는 것을 하나하나 열거할 게 아니라 무엇이 가능한지에 관해 시민사회 섹터를 계속 자극하는 것이 중요하다. 만약 당신이 이러한 가능성에 관심이 있고, 전문 용어를 정수기 앞에서 동료들과 하는 일상 대화 같은, 쉬운 용어로 바꿀 방법을 찾고 있다면, 이 책 뒷부분에 있는 용어집을 확인하라.

루비 볼라리아-시프린(Ruby Bolaria-Shifrin)
- 위험 제거 주택 혁신을 위한 필란트로피의 가속화

"주택 문제는 모두의 문제입니다." 루비 볼라리아-시프린은 낙관론과 공감을 적극적으로 섞어서 이야기한다. 루비는 챈 저커버그 계획Chan Zuckerberg Initiative, CZI의 주택구입부담 프로그램Housing Affordability Program의 책임자이며, 이전에는 샌프란시스코에서 다가구 혼합 소득 개발 프로젝트multifamily mixed-income development projects의 프로젝트 매니저로서 부동산 개발에 종사했다. 그리고 루비는 필란트로피가 개인과 가족 모두의 안정에 핵심이 되는 문제, 즉 주택구입부담 문제를 해결하는 데 뛰어드는 것을 주저하지 않도록 돕는 특별한 위치에 있다. 좀 더 중요하게는 캐피탈-A 하우징Capital-A Housing*의 집을 구매할 수 있을 만한 돈과 저렴한 주택affordable housing**의 차이를 이해하는 일이다.

"주택 공급은 자본집약적이죠"라고 하면서 루비는 계속 이야기한다.

---

* 저자가 살고 있는 텍사스 주 오스틴 시의 지역사회에 저렴한 주택을 공급하는 데 중점을 둔 부동산 개발업체다.

** 국가나 지방 정부가 인정한 주택구입부담 지수에 의해 평가한 중위수이하의 가구 소득을 가진 사람이 구입 가능하다고 간주되는 주택이다. 한국의 보금자리주택과 비슷하며, 미국 정부는 일반적으로 가구 소득 중 30% 이하를 소비하는 주택을 저렴한 주택이라고 정의한다.

"그리고 특히 지난 세기 내내 이 분야에서는 고정 비용이 올라가고 실질적인 혁신이 없었기에 물리적인 것들을 확장하기가 어렵습니다. 필란트로피가 우리 세대의 가장 큰 문제들 중 하나로 빠르게 떠오르는 문제를 건드리지 않으려는 것도 당연합니다."

루비는 베이 지역Bay Area에서 살면서 주택 가격이 치솟고, 주택 공급이 감소하며, 제한적인 세입자 보호 조치 때문에 이렇듯 지속 불가능한 상황이 벌어지면서 불평등이 심화되는 것을 직접 목격했다. 따라서 루비는 새로운 투자 및 새로운 접근법인 임팩트 투자 등으로 해답을 찾고 있다.

"우리는 투자 전략으로서 형평성을 우선시해야 하며, 그것이 소득 범위 전반에 걸쳐 모든 사람들에게 영향을 끼친다는 점에 주목해야 합니다"라고 루비는 말한다. "그러나 포트폴리오 파트너십에서 우리가 찾고 있는 내용을 정확하게 전달하기가 어렵죠. 해당 분야에서 활동하는 업체들이 많지만, 그런 업체들 중 다수는 저소득 가정들에 비용 절감 효과를 직접 제공할 수 없으니까요."

루비와 CZI가 검토 중인 파트너십의 사례로는 낡은 컨테이너로 저렴하고 지속가능한 주택을 건설하는 아이다호 주의 기업인 인디드웰indieDwell에 최근 50만 달러를 보조해준 것을 들 수 있다. "모든 사람이 '집'이라고 부를 수 있는 안전하고, 안정적이며, 저렴한 장소를 가질 자격이 있습니다"라고 루비는 말한다. "그것이 바로 CZI가 주택 가격을 저렴하게 만들고, 모든 이들이 공평하게 접근할 수 있도록 장려하기 위한 혁신적인 노력을 지원하는 이유죠. 우리는 이런 유형의 전략적 프로그램 투자를 3P(생산production, 보전preservation, 보호protection) 프레임으로 긴급한 주택 수요 간에 확대되는 격차를 좁히는 데 도움이 될 수 있는 새로운 사고와 새로운 모델을 시작하는 방법이라고 봐요. 우리는 더 많은 주택을 생산해야 하고, 기존 주택과 지역사회를 보전해야 하며, 사람들이 지금

사는 곳에서 살 수 있게끔 보호해야 합니다."

루비는 더 많은 자본을 유치하고, 대손충당금 모금과 비영리 자본 대출 보장 및 부동산 투자 신탁 등 전통적인 은행 대출을 활성화하기 위해 지금 주류 반열로 차차 올라서고 있는 특정한 기금 지원 메커니즘뿐만 아니라 혁신적인 기업들이 작업을 수행할 수 있는 잠재력에 기대하고 있다. 베이즈 퓨처Bay's Future를 위한 파트너십은 이제까지 CZI의 투자 중 최대 규모이며, 주택 생산·보전을 늘리고 인종적 평등과 경제적 포용을 확보한 활기찬 지역사회를 보장하기 위한 지역의 공동 노력이다. CZI는 4천만 달러어치의 최초 손실 자본으로 5억 달러짜리 펀드를 조성했다. 이 기금의 정신은 앞으로 5년 동안 최대 17만 5천 가구를 확대·보전하고, 앞으로 5년에서 10년 동안 8천 채 이상에 달하는 주택을 보전·생산하기 위한 정책 변화를 지원하기 위해 협업하고 투자 자본과 기금모금을 결합하는 데 중점을 두고 있다. 이 파트너십은 2018년에 다른 필란트로피 단체, 기술, 옹호자, 비즈니스 파트너들과 함께 시작되었다. CZI의 최초 손실 자본은 퍼스트리퍼블릭 은행First Republic Bank 같은 기관 투자자들을 포함한 다른 기금 제공자들이 동참할 수 있도록 펀드의 위험을 줄이는 역할을 했다.

앞서 언급했던 것과 같은, 제이컵스 센터 프로젝트의 일부를 형성한 공유 지분 모델과 교육자들 및 기타 현장 전문직업인들이 자기가 봉사하는 지역사회 근처에 거주하도록 효과적으로 돕는 랜디드Landed 같은 조직들도 현장에서 관심을 받는 선택지다.

"우리는 이 문제에 대해 정말로 열과 성을 다해야 해요. 과거의 주택 정책이 범한 역사적 잘못을 시정하고, 새로운 기술, 혁신, 기금모금 옵션 등을 받아들여 주택 부족 상태를 주택이 풍부한 상태로 전환하고요. 이러한 발전으로 비용 절감을 가능하게 해서 소비자들에게 금전적 이득을 공평한 방식으로 전달되게 해야죠"라고 루비는 말한다.

CZI는 다른 대형 재단 및 기업 기부 사업들과 더불어 이런 대화가 꽃피게 하고, 수요-공급 측면 모두의 주요 행위자들, 그리고 더욱 중요하게는 변화를 주도하고 솔루션들을 제정하기 위해 기금 투자와 연대가 필요한 지역사회들 사이의 갈등을 해소해줄 수 있는 엄청난 힘을 가지고 있다.

"우리는 혁신적인 모델과 파트너십, 그리고 전통적인 옹호 활동을 모두 지지한다고 믿습니다"라고 루비는 말한다. "조직화, 투표법들, 그리고 입법 투쟁들을 지원하는 것은 여전히 필란트로피에 있어서 얼마간 혁신적이죠. 따라서 우리 모두가 이런 방식으로 참여한다면 우리가 함께 무엇을 할 수 있을지 상상해보세요!"

루비의 말이 이어진다. "결국 그것은 신뢰에 관한 것이며, 스스로의 힘을 인지하는 동시에 우리 시대의 명백한 문제들을 해결하는 데 따른 위험과 기대에 인내를 가져야 합니다. 이것은 끝없이 늘 '진행 중'인 작업이지만, 매일 진전이 이루어지는 작업이기도 합니다."

17장

당신의 미래 모습은?

나는 이 책 덕분에 당신이 무슨 트렌드들에 대해 배워야 하는지를 더 많이 알게 되었기를 바란다.

그 이상의 기대를 말하자면, 나는 당신이 배운 것을 촉매 삼아 당신의 업무와 지역사회에 새로운 솔루션을 도입하고 영향력을 발휘하는 데 도움이 되는 새로운 기술과 접근법에 대해 생각하고 논의하기를 바란다. 미래에 대해 생각하는 것은 건전한 활동이며, 변화를 덜 두렵게 만들 것이다.

나는 당신이 조직의 일상적인 업무에 매몰되기보다는 계산된 리스크를 감수하여 변화를 가속화하기를 권한다.

지금은 그 어느 때보다 용기 있는 리더십이 필요하다. 『미래의 필란트로피*Future Philanthropy*』는 우리의 시민사회 섹터가 새롭고 혁신적인 방법으로 확신을 갖고서 이끌 청사진을 제시한다. 나는 당신이 이 새로운 방향으로 기꺼이 첫발을 내딛기를 바란다. 만약 당신이 이미 그 수영장에 한 발 담갔다면, 힘차게 뛰어들라! 이 물은 멋지고 유쾌하니.

물론 이렇게 하는 것이 항상 가능하지는 않다. 그러니 이끌 수 있다면, 이끌어라. 기여할 수 있다면, 기여하라. 사람들을 기회로 이어줄 수 있다면, 연결하라.

당신의 말도 중요하다. 변화하기로 결심했다면, 그 변화에 먼저 스스로를 헌신해야 한다. 아이디어를 실행하고, 성과를 내기 위해서 나서는 것을 두려워하지 말라.

도전을 추구하고, 도전받기를 요청하라. 당신이 28세라면, 32세에는 마칠 수 있으니까 4년 동안 이에 대해 공부하는 일을 겁내지 마라. 이 과정을 수강하든 안 하든, 어차피 당신은 4년 뒤 32세가 되어 있을 것이다.

당신의 조직과 경력이 이룰 수 있는 것을 상상해보라.

우리가 할 수 있기 때문에 뭔가를 하거나 만들어야 하는 것이 아니라, 도움이 된다면 해야만 한다는 사실을 이해하고 앞으로 나아가라.

결국 미래주의란 당신의 미래 모습일 수 있을 만한 것을 상상하는 것이다. 그러나 꿈이나 꾸며 살 것이 아니라, 그런 아이디어들을 기록하고, 실행 가능한 수준의 계획으로 만들라. 그런 다음 당신만의 방식에서 벗어나면, 당신은 당신이 목표에 도달하는 데 걸릴 것이라 예상한 시간의 절반 만에 그 자리에 앉을 자격이 있다는 사실을 깨달아라.

4년 뒤 국회의원 선거에 출마하고 싶은가? 당장 2년 뒤의 다음번 선거는 어떤가?

다음에 되고 싶은 것은 당신 지역사회 재단의 부이사장인가? 타지에서 CEO 자리에 도전해보는 것은 어떤가?

비영리 단체의 이사회에 들어가기에 앞서 당신 아이들이 취학 연령에 이를 때까지 기다리고 싶은가? 지금 들어가라. 봉사는 의무감이나 거래 (trade off) 같은 것이 아니라 영광이어야 한다.

그리고 이 세상의 모든 좋은 것들을 위해서 누군가가 물어봐주기를 기다리지 말라. 가서 차지하라. 당신이 믿는 변화가 되라. 기다리는 자에게 뭐든 좋은 일이 생긴다고 믿지 말라.

이 책은 변화를 위한 놀이책이자, 동시에 무장을 촉구하는 책이기도 하다. 이 책에 등장하는 떠오르는 리더들은 당신이 큰 꿈을 꾸도록 영감을 줄 것이다. 우리는 큰 꿈을 꾸는 당신이 필요하다. 우리 지역사회는 큰 꿈을 꾸는 당신이 필요하다.

당신이 해야 할 일은 그 문을 통과하여 당신이 알고 있고 될 수 있는 그 사람이 되는 것이다.

그렇다면 무엇이 당신의 북극성이 될까? 무엇이 당신의 미래일까?

작가 세스 고딘Seth Godin은 말한다. "가서 한판 벌이세요."

나는 늘 이렇게 말한다. "해치울 때다."

유색인종 리더들
– 다른 이들이 나아갈 수 있도록 장벽 허물기

> "내가 먼 곳을 볼 수 있는 건 거인의 어깨 위에 서 있기 때문이다."
>
> – 아이작 뉴튼Isaac Newton

몇 년 전, 내가 필란트로피 캘리포니아에서 맡았던 역할의 일환으로 인종 평등 교육에 참여했을 때, 나는 내게 공유된 인종 관련 리소스 라이브러리resource library*에 감사했다. 그것이 내게 개인적으로나 직업적으로나 큰 도움이 되었음을 알게 되어서였다. 리소스 라이브러리에 있던 자료 중 대부분은 인종의 역사에 대한 책과 문헌이었으며, 인종에 대해 논의하면서 보다 포용적인 정책을 구현하는 데 도움이 되는 전략과 지침도 있었다. 또한 그런 논의를 더욱 진전시키는 데 도움이 될 수 있는 컨설턴트들의 목록도 포함되었다. 당신도 이미 알다시피, 다양성이란 단지 선택사항이 아니기 때문이다.

최근에 나는 이러한 리소스 라이브러리가 폭발적으로 늘어나는 것을 봤다. 특히 인종 문제가 시민 담론의 핵심 쟁점으로 떠오르면서부터였다.

---

* 광범위한 사회·과학 관련 주제를 다루는 동영상, 텍스트, 이미지, 웹사이트 및 교육 모듈의 모음이다. 각 '자원'은 디지털화·인덱스화되어 프로젝트 데이터베이스에 추가된다.

기업들도 이제는 기업시민성corporate citizenry*의 일환으로 그런 논의를 강화하는 것의 중요성과 가치를 인식하고 있다.

이러한 2단계 접근법(평생 이 일을 해온 사람과 이제 막 동참하는 사람)은 정보를 바탕으로 한 영향력 행사로 이미 영리 기업계와 스포츠계 전반에 걸쳐 현재 상황에 큰 변화를 가져왔다.

그러나 이는 머리에서 비롯된 것인가, 아니면 가슴에서 비롯된 동기인가? 그리고 이것은 그저 기업이 여전히 사람들의 삶에 유의미하며 그들이 최신 트렌드를 파악하고 있는지 확인하기 위해 제품과 페르소나persona**를 세탁하는 또 다른 사례일까?

해답은 누가 리소스 라이브러리들을 큐레이팅했는지, 그리고 무엇이 리소스 라이브러리들에 동기를 부여했는지에 달렸다. 또한 당신이 무엇을 배우고 싶은지, 무엇을 배울 준비가 되어 있는지도 중요하다.

나는 당신이 인종 문제와 백인 우월주의 문제에 대해 좀 더 구체적으로 자기 탐구와 성찰을 해보기를 바란다. 단순한 구글 검색이나 자기네 회원들에게 '적절하다'고 판단하는 내용(또는 '소화가 가능하다'고 판단하는 내용)의 목록을 이메일로 보내주는 단체에서 벗어나, 자신의 행동에 대해 변명하거나 사과하지 않는 사람들을 따르라.

2020년 한 해 동안의 모든 분노와 고뇌에 대해, 지금은 입장을 밝히고, 모래에 선을 긋고, "그만, 됐어." 말할 수 있는 기회이다. 변명은 충분하다. '데이터가 충분하지 않아서'라는 핑계도 그만하자. 이제는 시민 참여, 관여, 펀딩, 옹호, 조직화, 경제 발전, 연구, 권력, 의사소통, 네트워크, 리더십 파이프라인, 파트너십, 정책과 같은 이슈들 전반에 걸친 변화를

---

* 사회에 대한 기업의 책임을 의미한다. 목표는 기업 주변 지역사회에 더 높은 생활수준과 삶의 질을 제공하면서 이해관계자의 수익성도 유지하는 것이다.
** 공공장소에서의 정체성, 자신의 성격에 대한 공적 이미지, 자신이 채택하는 사회적 역할 등을 의미한다.

벤치마크 할 수 있는 기회가 되어야 한다.

이것은 깨어남wokeness*을 향한 경주가 아니다. 이것은 문제를 이해하고, 진짜 연대자가 되는 방법 그리고 이웃 및 커뮤니티 전체에 도움이 되도록 업무를 추진하는 방법에 관한 것이다.

'영향력 있는 책 10권'의 목록을 작성하기는 쉽다. 하지만 흑인 소유의 서점을 찾아내고 시간을 내 그곳에 가서 추천을 받는 것은 더 어려운 일이다.

이런 이슈들을 논의하기 위해서 위원회에 참여하기는 쉽다. 권력과 야망을 버리고 새로운 목소리를 지도부의 역할로 끌어올리는 것이 더 어렵다.

조직에 기부하기는 쉽다. 자원봉사자로 조직에 가서 살아있는 경험이 있는 사람들의 이야기를 듣는 것이 더 어렵다.

이 책의 이 부분을 계획하면서, 나는 필란트로피 활동의 인종 정의에 대한 접근 방식과 태도에 대해 실망했던 모든 점들을 강조했다. 그래서 나는 이 분야에서 놀라운 일을 하고 있는 사람들을 끌어올리겠다는 결심을 두 배로 늘렸다. 그들은 나 자신의 이해와 가정, 신념에 도전하고, 그렇게 함으로써 내게 깊은 인상과 감명을 주었다.

이들은 나와 함께 일했거나, 콘퍼런스에서 만났거나, 내 작업에 직접적인 영향을 미친 사람들이다. 우리의 작업을 향상시키기 위한 목록을 작성하려면 우리의 변화에 따라서 이 목록 또한 변화할 수 있다는 점을 인식하고 최대한 진정성 있게 작성해야 한다. 공감은 지지가 아니라 '백인 취약성white fragility**'의 상징일 뿐이다. 말보다 행동이 더 큰 효과를 발

---

* 흑인들이 주로 사용하는 속어인데, 블랙 라이브스 매터 운동이 한창일 때 '이제는 모두가 깨어날 때다!'라는 구호에서 종종 쓰였다.

** 2018년 미국의 Robin DiAngelo가 쓴 『White Fragility: Why It's So Hard for White People to Talk About Racism』에서 언급된 개념이자 책 제목이기도 하다.

휘한다는 사실을 필란트로피 활동은 명심해야 한다. 우리 모두가 주목해야 한다.

다음은 소셜미디어, 해당 조직 또는 해당 정책을 통해 팔로우할 것을 권하는 사람들이다. 그들의 작업(버즈피드Buzzfeed*의 해석이 아니라)을 당신의 리소스 가이드resource guide**로 삼으라.

아만다 앤드리AMANDA ANDERE

아만다 앤드리는 현재 미국과 캐나다에서 활동하는 185개의 재단, 기업 그리고 유나이티드 웨이United Ways로 구성된 비영리 단체인 '노숙인 퇴치를 위한 기금 제공자 모임Funders Together to End Homelessness'의 CEO로 재직 중이다. 이 모임은 옹호, 협력, 혁신적인 보조금 조성으로 노숙인 문제를 예방하고 종식시키기 위해 헌신하고 있다. 아만다는 시스템 개혁 옹호 활동으로 인종·주택 정의에 헌신하는 리더로서 비영리·공공 섹터에서 15년 넘게 일했다.

홈페이지: funderstogether.org/amanda_andere
트위터: @AmandaAndere

프레드 블랙웰FRED BLACKWELL

프레드 블랙웰은 베이 지역Bay Area의 공동 번영, 혁신, 형평성을 보장

백인으로서 백인이 인종 차별에 대한 이야기를 들을 때 느끼는 불편함으로 해석될 수 있다.

* 2006년에 요나 페레티가 설립한, 뉴스·엔터테인먼트 전문 웹사이트다.

** 어떤 비즈니스 솔루션이 있는지, 비즈니스에서 이 솔루션을 어떻게 사용하는지, 그것을 보는 사람이 이 솔루션을 사용함으로써 어떤 이점을 얻을 수 있는지 등을 간단한 설명과 함께 권장하는 비즈니스 솔루션 목록이다.

하기 위해 노력하고 있다. 샌프란시스코 재단의 CEO인 프레드는 인종 평등과 경제적 포용성에 초점을 맞춘 미국 최대의 지역사회 재단 중 하나를 이끌고 있다. 프레드의 배경은 행동주의적(활동가적) 사고방식에 대한 접근법들에 뿌리를 두고 있다. 프레드는 블랙팬서Black Panthers*가 세운 오클랜드 커뮤니티 스쿨Oakland Community School을 다녔고, 그의 어머니는 '폴리시링크PolicyLink'를 세운 저명한 변호사 겸 작가인 안젤라 글로버 블랙웰Angela Glover Blackwell이다.

홈페이지: sff.org/team-members/fred-blackwell
트위터: @fredgblackwell

카멀라 해리스KAMALA HARRIS

카멀라 해리스에 대해선 굳이 설명이 필요 없을 것이다(아무튼 그녀는 미국 역사상 첫 여성 부통령이자 최초의 아프리카계 미국인 및 아시아계 미국인 부통령이다**). 하지만 필란트로피 활동에 있어서 인종적 편견에 대한 카멀라의 인식은 이 책 14장의 '좋은 일을 하도록 설계되고 구축된 시스템조차 편향성을 내포한다'에서 다루었다. 카멀라의 행적은 그녀의 현 직위에 관계없이 그녀가 새로운 방식으로 시민사회 섹터에 활력을 불어넣고 힘을 실어주는 데 도움을 줄 수 있는 유일한 사람일 수 있으며, 가까운 미래에는 (여전히) 불가능해 보이는 방식으로 영향력과 형평성을 강화시킬 수 있음을 보여준다.

트위터: @KamalaHarris

---

* 1966년 흑인 민권 운동의 와중에 세워진 민권 운동 단체다. '경찰의 과잉 진압에 대항하여 무력으로 맞선다', '마르크스·레닌주의 국가를 건설해야 한다' 같은 과격한 노선 때문에 한때 '미국 사회의 최대 위협'이라는 평가까지 받았다.
** 본인은 미국 태생이나, 아버지는 자메이카 출신, 어머니는 인도 출신이다. 2021년 조 바이든 대통령의 러닝메이트로서 미국 제49대 부통령이 되었다.

트리스타 해리스TRISTA HARRIS

트리스타 해리스는 세계적으로 유명한 필란트로피 미래학자로, 맥가이버*가 가장 예기치 못했던 상황에 부딪칠 때 그랬던 것처럼 세상을 더 나은 곳으로 만드는 데 도움이 될 미래의 신호를 포착한다. 채드윅 보즈먼Chadwick Boseman**과 하워드 대학교 동창인 트리스타는 일찍이 리처드 브랜슨Richard Branson 경***과 인터뷰를 하기 위해 협상을 했고, 나중에 네커Necker 섬에 있는 브랜슨 경의 집에 초대받아 '선행의 미래the future of doing good'에 대한 강연을 했다.

트리스타는 13살 때부터 비영리 단체에서 일했다. 트리스타는 일찍이 한 해에 15억 달러를 기부하는 미네소타 재단 협의회Minnesota Council on Foundations의 의장을 역임했으며, 지금은 더 나은 미래를 건설하기 위해 헌신하는 선구자들의 운동을 성장시키는 데 주력하는 컨설팅 업체인 퓨처굿FutureGood 회장이다. 트리스타의 책상 위에는 매직 8번구Magic 8 Ball****가 놓여 있다.

홈페이지: tristaharris.org
트위터: @TristaHarris

---

* 1980년대 후반 미국 TV 드라마의 주인공으로, 매 에피소드마다 우연히 마주친 위기 상황에서도 주변에 있던 물건들을 활용해 위기를 벗어나는 것으로 유명하다.
** 미국 흑인 배우로, 어벤저스 시리즈의 「블랙팬서」의 주인공 트찰라 역을 맡은 것으로 유명하다.
*** 버진 그룹을 창업한 영국 기업가로, 세계 최고의 부자 중 하나이자 '창조경영의 아이콘'으로 불린다.
**** 당구에서 마지막에 치게 되는 8번이 적힌 공에서 나온 '주술 장난감'으로, 앞일을 묻는 사용자의 질문에 일정한 대답 중 하나를 보여준다.

앨런 젠킨스ALAN JENKINS

하버드 로스쿨의 실습교수인 앨런 젠킨스는, 인종과 법률, 의사소통, 사회정의 등을 가르치고 있다. 로스쿨 교수진에 합류하기 전, 앨런은 '미국은 모든 사람이 완전하고 평등한 기회를 누릴 수 있는 곳일 수 있으며, 또 그래야 한다'는 생각에 전념하는 사회 정의 커뮤니케이션 연구소인 오퍼튜니티 어젠다Opportunity Agenda의 회장이자 공동창립자였다. 그 이전에는 포드 재단Ford Foundation의 인권 담당 이사였다.

홈페이지: hls.harvard.edu/faculty/directory/11522/Jenkins
트위터: @Opportunity1

프니엘 조셉PENIEL JOSEPH

조셉 박사는 오스틴 소재 텍사스 대학교의 리버럴 아츠 대학College of Liberal Arts 내 LBJ* 공보대학School of Public Affairs과 역사학과에서 공동 교수직을 맡고 있다. 조셉 박사는 또한 LBJ 공보대학 소속 '인종·민주주의 연구 센터Center for the Study of Race and Democracy, CSRD'의 창립 이사이기도 하다. 조셉 박사의 경력은 아프리카 연구, 법률·사회, 여성·민족 연구, 그리고 정치학 같은 학제들 사이의 분야를 포함하는 '블랙 파워 연구Black Power Studies'에 집중되어있다. 인종, 민주주의, 시민권 문제에 대해 자주 논평하는 것 말고도 조셉 박사의 가장 최근 저서로는『검과 방패: 맬컴 엑스와 마틴 루서 킹의 혁명적 삶 The Sword and the Shield: The Revolutionary Lives of Malcolm X and Martin Luther King Jr』이 있다. 조셉 박사는 또한 그에게 상을 안겨준 저서인『자정까지 기다리기: 미국의 블랙 파워, 그 역사 내러티브Waiting' Til the Midnight Hour: A Narrative History of Black Power in America』,『검은 날, 밝은 밤: 블랙 파워에서 버락 오바마까지Dark Days,

* 미국 36대 대통령 린든 B. 존슨(Lyndon B. Johnson)의 머리글자다.

Bright Nights: From Black Power to Barack Obama』도 썼다. 조셉 박사의 저서인『스토클리의 삶*Stokely: A Life*』은 '블랙 파워black power'라는 말을 유행시킨 장본인인 스토클리 카마이클*Stokely Carmichael*의 결정적인 전기라는 평가를 받고 있다. 조셉 박사의 이 외 저서(편저)로는『블랙 파워 운동: 민권 운동과 블랙 파워 시대를 다시 생각한다*The Black Power Movement: Rethinking the Civil Rights-Black Power Era*』와『이웃들의 반역: 지역 수준에서의 블랙 파워 *Neighborhood Rebels: Black Power at the Local Level*』등이 있다.

홈페이지: lbj.utexas.edu/joseph-peniel
트위터: @PenielJoseph

부 레VU LE

부 레는 필란트로피 활동과 비영리 섹터에서 가장 큰 시스템 이슈들 중 일부를 다루는 블로그인 '논프로핏 AFNonprofit AF'를 운영하며, 여기에는 종종 펀딩과 인종 정의에 대한 우리 섹터의 기존 접근법들 중 일부의 터무니없는 성격을 드러내는 유머러스한 견해도 있다.

홈페이지: nonprofitaf.com
트위터: @nonprofitAF

마이클 맥카피MICHAEL MCAFEE

마이클 맥카피는 인종적·경제적 형평성을 향상시키는 전국적인 연구·행동 기관인 폴리시링크PolicyLink의 회장이자 CEO다. 마이클은 프로미스 네이버후드Promise Neighborhoods를 영구적인 미국 정부 프로그램으로 만드는 데 주도적인 역할을 했으며, 민간 섹터의 기업들이 모든 면에서 형평성을 평가하고 적극적으로 촉진하도록 안내하는 최초의 포괄적인 도구를 포함하는 새롭고 성장하는 작업 주체(기업 인종 평등)를 추진하고 있다.

홈페이지: policylink.org/aboutUs/staff/michael-mcafee
트위터: @mikemcafee06

레너드 무어LEONARD N. MOORE

무어 박사는 '다양성과 지역사회 참여 모임diversity and community engagement'의 부회장이면서 오스틴 소재 텍사스 대학교의 조지 리틀필드George Littlefield* 기념 미국사 교수다. 무어 박사는 또한 흑인 정치에 대한 책을 여러 권 썼다. 무어 박사의 혁신적이고 독특하며 매력적인 교육 스타일 덕분에 블랙 파워 운동에 대한 그의 수업과 대표 과목인 '트럼프 시대의 인종Race in the Age of Trump'에는 매 학기마다 천 명이 넘는 학생들이 몰린다.

홈페이지: liberalarts.utexas.edu/history/faculty/lm25645
트위터: @leonardnmoore

래티파 사이먼LATEEFAH SIMON

래티파 사이먼은 오클랜드와 베이 지역Bay Area에서 활동하며 전국적으로 알려진 시민권과 인종 정의의 옹호 활동가다. 래티파는 애커나디 재단Akonadi Foundation의 이사장이자 시민권, 인종 정의, 청소년 사법juvenile justice** 관련 옹호 활동가다. 래티파는 19세였던 2003년에 '젊은 여성 개발 센터Center for Young Women's Development에서 보여준 리더십으로 맥아더

---

* 남북전쟁 당시에는 남군 장교였으며, 텍사스 대학교의 평의원을 지냈다. 1842년에 미시시피 주에서 태어나 소년 시절에 가족과 함께 텍사스 주로 이사했으며, 1920년에 사망했다.

** 범죄 행위에 대해 책임을 온전히 질 수 없는 미성년자에게 적용되는 형법 분야다. 미국 주들 중 대부분에서는 18세부터 성인 범죄자다.

제4부 다가올 격동의 10년

펠로십MacArthur Fellowship*의 최연소 여성 수상자가 되었다.

　홈페이지: akonadi.org/our-team/lateefah-simon-president
　트위터: @lateefahsimon

마이클 텁스MICHAEL TUBBS

마이클 텁스는 캘리포니아 주 스톡턴 시의 79대 시장을 역임했다. 마이클은 2016년에 스톡턴 시의 시장으로 선출되었는데, 이로써 그는 스톡턴 역사상 최연소 시장이자 첫 번째 아프리카계 미국인 시장이 되었다. 마이클은 조직적인 필란트로피 활동의 파트너십을 공개적으로 받아들였고, 기금 제공자들 및 협회들과 적극적으로 협력하며, 보편적 기본소득을 지지하는 목소리를 냈고, 그의 도시에서 18개월 동안 조건 없이 5백 달러의 주민보조금을 지급하는 시범 프로젝트를 감독했다.

　홈페이지: mtubbs.com
　트위터: @MichaelDTubbs

에드거 빌라누에바EDGAR VILLANUEVA

에드거 빌라누에바는 사회정의 필란트로피 활동에 대해 전국적으로 인정을 받는 전문가이고, 지금은 '네이티브 아메리칸 인 필란트로피Native Americans in Philanthropy'의 이사장직을 맡고 있으며, 스콧 공교육 재단Schott Foundation for Public Education의 프로그램·옹호 활동 담당 부회장이기도 하다. 필란트로피 및 사회 금융 섹터들에서 식민지화의 역학에 대한 희망적이고 설득력 있는 대안을 제시하는 베스트셀러 『부의 탈식민화Decolonizing

---

* 맥아더 재단(MacArthur Foundation)이 1981년부터 창의적인 활동에서 탁월한 독창성과 헌신, 자기주도적인 면을 보인, 모든 분야에서 일하는 '천재적인' 미국 시민 또는 거주자 중 20~30명에게 매년 수여하는 상이다.

Wealth』로 상을 받았던 에드거의 최신 작업은 해당 분야 전반에 걸쳐 그의 아이디어들과 연구에 대한 주류적인 토론을 주도하고 있다.

홈페이지: decolonizingwealth.com
트위터: @VillanuevaEdgar

이상의 모든 사람들은 우리 섹터의 거물들로서, 내가 더 나은 일을 하고 더 나은 사람이 되도록 영감을 주며, 내가 접근할 수 있는 권한을 가진 테이블들로 더 많은 사람들을 데려오도록 영감도 주는 사람들이다. 그렇지만 이들 외에도 많은, 너무도 많은 사람들이 있는데, 나는 이 책이 해당 섹터가 어떻게 새로운 도구와 트렌드들을 활용하여 추가적인 목소리들, 아이디어들, 경험들을 강화할 수 있는지에 대한 새로운 대화의 물꼬를 트기를, 우리 스스로의 자선 활동의 결과로 더 나은 미래와 결과를 위해 노력할 때 우리가 진정한 우리 자신이 되는 데에 도움이 되기를 바란다.

후기

베스 캔터(Beth Kanter)
- 균형 찾기: 기술과 재능을 꽃피울 수 있게 돕는 조직의 책임

이 후기를 쓰는 지금, 나는 코로나19 감염 고위험군에 들었기에 지난 7개월 동안 우리 집 밖으로 거의 나가지 못했다. 나는 직장에서 생활하거나 우리 가족 모두와 함께 재택근무를 하는 중이다. 캘리포니아 주에 있는 내 홈오피스에서 창밖을 내다보면 짙은 안개 때문에 하늘도 산도 보이지 않는다. 산불 때문에 공기의 질은 위험 수준에 이르렀다. 그것만으로는 스트레스가 충분치 않다는 듯, 인종 정의를 위한 투쟁, 선거에 대한 걱정, 금융 위기, 다가오는 정신건강의 위기도 있다.

모든 이들이 그렇게 느끼고들 있다. 나는 팬데믹이 터졌던 첫날 이후 평정심, 집중도, 긍정적 마인드를 유지하기 위해 나의 책『행복하고 건강한 비영리 단체 활동Happy Healthy Nonprofit』에 담았던 모든 도구를 꺼내 써야 한다는 사실을 깨달았다. 이것은 마라톤이지, 단거리 경주가 아니다.

솔직히 말하겠다. 늘 쉬운 것은 아니지만, 자기 관리를 실천하면 자신을 평온하게 가라앉힐 수 있는 규범을 만드는 데 도움이 된다. 나에게는 이 규범에 충분히 잘 것, 운동할 것, 휴식할 것, 마음을 챙길 것, 낙관적 태도를 유지할 것, 그리고 (아마도 가장 중요한) 디지털 웰니스digital wellness* 실

---

* 직장 및 개인 생활 모두에서 기술과의 의도적이고 건강한 관계를 추구하는 것이다.

천 또는 일부러 건전한 방식으로 기술을 사용할 것이 포함된다.

기술은 주의를 산만하게 하거나 차분하게 만드는 요인이 될 수 있다. 최근 등장한 기술 도구들과 앱들은 우리의 건강 상태를 모니터링하고, 더욱 행복해지도록 만들 방법을 보여주며, 심지어 명상 지도를 해주기도 한다. 그러나 앱은 우리의 워라밸work-life balance*과 웰빙well-being을 유지하는 작업도, 과로할 때 스트레스를 줄여주는 작업도 수행할 수 없다. 사람이 강건한 회복력 문화를 조성하려면 실제로 조직들 내에서 행동방식을 바꿔야 한다.

직장 문화란 사무실에서 함께 일하든, 멀찍이 분산된 팀으로 일하든 사람들을 위해 당신들이 창조해내는 환경이다. 이는 당신이 일하는 조직의 리더십, 가치, 전통, 신념, 상호작용, 행동, 태도 등의 혼합이다. 이것들은 당신 직장의 감정적, 관계적 상태에 기여한다. 어떤 사람들은 문화를 '시시한 것'이라 여길 수도 있지만, 이는 생산성, 성과 달성, 그리고 집단적 웰빙에 상당한 영향을 미친다.

팬데믹은 세계에서 가장 큰 재택 근무 실험을 유발했다. 많은 비영리 단체 직원들은 갑자기 물리적 사무실에서 얼굴을 마주하고서 일할 수 없게 되었다. 많은 비영리 단체들이 급증하는 수요에 맞춰 그들의 프로그램들과 서비스들의 제공을 신속하게 조정하면서 갑자기 가상공간에 분산되어 활동하는 소규모 팀들로 전환해야 했다. 그들은 단순히 집에서 일하는 것이 아니었다. 전 세계적인 보건 위기 와중에 재택근무를 하고 있었던 것이다.

비영리 단체들이 코로나19 팬데믹의 외부적 영향에 대해 집중하다 보니, 정신건강 차원의 위기도 나타나고 있다. 퀄트릭스Qualtrics는 최근 직원 2천 명 이상을 대상으로 실시한 설문조사인 「또 다른 코로나19 위기:

---

* 일 그리고 가족, 여가생활, 자기계발 등 일 이외의 것에 시간과 (정신·신체의) 에너지를 적절히 나눠서 사용함으로써 만족스러운 삶을 추구하는 것이다.

정신건강The Other COVID-19 Crisis: Mental」 보고서를 내놓았다. 그에 따르면 조사대상자 중 67%가 팬데믹 발발 이후 스트레스가 더 심해졌다고 대답했으며, 44%는 전반적인 정신건강이 악화되었다고 대답했다. 비영리 단체 직원들의 웰빙과 생산성이 타격을 받고 있다.

코로나 사태가 터지기 전에도 직장에서는 과로가 만연했다. 2019년 세계 보건 기구World Health Organization, WHO는 업무와 관련된 스트레스의 부정적인 영향에 대한 주의를 환기시키기 위해 직장에서의 과로를 질병으로 분류했다. 다른 모든 것과 마찬가지로 팬데믹으로 인해 안 좋은 상황이 가중되었다. 이유는 다음과 같다.

- 불확실성: 팬데믹의 명확한 종식일과 백신이 없는 상황에서, 직원들의 휴가와 해고는 말할 것도 없고, 많은 비영리 단체들도 그들이 봉사하는 사람들과 마찬가지로 재정적인 불확실성이 놓여 있다. 행사들이 연기되고, 프로그램 또는 서비스 제공이 중단되며, 이미 부족하던 서비스에 대한 수요 증가로 상황이 더욱 악화된다. 이러면 계획을 세우기가 어려워진다.
- 고립: 사회적 거리두기와 격리로 인해 일상생활을 할 수도, 친구 및 가족과 교류할 수도 없게 되었다. 재택근무가 익숙해져도 고독하기 마련이다. 그리고 우리가 소수의 사람들과만 교류하도록 제한을 당할수록, 우리는 사회적으로 더욱 어색해질 가능성이 높아진다.
- 워라밸(일과 삶의 균형): 많은 비영리 단체 직원들은 관리자의 비현실적인 기대나 집 밖에서의 여가 활동 부족으로 일과 생활의 경계를 관리하는 데 어려움을 겪고 있다. 근무일과 주말의 경계는 희미해졌으며, 사람들은 요일을 굳이 따지지 않게 되었다. 여행 기회가 제한되면서 휴가vacation는 진정한 재충전의 시간으로 기능하지 못하는 단순 휴무staycation가 되고 말았다.

후기 베스 캔터(Beth Kanter)

- **기술 과부하:** 화상회의 플랫폼들과 기타 가상 도구들을 우리 삶의 모든 것(업무 미팅에서 가족들의 명절 축하 자리까지)에 활용하는 사태는 화면에서 사람들의 얼굴을 바라보는 것만으로도 새로운 유형의 기술 과부하 및 탈진을 초래했다. 또 다른 병폐인 '둠스크롤링doomscrolling', 즉 온라인과 소셜네트워크에서 나쁜 뉴스를 주구장창 보는 것 역시 불안과 우울증을 증가시키는 등 우리의 정신건강에 해를 끼친다.

이렇듯 거대하고 전례 없는 도전 상황에도 불구하고, 비영리 단체들은 과로와 정신건강 문제를 해결할 뿐만 아니라 생산성을 높이고 업무를 완수하는 데 도움이 되는 건실한 가상 직장 문화를 조성하는 방법을 배우고 있다. 그리고 좋은 뉴스는 당신이 데이터로 당신 팀의 웰빙을 개선하고 일부 부정적인 효과들을 완화시킬 수 있다는 것이다. 그러나 당신은 기꺼이 경청하고 고도의 공감 능력을 발휘해야 한다. 배려는 중요한 첫 단계이나, 단지 시작에 불과하다. 우리는 비영리 섹터에서 건전한 (온라인·오프라인) 직장 문화를 조성하는 책임을 진지하게 받아들여야 한다.

리추얼Ritual*을 사용하여 인간관계를 증진하라

'리추얼'은 집단을 이루고서 규칙적으로 수행하는 소소한 행위인데, 긍정적인 인간관계를 형성하는 데 도움이 된다. 비영리 단체 직장 리추얼에는 회의 체크인, 직원 표창, 업무 일정 중 분기별 축하회 등이 포함될 수 있다. 이 모두는 사회적 응집력과 관계를 형성하는 데 보탬이 된다. 리추얼은 당신의 과, 팀, 또는 전체 조직별로 설정할 수 있다. 팬데믹으로 인해 온라인 업무 공간에 적응하거나 리추얼을 설정하는 것이 그

---

* 본래 의미는 전통이나 종교(신앙)가 규정한 의식적 행위를 수행하는 것이다. 즉, 알려진 모든 사회가 보여주는 구체적이고 관찰 가능한 행동 양식이다.

어느 때보다 중요하다.

리추얼은 생산성 면에서 다음과 같은 주요 혜택을 제공한다. 사람들은 서로에게서 배우고, 공유하고, 그들의 아이디어들을 더 자유롭게 결합시킬 가능성이 더 높다. 직장에서의 관계가 더욱 돈독해지면 우리의 걱정거리들과 통찰한 것들을 더 쉽게 공유하고, 새로운 정보와 혁신적인 업무 방식을 모색할 수 있으며, 더 효율적·효과적으로 수행할 수 있는 일이 있다면 더 자신 있게 말할 수 있다.

리추얼을 온라인 공간에서 만들고 수용하는 몇 가지 간단한 방법들은 다음과 같다.

- 칭찬: 열심히 일하거나 일의 분기에 성공적으로 도달한 직원이나 팀을 칭찬해주기 위해 칭찬의 리추얼을 만들자. 가상 회의 도중에 환호와 박수갈채를 보내기는 쉽다. 당신의 조직에서 슬랙Slack*을 사용하고 있다면, "헤이, 타코Hey Taco**"를 사용하여 직원에게 소품을 제공할 수 있다. 다양한 도구들과 플러그인들을 사용하면 작업을 잘 수행한 사람에게 자동으로 감사(칭찬)의 말을 전하는 데 도움이 될 수 있다.
- 축하: 많은 비영리 단체들이 입사기념일, 성공적인 프로젝트 완료, 또는 기타 조직 차원의 성취들을 축하하기 위한 리추얼들을 갖고 있다. 테크숩TechSoup은 매주 일정한 주제에 따라 '해피 아워happy hour'를 가지며, 패커드 재단Packard Foundation OE***의 직원들은 줌Zoom에서

---

* 기업용 메시지 앱으로, 기업 직원들끼리의 소통에 주로 활용된다.

** 비대면 업무 중 동료에게 고마움과 칭찬을 표현하는 방식으로서, 타코 이모티콘을 주고받는 앱이다.

*** 패커드 재단의 '조직 효율성 지식 센터(Organizational Effectiveness Knowledge Center)'의 약칭이다.

모두가 재미난 모자를 쓰고서 참석하는 생일파티를 연다. 해피 아워 말고도 가상 일터에서 가상 커피 시간virtual coffee hours 등을 주최할 수 있다.

• 회의 리추얼: 회의는 늘 참여자들에게 당면 과제를 상기시키고, 기본 설명을 하며, 체크인 리추얼을 안내하는 그럴듯한 개회 행사로 시작해야 한다. 격리 기간 동안 여러 차례에 걸친 체크인으로 사람들은 각자 어떻게 대처하고 있는지 정보를 공유할 수 있었다. 이는 치료 시간을 포함할 필요가 없다. 대신 사람들의 스트레스를 푸는 데 도움이 되는 재미난 체크인 활동을 할 수 있다. 대규모 직원 회의를 준비한다면, 줌 브레이크아웃Zoom breakout 기능*을 활용해 빠른 네트워크 활동을 전개할 수 있다. 그리고 또 물론 체크인을 부담스러워하는 직원이 있다면, "나는 패스요"라는 리추얼을 설정할 수도 있다,

• 탕비실Water Cooler 흉내내기: 팀원들과의 모든 상호작용이 구조화된 작업 회의들로 이루어지면 사람과 사람 사이의 연결이 금세 끊어질 수 있다. 직원들이 원격 근무를 할 때 놓칠 수 있는 리추얼 중 하나는 탕비실에서 나누는 수다나 휴게실에서의 비공식적인 사교용 수다다. 회의와 가상 커뮤니케이션이 격식을 지나치게 갖추지는 않게 하라. 일부 비영리 단체들은 페이스타임Facetime**이나 줌을 활용하는 일대일 체크인을 위한 원격 도보 회의들, 공동 작업, 슬렉Slack***에 가상 탕비실 대화 남기기, 또는 신속한 대화를 위한 사무실 잠시 들르기 등을 실험해 보았다.

---

* 줌 회의에 참여하는 사람들 중 3~5명 정도끼리 소단위로 조를 짜서 잠시 줌 미팅을 할 수 있는 기능이다.

** 애플이 개발한 영상 통화 소프트웨어다.

*** 스튜어트 버터필드가 2013년에 만든 클라우드 기반 팀 협업 도구다.

참여 규칙을 세워라

당신이나 당신의 팀원 중 누군가가 하루 24시간, 주 7일 내내 응답할 수 없어서 어쩐지 중요한 걸 놓치고 있다거나 게으른 사람으로 여겨질 것 같은 불안감을 느낀다면, 그런 불안감을 줄여줄 방법 중 하나는 팀의 업무 시간, 사용할 도구, 긴급 연락망, 연락 방식, 연락에 대한 예상 대응 시간 등을 명시하는 '참여 규칙rules on engagement'을 수립하는 것이다. 이를 위한 워크시트worksheet는 디지털 세상에서 균형 잡힌 삶을 살기 위한 더 많은 도구 및 자원과 함께 마인드풀테키닷컴MindfulTechie.com에서 구할 수 있다.

언제, 어떻게 우리의 일과 개인 생활이 '일상으로 돌아갈 수 있을지'는 불분명하다. 그러나 분명한 것은 이 팬데믹으로 우리는 온·오프라인 조직 문화에 관심을 기울이는 것이 개인과 집단의 웰빙을 위해 그 어느 때보다도 중요하고 불확실한 시기에 임무를 효과적으로 수행하는 데 중요하다는 점을 배웠다는 사실이다.

용어집

전문분야 논픽션 책에서 가장 좋은 평가를 못 받는 부분 중의 하나가 바로 용어집이다. 또한 2030년까지 앞으로 10년 동안 임팩트와 효율성을 어떻게 높일지 생각하기보다 여전히 급여 지급에 집중하고 있는 부문에 새로운 개념을 소개하는 미래를 다루는 책에서 필수적인 부분이기도 하다.

우리가 모르거나 이해할 수 없는 용어에 당황하는 일은 없어야겠다. 특히 우리 섹터에서는 매년 신조어들이 생겨나고, 식별되고, 소개되고 있으니 말이다. 따라서 우리가 새 직원을 교육할 때 진심으로 '바보 같은 질문은 없다'라고 생각한다면, 그들의 말을 찬찬히 들어보고, 적어 두고, 그런 신조어를 우리 단체의 어휘목록에 넣을 방법을 찾아보도록 하자.

가상 현실(Virtual Reality, VR): 현실 세계와 비슷하거나 전혀 다른 시뮬레이션 경험.
강화학습(Reinforcement Learning): 연속적인 의사결정을 하기 위한 머신러닝의 학습 방법. 이때 인공지능은 프로그래머가 정한 보상과 패널티를 받으며, 보상을 극대화하는 것을 목표로 둔다.
거브테크(GovTech): 신생 기술을 적용해 효율성 제고-비용 절감을 촉진함으로써 공공 서비스 제공 능력을 향상시키는 일.
경제 개발 협의회(Economic Development Council): 특정 지역에서 경제 개발을 촉진하기 위한 단체.
국가면세 대상단체(NTEE) 코드: 미국 국립기부통계국 National Center for Charitable Statistics에서 개발한 비영리 단체 분류 시스템. 이 섹터의 연구자들도 보조금과 보조금 수혜자들을 분류하는 일에 사용하고 있다.
굿 시스템(Good Systems): 신뢰, 투명성, 행동성, 평등, 정의, 민주주의와 같은 사회적 요구와 가치를 다루는 인간-AI 파트너십.

그래픽과 시각화(Graphics and Visualization): 머신러닝을 보조하기 위한 그래픽 생성.

급여 감사(Pay Audits): 직원들 사이에서 급여 불공평성이 있는지 확인하는(그리고 있을 경우 이를 시정하는) 과정.

급여 은폐(Salary Cloaking): 지급되는 급여를 구체적으로 밝히지 않으면 입사 희망자가 더 많아질 것이라는 (논란이 있는) 믿음.

기부 서클(Giving Circle): 참여적 필란트로피의 한 형태로, 개인 그룹이 자신의 돈이나 시간을 공동 기금에 기부하고, 그것이 어떤 자선 활동 또는 지역사회 개선 활동에 쓰일 것인지를 협의 결정하며, 그리하여 자선 및 지역사회 프로젝트에 대한 그들의 인식과 참여도를 높이는 방식.

기부자조언기금(Donor-Advised Fund, DAF): 공공 자선분야에 도입된 기부 수단. 이로써 기부자들은 자선 기부를 하고, 즉시 면세 혜택을 받으며, 지속적으로 자신의 기부금을 어떻게 활용할 것인지에 대해 제안할 수 있다.

기빙튜스데이(GivingTuesday): 미국에서 추수감사절 다음에 오는 화요일에 갖는 행사. 연말연시에 자선 활동을 독려하는 국제 기념일이다.

기회 구역(Opportunity Zones): 저소득층 지구에서 세금 관련 혜택을 얻을 수 있도록 하는 투자에 대한 지정 및 투자 프로그램.

데이터 필란트로피(Data Philanthropy): 여러 섹터에서 나온 데이터를 공익을 위해 공유하는 일.

독립변수(Independent Variable): 실험자가 바꾸거나 통제하는 변수로, 종속변수에 직접적인 영향을 미치는 것으로 가정되는 변수.

레드라이닝(Redlining): 인종이나 민족 등을 이유로 특정 지역 거주자들을 공공서비스(금융지원 등)에서 배제하는 차별 방식.

로봇공학(Robotics): 감각 정보를 투입하여 움직이고 반응할 수 있는 장치에 대한 연구.

머신러닝(Machine Learning): 경험을 통해 자동으로 개선하는 컴퓨터 알고리즘에 대한 연구.

목표 달성 버튼(Call(or Click) to Action, CTA): 개인이나 단체가 목표를 달성하기 위해 자신의 청자(개인의 경우)나 독자(단체의 경우)의 행동을 유도하는 요소.

몰입 수익률(Return on Immersion, ROI): 내가 2017년 PRSA 국제대회에서 소개한 용어. 사용자가 가상, 혼합, 증강 현실에 노출되었을 때의 임팩트, 공감, 투자를 평가하기 위해 이 용어를 썼다.

무선 통신(Wireless Communication): 연결을 위한 물리적 매개체 없이 정보를 한 곳에서 다른 곳으로 전송하는 것.

미래주의(Futurism): 미래에 대한 예측과 가능성 탐구, 그리고 그것이 현재에 비해 얼마나 개선되고, 더 영향력 있게 되고, 더 새로운 가능성을 담보할지에 대한 탐구.

민관협력(Public-Private Partnership, PPP): 2개 또는 그 이상의 공공 섹터-민간 섹터 간 협력체제. 보통은 프로젝트를 추진하고/또는 추진하거나 대민 서비스 지원을 하기 위해 장기적으로 진행된다. 민관 필란트로피 협력체제도 있다.

블록체인(Blockchain): 거래의 디지털 내역. 이 이름은 상호간 거래의 디지털 내역(블록)이 하나의 목록(체인)으로 연결된 구조에서 유래한다.

비영리 간접비(Nonprofit Overhead): 비영리 단체의 지출 가운데 수혜자에게 직접 제공되는 것 외에 행정비용으로 사용되는 금액(이를 부정부패와 혼동하면 안 된다).

비전(Vision): 컴퓨터가 디지털 화상 및 영상을 해석하고 이해하도록 훈련시키는 것.

사물인터넷(Internet of Things, IoT): '사물', 즉 물질적 대상의 네트워킹으로, 사물에 센서, 소프트웨어, 그 밖의 기술이 내장되어 인러넷으로 다른 장치 및 시스템을 연결하여 데이터 교환을 할 수 있도록 한 기술.

사용자 경험(User Experience, UX): 최종 사용자와 기업, 서비스, 제품 사이의 상호작용을 모두 포괄하는 것.

사용자 인터페이스(User Interface, UI): 디지털 제품이나 서비스를 사용하기 위해 사용자가 상호작용할 수 있는 모든 것.

사회영향채권(Social Impact Bonds): 공공 섹터나 정부 기관과 맺는 금융 계약으로, 특정 지역에서 더 나은 사회적 산출을 유도하고 수익의 일부를 투자자에게 돌려주는 시스템.

사회정서학습(Social Emotional Learning, SEL): 청소년과 성인이 감정을 이해하고 관리하며, 긍정적 목표를 세우고 달성하며, 다른 이들에게 공감을 느끼고 표현하며, 긍정적 관계를 맺고 유지하며, 책임 있는 결정을 하도록 배우는 과정.

설명가능 인공지능(Explainable AI): 해석 가능하며, 신뢰도 높은 머신러닝 모델을 개발하는 프레임워크Framework.

스마트 계약(Smart Contracts): 계약 또는 합의에 따라 법적으로 관련된 사건이나 행동을 자동적으로 실행, 통제, 기록하는 컴퓨터 프로그램 또는 거래 프로토콜.

시민 기술(CivicTech): 시민의 의사소통과 공공 의사결정 역량을 높임으로써 시민 참여 및 국민과 정부 사이의 관계 강화를 가능케 하는 기술.

시민 문해력(Civic Literacy): 정보를 계속 얻는 방법을 알고, 정부 절차를 이해하며, 지역, 주, 국가, 세계 수준까지 시민의 권리와 의무를 행사해 나갈 방법을 앎으로써 시민 생활에 효과적으로 참여할 수 있는 지식과 기술.

시민 참여(Civic Engagement): 정치적 및 비정치적 절차를 통해 공적 가치를 보호하거나, 지역사회 내 변화와 개선을 만들어내기 위하여 개인 또는 단체가 취하는 행동. 여기에는 그런 개선이 이뤄지게 하고자 지식, 기술, 가치, 동기 등을 조합하는 방안도 포함된다.

신규시장 세액 공제(New Markets Tax Credits): 미국 정부의 세액공제로 저소득층 사회에 사업 및 부동산투자를 촉진하려는 금융 프로그램.

신뢰 기반 필란트로피(Trust-Based Philanthropy): 수혜자와의 관계를 일회성이 아니라 지속적인 파트너십으로 이끌어가려는 접근법.

암호학(Cryptography): 특수 코드를 써서 컴퓨터 네트워크에서 정보를 안전하게 보호하는 기술 분야.

암호화폐(Cryptocurrency): 교환 수단으로 활용되도록 설계된 디지털 또는 가상 화폐.

양자 컴퓨터(Quantum Computing): 측정 이전에 대상의 상태에 대한 가능성 계산을 수행하는(1과 0의 범주를 넘어서) 컴퓨터. 그것은 기존 컴퓨터에 비해 획기적으로 많은 데이터를 처리할 능력이 있다는 뜻이다.

오픈데이터(Open Data): 일부 데이터는 모든 이가 자유롭게(저작권, 특허, 그 밖의 규제 메커니즘과 무관하게) 사용하고 원한다면 다시 유통시킬 수 있어야 한다는 생각.

원인 판매(Cause Selling): 전문적인 기부금 모금을 위한 관계 중심적이고 협력적인 접근법이다. 이 모델은 영리 섹터의 시스템을 활용하여 기부자와 단체 모두에게 이익이 되는 장기적인 관계를 구축하는 데 중점을 둔다.

인간 경험(HX): 상품과 서비스에 대해 사람이 어떻게 경험하는지human experience 를 고려하는 것.

인공지능(Artificial Intelligence, AI): 보통 인간의 지능이 필요한 과제를 수행할 수 있는 스마트 기계를 구축하는 데 관련된 컴퓨터 과학 분야.

인재 최적화(Talent Optimization): 직무요건을 정의하고, 이상적인 조직 내외의 지원자를 파악하고, 사업목표 달성을 위한 팀을 구성하고, 최고의 성과를 내도록 직원들을 효과적으로 관리하고 독려하는 과학적인 접근법.

인종 정의(Racial Justice): 오랫동안 뿌리내려온 인종 차별 체제를 뿌리 뽑고 공정하고, 정의로우며, 형평성 있는 정책과 관행으로 대체하는 일.

임팩트 투자(Impact Investing): 투자자들이 기업, 단체, 기금 등에 투자함으로서 금전적 이익을 얻는 한편 긍정적인 사회적, 환경적 임팩트를 미치게끔 하는 일.

자격증명(Credentialing): 자격증 취득, 교육, 훈련, 그 밖의 경험으로 전문적 자격 요건을 취득하는 과정.

자동화(Automation): 일정한 과정 또는 절차를 인간은 최소한의 보조만으로 진행할 수 있는 기술의 개발 및 응용.

자연어(Natural Language): 사람의 언어를 읽고, 이해하고, 의미를 끌어내는 능력을 기계에게 부여하는 것과 관련된 분야.

재정 후원(Fiscal Sponsorship): 비영리 단체가 후원 단체의 사명과 관련된 활동을 하는 집단(보통은 프로젝트)에 비영리 단체의 면세혜택 및 법적 지위를 제공하는 관행. 보통 해당 프로젝트와 기성 비영리 단체 사이의 수수료 기반 계약을 동반한다.

재해 분석(Disaster Analytics): 자연재해 위험도를 모델링하고 그 재해가 사회에 미칠 영향을 파악하는 것.

정의 필란트로피(Justice Philanthropy): 정치적, 경제적, 사회적으로 취약한 계층의 사람들에게 더 많은 기회를 제공하고 구조적인 변화를 만들기 위한 일을 하는 비영리 단체에 힘을 실어주는 행동.

조직화된 필란트로피(Organized Philanthropy): 지역재단, 영구기금endowment, 자선 신탁charitable trusts 등과 같이 사회서비스와 보조금을 제공하는 비영리, 비정부 단체들.

종속변수(Dependent Variable): 실험에서 검증, 측정되는 변수.

주민참여예산(Participatory Budgeting): 지역사회 구성원들이 공공예산의 일부를 어떻게 쓸 것인지에 대해 직접 결정하는 민주적인 과정.

증강 현실(Augmented Reality): 물리적 현실에 디지털 콘텐츠와 정보를 덮어씌운 것.

지식 중개자(Knowledge Broker): 지식 생산자와 사용자 사이에(그리고 생산자나 사용자들 내부적으로도) 관계와 가교를 만드는 중개자. 그 네트워크에 속해 있는 단체들에게 연결고리와 지식, 그리고 지식의 출처를 제공한다.

지역 기금조성자 협회(Regional Association of Grantmakers): 지역사회 내의 삶을 개선하기 위한 필란트로피의 효과성과 성장을 도모하는 멤버십 기반의 협회.

지역사회 개발 금융 기관(Community Development Financial Institutions, CDFIs): 저소득층, 영세민, 기타 형편이 어려운 개인 또는 지역사회에 저금리 대출을 제공하는 데 특화된 민간 금융 기관들.

지역사회 개발 포괄 보조금(Community Development Block Grants): 미국 정부가 저소득층용 주택 보급, 빈곤퇴치 프로그램, 인프라 개발 등의 지역사회 개발을 목표로 하는 공개 사업에 지원하는 보조금.

직업 사다리(Job Ladder): 한 단체에서 피고용인들이 급여, 책임, 권위 등에서 더 높은 수준에 오르게끔 마련해둔 공식 승급 절차.

챗봇(Chatbot): 애플리케이션, 웹사이트상에서 자연어로 사용자와 대화를 할 수 있는 인공지능 소프트웨어.

추천 시스템(Recommender Systems): 머신러닝 기법을 적용해 사용자 선호를 예측하도록 하는 것.

클라우드 컴퓨팅(Cloud Computing): 사용자의 직접적인 활발한 관리 없이 특히, 데이러 스토리지와 컴퓨팅 파워에 있어 필요 시 바로 제공on-demand availability하는 컴퓨터 시스템.

파워 매핑(Power Mapping): 사회적 지지자들이 사회 변화를 촉진하기 위한 최적 인물들을 가려내는 데 쓰는 시각 도구.

평등(Equality): 모두를 똑같이 대하며 모두에게 같은 기회를 접할 수 있도록 하는 것.

프로미스 존(Promise Zones): 미국 정부가 지역 리더들과 협력해 경제활동을 증진하고, 교육 기회를 늘리며, 민간 투자를 촉진하고, 범죄를 줄이며, 공공보건 수준을 높이고, 그 밖에 해당 지역사회에서 꼽는 과제를 해결하려 하는 고도빈곤 지구.

형평/공정(Equity): 같은 기회를 가진 사람들에게 비례적 대표성(인종, 계층, 성 등에 따른)을 적용하는 것.

혼합 현실(Mixed Reality): 증강 현실의 확장판으로, 가상 대상을 현실 세계에 덧입히는 것만이 아니라 고정시켜 이런 가상과 현실 요소들이 활발히 상호작용하도록 한 것.

화이트 라벨링(White Labeling): 어떤 제품이나 서비스를 다른 기업의 브랜드로 팔거나 재브랜드화할 수 있는 법적 프로토콜(규약).

회귀분석(Regression Analysis): 종속변수와 하나 이상의 독립변수들 사이의 관계를 추정하기 위한 통계 분석방법.

1023-EZ: 미국 내 국세법 501(c)(3)에 따라 면세 혜택을 받는 대상이 되기 위한 간소화된 신청서 양식. 1023-EZ 작성 자격대상은 보유자산 25만 달러 이하이면서 연간 총수입이 5만 달러 이하인 단체이다.

5G: 이동통신망의 제5세대 기술 표준. 대부분의 현존 휴대전화에 접속을 가능케 하는 4G 네트워크를 완전히 대체하면서 더 강력한 네트워크 안정성, 빠른 다운로드 속도, 더 많은 연결 장치를 제공한다.

감사의 글

1. 123RF, "The Iceberg Illusion," https://www.123rf.com/photo_140527345_stock-vector-iceberg-illusion-diagram-vector-illustration-what-people-see-and-what-is-success-hidden-part-of-hard.html.
2. Kickstarter, Future Philanthropy, https://www.kickstarter.com/projects/futurephilanthropy/future-philanthropy.

서문

1. Queensland Floods Commission of Inquiry, *Final Report*, March 16,2012, http://www.floodcommission.qld.gov.au/publications/final-report/.
2. *Queensland Times*, "$4.15 Million Sale Shows 2011 Flood Woes AreHistory," February 9, 2017, https://www.qt.com.au/news/goodna-salefor-415-million-renews-confidence/3141537/.
3. *U.S. News & World Report*, "Austin, Texas, Is the No. 1 Best Placeto Live, According to U.S. News & World Report," April 9, 2019,https://www.usnews.com/info/blogs/press-room/articles/2019-04-09/austin-texas-is-the-no-1-best-place-to-live-according-to-us-news.
4. University of Texas at Austin, "UT Austin Selected as Home of National AI Institute Focused on Machine Learning," *UT News*, August 26, 2020, https://news.utexas.edu/2020/08/26/ut-austin-selected-ashome-of-national-ai-institute-focused-on-machine-learning/.

제2장

1. Julia Gillard, "2020 Summit: Golden Gurus," Ministers' Media Centre,Department of Education, Skills and Employment, April 23, 2009,https://ministers.dese.gov.au/gillard/2020-summit-golden-gurus.
2. Durfee Foundation, "Sabbatical", https://durfee.org/our-programs/sabbatical/.
3. Fieldstone Leadership Network San Diego, "Clare Rose SabbaticalProgram," https://fieldstoneleadershipsd.org/clare-rose-sabbatical-program/.
4. Timothy Sandoval, "Keys to Low Staff Turnover: One Nonprofit'sAdvice," *Chronicle of Philanthropy*, May 1, 2017, https://www.philanthropy.com/article/keys-to-low-staff-turnover-one-nonprofits-advice/.
5. Susannah Birkwood, "Fundraisers' Job Titles Can Affect Likelihood of Donors Talking to Them About Donations, Research Indicates," *Third Sector,* October 25, 2016, https://www.thirdsector.co.uk/fundraisers-job-titles-affect-likelihood-donors-talking-donations-research-indicates/fundraising/article/1413420.
6. Nonprofit Finance Fund, "2018 State of the Nonprofit Sector Survey,"https://nff.org/learn/survey.
7. XpertHR, *HR Staffing, Costs and Structures in the Nonprofit Sector:Headline Results of the 2014 Survey*, https://www.nonprofithr.com/wp-content/uploads/2014/08/HR_staffing_costs_structures_NONPROFIT_2014_short_rev.pdf.
8. Tom Popomaronis, "Here's How Many Google Interviews It Takesto Hire a Googler," CNBC,

April 17, 2019, https://www.cnbc.com/2019/04/17/heres-how-many-google-job-interviews-it-takes-tohire-a-googler.html.

9. Aaron Smith and Monica Anderson, "Americans' Attitudes Toward Hiring Algorithms," Pew Research Center, October 4, 2017, https://www.pewresearch.org/internet/2017/10/04/americans-attitudes-toward-hiring-algorithms/.

10. Philanthropy New York, "So, You Want a Job in Philanthropy?"https://philanthropynewyork. org/so-you-want-job-philanthropy.

11. Knight Foundation, "What We Fund," April 8, 2015, https://knightfoundation.org/programs/journalism/ .

12. Trista Harris, "How a Jeffersonian Dinner Can Change the World,"August 20, 2016, http://www.tristaharris.org/new-voices-of-philanthropy/Tristaharrisorg/how-a-jeffersonian-dinner-can-change-theworld.

13. Maria Peagler Digital, "21 Ways to Extend the Life of Your Content,"https://mariapeaglerdigital.com/21-ways-to-extend-the-life-of-yourcontent-infographic/.

제3장

1. HR Dive, "Salary History Bans," https://www.hrdive.com/news/salary-history-ban-states-list/516662/.

2. Grace Dean, "Tulsa, Oklahoma, Is Paying Remote Workers $10,000 toMove There for a Year," *Business Insider*, November 25, 2020, https://www.businessinsider.com/tulsa-oklahoma-remote-workers-pay-movethere-for-year-2020-11.

3. Business Wire, "Hawai'i Launches Movers & Shakas TemporaryResident Program," November 30, 2020, https://www.businesswire.com/news/home/20201130005306/en/Hawai%E2%80%98i-Launches-Movers-Shakas-Temporary-Resident-Program.

4. Technology Association of Grantmakers, "TAG Releases Findings of2020 State of Philanthropy Tech Survey," October 23, 2020, https://www.tagtech.org/news/531543/TAG-Releases-Findings-of-2020-Stateof-Philanthropy-Tech-Survey.htm.

5. Jarret O'Brien and Katharine Bierce, "Announcing the Latest NonprofitTrends Report," Salesforce, February 18, 2020, https://www.salesforce.org/blog/nonprofit-trends-report-second-edition-research/.

6. *Yale Insights*, "Can Technology Transform the Nonprofit Sector?" May29, 2018, https://insights.som.yale.edu/insights/can-technology-transform-the-nonprofit-sector.

7. Technology Association of Grantmakers, "TAG Launches DigitalInfrastructure Guide with NetHope, NTEN, TechSoup," August 12,2020,

8. https://www.tagtech.org/news/521162/TAG-Launches-Digital-Infrastructure-Funding-Guide-with-NetHope-NTEN-TechSoup.htm.

9. Organisation for Economic Co-operation and Development, "OECDBroadband Statistics Update," July 22, 2020, http://www.oecd.org/digital/broadband-statistics-update.htm?utm_source=newsletter&utm_medium=email&utm_campaign=whatsnewhealth#:~:text=Switzerland%20leads%20the%20pack%20with,be%20gradually%20replaced%20by%20fibre.

10. EveryCRSReport.com, "Broadband Infrastructure Programs in theAmerican Recovery and Reinvestment Act," January 4, 2011, https://www.everycrsreport.com/reports/R40436.html#:~:text=American%20Recovery%20and%20Reinvestment%20Act%20of%202009%2C%20P.L.,-111%2D5&text=On%20February%2017%2C%202009%2C%20President,billion%2C%20primarily%20for%20broadband%20grants.

11. Adia Coalr, "Candid's 2020 Nonprofit Compensation Report Findsan Increase in Female Leadership—and an Increase in the FemalePay Gap," Candid, September 21, 2020, https://candid.org/about/press-room/releases/candid-s-2020-nonprofit-compensation-reportfinds-an-increase-in-female-leadership-and-an-increase-in-the-femalepay-gap#:~:text=Candid%20today%20released%20the%202020,organizations%20for%20fiscal%20year%202018.

12. National Partnership for Women and Families, "America's Women andthe Wage Gap," September 2020, https://www.nationalpartnership.org/our-work/resources/economic-

justice/fair-pay/americas-womenand-the-wage-gap.pdf.

제4장

1. Dina Gerdeman, "Minorities Who 'Whiten' Job Resumes Get MoreInterviews," *Harvard Business School Working Knowledge*, May 17,2017, https://hbswk.hbs.edu/item/minorities-who-whiten-job-resumes-get-more-interviews.
2. Cue Health, "Cue Health Closes $100 Million Series C Financing toSupport Launch of Rapid Molecular Testing Platform," June 10, 2020,https://www.cuehealth.com/about/press/cue-health-closes-$100-mil-lion-series-c-financing-to-support-launch-of/.
3. Harder+Company, *Status of Bay Area Nonprofit Space & Facilities*, March 2016, https://harderco.com/sample_work/status-of-bay-area-nonprofit-space-facilities/.
4. *KnowledgeNudge*, "I Got the Job! . . . So, Um, What's a KnowledgeBroker?" October 29, 2015, https://medium.com/knowledgenudge/igot-the-job-so-um-whats-a-knowledge-broker-45519db96cb0.
5. National Philanthropic Trust, "Charitable Giving Statistics," https://www.nptrust.org/philanthropic-resources/charitable-giving-statistics/.

제6장

1. Jonathan Greenblatt, "Celebrating 100 Years of Community Foundations,"Obama White House, December 2, 2014, https://obamawhitehouse.archives.gov/blog/2014/12/02/celebrating-100-years-community-foundations.
2. Michael Moody and Sharna Goldseker, "Generation Impact: HowNext Gen Donors Are Revolutionizing Giving," Philanthropy NewsDigest, November 28, 2017, https://philanthropynewsdigest.org/off-the-shelf/generation-impact-how-next-gen-donors-are-revolutionizing-giving.
3. Supreme Court of the United States, Brief of Amici Curiae Foundationsand Philanthropy-Serving Organizations in Support of Respondents,April 1, 2019, https://www.supremecourt.gov/DocketPDF/18/18-966/95035/20190401200604897_18-966bsacFoundationsAndPhilanthropy-ServingOrganizations.pdf.
4. Katie Smith Milway, Maria Orozco, and Cristina Botero, "Why NonprofitMergers Continue to Lag," *Stanford Social Innovation Review*,Spring 2014, https://ssir.org/articles/entry/why_nonprofit_mergers_continue_to_lag.
5. Lawson Bader, "It's Time More Nonprofits Consider M&A," *Forbes*, October 28, 2019, https://www.forbes.com/sites/forbesnonprofitcouncil/2019/10/28/its-time-more-nonprofits-considerma/?sh=622a535915c0.
6. Northwestern University School of Communication, "Network forNonprofit and Social Impact, Nonprofit Merger Study Released:Implications for Nonprofit Management," https://nnsi.northwestern.edu/nonprofit-merger-study-released-implications-for-nonprofit-management/.
7. Forefront, "Mission Sustainability Initiative," https://myforefront.org/programs-services/msi/.
8. Venable LLP, "Mergers, Alliances, Affiliations and. Acquisitions forNonprofit Organizations: Financial and Legal Issues," December 6,2010, https://www.venable.com/-/media/files/events/2010/12/mergers-alliances-affiliations-and-acquisitions-fo/files/event-handout/fileattachment/nonprofit_combinations_program.pdf.
9. Nordson, "Community Investment," https://www.nordson.com/en/our-company/corporate-responsibility/community-investment.

제7장

1. Christopher Sirk, "Diffusion of Innovations: How Adoption of NewIdeas and Technologies Spread," CRM.org, August 21,2020, https://crm.org/articles/diffusion-of-innovations.
2. comScore, "14 Million Americans Scanned QR or Bar Codes on TheirMobile Phones in June 2011," August 12, 2011, https://www.prnewswire.com/news-releases/14-million-americans-scanned-qr-or-barcodes-on-their-mobile-phones-in-june-2011-127585148.html.

3. Carol Cluppert, "QR Codes Make a Marketing Comeback," Walsworth, August 18, 2020, https://www.walsworth.com/blog/qr-codesmake-a-marketing-comeback.
4. Kit Eaton, "Why Microsoft Is Buying Skype For $8.5 Billion," *FastCompany*, May 10, 2011, https://www.fastcompany.com/1752492/why-microsoft-buying-skype-85-billion.
5. Charity Navigator, "America's Most Charitable Cities," June 13,2017, https://www.charitynavigator.org/index.cfm?bay=content.view&cpid=5025.
6. Giving USA, "Giving USA 2020: Charitable Giving Showed SolidGrowth, Climbing to $449.64 Billion in 2019, One of the HighestYears for Giving on Record," June 16, 2020, https://givingusa.org/giving-usa-2020-charitable-giving-showed-solid-growth-climbing-to-449-64-billion-in-2019-one-of-the-highest-years-for-giving-on-record/.
7. Urban Institute, National Center for Charitable Statistics, "The NonprofitSector in Brief," June 18, 2020, https://nccs.urban.org/project/nonprofit-sector-brief.
8. Philanthropy Roundtable, "Who Gives Most to Charity?" https://www.philanthropyroundtable.org/almanac/statistics/who-gives.
9. AmeriCorps, "Volunteering in U.S. Hits Record High; Worth $167Billion," November 13, 2018, https://www.nationalservice.gov/newsroom/press-releases/2018/volunteering-us-hits-record-high-worth-167-billion.
10. Nancy Jamison and Emily Young, "Is San Diego America's Most Generous City?" *San Diego Union-Tribune*, August 3, 2017, https://www.sandiegouniontribune.com/opinion/commentary/sd-utbg-philanthropy-charity-navigator-20170803-story.html.
11. Rachel Sheppard, "Only 3% of Business Investment Goes to Women,and That's a Problem for Everyone," Crunchbase, April 8, 2020,https://about.crunchbase.com/blog/business-investment-to-women/.

제8장

1. Ky Pham, "HX (Human Experience)—e All Should Keep It inMind to Create More Value," UX Collective, September 27, 2019,https://uxdesign.cc/hx-human-experience-we-all-should-keep-it-inmind-to-create-more-value-82d760bc5eae.
2. Andi Kemp, "How Long Does It Take to Write a Grant?" UpwardDevelopment, http://upward-development.com/wp-content/uploads/2016/11/ajk-time-it-takes-to-write-grants_2015.pdf.
3. Kristen Bialik, "7 Facts About Americans with Disabilities," PewResearch Center, July 27, 2017, https://www.pewresearch.org/facttank/2017/07/27/7-facts-about-americans-with-disabilities/.
4. WebAIM, "The WebAIM Million," https://webaim.org/projects/million/.

제10장

1. F. Duke Haddad, "Are There Too Many Nonprofit Organizations inthe US?" NonProfit PRO, October 20, 2017, https://www.nonprofitpro.com/post/many-nonprofit-organizations-us/.
2. Anna Koob, "Key Facts on U.S. Nonprofits and Foundations," IssueLab,April 22, 2020, https://candid.issuelab.org/resource/key-factson-u-s-nonprofits-and-foundations.html.
3. Allegiance Fundraising Group, "This State Has the Most NonprofitsPer Person," March 21, 2016, https://blog.wedid.it/this-state-has-themost-nonprofits-per-person.
4. Internal Revenue Service (IRS), "IRS Revises Form 1023 for Applyingfor Tax-Exempt Status," January 31, 2020, https://www.irs.gov/newsroom/irs-revises-form-1023-for-applying-for-tax-exempt-status.
5. Jacob Bogage and Lisa Rein, "Trump Administration Considers Leveraging Emergency Coronavirus Loan to Force Postal Service Changes," *Washington Post*, April 23, 2020, https://www.washingtonpost.com/business/2020/04/23/10-billion-treasury-loan-usps/.
6. Marcia Coyle, "The Postal Clause's Grant of 'Broad Power' to Congressover a System in Crisis," *Constitution Daily*, August 17, 2020, https://constitutioncenter.org/blog/the-postal-clauses-grant-of-broad-powerto-congress-over-a-system-in-crisis.
7. Sarah Anderson, Scott Klinger, and Brian Wakamo "How CongressManufactured a Postal Crisis—And How to Fix It," Institute for Policy Studies, July 15, 2019, https://ips-dc.org/how-

congress-manufactureda-postal-crisis-and-how-to-fix-it/.

8. Jory Heckman, "House Passes Smaller USPS Reform Bill to EliminatePre-Funding Benefits," Federal News Network, February 6, 2020,https://federalnewsnetwork.com/agency-oversight/2020/02/housepasses-smaller-usps-reform-bill-to-eliminate-pre-funding-benefits/.

9. Bureau of the Fiscal Service, "Gifts to the U.S. Government," https://fiscal.treasury.gov/public/gifts-to-government.html.10. Dave Bier and Kristie De Pena, "Can We Give to the Parts of theGovernment We Like?" Niskanen Center, May 10, 2016, https://www.niskanencenter.org/can-we-give-to-the-parts-of-the-government-welike/.

11. Keith Combs, "One Way to Honor Vets? Protect the Postal Service,"Inequality.org, November 11, 2019, https://inequality.org/research/usps-veterans.

12. *NonProfit Times*, "Live From DMA: Direct Mail Hiatus Cost ACS $30Million," August 5, 2015, https://www.thenonprofittimes.com/npt_articles/live-from-dma-direct-mail-hiatus-cost-acs-30-million/.

13. United States Postal Service, "Size and Scope," https://facts.usps.com/size-and-scope.

14. Philanthropy Northwest, *A Foundation Guide to Investing in CDFIs*(Seattle, WA: Philanthropy Northwest, 2017) https://philanthropynw.org/resources/foundation-guide-investing-cdfis.

15. LA n Sync, "Successes," https://lansync.org/successes/.

16. Whitehouse.gov, "Proclamation on National Volunteer Week, 2020,"https://www.whitehouse.gov/presidential-actions/proclamation-national-volunteer-week-2020/#:~:text=TRUMP%2C%20President%20of%20the%20United,2020%2C%20as%20National%20Volunteer%20Week.

17. Catherine Kim, "Pete Buttigieg Calls for Expanding National Service,"Vox, July 3, 2019, https://www.vox.com/2019/7/3/20680963/pete-buttigieg-expand-national-service.

18. City of South Bend, Indiana, "South Bend Wins Cities of ServiceNational Competition to Revitalize Neighborhoods," July 16, 2018,https://southbendin.gov/2018/07/16/south-bend-wins-cities-of-service-national-competition-to-revitalize-neighborhoods/.

19. Independent Sector, "Independent Sector Releases New Value of Volunteer Time of $25.43 Per Hour," April 11, 2019, https://independentsector.org/news-post/new-value-volunteer-time-2019/.

20. Jessica Semega, Melissa Kollar, Emily A. Shrider, and John Creamer,US Census Bureau, Current Population Reports, P60-270 *Income and Poverty in the United States: 2019* (Washington, DC: US GovernmentPublishing Office, 2020) https://www.census.gov/data/tables/2020/demo/income-poverty/p60-270.html.

21. Derek Thompson, "Why Child Care Is So Ridiculously Expensive," *Atlantic*, November 26, 2019, https://www.theatlantic.com/ideas/archive/2019/11/why-child-care-so-expensive/602599/.

22. Cheryl Dorsey, Jeff Bradach, and Peter Kim, "Racial Equity andPhilanthropy: Disparities in Funding for Leaders of Color LeaveImpact on the Table," Bridgespan Group, May 4, 2020, https://www.bridgespan.org/insights/library/philanthropy/disparities-nonprofit-funding-for-leaders-of-color.

제11장

1. Jonathan Eggleston and Donald Hays, "Many U.S. Households DoNot Have Biggest Contributors to Wealth: Home Equity and RetirementAccounts," United States Census Bureau, August 27, 2019,https://www.census.gov/library/stories/2019/08/gaps-in-wealth-americans-by-household-type.html.

2. Jacobs Center for Neighborhood Innovation, *Community Development Initial Public Offering: Market Creek Plaza Evaluation Synthesis Report*(San Diego, CA: Jacobs Center for Neighborhood Innovation, 2013)https://www.jacobscenter.org/_pdf/IPO_synthesisreport.pdf.

3. Debbie L. Sklar, "Local Organizations Form Investment Partnership toFund New Nonprofit Facility," *Times of San Diego*, January 16, 2019,https://timesofsandiego.com/education/2019/01/16/local-organizations-form-investment-partnership-to-fund-new-nonprofit-facility/.

4. Maria Di Mento, "The Philanthropy 50," *Chronicle of Philanthropy*, February 9, 2021, https://www.philanthropy.com/article/the-philan-thropy-50/#id=browse_2019.
5. Harmony Social and Emotional Learning, "Healthy RelationshipsStart with Harmony SEL," https://www.harmonysel.org/.
6. City of New York, "Transcript: Mayor de Blasio, First Lady McCray,Chancellor Carranza Announce Major Expansion of Social-EmotionalLearning and Restorative Justice Across All City Schools," June 20,2019, https://www1.nyc.gov/office-of-the-mayor/news/315-19/transcript-mayor-de-blasio-first-lady-mccray-chancellor-carranza-major-expansion-of.
7. Matthew M. Chingos, "Don't Forget Private, Non-Profit Colleges,"Brookings Institution, February 16, 2017, https://www.brookings.edu/research/dont-forget-private-non-profit-colleges/.
8. Benefactor Group, "Stop the Revolving Door in Nonprofit Development,"https://benefactorgroup.com/revolvingdoor/.
9. Steven Sarabia, "Austin FC Sells Out of Season Ticket Memberships,"Fox 7 Austin, August 31, 2020, https://www.fox7austin.com/sports/austin-fc-sells-out-of-season-ticket-memberships.

제12장

1. GovTech Fund, "Govtech: The $400 Billion Market Hiding in PlainSight," January 3, 2016, http://govtechfund.com/2016/01/govtechthe-400-billion-market-hiding-in-plain-sight/.
2. State of Vermont Agency of Commerce and Community Development,"Remote Worker Grant Program," https://accd.vermont.gov/economic-development/remoteworkergrantprogram.
3. Ana Swanson, "America's Biggest Charity Is No Longer What MostPeople Think of as a Charity," *Washington Post*, October 27, 2016,https://www.washingtonpost.com/news/wonk/wp/2016/10/27/americas-biggest-charity-is-no-longer-what-most-people-think-of-as-a-charity/.
4. Alex Daniels, "Gifts to Fidelity Charitable Soar to $6.85 Billion," *Chronicle of Philanthropy*, October 10, 2017, https://www.philanthro-py.com/article/gifts-to-fidelity-charitable-soar-to-6-85-billion/.
5. Fidelity Charitable, "2020 Fidelity Charitable Giving Report," https://www.fidelitycharitable.org/insights/2020-giving-report.html.
6. Fidelity Charitable, "Largest Grantmaker Eliminates Minimum ContributionAmount," September 30, 2020, https://www.fidelitycharitable.org/about-us/news/largest-grantmaker-eliminates-minimum-contribution-amount.html.
7. Charity Navigator, "#GivingTuesday 2020: A Record-Breaking Day,"December 7, 2020, https://www.charitynavigator.org/index.cfm?bay=-content.view&cpid=8357.
8. Andria Cheng, "Record Black Friday Online Sales Likely Not Enough To Make Up For Lost Store Visits," *Forbes*, November 30, 2020,https://www.forbes.com/sites/andriacheng/2020/11/30/black-fridayonline-sales-hit-a-record-but-likely-not-enough-to-make-up-for-loststore-visits/?sh=78627c564b1a.
9. Shelley E. Kohan, "Cyber Monday Sales Hit $10.8 Billion: BlackFriday Weekend by the Numbers," *Forbes*, December 1, 2020, https://www.forbes.com/sites/shelleykohan/2020/12/01/cyber-mondaysales-hit-108-billion-black-friday-weekend-by-the-numbers/?sh=6fdeeec76eb0.
10. WealthEngine, "Making the Most of Year-End Giving Trends," https://www.wealthengine.com/making-the-most-of-year-end-giving/amp/.
11. Will Schmidt, "Infographic: Giving Tuesday 2020 Totals Hit RecordHigh," Classy, December 3, 2020, https://www.classy.org/blog/giving-tuesday-2020-infographic/.
12. Drew Lindsay, "Who's Raising the Most: The 100 Charities That Are America's Favorites," *Chronicle of Philanthropy*, October 30, 2018,https://www.philanthropy.com/article/whos-raising-the-most-the-100-charities-that-are-americas-favorites/.
13. GivingTuesday, "#GivingTuesdayNow Creates Global Wave of Generosityin Response to COVID-19 Crisis," https://www.givingtuesday.org/blog/2020/05/givingtuesdaynow-creates-global-wave-generosity-response-covid-19-crisis.

미래의 필란트로피

미래의 중점

1. Prime Minister's Community Business Partnership, "Giving Australia2016," https://www.communitybusinesspartnership.gov.au/about/research-projects/giving-australia-2016/.
2. Australian Charities and Not-for-Profits Commission, *Australian Charities Report 2018* (Melbourne, VIC: ACNC, 2020) https://www.acnc.gov.au/tools/reports/australian-charities-report-2018.
3. Australian Charities and Not-for-Profits Commission, *Australian Charities Report 2017* (Melbourne, VIC: ACNC, 2019) https://www.acnc.gov.au/tools/reports/australian-charities-report-2017.
4. Australian Charities and Not-for-Profits Commission, *Australian Charities Report 2016* (Melbourne, VIC: ACNC, 2018) https://www.acnc.gov.au/tools/reports/australian-charities-report-2016.
5. Australian Government, "Budget 2018–9," https://archive.budget.gov.au/2018-19/.
6. Just Reinvest and KPMG, *Unlocking the Future: Maranguka Justice Reinvestment Project in Bourke*, Preliminary Assessment (N.p.: KPMG,2016) https://www.justreinvest.org.au/wp-content/uploads/2016/11/KPMG-Preliminary-Assessment-Maranguka-Justice-Reinvestment-Project.pdf.
7. International Specialised Skills Institute, *The Doveton Model and Implications for Other Sites* (Melbourne, VIC: International SpecialisedSkills Institute, 2017) https://www.issinstitute.org.au/wp-content/uploads/2017/04/McMahon-Final.pdf.
8. Shaima Hamidaddin, "Saudi Arabia's Answer to 21st Century Philanthropy," *Alliance* magazine, September 4, 2018, https://www.alliancemagazine.org/feature/saudi-arabias-answer-to-21st-century-philanthropy/.
9. UBS, "New Report Reveals that Global Philanthropy Is Booming, YetMost Foundations Still Work in Isolation," April 26, 2018, https://www.ubs.com/global/en/media/display-page-ndp/en-20180426-global-philanthropy.html.
10. Scholaro, "Education System in Saudi Arabia," https://www.scholaro.com/pro/Countries/Saudi-Arabia/Education-System; Hollie Nielsen,"Literacy in Saudi Arabia: Striving for Excellence," Federation of AmericanWomen's Clubs Overseas (FAWCO), September 22, 2019,
11. https://www.fawco.org/global-issues/education/education-articles/4158-literacy-in-saudi-arabia-striving-for-excellence.
12. Y20—Saudi Arabia, *Y20 Summit 2020 Communiqué*, October 17,2020, https://reports.youth20saudi.org/Y20_Communique.pdf.

제14장

1. The Opportunity Agenda, "Media Representations and Impact onthe Lives of Black Men and Boys," 2011, https://www.opportunityagenda.org/explore/resources-publications/media-representations-impact-black-men/executive-summary.
2. Jeffrey Dastin, "Amazon Scraps Secret AI Recruiting Tool that ShowedBias Against Women," Reuters, October 10, 2018, https://www.reuters.com/article/us-amazon-com-jobs-automation-insight/amazon-scrapssecret-ai-recruiting-tool-that-showed-bias-against-women-idUSKCN-1MK08G.
3. San Diego Foundation, *Our Greater San Diego Vision—Full Report*,(San Diego, CA: San Diego Foundation, 2012) https://issuu.com/thesandiegofoundation/docs/ogsdv-final-hires.
4. Sunlight Foundation, "Roadmap to More Informed Communities,"https://sunlightfoundation.com/our-work/open-cities/projects-resources/.
5. Bruce Katz, "The New Localism: Think Like A System, Act Like anEntrepreneur," The New Localism, March 29, 2018, https://www.thenewlocalism.com/research/the-new-localism-think-like-a-systemact-like-an-entrepreneur/.
6. Jonathan Nafarrete, "How Pencils of Promise Raised $1.9M with theHelp of VR," VR Scout, November 2, 2015, https://vrscout.com/news/pencils-of-promise-virtual-reality/.
7. Adi Robertson, "The UN Wants to See How Far VR EmpathyWill Go," The Verge, September

19, 2016, https://www.theverge.com/2016/9/19/12933874/unvr-clouds-over-sidra-film-app-launch.

8. Marty Swant, "How Virtual Reality Is Inspiring Donors to Dig Deepfor Charitable Causes," Adweek, May 31, 2016, https://www.adweek.com/performance-marketing/how-virtual-reality-inspiring-donors-dig-deep-charitable-causes-171641/.

9. Amnesty International, "'Virtual reality Aleppo' Street FundraisingCampaign Launched," May 8, 2015, https://www.amnesty.org.uk/press-releases/virtual-reality-aleppo-street-fundraising-campaign-launched.

제15장

1. HUD User, Office of Policy Development and Research, "Using Datato Understand and End Homelessness," https://www.huduser.gov/portal/periodicals/em/summer12/highlight2.html.

2. Centre for Public Impact, *Social Impact Bonds: An Overview of theGlobal Market for Commissioners and Policymakers*, 2017, http://socialspider.com/wp-content/uploads/2017/04/SS_SocialImpactReport_4.0.pdf.

3. Campaign Monitor, "2017 Consumer Email Habits Report: What DoYour Customers Really Want?" July 2017, https://www.campaignmonitor.com/resources/guides/insights-research-report/.

4. Saima Salim, "Do the Consumers Prefer Chatbot to Humans?" DigitalInformation World, January 8, 2019, https://www.digitalinformationworld.com/2019/01/digital-consumers-want-a-little-less-automation-but-a-little-more-human-interaction.html.

5. Rachel Kraus, "Facebook Is Really Proud of Its 300,000 Business Bots,Despite Claiming it Will Put 'People First,'" Mashable, May 1, 2018,https://mashable.com/2018/05/01/messenger-bots-f8-2018/.

6. MarketsandMarkets Research, "Chatbot Market Worth $9.4 Billion by2024," https://www.marketsandmarkets.com/PressReleases/smart-advisor.asp.

제16장

1. Adele Peters, "This 'Donation Dollar' Coin Is Designed to Be GivenAway," Fast Company, September 2, 2020, https://www.fastcompany.com/90546516/this-donation-dollar-coin-is-designed-to-be-givenaway.

2. *Giving Block*, "The Pineapple Fund Donated $55,000,000 in NonprofitBitcoin Grants. Here's What Happened," October 1, 2019, https://www.thegivingblock.com/post/pineapple-fund-bitcoin-donated-tononprofits-here-s-what-happened.

3. Danny Nelson, "Inside a Crypto 'Ponzi': How the $6.5M Banana.Fund Fraud Unravelled," Nasdaq, August 3, 2020, https://www.nasdaq.com/articles/inside-a-crypto-ponzi%3A-how-the-%246.5m-banana.fund-fraud-unravelled-2020-08-03.

4. IBM, "Coming Soon to Your Business: Quantum Computing," https://www.ibm.com/thought-leadership/institute-business-value/report/quantumstrategy.

5. Hand Foundation, "Helping Hand: 3D Printing Prosthetic Hands,"http://www.thehandfoundation.org/newsletter-article.php?Helping-Hand-3D-Printing-Prosthetic-Hands-23.

6. Anastasia Moloney, "Can 3D-Printed Houses Provide Cheap, Safe Homes for the World's Poor?" Reuters, March 15, 2018, https://www.reuters.com/article/us-el-salvador-housing-technology/can-3d-printed-houses-provide-cheap-safe-homes-for-the-worlds-poor-idUSKCN-1GR36H.

7. Will Anderson, "Austin Startup Catches SXSW's Eye with 3D-PrintedTiny Home That Costs Less Than a Car," *Austin Business Journal*, March 14, 2018, https://www.bizjournals.com/austin/news/2018/03/14/austin-startup-icon-sxsw-3d-printed-home.html.

8. Eillie Anzilotti, "The Chan Zuckerberg Initiative Has a $500 MillionPlan to Ease the Bay Area Housing Crisis," Fast Company, January 24,2019, https://www.fastcompany.com/90294576/the-chan-zuckerberginitiative-has-a-500-million-plan-to-ease-the-bay-area-housing-crisis.

저자소개

라이언 지나드(Ryan Ginard)

　라이언 지나드는 시민 운동 중개자이자 기금 모금가로서 15년의 경력을 갖고 있으며, 정부, 고등교육기관, 비영리 단체, 조직 필란트로피를 두루 거쳤다. 그는 그 과정에서 인프라 기금에 25억 달러 이상을 모았으며 자선 기금으로 1,500만 달러 이상을 직접 모금했다. 그는 지금 텍사스주 오스틴의 성장 중인 기술 허브에 살면서, 오스틴 소재 텍사스 대학교에서 일한다. 그의 업무는 머신러닝, 인공지능, 로봇공학을 연구하는 텍사스대 컴퓨터과학과에 거액의 기부를 할 만한 개인 기부자들을 찾아내는 일이다.

　라이언은 조직 필란트로피에서의 경력을 통해 10억 달러 규모의 자본금을 보유한 지역재단과 지역 배분기관 연합에서 시민 참여, 공공 정책, 운영 및 펀드레이징을 헌신적으로 이끌었다. 그리고 가장 최근에는 텍사스대 수석보좌로서 아동교육과 자선 기부 등에 걸친 1억 8,500만 달러의 필란트로피 프로그램을 운영하며, 미국의 상위 10개 교육구를 포함한 20개 지구에서 2만 2천 개교, 9백만 명 이상의 학생들에게 혜택을 주었다.

　라이언은 오스트레일리아의 브리스베인(Brisbane)에서 미국으로 이주했는데, 브리스베인에서는 5년 동안 금융서비스, 산업, 혁신 분과에서 연방정부의 정책 및 언론 고문으로 있었다. 필란트로피가 앞으로 나아갈 방향에 대해 적극적으로 쓰고 생각하는 사람인 라이언은 수많은 전국 규모 언론에서 주목받았으며, 미국 홍보협회 국제 콘퍼런스(Public Relations Society of America's International Conference, PRSA ICON), 소셜 미디어 주간, 사우스 바이 사우스웨스트(South by Southwest, SXSW) 등의 세계적으로 명망 있는 대회의 연사로 나서서 시민 기술과 몰입적 스토리텔링에 중점을 둔 강연을 했다.

역자소개

함규진

　1969년 서울에서 태어났다. 성균관대학교 행정학과를 졸업하고 같은 학교 대학원에서 정약용의 정치사상을 주제로 정치외교학 박사학위를 받았다. 성균관대학교 국가경영전략연구소 연구원을 거쳐 현재는 서울교육대학교 윤리교육과 교수로 재직 중이다. 동양과 서양, 전통과 현대, 보수와 진보 등 서로 대립되는 듯한 입장 사이에 길을 내고 함께 살아갈 집을 짓는 작업에 열중하고 있다.

　옮긴 책으로는 『하버드대학 미·중 특강』, 『후안흑심』, 『피에 젖은 땅』, 『공정하다는 착각』, 『실패한 우파가 어떻게 승자가 되었나』 등이 있다. 지은 책으로는 『30개 도시로 읽는 한국사』, 『벽이 만든 세계사』, 『조약으로 보는 세계사 강의』, 『리더가 읽어야 할 세계사 평행이론』, 『세계사를 바꾼 담판의 역사』, 『유대인의 초상』, 『시민의 조건, 민주주의를 읽는 시간』(공저) 등이 있다.

사랑의열매 나눔총서 시리즈 10
미래의 필란트로피: 새로운 시민 리더십을 정의하는 기술, 트렌드, 인재상에 대하여

초판발행   2023년 12월 22일
지은이   라이언 지나드
옮긴이   함규진

펴낸이   노 현
편 집   박송이 · 문선미
표지디자인   배소연
제 작   고철민 · 조영환

펴낸곳   ㈜피와이메이트
             서울특별시 금천구 가산디지털2로 53, 210호(가산동, 한라시그마밸리)
             등록 2014. 2. 12. 제2018-000080호
전 화   02)733-6771
f a x   02)736-4818
e-mail   pys@pybook.co.kr
homepage   www.pybook.co.kr
ISBN   979-11-6519-489-5 03330

정 가   19,000원

박영스토리는 박영사와 함께하는 브랜드입니다.